Theodor von Bernhardi

Aus dem Leben Theodor von Bernhardis

T. unter Nikolaus I. und Friedrich Wilhelm IV

Theodor von Bernhardi

Aus dem Leben Theodor von Bernhardis
T. unter Nikolaus I. und Friedrich Wilhelm IV

ISBN/EAN: 9783743320949

Hergestellt in Europa, USA, Kanada, Australien, Japan

Cover: Foto ©ninafisch / pixelio.de

Manufactured and distributed by brebook publishing software
(www.brebook.com)

Theodor von Bernhardi

Aus dem Leben Theodor von Bernhardis

Aus dem Leben

Theodor von Bernhardis.

Zweiter Theil:
Unter Nikolaus I. und Friedrich Wilhelm IV.

Leipzig
Verlag von S. Hirzel
1893.

Unter Nikolaus I.

und

Friedrich Wilhelm IV.

———

Briefe und Tagebuchblätter aus den Jahren 1854—1857

von

Theodor von Bernhardi.

———

Mit einem Bildnis Bernhardis.

Leipzig

Verlag von S. Hirzel

1893.

St. Petersburg unter Nikolaus I.

(1834—1851.)

Goethes Ausspruch: „daß im mittleren Leben des Menschen häufig eine Wendung eintritt und daß, wie ihn in seiner Jugend Alles begünstigte, nun mit einem Mal Alles ganz anders wird und ein Unfall und ein Mißgeschick sich auf das andere häuft" — dieser Ausspruch hat auf den Lebensabschnitt, in welchen Bernhardi mit seinem Eintreffen in St. Petersburg trat, uneingeschränkte Anwendung. Von sorglosen Aeltern zu einem sorglosen Dasein erzogen, — mit einer Bildung ausgestattet, deren Nutzbarmachung für Andere niemals in Frage gekommen war, — in dem Glauben emporgekommen, als Erbe und Mitglied eines reichen und vornehmen Geschlechts zur Theilnahme an der Ausnahmestellung desselben berufen zu sein, erfuhr der nunmehr Dreißigjährige, daß er hinfort für sich selbst zu sorgen, sich selbst den Weg durch das Leben zu bahnen haben werde. Frau Sophie hatte auf die Anforderungen der Wirklichkeit mit der souveränen Geringschätzung der Romantikerin herabgesehen, — Herr von Knorring, ein wohlmeinender, feinsinniger und für Bildungsinteressen der verschiedensten Art begeisterter Mann (noch als Siebenziger besuchte der kleine, elegante und steife alte Herr mit dem kurz gestutzten grauen Haar und rothen Gesicht Savignys Pandecten-Vorlesungen), nach den äußeren, zumal den öconomischen Bedingungen der eignen Existenz so wenig gefragt, daß er erst nach dem Tode seiner Frau gewahr wurde, daß sein ansehnliches Vermögen zerflossen sei und daß der als vollendete Thatsache behandelten Adoption seines Stiefsohnes unüberwindliche Schwierigkeiten im Wege stünden. — Von dieser Wendung seiner Geschicke war Bernhardi erst unterrichtet worden, als er — dem Wunsche des Stiefvaters folgend — sein preußisches Staatsbürgerrecht aufgegeben und seinen Studien eine Richtung gegeben hatte, die auf keine bestimmte bürgerliche Laufbahn ausmündete. Er hatte weder preußische noch russische Examina bestanden, keinen Grad oder Dienstrang erworben, keine bestimmte Disciplin ergriffen: diese —

1*

wider seinen Willen und ohne sein Verschulden stattgehabten — Unter=
lassungen aber waren ihm, sozusagen, octroyirt worden und wenn
er trotz derselben eine reiche und mannigfaltige Bildung erworben, so
hatte er das lediglich seinem unaufhaltsamen Wissensdrange und dem
sittlichen Ernste zu danken gehabt, den er sich in Mitten der seine Jugend
bestimmenden heterogenen Einflüsse zu erhalten gewußt.

St. Petersburg bedeutete für Bernhardi eine neue, völlig unbekannte
Welt. Bei seinem Eintreffen in derselben (1834) war er lediglich auf
das bescheidene, erst zum geringsten Theile flüssig gemachte Vermögen
angewiesen, das ihm von seinem leiblichen Vater hinterlassen worden.
Der in Estland lebende, von Bedrängnissen peinlichster Art erdrückte
Stiefvater hatte ihm wenig mehr als einige Empfehlungsbriefe mit=
geben können, deren Werth sich erst erproben sollte. Im Uebrigen sollte
der junge Mann gerade so eine Existenz suchen, als ob er zum Beamten
oder Gelehrten erzogen und von Hause aus auf ein bestimmtes Ziel
gerichtet worden wäre. Und das in der russischen Haupt= und Residenz=
stadt der dreißiger Jahre! Von der Schwierigkeit, ohne Dienstrang, ohne
Vermögen und ohne vornehmen Namen in dieser Stadt Amt und Erwerb
zu finden, kann sich eine Vorstellung nur machen, wer die damalige
Beschaffenheit russischer Zustände kennt und darüber Bescheid weiß, daß
Lebensstellungen außerhalb des tausendfach umworbenen Staatsdienstes
für Gebildete (Kaufleute allein ausgenommen) kaum vorhanden waren.
Glücklicher Weise zählte unter den Dingen, die Bernhardi „vi, clam
vel precario" zu erlernen gewußt, auch die Kenntniß der russischen
und der französischen Sprache. Mit Hilfe dieser beiden Schlüssel zu
dem damaligen Staats= und Gesellschaftsleben der Zarenstadt gelang
ihm nach vielfachen vergeblichen Bemühungen, Eingang in die „höchsteigne
Kanzlei Sr. Majestät des Kaisers" d. h. ein bescheidenes, schlechtbezahltes
Amt zu erlangen, dessen Hauptvorzüge darin bestanden, daß es wenig
zu thun gab, daß es seinem Inhaber einen Dienstrang verlieh und daß
es zur Anknüpfung von „Verbindungen" Gelegenheit bot, welche zu
Weiterem führen konnten.

Für einen Mann vom Schlage Bernhardis bedeutete der e r s t e r e
Vorzug einen Verlust, der z w e i t e eine Chance von zweifelhaftem Werth,
der d r i t t e ein bloßes Adiaphoron. Wo es nur wenig zu thun gab,
fehlte Gelegenheit zu persönlicher Auszeichnung und zum Erwerb einer
höheren Rangklasse, — an gesellschaftlichen Verbindungen aber fehlte es
dem form= und sprachgewandten Manne, der die Familien der Knorring,

öffentlichung abgelehnt wurde, die aber nichtsdeſtoweniger die Anerkennung
Aller erwarb, die mit ihrem Inhalte bekannt geworden waren. Die
Sache iſt merkwürdig und charakteriſtiſch genug, um im Zuſammenhang
und nach Bernhardis eigenen Mittheilungen berichtet zu werden.*)
Auf Befehl des Kaiſers Nikolaus hatte ein Günſtling dieſes Mo=
narchen, General Danilewski ein Werk über den Krieg von 1812 ver=
öffentlicht, „das einen dreiſt erſonnenen Mythus an die Stelle der Ge=
ſchichte ſetzte, das darauf gerichtet war, nicht nur dem Nationalbewußtſein
der Ruſſen im Allgemeinen, ſondern auch den gefliſſentlich beobachteten
perſönlichen Parade= und Exercierliebhabereien des Kaiſers Nikolaus zu
ſchmeicheln, — der Eitelkeit und dem Intereſſe dieſes oder jenes Vor=
nehmen zu dienen und gewiſſe begünſtigte Perſönlichkeiten zu verherrlichen
— andere dagegen .... beſonders wenn ſie Deutſche waren, in ſehr un=
ehrenhafter Weiſe zu ſchmähen." Dieſe Schrift nun reichte Danilewski der
Akademie der Wiſſenſchaften ein, um einen der ſogenannten Demidow'ſchen
Preiſe zu erwerben. „Die Akademie", ſo berichtet Bernhardi, „war mit
Danilewskis Werk und ſeiner Zudringlichkeit in nicht geringer Verlegen=
heit; denn ſie ſelber durfte ſich ein Urtheil darüber nicht anmaßen und
wollte ſie ſich um ein Gutachten an die wiſſenſchaftlich gebildeten Generale
der ruſſiſchen Armee wenden, ſo mußte ſie erwarten, daß die Herren —
bei Namen genannt — ſich vorſichtig den Umſtänden fügten, den kaiſer=
lichen Hiſtoriographen in allgemeinen Redensarten lobten und ihm den
Preis zuerkannten. Befreundet mit mehreren Mitgliedern der Akademie,
wie namentlich mit dem ehrwürdigen Krug und auch ſonſt mehrfach von
ihnen zu Rathe gezogen, nahm ich die Sache an und ſchrieb die Kritik
in franzöſiſcher Sprache." Dieſe Kritik reichte Krug, als Arbeit „eines
Generals, der unbekannt bleiben wollte" zum beliebigen Gebrauch der
Akademie ein. Nach vielfachem Hin= und Herreden beſchloß man, das Werk
und die Kritik dem als Autorität angeſehenen Hiſtoriographen des Kriegs=
miniſteriums, Staatsrath Friedrich von Smitt († 1865) zur Begut=
achtung zu übergeben. Smitt, der die Kritik „ſcharf=ſchlagend und durch=
aus zum Nachtheil des Danilewski'ſchen Werkes befand", votirte im Sinne
derſelben und die Bewerbung des kaiſerlichen Günſtlings wurde abgelehnt.
Die Akademie wünſchte beide Kritiken drucken zu laſſen, hielt aber —
obgleich ſie der Cenſur nicht unterworfen war — für zweckmäßig, dies
nicht ohne Ermächtigung des Kaiſers zu thun. Der Präſident, Miniſter

_____

*) Vermiſchte Schriften (Berlin bei G. Reimer 1879) Bd. I. S. 232 ff.

Uwarow, deſſen Vermittelung angegangen wurde, erklärte indeſſen „daß er es nicht unternehme, ein ſolches Geſuch dem Kaiſer auch nur vorzu= tragen" und damit war die Sache erledigt.

Des wunderlichen Nachſpiels, das die Sache erfuhr (Smitt, der um Bernhardis Autorſchaft nicht wußte, berief ſich dieſem gegenüber in einer ſpäteren wiſſenſchaftlichen Controverſe auf die erwähnte Kritik, die er „als geiſtreichen Aufſatz eines ſcharfſinnigen, wohlunterrichteten Mannes" rühmte), ſei hier nur beiläufig gedacht. Voller Nachdruck muß dagegen darauf gelegt werden, daß eine Aufgabe ſo ſchwieriger, verantwortlicher und delicater Art von der erſten wiſſenſchaftlichen Anſtalt Rußlands in die Hände eines Privatgelehrten gelegt worden war, von welchem militär= wiſſenſchaftliche Werke damals nicht vorlagen und dem, da er niemals Soldat geweſen, das Vorurtheil entgegenſtand, bloßer Theoretiker zu ſein. Krug hatte die ſachliche Legitimation ſeines Gewährsmannes nach andern, als den landläufigen Kriterien feſtgeſtellt und bereits damals gewußt, was die übrige Welt erſt ein reichliches Jahrzehnt ſpäter erfuhr, daß Bernhardi Dank angeborenem Talent und unabläſſig betriebenen Studien eine mili= täriſche Sachkenntniß und Urtheilsfähigkeit erworben hatte, welche diejenige der meiſten Fachleute damaliger Zeit übertraf.

Von den Anfängen der kriegsgeſchichtlichen Studien Bernhardis iſt im erſten Bande dieſes Buches wiederholt die Rede geweſen, über ihre Fortſetzung enthält der zwiſchen Bernhardi und ſeinem Oheim Friedrich Tieck geführte Briefwechſel verſchiedene lehrreiche Andeutungen. Wegen der Schwierigkeit, deutſche Bücher in der ruſſiſchen Hauptſtadt zu erlangen, ſah der unermüdlich fleißige Neffe ſich immer wieder genöthigt, an die Vermittelung des in Berlin lebenden Oheims zu appelliren. Darf nach dem Inhalt dieſer Briefe geurtheilt werden, ſo iſt Bernhardi während der erſten 40er Jahre und insbeſondere nach dem im November 1841 (zu Paris) erfolgten Tode ſeines Stiefvaters faſt ausſchließlich mit Arbeiten der ernſteſten und ſchwierigſten Art beſchäftigt geweſen. Ueber ſein per= ſönliches Ergehen ſagt er wenig mehr, als daß er „ſich um ſeine Exiſtenz quälen müſſe, wie Andere auch, die nicht zu den Begünſtigten gehören" — deſto ausführlicher verbreitet er ſich über die literariſchen Bedürfniſſe, zu deren Befriedigung der Oheim ihm behilflich ſein ſollte. Gleich hier ſei bemerkt, daß dieſelben ſich keineswegs bloß auf die Militärwiſſen= ſchaften, zu Zeiten ſogar nur beiläufig auf dieſe bezogen. Neben ſeinem Lieblingsfach trieb Bernhardi um jene Zeit vornehmlich ältere deutſche Staats= und Rechtsgeſchichte und das in ſo erfolgreicher Weiſe, daß der in seinem Nachlaß aufgefundene Entwurf einer „Urgeschichte der Deutschen" von Fachleuten als „wegen der Sicherheit der Construction bewunderungs= würdig" bezeichnet worden ist. Für Bernhardis Herrschaft über die ein= schlagenden Materien liegen übrigens auch in seinen späteren, der Oeffent= lichkeit übergebenen Schriften zahlreiche und überraschende Belege vor. Auseinandersetzungen über die Grundlagen der agrarischen Einrichtungen Englands und Frankreichs, wie die weiter unten zu erörternde Untersuchung über großen und kleinen Grundbesitz, — Nachweisungen über die Ent= stehung der englischen Verfassung, wie die Einleitung zum zweiten Bande der Geschichte Rußlands (S. 26 ff. und S. 49 ff.) sie bietet, verrathen auf den ersten Blick, daß sie aus der Feder eines Mannes herrühren, der die ältere deutsche Geschichte von Grund aus studirt und über dieselbe selbständige Ansichten gewonnen hat. Der Umfang seiner geschichtlichen Studien ging aber noch weiter. Bereits seit Ausgang der 30er Jahre hatte Bernhardi einem Gegenstande sein Augenmerk zugewendet, dem er in der Folge eine größere, leider verloren gegangene Arbeit verdankte: der Heraldik und zwar der Wappenkunde des westlichen und des öst= lichen Europa. Daß er es auch auf diesem fern abliegenden und von Männern seines Schlages nur selten angebauten Gebiete zu umfassender Sachkenntniß brachte, beweisen u. A. die Beziehungen zu den verschie= denen namhaften Heraldikern Deutschlands, denen wir in den späteren Bänden seines Tagebuchs begegnen werden. Unter den Büchern, nach denen Friedrich Tieck sich auf dem Berliner Büchermarkte umsehen sollte, werden regelmäßig ältere Quellenwerke über Wappenkunde und Turnier= wesen des Mittelalters genannt, die in der sonst so reich ausgestatteten Kaiserlichen öffentlichen Bibliothek in St. Petersburg fehlten. Trotz dieser Mannigfaltigkeit der Interessen gehörte Bernhardi zu den Glücklichen, die sich durch episodisch getriebene Studien an Weiter= verfolgung des ein Mal eingeschlagenen, und auf ein bestimmtes Ziel gerichteten Weges nicht beirren ließen. Mit Hilfe eines bewunderungs= würdigen Gedächtnisses („Ich habe mir nie die Mühe gegeben Etwas zu vergessen" pflegte er noch als Greis scherzweise zu sagen) mußte er den ein Mal aufgenommenen, durcharbeiteten und auf das Wesentliche reducirten Stoff so sicher und glücklich aufzuspeichern, daß er ihn stets zur Hand hatte, wo es seine Ausnutzung galt. — Darf nach den Bücher= verzeichnissen geurtheilt werden, die er als „zu seinen Studien durchaus erforderlich" nach Berlin sandte, so hat er — mindestens zu jener Zeit — wie Goethe von sich sagen können, daß er täglich „etwa einen Quartband"

zu sich genommen.   Und das in Mitten quälender Sorgen und der
Beschäftigung mit Lebensplänen, die sich wesentlich auf die Gemüthsseite
seines Wesens bezogen und zeitweise den ganzen Menschen in Anspruch
nahmen!   Bevor auf diese eingegangen wird, sei eines an Fr. Tieck ge=
richteten Briefes vom Jahre 1841 gedacht, der für die Reise und den
Scharfblick des Verfassers in hohem Maße bezeichnend ist und in der
That begreiflich erscheinen läßt, daß Männer von der Bedeutung und
Stellung des greisen Krug selbst in Dingen von der Wichtigkeit der
Danilewski'schen Angelegenheit in das Urtheil des jüngeren Freundes
unbedingtes Vertrauen setzten.

Zu Ende des Jahres 1840 hatte General von Willisen — später
als unglücklichster der Feldherrn des unglücklichen schleswig=holsteinschen
Feldzuges bekannt geworden — den ersten Band seines damals vielbe=
wunderten Buches „Theorie des großen Kriegs" erscheinen lassen. Unbeirrt
durch den Beifall, den dieses (nach Hegel'schen Prinzipien aufgebaute)
Werk in der damals von Jüngern Hegels fast unumschränkt beherrschten
wissenschaftlichen Welt erregte, schrieb B. über dasselbe das folgende:

Von Willisens Buch bin ich nicht sehr erbaut.   Schlegel hat voll=
kommen recht: Hans Wurst ist unsterblich; auch wenn man ihn noch
so sicher gebannt zu haben glaubt, kommt er doch gleich mit wichtiger
Miene wieder zum Vorschein.   So kommt auch die Armseligkeit immer
wieder zum Vorschein, die den Krieg auf einige dürftige geometrische
Combinationen zurückführen möchte und damit alle Weisheit erschöpft
glaubt.   Obgleich man dergleichen nach dem unsterblichen Werk von
Clausewitz für ganz und gar unmöglich hätte halten sollen, kommt
diese alte Armseligkeit auch in Willisens Buch wieder zum Vorschein
und zwar dieses Mal in dem vornehmen und modernen Gewande der
Hegel'schen Philosophie.   Daß das Buch für den Augenblick einiges
Aufsehen erregt, wundert mich übrigens nicht, denn die Hegelianer
halten zusammen wie die Juden; wenn einer von ihnen irgend einen
Quark macht, stoßen alle unisono in's große Horn.   Da sagt der
Recensent: Als das Buch des verstorbenen Clausewitz erschien, glaubte
man viel erreicht, — und, nachdem Willisens Werk herausgekommen
ist, sehen wir daß auch das von Clausewitz nur ein Uebergang war.
Du erkennst doch wohl in dem Recensenten den betrübten Hegelianer?
Hegel selbst spricht mit der größten Anerkennung von den Systemen

früherer Philosophen; sie sind alle zu leben — sie sind sehr schätz-
bare „Uebergänge", — Blüthen, welche zuletzt eine Frucht, — nämlich
Hegels eigne Philosophie hervorgebracht haben. Doch hat er vergessen
zu erklären, warum denn nun die Welt noch weiter besteht, nachdem
sie in Hegel und seiner Philosophie den höchsten möglichen Punkt der
Entwicklung erreicht hat. — Man kann den guten Leuten die Freude
über Willisens Buch wohl gönnen, wenn sie nur in der Familie
bleibt. Aber sollte Willisen jemals Einfluß auf die Leitung eines deutschen Heeres gewinnen, so wäre das ein
großes Unglück. Er verhält sich zu unserer Zeit gerade so wie
Phul und Massenbach zu der ihrigen und wäre also gerade der rechte
Mann dazu, solche Tage wie die von Jena und Prenzlau wieder
herbeizuführen. (30. Juni 1841.)

Neben wissenschaftlicher Arbeit und wissenschaftlichem Verkehr versäumte Bernhardi nicht, die Beziehungen zu der maßgebenden Gesellschaft
weiter zu verfolgen, in welche er durch den Stiefvater, dessen Freunde
und Verwandte eingeführt worden war und die immerhin zu politischen
Einblicken Gelegenheit bot, die in einem Lande, wo das Wichtigste unge-
druckt bleibt, von besonderem Werthe sind. Im Salon war der gründliche,
seinem innersten Wesen nach schwerblütige Gelehrte ein liebenswürdiger,
einfacher und heiterer Gesellschafter, der mit jedem vornehmen Kesselflicker
in dessen Sprache zu reden wußte, sich auf den russisch-französischen Jargon
des Nikolaitischen St. Petersburg ebenso gut verstand, wie auf die Sprache
deutschen Ernstes in Wissenschaft und Leben und außerdem das seltene
Geschick besaß auch von den Leersten und Unbedeutendsten zu lernen. Und
dabei konnte seiner Natur nichts antipathischer sein, als der in dem St.
Petersburg der damaligen Zeit herrschende Ton. Das Wesen desselben
bestand in süffisanter Selbstzufriedenheit, die das übertünchte Grab einer
auf Bauernelend und Beamtenwillkür gegründeten Staatsordnung als
Superlativ politischer Vollkommenheit, — die an das Newa-Ufer geworfenen
Brocken französischer Modeliteratur als höchste Blüthen menschlicher und
europäischer Bildung verherrlichte. In dieser Gesellschaft glaubte man
conservativ zu sein, wenn man den einheimischen Militär-Absolutis-
mus als einzige lebensfähige Staatsform behandelte, — patriotisch,
wenn man Mode-Pamphleten vom Schlage der „Russie envahie par les
Allemands" Beifall zuklatschte, — aufgeklärt, wenn man in den

„Mystères de Paris" das „dernier mot de la civilisation" ſah, — vorurtheilslos, wenn man in einem Athem Cuſtine'ſche Schlagworte über „Rußland im Jahre 1839" und ſchaale Lobpreiſungen des Kaiſers Nikolaus nachſprach „der nur zu nieſen brauche, damit die Hühner in Spanien eine Stunde früher als gewöhnlich zur Ruhe gingen". — Inner-halb dieſer Sphäre des „Leichtſinns und der gedankenloſen Freude" hatte Bernhardi Perſonen ausfindig zu machen gewußt, die das Gebahren der-ſelben ſo weit als nothwendig äußerlich mitmachten, innerlich von dem-ſelben unberührt geblieben waren. Häufiger wie ſonſt irgendwo war er in den Häuſern ſeines alten Gönners, des Admirals von Kruſenſtern, des ihm von Eſtland her bekannten Generals Grafen Toll, des hoch-gebildeten Generals von Schubert*) und einer würdigen deutſchen (eſt-ländiſchen) Dame Frau von Baranow zu ſehen, die beſonderen Einfluß auf ihn geübt haben ſoll. Scherzend berichtet er in einem der an Friedrich Tieck gerichteten Briefe, man habe ihn wiederholt verheirathen wollen und zu dieſem Behuf vortheilhafte „Parthien" ermittelt: er ſelbſt hatte in der Stille bereits gewählt. Sein Herz gehörte Charlotten von Kruſen-ſtern, der älteſten Tochter des Admirals, die dieſer ihm ſcherzweiſe be-reits als Kind zugedacht hatte und mit der er ſeit dem Jahre 1843 in der Stille verlobt war: öffentliche Verlobung und Heirath ſollten nach-folgen, ſobald die äußeren Verhältniſſe es geſtatteten. Mit unermüdlichem Eifer nahm Bernhardi fortan jede Gelegenheit zur Befeſtigung ſeiner materiellen Exiſtenz wahr. Mehrere Jahre lang lieferte er auf den Wunſch des mit der Leitung des officiellen Journal de Saint-Péters-bourg betrauten Grafen Sancé wiſſenſchaftliche Beiträge für dieſe Zei-tung; eine Zuſammenſtellung dieſer Arbeiten (unter denen insbeſondere eine „Notice sur l'état de l'industrie manufacturière en Russie", eine „Notice sur les hôpitaux en Russie", ſowie Berichte über die Arbeiten der Akademie der Wiſſenſchaften im Jahre 1844, und über zwei im Auf-trage derſelben unternommene Expeditionen nach Sibirien zu nennen ſind) wurden der Bibliothek der Akademie einverleibt und noch zwanzig Jahre ſpäter ſo werthvoll befunden, daß der damalige Director der Kaiſer-lichen öffentlichen Bibliothek Graf M. A. Korff ſie in das Verzeichniß der auf ſeine Veranlaſſung geſammelten „Ruſſica" (nicht ruſſiſchen Schriften über Rußland) aufnehmen ließ.

Wichtiger war ein anderes Unternehmen, zu welchem der (leider

_____

*) Vergl. E. M. Arndt „Wanderungen und Wandlungen", S. 79 ff. (Berlin 1858).

wenig später verstorbene) greise Krug im Jahre 1844 den Anstoß ge=
geben hatte. Der von dem würdigen alten Herrn hoch geschätzte Verfasser
der Kritik über das Danilewski'sche Buch sollte in die historisch=philologische
Klasse der Akademie treten, sich zunächst um die Stelle eines „Adjuncten"
bei derselben bewerben und dadurch eine feste und ansehnliche amtliche
Stellung erwerben. Fuß, Jacobi, Böhtlingk, Baer, Kunik und andere
zu den Spitzen der gelehrten Körperschaft zählende Gelehrte nahmen
diesen Gedanken so beifällig auf und sagten ihre Unterstützung so nach=
drücklich zu, daß Bernhardi demselben näher zu treten beschloß. Man
schlug ihm mit Rücksicht auf eine zunächst absehbare Vacanz vor, eine
kürzere Abhandlung volkswirthschaftlichen Inhalts zu verfassen und diese
als Probe= und Bewerbungsschrift einzureichen. Trotz seiner Vertiefung
in die militärwissenschaftlichen und die germanistischen Studien, von denen
oben die Rede gewesen nahm Bernhardi diesen Gedanken auf. Es bei
einer bloßen Gelegenheitsschrift oder einem Nachweise seines wissenschaft=
lichen Könnens bewenden zu lassen, war er indessen nicht der Mann.
Gewohnt, was er that, ganz zu thun, vertiefte er sich zunächst in Studien
über das gesammte Gebiet der Volkswirthschaft, um sodann an eine
größere Arbeit zu treten, die mehrere Jahre in Anspruch nahm und trotz
ihrer bereits damals anerkannten Verdienstlichkeit dem Verfasser zunächst
nur eine Enttäuschung eintrug, für welche der später mit derselben
erzielte Erfolg keine Entschädigung bot.

        Dieses unter dem Titel „Versuch einer Kritik der Gründe,
welche für großes und kleines Grundeigenthum angeführt
werden" veröffentlichte, 666 Seiten umfassende Werk*) zählte zu den
merkwürdigsten und hervorragendsten Erscheinungen der damaligen volks=
wirthschaftlichen Literatur. In Mitten unumschränkter Vorherrschaft des
von der maßgebenden englischen und französischen Nationalökonomie ver=
treten individualistischen Standpunktes betrachtete der Verfasser
die Volkswirthschaft als ein ethisch=organisches Ganzes, in welchem die
wirthschaftlichen Interessen nicht bloß ihrer eigenen Schwerkraft überlassen
werden sollen. Von diesem Standpunkte aus werden die Production,
der Erwerb, die Einkommensvertheilung, der Roh= und der Reinertrag,
die Lehre von der Ueberproduction, der Zusammenhang der einzelnen
Volkswirthschaft mit der Weltwirthschaft, zuletzt die Vorzüge großer und
kleiner Güter, immer mit der Tendenz erörtert, die Einseitigkeit der eng=

_____

*) Eine auszugsweise russische Uebersetzung ist in den 50er Jahren veröffent=
licht worden.

lischen Theorie nachzuweisen. In einer fünfundzwanzig Jahre später ge=
schriebenen Kritik bezeichnet Roscher das Bernhardi'sche Buch als „weitaus
bedeutendstes Werk der sogenannten deutsch=russischen Schule" und rühmt
ihm nach, „daß es zum Besten gehöre, was gegen die Einseitigkeiten des
Smithianismus, mehr noch des Ricardismus geschrieben worden," indem
es „unter bescheidenem Titel eine Fülle tiefgehender Untersuchungen über die
allgemein=wichtigsten Fragen (ob der Eigennutz hinreiche zur Deutung und
Regelung der Volkswirthschaft; ob die Steigerung des sogenannten reinen
Volkseinkommens immer als Glück anzusehen sei; ob die Volkswirthschaft
Naturgesetzen unterworfen ist) verbirgt."*) „Bernhardi (so heißt es weiter)
erkennt bereits die Punkte, wo die Smith=Ricardo'sche Richtung den Socia=
listen gefährliche Waffen in die Hände liefert, wie er denn namentlich
zugiebt, daß nach Ricardo, in der gewöhnlichen Auffassung seiner Lehre,
der Kapitalgewinn allerdings nur von einer unterhalb des wahren Werths
erfolgenden Ablohnung der Arbeit herrühren könne." Bereits früher
hatte ein anderer kompetenter Beurtheiler (vgl. Kautz, die geschichtliche
Entwickelung der Nationaloekonomik und ihrer Literatur, Wien 1560)
auf diese Vorzüge und insbesondere auf die Originalität der Gesichts=
punkte hingewiesen, unter welchen der Verfasser die Frage nach den Vor=
zügen des großen und des kleinen Grundbesitzes beantwortete. Unter
entschiedenem Protest gegen Ricardos Auffassung des Arbeiterstandes als
einer Productionskosten verursachenden Maschine, betonte Bernhardi be=
züglich der großen und kleinen Güter, daß man nicht bloß danach fragen
dürfe, welche Art derselben den größeren Reinertrag liefere; man dürfe
auch nicht sagen „die kleinen Güter ergeben größeren Rohertrag, —
die größeren mehr Reinertrag", — das sei nicht das Entscheidende, son=
dern vielmehr die Frage, wie man die tüchtigsten Bürger und
die größte Summe von Wohlstand erziele. Im Interesse des Ganzen
habe der Staat über Gestaltung und Gebrauch des Bodenbesitzes zu
wachen; innerhalb gewisser Grenzen werde die freie Bewegung den leitenden
Grundsatz bilden, andererseits aber staatsseitig dafür gesorgt werden müssen,
daß der Ackerbau weder in einem fabrikmäßigen Pächter=Großbetrieb auf=
gehe noch auch daß der Bodenbesitz einer Zerstückelung verfalle, die zum
Raubbau führe und den Bauernstand aller Selbständigkeit, alles sittlichen
und gesellschaftlichen Haltes beraube. Dabei werden diejenigen Fragen,
die erst ein halbes Menschenalter später in den Mittelpunkt der öffent=

---

*) Vgl. Geschichte der National=Oekonomik in Deutschland von W. Roscher,
München 1874 (historische Schule, S. 1041).

lichen Debatte traten, bereits als Probleme von entscheidender Bedeutung behandelt: Entspricht der Lohn dem wirklichen Antheile des Arbeiters an der Production? Mißbrauchen die Unternehmer (heute würde man sagen **Arbeitgeber**) ihre Ueberlegenheit und Kapital nicht, um den Wettbewerb unter sich zum Theil auf Kosten der Arbeiter zu führen? Wirkt das Eingreifen des Staats dahin, daß die Vertheilung des National=einkommens eine möglichst gerechte werde oder umgekehrt? — lauter Dinge, die nach Roschers treffender Bemerkung auf das hinweisen, was man seit Anfang der sechziger Jahre als „Kathedersocialismus" zu bezeichnen pflegt und was gegenwärtig als Ausdruck der herrschenden Anschauung angesehen werden darf. Mit dem Unternehmen „die entgegengesetzten Ansichten über große und kleine Güter auf ihre Quelle zurückzuführen und nachzuweisen, von welcher Ansicht der menschlichen Dinge sie ihrer Natur nach abhängen und mit der sie stehen und fallen müssen" hatte der Verfasser von Hause aus einen Standpunkt eingenommen, der den Zeitanschauungen vorauseilte und nur da richtig beurtheilt werden konnte, wo man außerhalb derselben Posto zu nehmen gewußt hatte.

Ob und in wie weit das bei den Mitgliedern der Akademie der Fall war, wissen wir nicht. Für das Geschick der Bernhardi'schen Arbeit waren zunächst zwei äußerliche Umstände bestimmend: das Votum des dem Gegenstande nächststehenden Akademikers P. v. Köppen, eines „Kameralisten" der alten Schule, der unter vollständiger Verkennung des Kerns der Sache tadelnd hervorhob, „daß das Werk nirgends den Statistiker zeige", und der Zeitpunkt der Veröffentlichung, das sturmbe=wegte Jahr 1848, welches eigentliche Theilnahme an Fragen theoretischer Natur nirgends, auch nicht in St. Petersburg, aufkommen ließ. Auch nach Meinung der Freunde hatte Bernhardi zu weit ausgeholt, um rechtzeitig zur Stelle zu sein; die Hauptsache war und blieb indessen, daß für eine Untersuchung, welche von den Voraussetzungen westeuropäischer Wirthschaftsentwickelung und von einem Standpunkte ausging, der sich erst ein Menschenalter später innerhalb der Kulturwelt durchsetzte, in dem St. Petersburg der 40er Jahre das richtige Verständniß fehlte und fehlen mußte.

Ueber Aufbau und Entstehung des Werks ist der Vorbemerkung zu entnehmen, daß dasselbe „der Hauptsache nach" im Jahre 1846 ge=schrieben, der Druck im Frühjahr 1847 begonnen, aber wiederholt unter=brochen worden. Das Ganze zerfällt in fünf Hauptabschnitte und 24 Para=graphen, von denen zwei auf die Einleitung und die Feststellung der

Begriffe, sechzehn auf das große, drei auf das kleine Grundeigen=
thum kommen; der vierte Abschnitt, der die Grundbesitzverhältnisse Eng=
lands und Frankreichs erörtert, umfaßt zwei Paragraphen, während
§ 24 den Schluß bildet. Indem der Verfasser die gewonnenen — oben
erwähnten — Resultate seiner Untersuchung noch ein Mal zusammen=
faßt, berührt er speciell drei auf die landwirthschaftliche Organisation be=
zügliche deutsche Territorialgesetze, die damals besondere Aufmerksamkeit
erregten: die nassauischen Bestimmungen über das Parcellen=Mini=
mum, über das hinaus nicht getheilt werden darf, das preußische
Gesetz gegen die sogenannte Hofschlächterei und die für das Königreich
Sachsen erlassene Bestimmung, nach welcher die sämmtlichen Rittergüter
und Bauernhöfe des Landes nur bis auf zwei Dritttheile verkleinert werden
durften. Der Tendenz dieser legislativen Maßnahmen wird zugestimmt,
die Auskömmlichkeit derselben dagegen in Frage gestellt. Zu dem nas=
sauischen Gesetz bemerkt der Verfasser: „wenn alles Land bis auf ein
solches Minimum herab getheilt würde, so wäre das Unglück genug."
An die preußische Bestimmung, nach welcher „Niemand früher als nach
einjährigem Besitz ein gekauftes Landgut stückweise wieder veräußern darf",
wird die Frage geknüpft, ob der einjährige Termin wirklich ausreichend
sein werde, um die Absicht des Gesetzgebers wirksam zu machen. Rück=
sichtlich des sächsischen Gesetzes erklärt der Verfasser für zweifelhaft, ob
die Ausdehnung desselben auf das gesammte Staatsgebiet zweckmäßig
sein werde, ob die Rittergüter des nämlichen Schutzes bedürfen wie die
Bauernhöfe und ob das auf zwei Dritttheile festgesetzte Maß allenthalben
den örtlichen Verhältnissen entspreche. Das Ganze schließt mit der nach=
stehenden, wegen ihrer Bescheidenheit und Kürze vielsagenden und für die
durchaus historische Betrachtungsweise des Verfassers charakteristischen Be=
merkung:

Doch sind diese Gesetze durchaus erfreulich als Zeichen, daß die
Nothwendigkeit, die großen Verhältnisse der Landwirthschaft mit be=
stimmtem Bewußtsein zu ordnen, mehr und mehr erkannt wird. Im
Einzelnen müssen örtliche Verhältnisse vielfach entscheiden — aber
das Rechte wird sicher überall gefunden werden, wenn sich nur erst
die allgemeine Meinung zu einem caveant consules vereinigt.

In gewissem Sinne hat der Verfasser diese „Vereinigung" noch
erlebt: die von ihm betonte Nothwendigkeit, die Regelung der Grund=
besitzverhältnisse als Staatsangelegenheit behandelt und nach

anderen als ökonomistisch = privatrechtlichen Gesichtspunkten beurtheilt zu
sehen, hat sich während des letzten Dritttheils unseres Jahrhunderts
wenigstens in thesi allgemein durchgesetzt. In den Tagen der Publi=
cation des Bernhardi'schen Buchs war das anders. Abgesehen davon, daß
die gesammte Frage außerhalb des Interessenkreises der Tonangeber zu
liegen schien, war man von der eminent staatsbürgerlichen Gesinnung,
die Bernhardi bereits in seinem Buche zum Ausdruck gebracht hatte, in
dem Rußland des Kaisers Nikolaus noch weiter entfernt, als in dem
zeitgenössischen Deutschland, wo noch Jahrzehnte lang an der Meinung
festgehalten wurde, daß die Freiheit des Wirthschaftslebens von der Rücksicht
auf den Staat und dessen — vermeintlichen oder wirklichen — Interessen
emancipirt werden müsse. Danach verstand sich gleichsam von selbst, daß
Bernhardi das Verdienst, seiner Zeit vorausgeeilt zu sein, mit dem Miß=
erfolg eines Buches bezahlen mußte, an dessen Ausarbeitung er Jahre hin=
durch seine beste Kraft gesetzt hatte.

Dieser Mißerfolg mußte ihn um so schwerer treffen, als seine Ver=
heirathung mit Charlotte von Krusenstern bereits vor Abschluß des
Werkes über „die Gründe, welche für großes und kleines Grundeigenthum
angeführt werden" erfolgt war und zwar unter Umständen exceptioneller
und dabei trauriger Art. Wir lassen zunächst den ausführlichen Bericht
folgen, den er seinem Oheim Friedrich Tieck am 16. (6.) Juli über die
Aussichten seiner Eheschließung erstattete:

Im Frühjahr v. J., als mein künftiger Schwiegervater Admiral
Krusenstern für die Sommermonate auf's Land reiste, wurde er unter-
wegs so krank, daß er längere Zeit auf einer (estländischen) Poststation,
Some zu Waiwara, einem Gut des Baron Arpshofen liegen bleiben
mußte und nur mit Mühe nach mehreren Wochen die Reise nach
seinen eignen Gütern (Aß im Kreise Wierland) fortsetzen konnte. Ob
ihn damals im Wagen ein schlagartiger Zufall betroffen hat, war
nicht zu ermitteln; ein zweiter, ein Gehirnschlag, konnte nur mit Mühe
abgewendet werden, jetzt liegt er seit vierzehn Monaten in einem be-
dauernswerthen hoffnungslosen Zustande von Schwäche darnieder, —
natürlich auf dem Lande, denn an eine Reise war gar nicht zu denken.
Ich brauche Dir nicht zu sagen, wie schwer diese Trennung für mich
und für Charlotte war; natürlich eilte ich damals gleich zu Krusenstern
nach Waiwara, auch bin ich auf dem Lande bei ihm gewesen . . . .

Du weißt, daß ich mit Charlotten, der ältesten Tochter verlobt bin, unsere Verbindung wurde verschoben bis meine äußere Stellung gesichert sein würde. Das fürchtet nun der Admiral nicht mehr zu erleben und hat darum seine und unsere Pläne modificirt. Unsere Verbindung soll nun unverzüglich geschlossen werden und zwar hat unser ehrwürdiger Vater den 7. August a. St. dazu festgesetzt, den Jahrestag seiner Rückkehr von der Reise um die Welt. Ist es nicht als ob mir Alles im Leben in eigenthümlicher Weise begegnen und werden sollte? Der Hochzeitstag ist für die meisten Menschen der froheste des Lebens, wir werden auch hier nur an den Ernst, an die Schattenseite des Daseins erinnert, denn unsere Trauung wird am Krankenlager unsres Vaters stattfinden, an dem Schmerzenslager, von dem er sich nicht wieder erheben wird, wie wir Alle mit Bestimmtheit wissen.

Wenn somit nur mit einem Gefühl wehmüthigen Glückes Bernhardi seiner Braut die Hand für's Leben reichen konnte, wenn von Anfang an ein trüber Schatten auf seine Ehe fiel und die Aussichten in die Zukunft unsicher genug waren, so mußte ihn andrerseits die Persönlichkeit derjenigen, die er zur Lebensgefährtin gewählt, mit der Freudigkeit und Zuversicht erfüllen, die nur die Liebe einer hochgesinnten und eblen Frau dem Manne für den Kampf des Lebens einzuflößen vermag.

Einen solchen Einfluß hat Frau v. Bernhardi während ihrer ganzen Ehe auf ihren Gatten geübt. Immer neue Kraft und Frische gewann er aus einem Verhältniß, das durch alle Stürme des Lebens ungetrübt, trotz schwerer Schicksalsschläge reich blieb an wahrem innerem Glück, wie es aus den Wechselbeziehungen zweier sich gegenseitig stützender, fördernder und veredelnder Charaktere entspringt.

Möge der Versuch daher gestattet sein der Gattin Bernhardis und ihres segensreichen Wirkens an dieser Stelle mit einigen Worten zu gedenken, die allerdings kaum im Stande sein werden dem Andenken der eblen Frau gerecht zu werden. Einem Briefe aus jener Zeit, der es unternimmt, eine Schilderung von Fräulein v. Krusenstern zu geben, entnehmen wir zunächst folgende Stelle:

Sie hat eine anmuthige Figur, schöne Augen und sehr schöne Hände; alle ihre Bewegungen sind einfach und graziös; ihre Toilette verräth den besten Geschmack, einen feinen Takt, und sie weiß sie gut zu tragen; sie ist eine durch und durch aristokratische Erscheinung, und gefällt daher überall, ohne schön zu sein. Diesen Eindruck muß jeder gewinnen der sie auch nur oberflächlich kennen lernt. Wenn man ihr aber näher tritt, dann entdeckt man bald, daß sie nicht nur zur socialen Aristokratie gehört, sondern auch zur Aristokratie der Natur. Jede Gemüthsbewegung wird in dem wechselnden Ausdruck ihrer beweglichen Züge erkennbar, wie ein Schatten, der über eine Landschaft zieht; und wenn man dahin gelangt ist, die Gedankenwelt zu verstehen oder zu ahnen, die sich in dem bald zarten bald stolzen Glanze ihres seelenvollen Auges spiegelt, dann muß man gestehen, daß sie wirklich hübsch ist.

Das aber, was man in ihren Augen las, war kein Trug. Ihr Sinn war stets auf das Edle und Hohe gerichtet; mit reiner Begeisterung wußte sie die wissenschaftlichen und patriotischen Bestrebungen ihres Gatten zu verstehen und zu theilen, und zugleich erfaßte ihr Herz mit warmer unerschöpflicher Liebe alle Verhältnisse, mit denen sie in Berührung kam; fortwährend war sie bestrebt und beschäftigt wohlzuthun und Theilnahme zu beweisen; niemals dachte sie an sich selbst, niemals waren für sie persönliche Wünsche maßgebend oder auch nur mitbestimmend. Frei von jeder Selbstsucht hatte sie für jeden Unglücklichen, der sich ihr nahte, nicht nur Thränen des Mitleids, sondern stets eine hülfreiche Hand; äußerem Unglück, das sie selber betraf, wußte sie einen unerschütterlichen Heldenmuth entgegenzusetzen, der in dem lebendigen Glauben an die idealen Ziele des menschlichen Lebens wurzelte. Seit früher Jugend von zarter Gesundheit, verfiel sie bald einem Nervenübel, das ihr Leben zu einem dauernden Leiden gestaltete und sie in späteren Jahren ganz an das Bett fesselte; aber niemals verlor sie die ruhige Heiterkeit des Gemüths, wie sie nur das innere seelische Gleichgewicht verleiht — und von ihrem Schmerzenslager aus nahm sie bis an ihr Lebensende regen und verständnißvollen Antheil an dem geistigen, literarischen und politischen Leben, ohne darum die reiche Fürsorge für die häuslichen und persönlichen Beziehungen zu versäumen.

Für ideale Zwecke war sie zu jedem Opfer fähig. Als charakteristisch in dieser Hinsicht mag hier einiger Worte gedacht werden, die sie ihrem Gatten schrieb. Bernhardi hatte für das Journal de St.

2 *

Pétersbourg eine Darstellung der Kämpfe der Engländer in Indien verfaßt — welche bei der Erzählung eines Gefechtes den Heldenmuth eines englischen Offiziers schilderte, der zu Tode getroffen neben seinem schwerverwundeten Vater niedersank, dessen Leben er mit dem eigenen zu schützen versucht hatte. Indem sie sich nun über diesen Aufsatz aussprach, fügte sie mit Bezug auf die eben erwähnte Episode hinzu: „einen solchen Tod könnte ich meinem Sohne wünschen." So war ihr Sinn, so bethätigte sie ihn auch im Leben.

Als in späteren Jahren wirklich ihr Erstgeborener, in Folge der in dem österreichischen und französischen Kriege ausgestandenen An= strengungen und Leiden erkrankt — ihr in der Blüthe der Jahre ent= rissen wurde, und sie selbst an ihr Schmerzenslager gefesselt nicht einmal an das nur wenige Zimmer entfernte Sterbebett des heißgeliebten Sohnes eilen konnte — da fand sie doch nicht nur für sich selbst die Kraft den schweren Schlag in stiller und ernster Gottergebung zu tragen, sondern sie war es auch, die den tiefgebeugten Vater tröstete und auf= recht erhielt, mit einer Selbstbeherrschung, wie sie nur vollendeten Charak= teren eigen ist.

Eine tief innerliche poetische Natur, wußte sie allen Dingen die beste Seite abzugewinnen, allen Verhältnissen den Stempel ihres edlen reinen und heiteren Geistes aufzudrücken, ihr Haus — so lange ihre Kräfte reichten — zur Stätte einer zwar nicht ausgedehnten aber geistig be= lebten Geselligkeit zu machen — und abelnd auf ihre ganze Umgebung, vor Allem auch auf ihre Kinder einzuwirken, die mit unbegrenzter Liebe an ihr hingen.

So war sie in jeder Hinsicht befähigt, für Bernhardi in den schweren Lebenskämpfen, die ihm noch bevorstanden, eine verständnißvolle, immer hülf= und trostbereite Gefährtin zu sein und ist dieser Aufgabe, die sie mit ihrem Jawort am Lager ihres sterbenden Vaters übernahm, bis an ihr Ende in seltener Treue, Opferfreudigkeit und Selbstverleugnung gerecht geworden.

Die Hochzeit fand übrigens nicht, wie zuerst geplant, am 7. (19.), sondern am 12. (24.) August 1846 zu Aß statt: wenige Stunden später war der treffliche, von seinem Schwiegersohn kindlich geliebte Admiral von Krusenstern eine Leiche. Sein thatenreiches Leben hatte er auf sechsundsiebenzig Jahre gebracht! Gleich hier sei erwähnt, daß Bernhardi seinem Schwiegervater ein biographisches Denkmal setzte, das zuerst in der Dorpater Wochenschrift „Das Inland" (No. 44 und

45 des Jahrg. 1846) erschien, von dort in zahlreiche Zeitschriften überging und dreiunddreißig Jahre später in veränderter Gestalt (die Ge-
heimgeschichte der Weltumsegelung, die Krusenstern von dem Fürsten Mentschikow zugefügten Unbilden und andere bemerkenswerthe Umstände hatten
in der ursprünglichen Version aus Censurrücksichten keinen Platz finden
dürfen) dem ersten Bande der „Vermischten Schriften" einverleibt wurde. —

Bald nach der Heirath siedelte Bernhardi mit seiner jungen Frau
nach St. Petersburg über, wo seine Schwiegermutter, deren ihm engbe-
freundete Tochter Julia und drei Schwäger: Otto (damals Garde-Offi-
zier), Paul (später Admiral), und Emil, lebten; ein vierter Sohn, Julius
(in der Folge Geheimrath und Senateur), leitete die diplomatische Kanzlei
des Warschauer Statthalters Fürsten Paskewitsch-Eriwanski.

Daß das jung verheirathete Paar sich zunächst auf eine abgeschlossene
Existenz beschränkte, lag in der Natur der Verhältnisse, die die Eheschließung begleitet hatten. Der Ehemann war überdies unausgesetzt
mit der Arbeit beschäftigt, von welcher er die Gestaltung seiner Zukunft
erwartete und deren Abschluß er dem Oheim im Frühjahr 1847 melden
konnte. „Ich bin", schreibt er, „mit dem Druck meines staatswissen-
schaftlichen Werks beschäftigt, das ich in wenigen Wochen beendet zu
sehen hoffe. Die Familien- und Gesellschaftsverhältnisse, die mich umgeben, haben viel Erfreuliches. Den Sommer werde ich wohl zum Theil
auf dem Lande, in Estland verbringen. Du sollst jedenfalls von meinem
Thun und Lassen unterrichtet sein."

Im Herbst (1847) aus Estland nach St. Petersburg zurückgekehrt,
wurde Bernhardi mehrere Monate lang durch die Correctur der Druckbogen
seines Werks in Anspruch genommen, das er überdies der Großfürstin
Helene, dem Unterrichtsminister Grafen Uwarow u. s. w. persönlich überreichen mußte. Darüber rückten der Winter und der Beginn des Jahres
1848 heran, aus welchem regelmäßige, wenn auch zunächst nur aphoristisch
gehaltene Tagebuchblätter vorliegen. Es sollte dafür gesorgt sein, daß
dieselben ein Interesse erhielten, das noch heute nicht erloschen ist.

Das Jahr 1848.

Wie allenthalben in Europa, so war auch in Rußland bei Beginn
des Jahres 1848 die Empfindung vorherrschend gewesen, daß der Zustand
unerschütterten Friedens, in welchen man seit den Orientwirren von

1840 getreten war, gewisse Aussicht auf Fortdauer habe. So vollständig glaubte der Kaiser Nikolaus den Revolutionsgeist, der den Anfang seiner Regierung begleitet hatte, aus Rußland und aus den Rußland benachbarten Staaten gebannt zu haben, daß Reformpläne, die noch wenige Jahre zuvor als unzeitig zurückgelegt worden waren, an ihn gebracht werden durften. Man griff auf Pläne zurück, mit denen der Chef des im Jahre 1837 begründeten Domänen-Ministeriums Graf Kisselew sich bereits vor einem Decennium getragen hatte. Davon ausgehend, daß der Staat als größter Grundbesitzer das Recht und die Pflicht habe, die Initiative zur Besserung der unter dem Elend der Leibeigenschaft dahinsiechenden ländlichen Zustände zu ergreifen, hatte dieser Staatsmann zwei Gesetze zur Annahme gebracht, durch welche die rechtliche Möglichkeit zwischen Herren und leibeigenen Bauern abgeschlossener bindender Verträge ge= schaffen worden war. Diese in den Jahren 1842 und 1844 erlassenen, bisher wenig beachteten und ganz wirkungslos gebliebenen Gesetze sollten jetzt zum Ausgangspunkte einer gesetzlichen Regulirung der bäuerlichen Frohnleistungen gemacht und bezügliche Anregungen zunächst dem zum Februar (1848) einberufenen St. Petersburger Gouvernements=Adel ge= geben werden.

Das bloße Gerücht davon, daß die Regierung Antastungen der Un= beschränktheit der Herrenrechte für möglich halte, war ausreichend gewesen, in den St. Petersburger Adels= und Magnatenkreisen eine gewisse Er= regung hervorzurufen. Da über die Absichten des Kaisers nichts Be= stimmtes verlautete, die Sache außerhalb der Residenz kaum bekannt geworden war und da die öffentliche Erörterung politischer Fragen ein für alle Male ausgeschlossen erschien, blieb die gesammte Angelegenheit auf einen verhältnißmäßig engen Kreis beschränkt. Bernhardis Tage= bücher enthalten wenig mehr, als Notizen über gelegentliche Entrüstungs= Aeußerungen reactionärer Grundherren und altrussischer Fanatiker, die alle Schuld bei den „Deutschen" suchten und dem Kaiser zum Vorwurf machten, nicht den nationalen Adel, sondern ein kosmopolitisches Beamten= thum zur Hauptsäule seiner Politik erhoben zu haben. Häufiger wie sonst, wurde Nikolaus als „Karl Iwanowitsch" d. h. als halber Deutscher bezeichnet und über das unüberwindliche Mißtrauen geklagt, mit welchem der Monarch „den ersten Stand des Reichs" seit dem Jahre 1825 verfolge und an der Meinung festhalte, daß die damals zum Ausbruch gekommene Militär=Verschwörung eine aristokratische und nationale gewesen sei. — Im Uebrigen herrschte die Kirchhofsruhe die

sich seit länger als drei Lustren über das weite Reich gebreitet hatte,
so unverändert weiter, daß die Möglichkeit erschütternder Ereignisse aus=
geschlossen erschien und daß Niemand daran zweifelte, Nikolaus werde
seine — ohnehin auf höchst bescheidene Ziele gerichteten — Reformwünsche
durchsetzen ohne auch nur eine Spur von Widerstand zu finden.

So lagen die Dinge als die Kunde der Pariser Februarereignisse
in St. Petersburg eintraf und eine Erregung der Gemüther hervorrief,
die um so bemerkenswerther erschien, als die ersten Meldungen über
den Sturz Guizots wenig beachtet worden waren. Ueber den weiteren
Verlauf enthalten die Tagebücher eine Anzahl kurzer aber bemerkens=
werther Notizen.

Den 4. März (21. Febr. a. St.). Akademiker Siögren kommt,
uns zu morgen einzuladen und erzählt von den Ereignissen in Paris:
Guizot ab, Aufstand auf den Straßen, nach den neuesten telegraphischen
Nachrichten soll heftig gekämpft werden! Der Himmel verhüte einen
europäischen Krieg, Deutschland ist noch nicht vorbereitet. Ein Krieg,
in dem es sich um Deutschlands Interessen handelt und ich wäre nicht
dabei!... Es treibt mich den Abend, Zeitungen zu suchen. Bei
Heide finde ich die Allg. Preuß. Zeitung. Einige Beruhigung, es
sieht so aus, als sollte Louis Philipp diesmal noch den Sieg davon
tragen. In dem Aufstand ist bis jetzt weder Plan noch Leitung und
die Opposition selbst wünscht wohl nicht einen Sieg, aus welchem
eine Republik von 1793 hervorgehen müßte. Doch könnte man
sich täuschen. An dem ersten der drei Julitage sah die
Sache wohl auch nicht so drohend aus. Seltsamer Contrast.
Wie war Mailand damals in Erregung während der Julitage und
hier interessiren sich nur die Deutschen für die Sache.

Die Aufzeichnungen der beiden folgenden Tage berichten über den
allmählichen Eingang der entscheidenden Nachrichten und den zunehmen=
den Antheil, der an denselben genommen wurde. Dann heißt es am
6. März:

Alle Welt ereifert sich über den Kaiser, der eine kindische Freude
über den Sturz Louis Philipps zeigt. Es geschieht ihm ganz recht
u. s. w. Die Großfürstin Marie hat den Vater gefragt, ob er nicht
für Louis Philipp in die Schranken treten werde. Für die Franzosen

werde er nicht einen Tropfen russischen Bluts vergießen lassen, aber seine Bundesgenossen werde er schützen. Der Thronfolger sagte auf einem der letzten Bälle den Offizieren: Eh bien, Messieurs, faites ferrer vos chevaux..... Graf N. Toll ist auf dem Balle beim Fürsten Jussupow gewesen, wo unser „Karl Iwanowitsch" (der Kaiser) die ersten verhängnißvollen Depeschen aus Paris erhielt und durch den Prinzen Alexander von Hessen (Schwager des Thronfolgers, späteren Kaisers Alexanders II.) vorlesen ließ. Mit unverhohlener Freude richtete er an die Offiziere die Frage, „ob er nicht immer Recht gehabt habe." Am folgenden Tage hat er den Feldmarschall Fürsten Paskewitsch als künftigen Grafen von Paris bezeichnet und hinzugefügt, es scheine, daß er den Weg seines Bruders Alexanders I. werde gehen müssen.....

Wie es heißt ist der Kriegsminister Tschernytschew gegen einen Krieg, weil er mit den Mobilmachungsgeldern speculirt. Den Garde-Offizieren ist die Lust zum Marschiren vergangen, seit sie einsehen, daß es nicht weiter, als in die polnischen Dörfer gehen kann.... Alle Russen sind aus der Fremde zurückgerufen worden.

12. März / 28. Februar. Proclamation des Kaisers und Einberufung der „Urlauber auf unbestimmte Zeit". In der Einleitung zur Proclamation eine versteckte Drohung gegen Deutschland. Es ist keine Möglichkeit, daß auch nur ein russischer Soldat deutschen Boden betrete und doch bildet er sich ein, daß alles in bleichem Schrecken zu Boden fallen werde, — das findet man denn auch hier zu arg.

Den 17./5. März. Abends bei General T., der fragt, ob der Kaiser nun wohl von seinen falschen Ideen zurückkommen und es aufgeben werde, den Bauern die Freiheit zu geben. Das sind die Lehren, die der russische Adel aus den Ereignissen der Zeit abstrahirt! Die auf „unbestimmte Zeit" beurlaubten Soldaten sind dem Adel höchst verhaßt (d. h. weil sie aufgehört haben Leibeigene zu sein und weil der Adel freie Leute nur ungern auf dem Lande sieht). Schon neulich hörte ich wünschen, daß man diese Urlauber als Avantgarde brauchen und dem Untergange weihen möge.

Wie man hört, hat der Kaiser einen persönlichen Kongreß der drei östlichen Monarchen vorgeschlagen, der König von Preußen indessen abgelehnt. „Gott verzeihe es denen, die das gute Verhältniß gestört haben", hört man sagen und dann erklären, das sei auf dem Wiener Kongreß geschehen, wo der edle Kaiser Alexander Nichts für sich verlangte!.... Der Kaiser hat geweint, als er die ablehnende Antwort auf den von ihm vorgeschlagenen Kongreß erhielt.

Die Rechnungen derjenigen, welche von dem Eintreffen der Pariser Nachrichten eine gewisse Wirkung auf die innere russische Politik erwartet hatten, sollten alsbald Bestätigung erhalten. Derselbe Monarch, der seine Befriedigung darüber äußerte, daß die Erschütterungen im Westen des Welttheils für das beglückte russische Reich gar nicht in Betracht kämen und daß sie an der unerschütterlich monarchischen Gesinnung der rechtgläubigen Monarchie des Ostens ohnmächtig abprallten — dieser Monarch hielt nicht nur für geboten, die seinem Adel mißfälligen agrarischen Reformpläne zu vertagen, er verleugnete dieselben in aller Form und das in einer Ansprache, die er einer an ihn entsendeten Deputation des St. Petersburger Adels hielt und deren Veröffentlichung streng verboten wurde. Trotz der guten Verbindungen, über welche er verfügte, scheint auch Bernhardi den (im Jahre 1883 zum ersten Male veröffentlichten) Text dieser Rede nicht gekannt zu haben.*) Dieselbe lautete wie folgt:

Meine Herren! Aeußere Feinde sind uns nicht gefährlich; in dieser Rücksicht sind alle nöthigen Maßregeln so vollständig ergriffen worden, daß Sie ruhig sein können. Eine von Hingebung für Thron und Vaterland erfüllte Armee steht bereit, um den Störern der Ruhe begeistert mit den Waffen entgegenzutreten. Aus den inneren Gouvernements habe ich durchaus befriedigende Nachrichten erhalten. Erst heute sind zwei von mir dahin entsendete Adjutanten zurückgekehrt, welche allgemeine und innige Hingabe und Eifer für Thron und Vaterland bezeugen konnten. Nichtsdestoweniger bitte ich Sie, meine Herren, unter den gegenwärtigen schwierigen Verhältnissen fest zusammenzustehen. Vergessen wir alle Verstimmungen, alle Unannehm-

---

*) Der nachstehend wiedergegebene Text rührt von einer Niederschrift des Führers der St. Petersburger Adelsdeputation, Senateurs und Geheimraths Grafen Sarabowski her.

lichleiten, die zwischen dem Einen und dem Andern stattgefunden haben. Reichen Sie einander als Brüder, als Kinder der Heimath-erde freundschaftlich die Hand — reichen Sie auch mir die Hand und seien Sie überzeugt, daß, wenn ich an der Spitze stehe, keine Macht der Erde uns erschüttern soll.

Der in den Lehranstalten herrschende Geist ist im Allgemeinen ein guter — dennoch ersuche ich Sie, Sie wollen als Väter, Brüder und Verwandte über die Ideen und über das sittliche Verhalten der jungen Leute wachen. Geben Sie denselben durch Ehrenhaftigkeit und durch Liebe zu Czar und Vaterland ein gutes Beispiel; geben Sie den Gedanken der Jugend die Richtung zum Guten; wo Sie schlechten Neigungen begegnen, mögen Sie durch Strenge oder durch Einwirkung auf die Ueberzeugung die Betreffenden auf den richtigen Weg zurückführen. Unerfahren, wie sie sind, können die Jungen übel-gesinnten Leuten in die Hände fallen, welche sie zu Dingen anstiften, welche ihnen und der Gesellschaft zum Schaden gereichen. Darauf zu achten, ist Ihre Pflicht, meine Herren.

Bei uns besteht eine schlecht situirte, bedenkliche Classe von Leuten, auf welche ich Sie Ihre besondere Aufmerksamkeit zu richten ersuche, die Classe der Hofleute (des leibeigenen Gesindes der Guts-besitzer). Ursprünglich vom Bauernstande entsprossen, sind die Hof-leute hinter demselben zurückgeblieben, indem sie nicht seßhaft sind und nicht die geringste Bildung erhalten haben. Diese Leute sind im Allgemeinen verderbt und der Gesellschaft ebenso gefährlich wie ihren eigenen Herren. Seien Sie in Ihren Beziehungen zu denselben vorsichtig, ich bitte Sie darum. Häufig genug geschieht es, daß Sie bei Tische oder in abendlichen Gesprächen politische und auf die Re-gierung bezügliche Angelegenheiten erörtern, ohne daran zu denken, daß Leute Ihnen zuhören, welche Ihre Urtheile aus Unwissenheit und Dummheit in ihrer Weise, das heißt völlig verkehrt auslegen. Dazu kommt, daß dergleichen unter gebildeten Leuten unschuldige Ge-spräche ihren Dienstboten Dinge in den Kopf setzen können, auf welche dieselben von sich aus niemals gekommen wären. Das ist höchst ge-fährlich!

Indem ich zu den Verhältnissen des Bauernstandes übergehe,

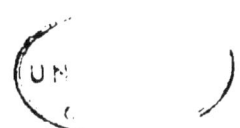
muß ich Ihnen empfehlen, auf das Wohlbefinden desselben besondere
Rücksicht zu nehmen. Gewisse Leute haben mir in dieser Hinsicht die
thörichtesten und unsinnigsten Gedanken und Absichten zugeschrieben.
Ich weise diese Unterstellungen mit Entrüstung zurück. Bereits als
ich das Gesetz über die Verträge mit Bauern erließ, habe ich bedingungs-
los anerkannt, daß alles Land den Herren gehöre. Es ist das eine
geheiligte Sache, an welcher Niemand rühren soll. Zu meinem Leid-
wesen muß ich indessen sagen, daß es bei uns sehr wenig gute und
umsichtige Gutsbesitzer, dagegen viele mittelmäßige und noch mehr
schlechte Herren gibt. Abgesehen von den Vorschriften des Gesetzes
und Gewissens, sollte die Rücksicht auf den Zeitgeist und auf das
eigene Interesse Sie bestimmen, sich um das Wohlergehen der Ihnen
anvertrauten Leute zu kümmern, die Liebe und die Achtung derselben
zu erwerben. Finden sich unter Ihnen unsittliche und harte Herren,
so sind Sie verpflichtet, dieselben der Strenge des Gesetzes auszu-
liefern. Einzelne russische Zeitungen haben sich erlaubt, Aufsätze zu
veröffentlichen, welche die Bauern gegen die Gutsbesitzer aufreizen und
die auch im Uebrigen boshaft sind. Ich habe Maßregeln ergriffen,
welche dafür sorgen werden, daß dergleichen nicht wieder vorkommt.

Meine Herren! Eine Polizei besitze ich nicht und liebe ich nicht.
Sie sind meine Polizei. Jeder von Ihnen ist mein Verwalter
und hat die Verpflichtung behufs Erhaltung der staatlichen Ruhe
böse Handlungen und Streiche, deren er gewahr wird, zu meiner
Kenntniß zu bringen. Sollten Sie auf meinen eigenen Besitzungen
Bedrückungen und Unordnungen wahrnehmen, so bitte ich Sie bringend
mir ohne jede Rücksicht über Ihre Wahrnehmungen zu berichten.
Lassen Sie uns freundschaftlich zusammenstehen und
einmüthig handeln, dann werden wir unüberwind=
lich sein.

Meinem Charakter entspricht die vollste Offenheit. Ich wünsche,
daß nicht nur meine Handlungen, sondern auch meine Absichten und
Gedanken Allen bekannt seien. Darum ersuche ich Sie, das von
mir Gesagte dem gesammten St. Petersburger Adel, zu welchem
auch ich und meine Frau als hiesige Gutsbesitzer gehören,
sowie Jedermann zur Kenntniß zu bringen."

Was es dem stolzesten Selbstherrscher seiner Zeit gekostet haben mag, notorisch in seinem Rathe discutirte Entwürfe zu verleugnen, — Vergessen und Vergeben stattgehabter Verstimmungen anzurathen, freundschaftliches Zusammengehen zwischen Adel und Regierung zu erbitten und sich als „Edelmann und hiesigen Gutsbesitzer" zu erklären, — mag unerörtert bleiben. Illustrirt wurden diese Versicherungen durch die Thatsache, daß der Presse jede Mittheilung über die von Sr. Majestät geäußerten „Absichten und Gedanken" untersagt wurde und daß der Monarch „der keine Polizei hatte und keine Polizei liebte", eben damals seine zwei — untereinander tödtlich verfeindeten — „Polizeien" (die geheime der „Dritten Abtheilung" und die öffentliche des Ministeriums des Innern) in athemloser Hast nach den Urhebern einer revolutionären Proclamation suchen ließ, die in einer nicht ganz unerheblichen Zahl von Exemplaren Mitgliedern des in der Residenz versammelten St. Petersburger Adels zugesteckt worden war! — Bei der Ausführlichkeit, mit welcher dieser Gegenstand und die über denselben im Jahre 1849 gemachten Entdeckungen in unserm Tagebuch erörtert werden, braucht dieses für die damalige St. Petersburger Signatura temporis charakteristischen Umstandes vorerst nur beiläufige Erwähnung zu geschehen.

In der russischen Hauptstadt sah es ohnehin unruhig und unbehaglich genug aus. Zu dem durch die unsinnige Strenge der Censur verschuldeten Mangel an bestimmten und präcisen Zeitungs-Nachrichten über die Vorgänge in den Nachbarländern kamen quälende Ungewißheit über die nächsten Absichten der auswärtigen Politik Rußlands, beständig wiederkehrende Schwankungen in der Stimmung des Kaisers und unbegreifliche Mißgriffe, die der anscheinend so feste und zielbewußte Monarch unter dem Einfluß der ihn beengenden widerspruchsvollen Empfindungen beging. Zu diesen wurde insbesondere das bekannte Manifest gegen die „Heiden des Westens" gezählt, welches Nikolaus an einem der ersten Sonntage des Monats März in sämmtlichen Kirchen verlesen ließ und das auch den loyalsten unter den Loyalen unbegreiflich dünkte. Ueber den ersten Eindruck dieser Kundgebung heißt es in den Tagebüchern:

14./26. März. Allgemeiner Unwille über die Salbaderei, die Karl Iwanowitsch (in den Tagebüchern von 1848 wird diese Bezeichnung des Kaisers ziemlich consequent gebraucht) in der Kirche hat verlesen lassen. Der ganze Westen soll in sträflichem Aufruhr begriffen sein, auch die Verbündeten des Kaisers in den allgemeinen

Umsturz verwickelt. Er aber hofft, wenn Rußland angegriffen werde, werde das Volk sich „wie immer" treu um den Thron schaaren u. s. w. Als ob dergleichen Redensarten auf ein Volk wie das hiesige wirkten, und als ob nicht jeder neue Eindruck den vorigen verwischte! Wer bedroht Rußland denn und wer will es angreifen? „Wozu das", hört man fragen. „Uns beachtet jetzt Niemand und Niemand hat unsere Hilfe begehrt! Kommt die Allocution in die Zeitungen, so wird es heißen: also auch er ist seines Volkes nicht sicher." Offenbar hat das Verlangen, irgend Etwas zu sagen, zu diesem soft trick geführt.

Das Mißtrauen ist allgemein. Man erzählt, daß unter dem Vorwande, politische Oekonomie zu treiben, communistische oder wenigstens liberalistische Vorträge an den Universitäten gehalten würden. Es ist bereits eine Commission niedergesetzt, um die Sache zu untersuchen. Pogodin (der bekannte panslavistische Moskauer Professor) ist allerdings — Freihändler und von Iwanowski heißt es, er sei jacobin jusqu' à la moëlle des os.

Das vorstehend registrirte Gerücht von der Niedersetzung einer mit der „Revision des Universitätswesens" beauftragten Commission (nach einer späteren Notiz Bernhardis war dieselbe von dem Großfürsten Constantin in Anregung gebracht worden) war nur allzu begründet. Nächste Wirkungen der Thätigkeit dieser — dem Unterrichtsminister Uwarow außerordentlich feindlich gesinnten — Immediat-Instanz waren die (erst mehrere Jahre später unter Alexander II. aufgehobenen) Verbote der Abhaltung von Vorlesungen über Volkswirthschaft und allgemeines europäisches Staatsrecht, — ferneren Leistungen der Commission werden wir in der Folge begegnen. — Alle übrigen Interessen traten indessen vor der Spannung darauf zurück, ob der Kaiser sich zu einem Kreuzzuge gegen die Revolution für Wiederherstellung der früheren Ordnungen in Preußen und Teutschland entschließen werde. Die darüber in Umlauf gesetzten Nachrichten wechselten so unaufhörlich, daß schließlich Niemand klar zu sehen vermochte:

18./30. März. Mademoiselle Bruun mit Hofnachrichten bei uns. Die Kaiserin weint (über die Nachrichten aus Berlin) und Karl Iwanowitsch ist übler Laune. Der St. Petersburger Adel be-

absichtigte eine Antwort-Adresse. „Je ne veux pas de farce."
Natürlich, das Entwerfen einer Adresse bedeutet seiner Meinung
nach bereits einen „acte d'émancipation". Mademoiselle Bruun
fügt sehr charakteristisch hinzu: Il sait peut-être comme on est mal
disposé pour lui.

1. April. In Kiew sind sechzehn Gutsbesitzer von den Bauern
todtgeschlagen, in Warschau angeblich drei französische Emissäre ge-
henkt worden. Der Kaiser immer noch in krankhafter Aufregung.
Seitdem unser König (Friedrich Wilhelm IV.) nicht mehr thut, was
Karl Iwanowitsch will, gefällt man sich darin, ihn als „ganz gesunken" zu bezeichnen. Que dites-vous du roi de Prusse? Comme
il se conduit u. s. w.

3. April. Das Hoffräulein Bruun bei uns. Der Kaiser
fortwährend in grimmigster Laune — wirft mit Dural's (Einfalts-
pinsel) und ce misérable um sich und schreit alle Leute, selbst die
Damen an. Die Lakaien flüstern in den Corridors: der Kaiser ist
nicht gut aufgelegt! Die belle demoiselle (Geliebte des Kaisers)
Frl. Nelidow weint abwechselnd und amüsirt sich dann wieder frivol.

6. April. Der Kaiser verstimmt und unwohl. Die Livländer
haben ihm 1200 Rubel zu patriotischen Zwecken dargebracht — er
hat darüber Thränen vergossen. Gerüchte von preußischen Proclama-
tionen in Riga.

Das Auf= und Niedergehen alarmistischer Nachrichten dauerte noch
Wochen lang fort: charakteristischer Weise schienen die ungünstigen und
übertriebenen Meldungen den meisten Glauben zu finden: daraus daß
in der Kulturwelt das Oberste zu unterst gekehrt wurde, glaubten die
Anbeter der bestehenden russischen Ordnung, Argumente für die Vor=
trefflichkeit der nämlichen Zustände gewinnen zu sollen, deren Mängel
sie im gewöhnlichen Laufe der Dinge nur allzupeinlich empfanden, nur
allzu bitter tadelten. — Die während der letzten April= und ersten Mai-
wochen verzeichneten Notizen des Tagebuchs sind in dieser Beziehung
höchst lehrreich:

9./21. April. Allenthalben Symptome der Beunruhigung, politische Unterhaltungen. Unsinnige Nachricht, daß in Wien die Republik proclamirt worden sei! Die „Eingeweihten" nehmen es

übel, wenn man daran nicht glauben will. Maria Niko-
lajewna, die Herzogin von Leuchtenberg, zeigt lebhafte Besorgnisse und
bittet den Papa, ja keine Truppen von hier wegzuschicken. Allgemeines
Schimpfen auf Radetzky und dessen Zögern. (Meiner Meinung
nach muß er, wenn die Piemontesen über den Mincio gehen, bei
Villafranca schlagen und mit dem rechten Flügel operiren, um den
Piemontesen den Rückzug auf Valeggio oder Goito zu nehmen und
sie in die Sümpfe unterhalb Mantua zu werfen. Der Stillstand in
dem dortigen Kriegswesen erklärt sich wohl. Man will wahrscheinlich,
ehe man weiter geht, einige lombardische Streitkräfte organisiren.
Diese neugebildeten Kräfte werden schwerlich viel taugen. Nugent
könnte unterdessen auch herankommen und ein viel größeres Gewicht
in die Wagschale werfen.) — Privatbriefe von Kaufleuten aus
Paris über neue Kämpfe und contrerevolutionäre Bewegungen.
Man erzählt, daß Lamartine und Lebru-Rollin aufgeknüpft worden
seien. Seltsamer Weise steht nichts davon in den Zeitungen.

28. April/10. Mai. König Oskar I. von Schweden hat dem
Kaiser „une lettre superbe" geschrieben, fordert ihn auf, Dänemark
zu Hilfe zu kommen und verspricht, selbst 1200 Schweden zu senden.
Karl Iwanowitsch (Nikolaus) hat bei dem Empfange des Briefes
„molodez" (ein tüchtiger Junge) ausgerufen.

Die preußischen Truppen sollen von den Gnesenern geschlagen
worden sein, die sie, nachdem sie auf russisches Gebiet übergetreten
waren, überfallen haben. Das sei mit Connivenz Paskewitsch's geschehen. Hier scheint man die Nachricht mit Schadenfreude
zu empfangen.

4./16. Mai. Die Oesterreicher haben sich (wie 1799) bei Pastrengo schlagen lassen. Daß die Piemontesen Pastrengo angegriffen,
beweist, wie bei ihrer Kriegführung kein Zusammenhang und keine
Energie ist; es zeigt sich ein planloses Umhertappen. Ein Uebergang
über die Etsch bei Verona kann zu gar nichts, am wenigsten zu etwas
Entscheidendem führen. Sie müßten unterhalb, gegen Legnago über
die Etsch gehen und mit den Venetianern und Romagnolen den Kampf
gegen Nugent und Radetzky — mit Jedem einzeln — aufsuchen.
Dazu gehört freilich moralische Ueberlegenheit, Uebergewicht an Energie

und Siegeszuversicht. Haben sie die nicht, so thäten sie am Besten, vom Kriegführen wegzubleiben.

Hiesiger Bildungszustand. Mein guter Bekannter Rittmeister T. hat mit den Soldaten Instructionsstunde gehalten. Man fragt ihn, woher denn wieder von den Franzosen so viel die Rede sei, und wo diese herkämen, da sie doch im Jahre 1812 sämmtlich zu Grunde gegangen seien!

...... Man hört immer wieder von ernsthaften Kriegsvorbereitungen, während von Auszahlung der MobilmachungsGelder nichts verlautet. Für Kadetten und MedicinEleven bricht eine schöne Zeit an. Sie werden ohne Examen Offiziere und Aerzte; in der Armee fehlen 1400 Offiziere .... Bei Hofe treten die Sympathien für Dänemark immer deutlicher zu Tage. Allenthalben Gespräche über die künftige deutsche Reichsverfassung. Die geht nicht durch wenn man nicht Preußen an die Spitze stellt, Oesterreich sagt sich jedenfalls davon los.

Bei Einbruch des Sommers traten die politischen Sorgen und Interessen für eine Weile hinter Nöthe zurück, die die Bewohner St. Petersburgs in direkte Mitleidenschaft zu ziehen drohten. Anfang Juni brach die Cholera aus und das mit einer Heftigkeit, welche die ärmere Bevölkerung förmlich decimirte und alsbald zur Verbreitung der nämlichen unsinnigen Gerüchte führte, welche im Jahre 1831 zu einem Pöbelaufstande Veranlassung gegeben hatten. In unserem Tagebuch heißt es darüber wie folgt:

26./14. Juni. Es geht ein ganz bedeutendes Sterben an. Man hört allenthalben davon reden. Oklabnikow berichtet, daß von den in der Admiralität arbeitenden Matrosen bereits fünfzig in das Hospital abgeführt worden seien. Auch auf der CadettenEscadre sterben viele junge Leute. Auf dem AbreschkowMarkt ist heute ein Mensch umgefallen und rasch verstorben. Mein Diener Jacob berichtet von dem Straßengerede, an das er natürlich selbst glaubt: „In einem Hospital haben die Aerzte vor Freude über den Ausbruch der Cholera getanzt, — Vergifter sind von Polen aus in Bewegung gesetzt und 100 000 Rubel an einen Arzt gesendet worden, der hat alle alten Weiber und Männer aus den Hospitälern losgelassen und in Bewegung gesetzt u. s. w."

27./15. Juni. Die Cholera nimmt mit reißender Geschwindig-
keit zu, es ist unbegreiflich, wie sie in so wenigen Tagen eine solche
Ausdehnung hat gewinnen können ... Mein Nachbar der Schuster
kommt zu mir und fragt, was von den Vergiftern, den Polen zu halten
sei. Auf dem Nikolski-Markte sei heute ein solcher auf frischer That
ertappt worden, der das Gift in einem hohlen Stock bei sich trug.

28./16. Juni. Es nimmt immerfort zu, man sieht Nichts als
Leichenzüge auf den Straßen und das sind alles Todte, die den
höheren Ständen angehören. Bei den Hunderten, die in den Hospitälern sterben, ist von Leichenzügen nicht die Rede; sie werden früh
Morgens weggeschafft.. Ph. A. von Krusenstern bei mir. Er erzählt
von Feuersbrünsten in der Provinz; natürlich sollen die Polen daran
schuld sein. Die zweite Assekuranz-Compagnie ist bankerott und er
verliert 6000 Rubel dabei und glaubt darum auch an Vergiftungen
durch die Polen. — Bei General Klugen stürzt die Köchin in's Zimmer
und erzählt, in ihrer Gegenwart seien zwei Vergifter in einem Laden
ertappt worden; ein Knabe habe sie Pulver streuen sehen. Das ganze
Haus glaubt das.

In Folge dieser Giftmischer-Gerüchte wurde die Lage von Tag zu
Tag unerträglicher.

Schrecklicher als alles Uebrige, so heißt es in einer Notiz vom
30./18. Juni, sind die Todtschlägereien auf offener Straße. Die
Truppen sind im Lager, um Soldat zu spielen oder sich um die Per=
son des kleinen Herzogs von Leuchtenberg zu versammeln, — die
Polizei hat alle Autorität verloren und der Pöbel schlägt ungehindert
und ungestraft jeden todt, den er für verdächtig hält. Heute wurde
auf unserer Straße ein Mann erschlagen, was mir drei Augenzeugen
berichten. Jacob erzählt von einem Polen, bei dem ein weißes Pulver
gefunden worden: in Wahrheit ist dieser Unglückliche ein Schwede
gewesen, der Zucker bei sich führte.

1. Juli/19. Juni. Heute hat eine große Prügelexecution in Veranlassung der gestrigen Mordthat stattgefunden und zwar in Gegenwart des Großfürsten Thronfolgers, schließlich erschien auch der Kaiser.

5. Juli/23. Juni. Am Sonnabend fielen uns Offizier- und
Gensdarmerie-Piquets auf, denen wir auf der Straße begegneten.

Wir erfuhren, daß man für Sonntag einen Aufstand besorgte; das Volk sagte, die Cholera werde nicht eher aufhören, als bis man die Hospitäler zerstört und die Aerzte todtgeschlagen haben werde. Am Sonntage sollte es losgehen, Truppen mit Artillerie waren aber rechtzeitig in der Nähe.

Einige Tage später reiste Bernhardi nach Estland ab, wohin er seine Frau vorausgesendet hatte und wo er den Rest des Sommers zuzubringen gedachte. Von Reval aus berichtete er dem Oheim über die während der Cholerazeit in St. Petersburg empfangenen Eindrücke das Folgende:

Wie die Cholera nun wirklich erschien, da war die Sache freilich sehr ernsthaft und ein andres Wesen als damals vor Jahren in Berlin. Während der schlimmsten Zeit hatte der Anblick der Stadt etwas wirklich Tragisches. Schon der Zustand der Vegetation hatte etwas Befremdendes; die Bäume in den Gärten und Alleen erschienen auffallend welk und krank! — viele Gewächse, wie Kohl und dergleichen sollen in der Erde schimmelig geworden sein. Und nun die langen breiten Straßen vom frühen Morgen an bis spät am Abend fort und fort mit Leichenzügen bedeckt, wo dann besonders mehrere Särge in einem Zuge — Familien also, die ganz oder theilweise ausgestorben waren — etwas Ergreifendes hatten. Um so mehr, da nach russischer Sitte die Farbe des Sarges die Lebensverhältnisse des Verstorbenen als Wittwer, Gatte oder Junggeselle errathen läßt. So sah ich noch am Tage vor meiner Abreise in der Abenddämmerung einen schwarzen und zwei weiße Särge in einem Zuge, also eine Wittwe und zwei unvermählte Töchter! Daneben nun von allen Menschen, die durch die Straßen wandelten, eine übermäßig große Zahl in Trauer — hin und wieder plötzlich Erkrankende, die ganz entstellt, kaum nach den Hospitälern geschafft werden konnten — und wie die Welt nun einmal geht, lächerliche Karrikaturen wie die Angst sie aus den Menschen macht, — Leute die ängstlich Kampher-Cigarren zwischen den Zähnen hielten, andere die immerfort Pfeffermünz-Pastillen aßen, so daß sie sich wohl den Magen damit verderben konnten — und viele, die bei brennender Sonnenhitze im Pelz umherliefen, aus Furcht sich zu erkälten. Mir selbst, wiewohl ich persönlich die ganze Zeit über wohl blieb, rückte doch in anderer Weise das Uebel ziemlich nahe. Mein Diener starb daran und ich war zufällig ganz allein mit ihm zu Hause, als er erkrankte, so daß ich ihn selbst auskleiden und zu Bette legen mußte. In der ersten halben Stunde veränderte er sich dergestalt, daß man jede Hoffnung, ihn gerettet zu sehen, aufgeben mußte; auch war es in wenigen Stunden aus.

Ueber den weiteren Verlauf des Sommers 1848 entnehmen wir den Tagebüchern:

S. 20. Juli. Der junge Pahlul (Sohn des Kaiserlichen Flügeladjutanten und späteren Generals à la suite) erzählt aus Petersburg: Vor dem Palais hatten sich zahlreiche Volksmassen versammelt, die den Kaiser zu sehen wünschten. Als dieser fragte, was sie wünschten, erhielt er die Antwort: „die Cholera solle aufhören, und außerdem verlangten sie so etwas wie in Paris." Der Kaiser bescheidet die Leute auf das Marsfeld, wo er antworten werde. Sie sind dumm genug, hinzugehen, werden von Artillerie und Truppen umzingelt. Der Kaiser erscheint: „Liefert die Rädelsführer aus, sonst lasse ich schießen." Drei Kerls werden ausgeliefert und sollen Spießruthen laufen. ..... Das Volk erzählt, der Kaiser habe den Gouverneur gefragt: „Was er haben wolle, Krieg oder Cholera." Der Gouverneur habe sich für das Letztere entschieden, und darauf habe man die Cholera in Kisten verpackt kommen lassen. Früh Morgens werde dieselbe als weißes Pulver ausgestreut, und wenn die Leute zu Markte kämen, athmeten sie es ein. Zufällig hätten auch einige Vornehme davon geschluckt, und daran seien sie gestorben — eigentlich aber sei es auf das Volk abgesehen.

An den Verheerungen durch die Cholera sollte es indessen nicht genug sein. Während in Petersburg die Seuche fortwüthete, brach auf dem Flottengeschwader, das der Kaiser zu demonstrativen Zwecken nach Kopenhagen entsendet hatte, der Scorbut aus, der zur Vermeidung von Aufsehen indessen höheren Orts „verboten" wurde. Das Tagebuch schreibt hierüber:

Paul Krusenstern (Bernhardis Schwager und Offizier auf dem Demonstrations-Geschwader) berichtet von dem Seezug auf die Kopenhagener Rhede. Er ist ein paar Tage in der Stadt gewesen — auf

3*

allen Theatern wurden die Deutschen in die Flucht geschlagen — beim Scheibenschießen bildete das Herz eines preußischen Offiziers die Scheibe.

Auf der Flotte wüthete die Cholera und mehr noch der Scorbut. Als Manöver ausgeführt wurden, konnte jedes Linienschiff nur mit acht Kanonen feuern, weil Leute zur Handhabung der Segel und Taue zurückbleiben mußten, so weit waren die Mannschaften herabgekommen. Kranke aber durften auf den Tagesrapporten nicht stehen, das hatte der Kommandirende Lasarew verboten. Es hätte ihm ja schaden können, wenn man erfuhr, daß auf der Flotte viele Kranke seien. Es durften auch keine Kranken-Portionen verrechnet werden, folglich bekamen die Kranken dergleichen nicht und starben um so schneller wie die Fliegen. Kapitän Schischmarow gab allein die wahre Zahl der Kranken an und sorgte für sie. Lasarew war wüthend darüber; daß Schischmarow aus wirklicher Sorge für die Leute handle, erschien ihm garnicht denkbar — es war „Intrigue", und Schischmarow wollte ihm schaden! Außer sich gerieth er, als der Dampfer „Kamtschatka" an der Flotte vorüberfuhr und nach der Zahl der Kranken fragte. Alle Schiffe antworteten „drei bis sechs", nur Schischmarow signalisirte „sechzig", obgleich bei ihm die wenigsten Todesfälle vorkamen. Als die Escadre nach Reval und Helsingfors zurückkehrte, verbot Lasarew der Brigade, die unter Karaulew nach Finnland ging, Kranke an's Land zu schicken, damit man nichts von ihrem Dasein erfahre. Schischmarow bewirkte indessen, daß seine Leute dennoch ausgeschifft wurden. Lasarew kommt in äußerster Wuth selbst nach Helsingfors. „Wie haben Sie sich unterstanden, wie ein Narr zu verfahren?" Schischmarow erwidert, es sei nöthig gewesen, auf den Schiffen sei es des Herbstwetters wegen zu feucht und zu kalt geworden; eng an einander gepackt, müßten die Leute dem Scorbut erliegen. Lasarew: „Was heißt das? Ist das ein Grund? Habt ihr keine Bretter, um Särge zusammenzuschlagen, keine Pfaffen, um die Leichen anzusingen, ehe man sie über Bord wirft?"

Bis zum Ausgang des September verweilte Bernhardi in der Umgegend Revals. Dann mußte er nach St. Petersburg zurückkehren, während Frau von Bernhardi in Estland blieb, um ihre schwer erkrankte Mutter

zu pflegen und das Erlöschen der in der Hauptstadt fortdauernden Epi=
demie zu erwarten. Umstände verschiedener Art verzögerten die Wieder=
vereinigung der Gatten bis in das Jahr 1849 hinein, so daß Bernhardis
ältester Sohn in Abwesenheit des Vaters (18./30. Oct. 1848) zu Reval
geboren wurde und daß dieser sein Kind zum ersten Male sah, als er im
Januar (1849) nach Reval reiste, um an der Taufe desselben Theil zu
nehmen. — Der Winter 1848—1849 war unter stiller freudloser Arbeit
und in nur gelegentlich unterbrochener Einsamkeit vergangen. Zu der
Sehnsucht nach Frau und Kind, und dem Verdruß über das Scheitern
der auf die Akademikerstellung gerichteten Pläne gesellte sich das Gefühl
einer Isolirung, die der mit banger Sorge um die Zukunft seines Vater=
landes erfüllte preußisch=deutsche Patriot bereits bei Beginn des Be=
wegungs=Jahres schmerzlich empfunden hatte. Seine nächsten St. Peters=
burger Freunde Toll († 1842), Krug († 1844) und Krusenstern waren todt
und von verständnißvoller Theilnahme an den Dingen, die sein Innerstes
bewegten, waren die deutschen Gelehrten seiner nächsten Umgebung ebenso
weit entfernt, wie die russischen Staatsmänner, mit denen er in St.
Petersburg verkehrte und die esthländischen Barone, denen er während des
Sommers in Reval begegnete. Was die Herren von der Akademie an=
langt, so waren diese in einer Zeit der Staatenlosigkeit empor gekom=
menen Gelehrten seit Jahr und Tag an das Newa=Ufer versetzt und vielfach
den vaterländischen Interessen entfremdet worden. Die Einen lebten aus=
schließlich ihren wissenschaftlichen Arbeiten, während Andere der herrschenden
Strömung folgten, diejenigen aber, die sich sonst für Radicale und Jung=
Hegelianer gegeben hatten, unter dem Eindruck der 48er Ereignisse zu
ängstlichen Reactionären wurden, die (wenn sie überhaupt noch nach
deutschen Dingen fragten), um jeden Preis (auch denjenigen der Fort=
dauer des Zustandes nationaler Zerfahrenheit und Staatenlosigkeit) Wieder=
herstellung der Ruhe d. h. der alten Ordnung wünschten. Ueber einen
dieser ci-devant kosmopolitisirenden Radicalen heißt es in einer Tagebuch=
Notiz:

Der frühere Spott und Hohn über die deutschen Zustände hat
einer ernstlichen aber kleinmüthigen Sorge Platz gemacht. Früher
abenteuerliche Ansichten von einer Zukunft ohne Religion, Eigen=
thum und Erbrecht, ganz in der Weise der Jung-Hegelianer voller
Verachtung für die stupiden Menschen und Regierungen, die das
nicht begreifen und nichts dazu thun wollten: jetzt ist man ängstlich=

conservativ und zittert vor dem Gedanken an irgend eine Concession!
— und dabei behauptet man immer so gedacht zu haben. Ja! die
Hegel'sche Philosophie in der Feuerbach'schen Form hat das Leben ver-
giftet und untergraben, indem sie ein Leben ohne Pflichten und Resignation lehrte. Und Nichtswürdige wie Herwegh, Börnstein, Marx und
Börnstädt wollten dieses goldne Zeitalter mit Hilfe einer französischen
Invasion verwirklichen. Dem ganzen Treiben liegt die Vergötterung
des Ich, die unsittlichste Selbstsucht zu Grunde.

Von den hohen Beamten und Generalen, mit denen Bernhardi in
Berührung kam, verstand sich von selbst, daß sie im Fahrwasser des
Kaisers Nikolaus schwammen, das „abtrünnige" Preußen und die „revolutionäre" deutsche Staatsidee in wegwerfendster Weise verurtheilten
und für den „unglücklichen" König Friedrich Wilhelm IV. nur eine Rettung,
diejenige durch russische Bayonette absahen.   Peinlich war Bernhardi
aber auch durch die unter seinen estländischen Freunden und Verwandten
herrschende Stimmung berührt worden. Zur Zeit seines letzten Besuches
in Reval (1847) war von Sympathien für Rußland und das System
des Kaisers Nikolaus nur wenig zu spüren gewesen, — jetzt unter dem
Eindruck der aus dem revolutionirten Westen eingetroffenen Nachrichten
„spornte man sich zu einer gewaltigen Kaiserliebe", von welcher sonst
keine Rede gewesen war. Jetzt verlangt man „heroische Dinge" von ihm
zu hören und gefällt man sich in dem Gedanken „hier glücklich und ruhig
zu leben. Es ist nicht wahr, daß diese Herren so russisch-patriotisch
empfinden, sonst würde sie das, was in Deutschland vorgeht, nicht so
leidenschaftlich bewegen." — Die Bestimmbarkeit und Urtheilslosigkeit
seiner Umgebung mußte auf Bernhardi um so empfindlicher wirken, als
seine Aufmerksamkeit von Hause aus auf die für Deutschland in Betracht kommenden Punkte gerichtet gewesen war und als er mit bewunderungs-
würdiger Klarheit vorausgesehen hatte, daß es für die über Deutschland
hereingebrochene Verwirrung nur eine Lösung gebe: die Herstellung des
nationalen Staats unter preußischer Führung.   Darauf waren alle seine
Wünsche gerichtet, und während rings um ihn her thörichte Rechnungen
auf Herstellung einer Republik nach französischem Muster mit ebenso
thörichten Hoffnungen auf eine Rettung Deutschlands durch das reaktionäre
Oesterreich wechselten, war sein Blick unverwandt auf die Kriegsereignisse in Schleswig-Holstein und in der Lombardei gerichtet; der geborene
Realpolitiker wußte, daß die hier getroffenen Entscheidungen zugleich für

die Lösung der inneren deutschen Fragen maßgebend sein würden. Kein Wechselfall auf diesen Schlachtfeldern, den er nicht nach seiner politischen und militärischen Tragweite zu würdigen gewußt — keine Entschließung der hüben und drüben kommandirenden Generale, die der scharfsichtige Kenner taktischer und strategischer Dinge nicht bis in's Einzelne studirt und nach ihren Wirkungen erwogen hätte! Mit der gleichen Schärfe und Genauigkeit wurden die Vorgänge in den Parlamenten von Frank-furt und Berlin verfolgt, Illusionen darüber, daß auf dem von den un-erfahrenen Stimmhaltern der liberalen Parteien gewählten Wege das Heil zu finden sein möchte, auch in den Tagen allgemeiner Ueberschwäng-lichkeit und Hoffnungsfreudigkeit fern gehalten. Mehr wie alles Uebrige aber nahm der bei aller Nüchternheit des Urtheils leidenschaftliche Patriot sich das Geschick Schleswig-Holsteins zu Herzen: daß Preußens deutsche Zu-kunft mit derjenigen dieses wichtigen Grenzlandes unlösbar verbunden sei, stand für ihn bereits im März 1848 fest und wurde ihm zum Ueberfluß durch die Feindseligkeit bestätigt, mit welcher das officielle wie das außer-officielle Rußland für Dänemark und gegen die Möglichkeit deutscher Er-werbungen des wichtigen Küstenlandes Partei ergriffen.

Für die Wärme des Antheils, welchen Bernhardi an den Vorgängen in Deutschland nahm, und für die Schwere der Depression, die sich seiner seit dem Niedergang der auf Preußen gerichteten Hoffnungen bemächtigt hatte, ist ein Schreiben charakteristisch, das seine Schwägerin Julie von Krusenstern im Frühjahr 1849 von Reval aus an den in St. Peters-burg einsam zurückgebliebenen Schwager richtete, um dem Betrübten Muth zuzusprechen, und dessen hier vorgreifend Erwähnung geschehen möge:

Wir wissen, daß Ihre Stimmung eine schwere und gedrückte ist, daß Sie mit Sorge in die Zukunft blicken, der in diesem Augenblicke nur wenige Hoffnungen abzugewinnen sind. Wir gehören also mehr denn je an Ihre Seite, um die Aeußerungen Ihres Schmerzes in uns aufzunehmen und Ihnen dadurch, daß wir Ihr Leid nicht nur ver-stehen, sondern theilen, den einzigen Trost zu gewähren, der dem in Kummer Befangenen zu Theil werden kann. Von der anderen Seite bin ich gewiß, daß Sie das Schicksal des Königs (Friedrich Wil-helms IV.) noch nicht verloren geben. Jeder Fehler, den er begangen und den er selbst nicht mehr verbessern darf, kann noch durch seinen Bruder verbessert werden, dem man mehr Charakter und moralischen Muth zutrauen möchte..... Auf ein

Paar Seiten kann man sich das Herz von so großen Sorgen aber
nicht erleichtern, — das gelingt besser, indem man sich mit Ihrem
Otto Reinhold (Bernhardis kleinem Sohn) beschäftigt und in seinen
strahlenden Augen die Verheißungen einer besseren Zukunft wahrzunehmen glaubt.

Der Ausschließlichkeit, mit welcher Bernhardis Theilnahme den
deutschen Vorgängen des Winters 1848/49 zugewendet war, dürfte zu-
zuschreiben sein, daß die Tagebücher dieser Zeit russischer Dinge nur
beiläufig gedenken. Mit einigem Nachdruck heben dieselben immer wieder
den Eindruck hervor, den die Nachrichten von der Niederwerfung des
Wiener October-Aufstandes auf die Hof- und Regierungskreise machte.
Windischgrätz Erfolge wurden mit Begeisterung aufgenommen, während
die Urtheile über Preußen und Deutschland in demselben Maße gering-
schätziger und abfälliger lauteten, in welchem die wilden Wasser der Revolution sich verliefen. Selbst so wohlmeinende Freunde wie General
Schubert „erklären die Einheit Deutschlands für eine Unmöglichkeit und
bestreiten, daß es eine deutsche Nation gebe", — in der Hofsphäre aber
beginnt sich die Empfindung zu regen, daß die Wiener Katastrophe den
ersten Schritt zur Wiederherstellung der alten Ordnung der Dinge und
demgemäß der russischen Vorherrschaft über das mittlere Europa bedeute.

13./1. November. Ich erfahre, daß der Flügeladjutant Baron
Wilhelm Lieven, mit dem Andreas-Stern für Windischgrätz, dem Wla-
dimir-Orden erster Klasse für Jellacic und einem Packet anderer
Orden nach Wien geschickt wird . . . . . Alle Welt erklärt diese
Ordensendungen für wunderbare Taktlosigkeiten unseres Karl Iwanowitsch (des Kaisers), Lieven selbst, der die Orden überbringen soll,
sieht die Sache ebenso an, hat indessen noch andere Aufträge.

10./22. November. Abends kommt K. zu mir, Gespräch über
die Verlegung des Berliner Reichstages nach Brandenburg, die ich
für sehr vernünftig halte. K. prophezeit nach den Berliner Ereignissen den Sturz der Dynastie und die Republik für Preußen, „für
welche die Stimmung sich mehr und mehr ausspreche". — Desto
lauter wird das Lob Oesterreichs gesungen. Mir gefällt das Thun
und Treiben in Wien nicht, Windischgrätz und Consorten haben keinen
Funken deutscher Gesinnung.

7. Dec./25. November. Das Programm des Ministeriums Schwarzenberg, — die officiellen Zeitungsartikel, in denen man bemüht ist, die äußerste Mißachtung gegen Deutschland auszusprechen. .... Schmalz bei mir. Erzherzog Johann wird nach Wien gehen, um seinem Neffen, dem jungen Kaiser Franz Joseph zur Seite zu stehen; darum eilt man in Frankfurt mit der Verfassung fertig zu werden. Friedrich Wilhelm IV. will nicht Kaiser werden, also wird wieder Etwas, wie der frühere Bundestag erstehen .... So ist denn wieder die Begründung der Einheit Deutschlands mißlungen — wie werden die gemeinen Gesichter der Slaven vor Freude strahlen, wie wird John Bulls plumper Spott und Hohn erschallen. Und wer ist schuld daran, daß in Deutschland Alles so kläglich mißlingt? Vor Allem die saubere Linke. Zwei Hauptfeinde nährt Deutschland in seinem Innern: die Linke und Oesterreich.

14./2. Dec. Diner bei Baron Rosen ..... Auch von dem hier angelangten Erzherzog Wilhelm von Oesterreich und seinen Begleitern Sallaba und de Rougemont ist die Rede; hier, wo die Herren damit allenthalben Anklang zu finden hoffen, offenbaren sie treuherzig die Pläne ihres Hofs. Man will den konstituirenden Reichstag in Kremsier dulden, bis man mit den Ungarn fertig ist, und ihn dann auseinander jagen und dann dem Reiche, inclusive Ungarn eine Verfassung geben. Die Herren machen darauf aufmerksam, daß von den vornehmen Ministern in dem absichtlich mit Geringschätzung behandelten Reichstage noch Niemand erschienen ist — nur Bach und andere bürgerliche Minister gehen hin.

21./9. Dec. Diner bei A. Rosen, mit Graf Nikolas Toll und dem General Rosen von der Artillerie, einem ächt deutschen und für Deutschland gesinnten Manne. Wir sind von dem, was jetzt unter F. Schwarzenberg und Windischgrätz vorgeht, sehr wenig erbaut und glauben auch nicht, daß es so gehen werde, wie man es sich verspricht. Neulich ist die Kaiserin zur Großfürstin Helene gekommen und anderthalb Stunde lang geblieben. Rosen fragte unterdessen die treue Begleiterin der Kaiserin, Comtesse Tiesenhausen aus: bei Hofe ist man ganz entzückt von dem Gange der Dinge in Oesterreich, Windischgrätz mehr denn je der Held des Tages, — da-

gegen wüthet man über die preußische Constitution. Man schimpft
fürchterlich (sc. über den König) und die Kaiserin vergießt viele
Thränen.

28./16. Dec. Mit welcher Geringschätzung spricht man hier
und in Frankreich von den Ideologen in Frankfurt ... Und dabei welche zarte Sorgfalt für das vortreffliche Oesterreich, damit es
nur ja kein Deutschland gebe. ..... Wahrscheinlich kein deutscher Kaiser, sondern nur Halbes, das erst durch neue Stürme zu
einem Ganzen gemacht werden wird. Wie unselig, daß unser König
seine Rolle verfehlt hat.

Anfang Januar (1849) wurde Bernhardi plötzlich nach Estland
abgerufen, wo seine Schwiegermutter schwer erkrankt war. Wenige Tage
zuvor hatte er eine Gesellschaft im Hause Baers, des großen Natur=
forschers, mitgemacht, über welche das Tagebuch eine lesenswerthe Notiz
enthält:

Baer ist ein eminenter Mensch, wie unbedeutend komme ich mir
neben ihm vor! General Helmersen greift die speculative Philosophie,
zunächst zu mir gewendet, in der gewöhnlichen Art der Naturforscher
an und fragt: Hat sie denn irgend Etwas zu Wege gebracht, das
man brauchen könnte? Damit stellt er die Dinge auf den Kopf und
verlangt die verkehrte Welt. Philosophisches Bewußtsein ist nicht
Mittel, sondern Zweck, nicht Handwerkszeug. Umgekehrt muß man
die Physiker, Naturforscher u. s. w. fragen: Fördern denn auch wirklich die Ergebnisse Eurer Forschungen das philosophische Bewußtsein
der Menschheit? Sawitsch, ein sehr junger und sehr blonder Geologe
stimmt Helmersen bei, Professor Blum antwortet in theologistisch-
philosophischer Weise. Baer übernimmt die Vertheidigung in höchst
glänzender Weise, antwortet auf Helmersens Forderung, indem er an
Kant erinnert und hervorhebt, wieviel durch den Beweis, daß der
Mensch nothwendige Begriffe habe, entschieden ist, und erinnert auch
an Schellings großes Wort: 'Die Stoffe und Kräfte sind identisch.'

1849.

Als Bernhardi in Reval eintraf (30./18. Juni 1849), fand er seine Schwiegermutter sterbend vor. Seine Trauung war am Sterbe= bette des Schwiegervaters vollzogen worden, — zur Taufe seines ältesten Sohnes versammelte die Familie sich um das Sterbebett der Schwieger= mutter, die wenige Wochen später nach schweren Leiden verschied. Die Ordnung der Verlassenschaft nahm mehrere Wochen in Anspruch, — erst im April konnte die Familie nach St. Petersburg zurückkehren, von woher während der letzten Wochen wiederholt Nachrichten von Belang eingetroffen waren. — Im Mittelpunkt der öffentlichen Aufmerksamkeit standen die Ereignisse auf dem italienischen und dem ungarischen Kriegs= schauplatze, von denen man die Entscheidung über die Zukunft des mehr und mehr von Rußland en affection genommenen österreichischen Kaiser= staats erwartete. Trotz der Langsamkeit, mit welcher die Armee Ra= detzkis operirte, war Bernhardi keinen Augenblick darüber im Zweifel, daß das für die Sache Italiens aufgestandene Sardinien schließlich den Kürzeren ziehen werde.

Der Krieg in der Lombardei (so schreibt er am 15./27. März) fängt wahrscheinlich mit einer Hauptschlacht an, denn diese müssen die Sardinier suchen, die Oesterreicher aber, die wahrscheinlich Mai= land aufgeben müßten, wenn sie ihr ausweichen wollten, werden das nicht thun und haben auch keinen Grund dazu. Siegen die Oester= reicher, so marschiren sie auf Turin und der Friede ist nicht mehr weit; siegen die Sardinier, so wird für's Erste nichts weiter gewonnen, als daß die österreichische Armee bis unter die Kanonen von Verona zurückweicht. Oesterreich ist in jedem Falle unberechenbar im Vortheil. Es gehört zu den abenteuerlichsten Dingen, daß Sardinien die Rolle einer Macht ersten Ranges zu spielen unternehmen kann, daß es der österreichischen Monarchie selbständig den Krieg erklärt und nicht als bloßes accessoire in umfassenden Combinationen, sondern als partie principale gegenübersteht .... Radetzki sagt in seiner Proklamation, daß Turin die Losung sei. Ist es den Sardiniern Ernst mit dem Kriege, so müssen sie wohl Genua, nicht Turin zur Basis ihrer Operationen nehmen und nöthigen Falls dahin ihren Rückzug nehmen.

Ungleich bedenklicher erschien ihm die Lage Oesterreichs auf dem ungarischen Kriegsschauplatz. Trotz der Unvollständigkeit der ihm vorliegenden Nachrichten hatte er durchschaut, daß dem sogenannten Siege bei Kapolna jede eigentliche Bedeutung fehle und daß die Dinge eine Oesterreich durchaus ungünstige Wendung zu nehmen begonnen hätten. Noch größeres Gewicht aber legte er auf die Vortheile, welche Bem über die vom Obersten Skarjätin kommandirte, zum Schutz Hermannstadts bestimmte russische Truppenabtheilung erfochten hatte. Unbeirrt durch eine ihm von befreundeter Seite geworbene Mittheilung darüber, daß der Kaiser Nikolaus dem Obersten Skarjätin lediglich die Annahme eines Gefechts mit dem übermächtigen Feinde zum Vorwurf gemacht und über die Preisgebung Hermannstadts kein Wort verloren haben sollte, war er überzeugt, daß Rußland gegen das siegreiche Ungarn vorgehen werde — eine Meinung, in welcher er durch die Kunde von dem Bevorstehen einer neuen Rekrutenaushebung bestärkt wurde (4. April/23. März). Beim Eintreffen der Hermannstädter Nachrichten hatte Nikolaus dem Fürsten Suworow ein höchst charakteristisches Wort gesagt: „Hätte ich einen Bem unter meinen Generalen, so wüßte ich wohl, was ich zu thun hätte, — auf meine Generale kann ich mich ja nicht verlassen!"

Bernhardis Voraussicht sollte sich über Erwarten rasch bestätigen. Wenige Tage nach seiner Rückkehr in die Newa=Residenz hatte er seinem Tagebuche die nachstehenden Notizen zu übergeben:

11./23. April. Die neuesten Meldungen bestätigen, daß seit zwei Tagen in der unmittelbaren Nähe von Pest gekämpft wird. — Bem soll in die Walachei gedrungen sein und Lüders in eine sehr schwierige Lage versetzt haben. (Wer weiß, ob das klug ist; es werden dadurch bisher neutrale Kräfte in den Kampf gezogen.) Lüders schreit um Hilfe, ebenso Oesterreich, verlangt aber, die russischen Hilfstruppen sollen unter den Oberbefehl österreichischer Feldherren gestellt werden, wie das in einem solchen Krieg doppelt natürlich ist. Darein will aber der Kaiser Nikolaus nicht willigen, er will mit seiner Kriegsmacht selbständig auftreten. General Berg (der spätere General=Feldmarschall, von 1863 bis 1874 Statthalter des Königreichs Polen, „kein großer Mann, aber ein sehr feiner Spieler") ist durch Eilboten nach Wien beordert worden und bereits dahin abgereist.

13./25. April 1849. Windischgrätz abberufen! Der hat seinen

Ruhm schnell überlebt! Das Goldene Vließ, der Marschallsstab, blaue und rothe Bänder haben den Mann nicht zum Feldherrn machen können. Mephistopheles hat ganz Recht: „Setz' deinen Fuß auf ellenhohe Socken, du bleibst am Ende, der du bist."

23. April / 5. Mai. Komorn ist entsetzt, die Nachricht, welche den Feldzeugmeister Welden bei Gran und Parkany über die Donau setzen ließ, mithin falsch. Man sieht indessen, daß er allerdings einen Theil seiner Truppen dorthin geschickt, das Belagerungscorps verstärkt und Czorich bei Parkany aufgestellt hatte; Wohlgemuth und Czorich sind Beide bei dem vergeblichen Versuche, den Entsatz von Komorn zu verhindern, geschlagen worden und schwerlich ohne große Verluste abgekommen. Das ergiebt sich schon daraus, daß diesmal so wenig als am 7. April bei Gödöllö u. s. w. in österreichischen Berichten von Verlust überhaupt die Rede ist. Welden beneide ich nicht. Windischgrätz hat ihm eine saubere Wirthschaft hinterlassen. Wenn die Ungarn (Görgey bei Komorn) auf das rechte Ufer übergehen, Weldens Hauptmacht von Wien abschneiden und zu einer Schlacht mit verkehrter Front nöthigen, bei der sie aber vermöge des Besitzes von Komorn weniger wagen, als die Oesterreicher, wie dann? Wollte Welden einer solchen Schlacht durch einen Rückzug nach Steiermark ausweichen, so könnte leicht eine Flucht mit Verlust daraus werden: auch wäre dadurch Wien nicht zu schützen. Eine verwünschte Lage!

Wenige Wochen später war der Krieg gegen Ungarn erklärt und zwar unter den vom Kaiser Nikolaus vorgeschriebenen Bedingungen. Nichts desto weniger war der Eindruck dieser Nachricht auf Gesellschaft und Heer Rußlands kein günstiger gewesen.

6./18. Mai. Dietrich Pahlen besucht uns. Es ist von dem Geist der Armee die Rede, die sich gar nicht auf den Krieg freut. Die Garden gehen für's erste nur nach Lithauen.

. . . Mit welchem Troß schleppt diese Armee sich. Es ist befohlen, daß Jeder ein Reitpferd, ein Packpferd und einen Diener mit Pferd haben soll; außerdem auf je sechs Pferde ein Bagagewagen mit drei Pferden.

Gegen den Kommandeur des (seit dem Aufstande von 1825 übel angeschriebenen) Moskauer Garde-Regiments hat der Kaiser geäußert: „Sag' Deinen Offizieren, sie sollten sich in Acht nehmen, sie könnten sonst in's Gefängniß kommen. Kein Mensch fragt sie, ob sie mit oder gegen ihre Ueberzeugung ausziehen, sie brauchen sich also nicht darüber zu äußern." Das haben die Vertrauten und Adjutanten dem General erst später abgefragt und so erfahren, was der Kaiser eigentlich gesagt hatte. Zunächst versammelte dieser General, der kein Redner ist, seine Offiziere und sagte ihnen: Meine Herren! Sie dürfen spielen, tanzen, trinken u. s. w. so viel Sie wollen, a b e r r e d e n d ü r f e n S i e n i ch t. — Kein Mensch begriff, was das heißen solle, und da man Oberen, die sich eine Blöße geben, immer gern auf der Nase herumtanzt, veranstalteten die Offiziere des Moskauer Regiments bei einem Kameraden, der über dem General wohnt, einen tollen Abend mit Musik und Lärmen die ganze Nacht durch. Der General läßt fragen, ob das nicht bald ein Ende nehmen werde. „O! wir treiben lauter erlaubte Dinge, wir saufen und spielen — Gespräche führen wir nicht." — Herr von T. hat das von seinen guten Freunden im Regiment erfahren. Aber welche Veranlassung hatte der Kaiser, eine solche Warnung auszusprechen? T. ist es nicht eingefallen, darnach zu fragen — eine Gedankenlosigkeit, die für den Zögling eines russischen Cadettenhauses charakteristisch ist.

8./20. Mai. Baron Konstantin Rosen besucht mich und berichtet darüber, daß Lüders einen Obersten und einen andern Stabsoffizier habe erschießen lassen, weil sie mit Bem corresponditen.

5./17. Mai. Es ist vom Ausmarsche der Truppen die Rede. Tags vor dem Ausmarsche der Chevalier-Garde hatte der Großfürst Michael das Regiment „Garde zu Pferde" bei dem Abmarsche so furchtbar ermüdet und dabei sodann so maßlos geschimpft, daß die Leute sich während des Marsches in ungemessenen Schmähungen des Großfürsten ergingen. Aehnliches in Beziehung auf ihr Chevalier-Garde-Regiment wollte die Kaiserin vermeiden, und darum hielt sie den Großfürsten (ihren Schwager) während des Feldgottesdienstes und des Parademarsches in Gesprächen neben ihrer Kalesche fest. Als sie aber am Narw'schen Thore, bis wohin sie mitfuhr, umkehrte und nach Hause fuhr, jagte der Großfürst wie eine Rakete hinter dem Regiment her, das er einholte, und schimpfte gräßlich

die ganze Colonne entlang. Die wenige Bagage fiel ihm auf. Es
war, wie mich Nikolas Toll belehrte, gemiethete Scheinbagage, die nur
einige Werst*) mitgehen und dann umkehren sollte. Die wirkliche,
sehr umfangreiche Bagage war den Abend vorher vorausgeschickt
worden, weil die Wagen nicht nach der vorgeschriebenen Form angefertigt, der ganze Zug also nicht zu zeigen war. In seinem unbe-
stimmten Verdachte hat nun der Großfürst den marschirenden Regimentern einen Adjutanten nachgeschickt, der jeden nicht ganz ortho-
doxen Bagagewagen versiegeln und nach Petersburg zurücksenden soll.
Der wird wohl nur ein paar zum Scheine finden, denn fände er
gar keine, so merkte wohl der Großfürst, daß man ihn betrügt.

10./22. Mai. Kaiser Nikolaus will nicht seine Truppen, wie
das doch in der Natur der Dinge läge, unter Oesterreichs Commando
stellen. Jetzt geht Kaiser Franz Joseph zur Armee. Der russische
General Berg begleitet ihn; von dem wird also großentheils abhängen,
was die Russen thun, die überdies aber auch noch von Paskiewitsch
am Gängelbande geführt werden, dessen nicht zu gedenken, daß Kaiser
Nikolaus sich selbst hineinmischen wird.

30. Mai/11. Juni. Graf Nikolas Toll, der Donnerstag marschirt, besucht mich, klagt über die seltsamen Befehle des Großfürsten.
Unter Anderm ist befohlen, in Parade, mit genauer Haltung der
Distanzen u. s. w. von hier bis Wilna zu marschiren! Das 2. Re-
servecorps, das nach Ungarn bestimmt war, kann nicht marschiren,
weil es durch den Scorbut, der dort fürchterlich gehaust hat, ganz
zu Grunde gerichtet ist. Das dritte Corps wird aufgelöst, um die
Garde-Cavallerie zu verstärken, die der Verstärkung sehr bedarf, da
die Regimenter nur mit Zügen von 14 Rotten und 10 Unberittenen
per Escabron ausrücken können, obgleich alle rohen Remontepferde
und Rekruten mitgenommen werden!

2./14. Juni. Was man doch für Ansichten bei den Truppen
voraussetzt. Die Kaiserin glaubte den Offizieren ihres Regiments,
der Chevalier-Garde, etwas Angenehmes zu sagen, indem sie versicherte, der Kaiser sei der Meinung, dieser Ausmarsch werde für die
Garde eine promenade militaire sein! Am 1. Mai war eine Re-

*) Eine Werst etwa 1 Kilometer.

krutirung von 8 Mann auf 1000 männliche Seelen ausgeschrieben und noch vor Beschluß derselben beschlossen worden, weitere 12 Mann von je 1000 auszuheben!

Dem Ausmarsch der russischen Truppen nach Ungarn war ein Ereigniß vorhergegangen, dessen erste Anfänge bereits um mehrere Monate zurück= reichten und von dem Bernhardi bereits früher dunkle Kunde erhalten hatte, — das aber erst nach seinem Bekanntwerden unter die charakte= ristischen Zeichen der Zeit gerechnet werden durfte: die Entdeckung einer socialistischen Verschwörung in St. Petersburg, in welche fast ausschließlich Mitglieder der höchsten Gesellschaftsklasse verwickelt waren. Die darauf bezüglichen Tagebuchblätter lauten wie folgt:

27. April/9. Mai. Es ist ein socialistisch-republikanischer Club entdeckt worden: das Lokal bei der Kalinkinbrücke. Man versammelte sich unter dem Vorwande von Bällen, es fiel aber auf, daß keine Damen kamen, daß eine Tribüne errichtet und daß Reden gehalten wurden. Viele Menschen wurden verhaftet. Darunter leider auch ein Deutscher (Lehrer), aber doch nur Einer. Die Anderen theils Polen, theils Russen, Offiziere aus den Cadettencorps, Lehrer, beson= sonders viele ehemalige Lyceisten und Rechtsschüler.

5./17. Mai. Manches Interessante über die hiesigen Ver= schwörungen. Es gab zwei Clubs; der eine, dem ein Edelmann Petraschewski präsidirte, war noch der gemäßigte. Lipranoi vom Ministerium des Innern überwachte ihn, da die häufigen Versamm= lungen Aufmerksamkeit erregten. Ein Tabakhändler, bei der geheimen Polizei angestellt, mußte sich in dem Petraschewski'sche Hause einmiethen, und wenn das geheime Conclave nach Cigarren schickte, diese zur Auswahl bringen, wo sich denn über den Preis u. s. w. sprechen ließ. Durch einen Ladenbiener, der auch zur geheimen Polizei gehörte, lernte man die versammelten Personen kennen. Der andere Club hielt seine Sitzungen auf Wassily-Ostrow ab und war ein rother. Hier präsidirte ein reicher Gutsbesitzer, Namens Speschnew. Diese Gesellschaft wollte bei der Maiparade die ganze kaiserliche Familie ermorden und die Republik proclamiren. Proudhons Werke, in's Russische übersetzt, waren die kanonischen Bücher der Gesellschaft. Am Ende berichtete man dem Kaiser und fragte, ob man noch länger zusehen oder sie aufheben solle. Der Kaiser entschied für das letztere, damit man erführe, ob sie in den Provinzen Verbündete haben. Die Leute wurden bei Nacht aufgehoben. Tochter-Clubs haben sich in mehreren Städten im Innern, namentlich in Moskau und Kiew, gefunden.

In einer späteren Notiz wird über den Ausgang der Sache berichtet: Die Führer Petraschewski und Speschnew zusammt sechzehn anderen Verschwörern (in Wahrheit betrug die Zahl derselben 21) sind zum Tode verurtheilt.*) — Nachmittags berichtet Emil Krusenstern, daß die Execution bereits heute früh auf dem Semenow'schen Platze stattgefunden habe. Die Verurtheilten hatten die Ceremonie der Füsilirung durchzumachen, wurden sodann zu lebenslänglicher Zwangs-arbeit in Sibirien verurtheilt und sogleich als Züchtlinge eingekleidet. Petraschewski soll große Festigkeit bewiesen haben.

Die nächste Folge der gemachten Entdeckung war der Erlaß einer Anzahl von Bestimmungen, welche die Frequenz der höheren Lehranstalten beschränkten und den Unterricht auf denselben verschärfter Aufsicht unter=zogen — trotz der durch die Kriegsereignisse geschürten loyalen Stimmung indessen allenthalben einen peinlichen Eindruck machten. Lagen doch un=zweideutige Beweise dafür vor, daß gerade die am strengsten überwachten und von der Regierung für besonders zuverlässig gehaltenen St. Peters=burger Anstalten Herde revolutionärer Anschauungen geworden waren.

2./14. August. Ein junger Krusenstern sollte hier studiren; das geht nicht — es werden keine Studenten angenommen, denn es ist festgesetzt worden, daß auf keiner der russischen Universitäten mehr als 300 Studenten sein sollen; es dürfen also im russischen Reiche fortan nur 1800 Menschen studiren! — so will man die ganze Jugend des Landes mit Gewalt in die Cabettencorps treiben! Der Vater ist ein gewaltiger Patriot, diesmal aber doch empört.**) — Auch in Reval sind zwei Russen, Bellemischew und

---

*) Unter den Verurtheilten (zu denen fünf Offiziere, zwei kaiserliche Kammer-junker, ein Beamter des Auswärtigen Amtes und ein Student gehörten) befand sich der in der Folge zu einer gewissen Berühmtheit gelangte Romanschreiber Dostojewski.

**) Die Verordnung, nach welcher die Zahl der Studirenden auf je drei-hundert bei jeder der sechs russischen Universitäten beschränkt wurde, blieb bis zum Jahre 1856 in Kraft und wurde erst unter dem Kaiser Alexander II. auf-gehoben.

Tichmanski, als in die Verschwörung verwickelt eingezogen. Der Erstere ist ein ehemaliger Lyceist. (Im Lyceum und der Rechtsschule
werden fortan nur militärische Gouverneurs gestellt werden!) Beklemischew war beim Ministerium des Innern angestellt und als
junger unflügger Geselle nach Reval gesendet worden, um die Privilegien dieser Stadt zu untersuchen und zu ermitteln, welche ur-
kundlich begründet sind und welche nicht. Natürlich liegt dabei die
Absicht zu Grunde, der Stadt ihre Selbständigkeit zu rauben. Beklemischew hat sich dabei feindlich benommen und über eine Anzahl
Punkte berichtet, in welchen die Stadt angeblich dem alten (Lübischen)
Rechte ohne Rücksicht auf neu angeordnete Aenderungen gefolgt ist;
es scheint, daß er Aufklärungen darüber aus einem freundschaftlichen
Gespräche, das er mit dem Bürgermeister Bunge über örtliche Rechts-
gewohnheiten geführt, empfangen haben wollte. Daraufhin denun-
cirte Beklemischew den Revalschen Magistrat bei dem Minister des
Innern, Perowski. Dieser schreibt an Suworow, den General-
Gouverneur der baltischen Provinzen: es sei eigentlich Pflicht des
Ministers, darauf den ganzen Magistrat zu Reval abzusetzen, da es
aber in Suworows Provinz vorgefallen sei, überlasse er diesem das
Weitere. — Suworow schickte einen Beamten her, der natürlich fand,
daß Beklemischew sich geirrt hat. — Dieser selbe dienstbeflissene De-
nunciant ist nun plötzlich bei Nacht durch Gendarmen als Hochver-
räther nach Petersburg abgeholt worden. Nach seiner Abreise sind
noch Briefe aus Frankreich an ihn hier angekommen.

Inzwischen hatten die russischen Garden St. Petersburg verlassen,
um der bereits auf dem Vormarsch nach Ungarn begriffenen Armee zu
folgen und in Polen und Litthauen stationirt zu werden.

9./21. Juli. Seltsam, wie schlecht es in der russischen Armee
um die Disciplin steht. Der Revalsche Regierungsrath v. Samson
war als Commissar der Gouvernements-Regierung gesendet worden,
um bei dem Marsche der Garden durch Estland zu besorgen, was
nöthig sein könnte. Samson weiß nicht genug zu erzählen von der
grauenhaften Unordnung, in der das Corps marschirt. Die Com-
mandirenden der Regimenter binden sich weder an die Instruktion
noch an die Marschroute, jeder marschirt, wie er will, und mit

Ueberraschung sieht man auf den Etappen ganz andere Truppen-
theile anlangen, als angekündigt waren. Auch Herr v. Samson hat
bemerkt, daß die Truppen sehr ungern marschiren, die Offiziere sehr
ungern das angenehme Leben in Petersburg verlassen.

Auf dem Kriegsschauplatz ließen die Dinge sich anfänglich so wenig
günstig an, daß der peinliche Verlauf derselben auch durch die officielle Darstellung nicht vollständig verhüllt werden konnte.

24. Juli/5. August 1849. Görgey operirt mit großer Gewandtheit; er hat erst Haynau, dann Paskewitsch getäuscht. Den
letztern, indem er nach dem, wie man jetzt sieht, für die Ungarn
siegreichen Gefechte bei Waitzen am 15. Juli glauben machte, er
werde dort eine Hauptschlacht annehmen. „Les opérations de Paskewitsch ne brillent pas d'un vif éclat." Man sollte meinen,
er müsse von der Lage der Dinge doch insoweit unterrichtet gewesen
sein, daß er sich schon einige Tage vorher bewogen befunden hätte,
gegen das unvertheidigte Pest nur eine geringe Macht vorzusenden,
mit der Hauptmasse aber über Waitzen hinaus gegen Komorn vorzurücken.
(Denn bei Pest auf das rechte Donau-Ufer überzugehen, kann unmöglich seine Absicht gewesen sein.) Klar ist, daß die Russen am 15.
Schläge bekommen haben, und zwar von zwei Seiten her, da die
Ungarn auch von der Theiß her (unter Dembinski?) mit Glück angegriffen haben; man kann es dem Hochmuth gönnen. Uebrigens
scheint Dembinski (?), was sich leicht erklären läßt, von Görgey auch
nichts gewußt zu haben, sonst würde er wohl gesucht haben, Paskewitsch auch am 16. und 17. festzuhalten, um Görgey mehr Vorsprung
gewinnen zu lassen. — Die Nachrichten aus dem Süden, wo Jellacic
eine gänzliche Niederlage erlitten hat, sind noch betrübender für die
hohen Alliirten. Jellacic ist kein glücklicher Feldherr. Nun bleibt
Komorn schwach, am linken Waag- und Donau-Ufer gar nicht ein-
geschlossen, und Aulich mit seinem Corps im Bakony-Wald. Das
ist auch nicht unbedingt angenehm.

25. Juli/6. August. Als die ersten „großen und glänzenden"
Siege über Patrouillen und Vorposten erfochten worden waren, gingen
die Damen radieuse von Haus zu Haus und hieß es „Siegesnachricht über Siegesnachricht". Jetzt ist alle Welt kleinlaut.

4*

Ein sehr übler Umstand für die Alliirten in Ungarn ist es, daß die beiden Armeen, die sich in Pest die Hand reichen, eine ganz verschiedene Operationsbasis haben, — die eine in Polen, die andere in Wien. Jeder Unfall schnellt sie auseinander und keine kann die andere mit zu sich nach Hause nehmen.

1./13. August. Der Krieg in Ungarn beschäftigt mich gar sehr. Görgeys Zug von Komorn nach der Theiß scheint zu den merkwürdigsten Erscheinungen der neueren Kriegsgeschichte zu gehören: das Gelingen war im Augenblick, wo er den Zug antrat, nichts weniger als sehr wahrscheinlich — Gelingen und Mißlingen hing oft an einem Haar. Wer in solcher Lage immer seine Fassung bewahrt, den Gang der Ereignisse geistig beherrscht, anstatt niedergedrückt zu werden — der ist ein Feldherr. — Von Seiten der Russen dagegen zeigt sich ein ängstliches, unsicheres Umhertappen, das nichts weniger als eine schnelle Beendigung des Krieges verspricht. Jetzt, etwa vom 25. Juli an, wird wohl eine Periode eintreten, während welcher Paskewitsch gar nichts thut. Er ist kleinmüthig, er hat wenig Cavallerie; da wagt er sich gewiß nicht über die Theiß, so lange Sacken nicht mit der Reserve herangekommen ist.

4./16. August. Die Zeitungsnachrichten sehr verwirrt, die Prahlereien aus Wien und aus dem russischen Hauptquartier platt und nichtig. Die Verhältnisse waren aber von Hause aus so, daß die Ungarn so gut wie keine Aussicht auf Erfolg hatten. Daran hat sich nichts geändert, wenn auch Manches versäumt worden ist. Handeln die Alliirten mit gewöhnlichem gesundem Menschenverstand und einiger Energie, so muß der Kampf bald zu Ende sein. Paskewitsch hat sich Tisza-Füreds bemächtigt. Das ist in der Ordnung. Ist es ihm nicht gelungen, Görgey von der Theiß abzuschneiden, so muß er wenigstens jenseits der Theiß dessen Vereinigung mit Dembinski zu hindern versuchen. Bis jetzt hat er sich nur des Uebergangs versichert; geht er wirklich hinüber ohne Sacken und die Cavallerie abzuwarten, so ist das durch die Umstände geboten, doch aber schon mehr wagende Energie, als man Paskewitsch zutrauen sollte.

Wenige Wochen später war das Geschick Ungarns besiegelt. Bernhardi's Schwäger, die den Feldzug mitgemacht hatten, kehrten nach Be-

enbigung desselben in die Heimath zurück und wußten mancherlei interessante
Einzelheiten zu berichten.

11./23. September. Der alte Paskewitsch hat sehr viele Feinde.
Er hat sich bei dem gegenwärtigen Feldzuge höchst erbärmlich gezeigt,
niemals geglaubt, stark genug zu sein, immer weitere Verstärkungen
verlangt und in seiner Unfähigkeit, selbst etwas zu unternehmen, alles
Mögliche gethan, damit kein Anderer etwas unternehme, das etwa
glücklich ablaufen und diesem Andern Ehre machen könnte. Dabei
zeigte er sich im höchsten Grade brutal, besonders gegen solche, die
ihm als ausgezeichnete Militärs ein Dorn im Auge waren. Namentlich den General-Quartiermeister Freytag behandelte er so schlecht,
daß dieser am Ende nie mehr und über nichts mehr seine Meinung
sagte. In Warschau arbeiteten Viele an seinem Sturze, namentlich
Baron Wilhelm Lieven. Der Kaiser hat aber ein eingewurzeltes
Vorurtheil für ihn; indessen glaubte man, daß er Paskewitsch fallen
lassen werde. Da kam die Nachricht, daß Görgey sich den Russen
ergeben habe — und nun stand Paskewitsch wieder fester als jemals!
Mir war es seit einiger Zeit sehr klar, daß aus diesem gemeinsamen
Feldzuge Todfeindschaft zwischen Russen und Oesterreichern hervorgehen müsse, die Insolenz der russischen Kriegsberichte bewies das
hinlänglich. So ist es auch gekommen. Daß Görgey sich ihnen ergeben hat, ist, wie es die Oesterreicher im höchsten Grade verdrießen
muß, den Russen ganz gewaltig zu Kopfe gestiegen. Sie verstehen
das ganze Ereigniß gar nicht — sie begreifen nicht, was es bedeutet,
welche künftige Gefahren für Oesterreich, was für Stürme sich darin
ankündigen. Sie glauben mit selbstzufriedener Bornirtheit, sie seien
Wesen einer höheren Art, denen man sich ergiebt, während man auf
andere Leute mit Verachtung herabsieht. In diesem Sinne sagte auch
Emil Krusenstern: „Nous avons un beau rôle vis-à-vis de l'Europe." Die ganze Umgebung des Kaisers schwärmt dabei in der
seltsamsten Weise für Görgey, der gleich, als er sich ergab, in Groß-
wardein wie ein Fürst empfangen wurde. Man bemerkte, daß ihm
sogar Paskewitsch, als sie sich Beide allein in ein Cabinet zurück-
gezogen, den Vortritt ließ. Die ganze Umgebung des Kaisers in
Warschau trägt Schlafröcke à la Görgey. Nebenher geht bitterer

Spott über Haynau, dessen Berichte klingen, als hätten sich die Ungarn ihm ergeben. Bei der russischen Armee fraternisiren die Russen mit den Ungarn, den sogenannten Rebellen, in enthusiastischer Art, Offiziere wie Soldaten gehen auf das freundschaftlichste mit einander um, bras dessus bras dessous spazieren, singen mit einander Lieder u. s. w.; dagegen werden die Oesterreicher von den russischen Offizieren und Soldaten mit der gesuchtesten Verachtung behandelt.

Später kommen die Gräfin Toll und ihr aus Ungarn zurückgekehrter Sohn Nikolas. Er erzählt: Als Görgey der russischen Armee ganz abhanden gekommen war, äußerte General Anrep gegen den Feldmarschall Paskewitsch, man müsse einige Cavallerie-Regimenter auf entfernte Recognoscirungen aussenden. Paskewitsch fuhr ihn an: Wie solch' ein Generalchen sich nur unterstehen dürfe, ihm Rath zu geben. Der Großfürst Konstantin, der dabei war, meinte, General Anrep habe aber vollkommen Recht. Da wendete sich Paskewitsch auch zu ihm mit den Worten: „Was geht das Sie an? Wenn Sie anfangen wollen, mir Rath zu ertheilen, so werde ich Sie zu Papachen zurückschicken." Ohne Vergleich das Beste, was Paskewitsch in Ungarn gesagt oder gethan hat! Weiter Klagen über Haynau und dessen Brutalität.

9./21. October 1849. Die Hinrichtung des Grafen Ludwig Battthany hat hier in den höheren Kreisen die größte Indignation hervorgerufen. General Baron Wrewski, ein Faiseur des Kriegsministers Tschernytschew, ein Mann, von dem man gewiß weiß, daß er nichts sagt, als was sein Patron vorher gesagt hat und genehmigt, hat sich in dem englischen Club öffentlich mit äußerster Entrüstung darüber ausgesprochen. Heute erfährt man nun, daß die österreichische Regierung dreizehn ungarische Generale hat henken lassen!

In einer auf denselben Gegenstand bezüglichen späteren Notiz heißt es:

Julius Krusenstern (B.s Schwager und Chef von Paskewitschs diplomatischer Kanzlei) erzählt, daß Serge Buturlin sich in Ungarn wahrhaft schändlich benommen habe. Er hat Damjanicz in Arab zur Uebergabe beschwatzt, indem er ihm in Bezug auf den Schutz des

Kaisers von Rußland, dessen Absichten mit den ungarischen Generalen u. s. w. goldene Berge versprach. Die Hinrichtungen seien denn auch von Nikolaus als Beleidigungen empfunden worden, da sie s e i n e Kriegsgefangenen trafen. Zum Theil ist Hilferding*) daran Schuld, cet homme manque d'usage du monde. Man hätte die Gefangenen nur auf Bedingungen ausliefern sollen, statt dessen begnügte Hilferding sich damit, im Namen des Feldmarschalls Paskewitsch einen Brief an den Kaiser Franz Joseph zu schreiben, in dem er guten Rath giebt und clémence empfiehlt. Darüber ärgerte der Kaiser sich und das Schicksal der Generale war besiegelt.

Der auf den ungarischen Feldzug folgende Winter (1849/1850) gehörte zu den unerquicklichsten, die jemals in St. Petersburg erlebt wurden. Rußland schien auf dem Höhepunkt seiner Macht angelangt zu sein, das Selbstgefühl seines Monarchen keine Grenzen mehr zu kennen. Zu verwundern war das nicht, da alle Welt dem Sieger zu Füßen lag.

In Warschau (so lautet eine Tagebuch-Notiz von 31. Okt.) war Lamoricière bei der Parade des Grenadier-Corps, das sich sehr schön ausnahm, zugegen. Der Kaiser wandte sich zu ihm und sagte: Vous allez me dire un compliment, je le sais, mais je veux l'entendre de Votre bouche. „C'est superbe V. M. et quand on est à la tête de trente mille gaillards comme ceux-là, on peut bien dicter à l'Europe entière une politique digne et sage." Emil Krusenstern, der in der Nähe war, hat das mit eignen Ohren gehört.

Und doch war Nikolaus der neu gewonnenen Lorbeeren so wenig froh geworden, daß man ihn bei seiner Rückkehr in die Hauptstadt übellauniger denn je fand: Paskewitschs wenig erquickliches Gebahren und die dadurch hervorgerufene Verstimmung des Wiener Hofes hatte ihn ebenso tief verstimmt wie die unerwarteten, auf revolutionäre Tendenzen hinweisenden Sympathiebezeugungen seines Heeres für die besiegten Ungarn. — Zu diesen Verstimmungen waren Sorgen um den seit dem Herbst 1849 definitiv aufgegebenen Gemahl der Großfürstin Marie, Herzog Maxi

---

*) Hilferding, bekannter panslavistischer Agitator und während der 70er Jahre russischer Konsul in Serajewo, diente damals in Paskewitschs diplomatischer Kanzlei.

milian von Leuchtenberg, und ein Trauerfall gekommen, der dem Kaiser außerordentlich nahe ging und in seinem Leben Epoche gemacht haben soll. Inmitten der zu Warschau gefeierten Siegesfeste war des Monar= chen einziger überlebender Bruder, der Freund und Gefährte seiner Kinderjahre, Großfürst Michael, der in der Armee spukenden Cholera erlegen. Michael war nur zwei Jahre jünger als sein kaiserlicher Bruder, und zählte bei seinem Ableben (25. September 1849) kaum dreiund= fünfzig Lebensjahre. Der aus Warschau zurückgekehrte, schwer erschütterte Selbstherrscher aller Reussen schien binnen wenigen Monaten um Jahre gealtert zu sein; er sah blaß und angegriffen aus, sein Haar hatte zu ergrauen, seine Stirn Furchen zu zeigen begonnen. Die gute Laune, die er sonst zuweilen gezeigt, schien für immer verscheucht zu sein, und von den stereotypen Scherzen, die sonst über die Lippen seines streng geschlossenen Mundes geflossen, wurde keiner mehr vernommen. Sonst geselligen Freunden nicht abgeneigt, zog der erst fünfundfünfzigjährige Herr sich mehr und mehr auf sich selbst zurück; er sollte strenger und unnahbarer denn je früher geworden sein und die Gewohnheit ange= nommen haben, auf einsamen Spaziergängen laut mit sich selbst zu reden. Was er zu Anderen und zumeist in der Form von Befehlen redete, klang begreiflicher Weise wenig erfreulich; die seit Jahr und Tag befolgte Politik rücksichtsloser Repression jeder freien Bewegung wurde erst jetzt auf den Kulminationspunkt getrieben. Selbst die ergebensten Anhänger des herrschenden Systems konnten sich eines gewissen Schreckens nicht erwehren, als im Oktober des Kriegsjahres verlautete, der Unter= richtsminister Uwarow sei genöthigt worden, den Abschied zu nehmen und werde durch Buturlin oder Protassow ersetzt werden.

„Buturlin oder Protassow horribile dictu!", schreibt Bernhardi an einem der letzten Octobertage. Sein Entsetzen erschien nur allzu be= rechtigt, denn Dimitri Buturlin, wirklicher Geheimrath und Mit= glied des Reichsrathes, ein durch fanatischen Bildungshaß bekannter Alt= russe, der sich mit Plänen zur Aufhebung sämmtlicher Universitäten trug, wurde lediglich durch seinen am 21. October desselben Jahres erfolgten Tod an der Uebernahme des ihm bestimmten Unterrichtsministeriums ver= hindert, das sodann dem bigotten und reaktionären Fürsten Schichmatow= Schirinski übertragen wurde. Sein Mitbewerber General Graf Pro= tassow war als Ober=Procureur des griechisch=orthodoxen Synod und als vornehmster Urheber der Propaganda in Litthauen und in Livland be= kannt und wegen seiner Bildungsfeindschaft berüchtigt!

24. October/5. November 1849. Der Unterrichtsminister Umarow hat seinen Abschied genommen. Modest von Korff, der einzig Vernünftige, von dem die Rede sein könnte, wird ihn nicht ersetzen, denn er hat eben des verstorbenen Buturlin Stelle an der Spitze der kaiserlichen öffentlichen Bibliothek erhalten. — Außerdem wird ein Censur-Ministerium errichtet, d. h. eine Censur-behörde, deren Chef gleich einem Minister unmittelbaren Vortrag bei dem Kaiser hat.*) Alle Bande sollen noch straffer angezogen werden und, die Russificirung der Ostseeprovinzen betreffend, werden nun wohl die durchgreifendsten Maßregeln ergriffen werden.

Seinen Abschied hat Umarow genommen, weil, ohne daß man ihn gefragt oder sein Gutachten verlangt hätte, auf Befehl des Kaisers eine Commission zur Reorganisation der Universitäten ernannt worden ist. Noch dazu war der Minister nicht einmal Mitglied dieser Commission geworden, die aus dem Grafen Blubow als Vorsitzendem, Modest Korff und dem Grafen Protassow (!!!) besteht. Von dieser Commission sind die allerentschiedensten Vorschläge zu erwarten. Der erste Beschluß, den sie gefaßt hat, ist, daß die Universitäten fortan nicht mehr aus der Zahl der Professoren gewählte Rektoren haben sollen, sondern bleibende, vom Kaiser ernannte Direktoren, die nicht Professoren sein dürfen. Wird ein Professor zum Direktor ernannt, so muß er aufhören, zu lesen. Diese Direktoren sollen vor allen Dingen den Geist überwachen, der in der Vorlesung herrscht. Das Schlimmste dabei ist die Furcht des Kaisers, die sich in diesen Maßregeln zeigt, die Furcht vor dem in den Köpfen der Jugend erwachenden Gedanken: „Der Kaiser fürchtet uns!"**)

14./26. December. Dr. Posselt erzählt mir, daß Professor Blume, Bibliothekar der protestantischen Gemeinde, schlimme Händel gehabt habe. Gestern erschien bei ihm eine Commission des Ministers der Volksaufklärung: Dem Minister sei zu Ohren gekommen, daß

---

*) Diese Instanz bestand unter dem Namen eines „Ober-Censur-Comité" bis zum December 1855.

**) Die auf die Universitäten bezüglichen Vorschläge kamen wirklich zur Ausführung und wurden erst unter Alexander II. wieder aufgehoben.

in der Bibliothek verbotene Bücher seien. Untersuchung — man finde nichts, als die symbolischen Bücher der protestantischen Kirche — diese sind aber verboten, und selbst protestantische Geistliche dürfen sie nicht haben! Versiegelt! In's Ministerium geschickt! Die Untersuchung geht nun ihren Gang. Der mit dieser Execution beauftragte Beamte, ein Kammerherr Nowossiltschilow, schämt sich selbst seines Auftrages, räth Blume, zu reklamiren, und zeigt ihm die Gesetzesstellen, vermöge deren er nachweisen kann, daß dies Verfahren gegen ihn ungesetzlich ist. Ich würde Blume rathen, still zu sitzen. Hat er das Unglück, dem Minister recht bündig zu beweisen, daß gegen die Gesetze gehandelt worden ist, so ist er hoffnungslos ruinirt und verloren.

16./28. December. Baron A. Rosen erzählte mir gestern, daß die protestantischen Eleven in dem Pagencorps gezwungen werden, dem griechischen Religions-Unterricht beizuwohnen.

Es ist hohe Zeit, daß man geht!

1850 — 1851.

In dem Wunsche den russischen Staub von den Schuhen schütteln zu dürfen, wurde Bernhardi durch die Ereignisse bestärkt, welche seit Beginn des neuen Jahres (1850) am politischen Horizont auftauchten. So weit die am 31. Januar verkündigte preußische Verfassung auch hinter den Wünschen der deutschen Patrioten zurückgeblieben war — die bloße Thatsache der Verwandlung Preußens in einen konstitutionellen Staat und der Anknüpfung von Verhandlungen zur Durchführung des „Unions-Projects" war hinreichend gewesen, den Zorn des Kaisers Nikolaus zu reizen und Gedanken an eine russische Intervention im Sinne und zu Gunsten der von Schwarzenberg verfolgten anti-preußischen Politik heraufzubeschwören. Bereits zu Ende des Jahres 1849 war eine Aeußerung bekannt geworden, die der Kaiser gegen einen der höchsten Beamten des Kriegsministeriums,

den General Ignatjew (Direktor des sog. Inspektorats = Departements)
hatte fallen lassen: „Ich weiß, daß viele Gardeoffiziere ihre Möbel
und Einrichtungen verkauft haben, als es zum Marsch ging. Sag' ihnen,
sie sollen sich jetzt nicht wieder einrichten, — sie werden nicht lange hier
bleiben." Anfang Januar wurden zwei weitere, in demselben Sinn ge=
thane, noch drohender klingende Aeußerungen des Monarchen bekannt —
Aeußerungen, die wie Steine auf das patriotische Herz unseres Tagebuch=
schreibers fielen.

24. December/3. Januar 1850. Abend bei André Rosen im
Palais Michael. Der Kaiser hat dem Fürsten von Hohenzollern durch
den Gesandten General Rauch sagen lassen, daß er (Nikolaus) im
Falle eines österreichisch-preußischen Krieges auf die Seite Oesterreichs
treten werde. Dem Adjutanten des hier anwesenden Prinzen August
von Württemberg, Baron Geyr von Schweppenburg, hat er aufge-
tragen, er solle die vortreffliche preußische Armee von ihm grüßen,
und wenn es, was Gott verhüten solle, zu einem Kriege komme, werde
er an die preußischen Vorposten heranreiten und sagen: „Kinder,
schießt auf mich, wenn Ihr könnt!"

8./20. Februar. Jacobi sagte mir, daß die Garden zum
1. April wieder marschfertig sein sollen; Graf Nikolas Toll und Paul
Krusenstern dasselbe, der Letztere mit dem Zusatze, es solle gegen
Preußen gehen. Emil Krusenstern bestätigt den Befehl, der unter
der Hand, nicht officiell gegeben ist.

12./24. Februar. Der Kaiser Nikolaus scheint sich nicht zu
kennen vor Wuth, daß das Ministerium Gerlach nicht zu Stande
gekommen ist, und erlaubt sich sehr heftige Aeußerungen. Auf Preußen,
das er in den maßlosesten Ausdrücken schmäht, ist es abgesehen. Nikolaus steht in dem Wahn, die preußische Armee wird zu ihm übergehen. Er hat einen Gesandten beim Bundestage, dem alten, reaktionären Bundestage, ernannt.

13./25. Febr. Ein Krieg mit Preußen müßte ernste Besorgnisse
erwecken; mit Rußland allein würde man wohl fertig werden, durch
Oesterreichs Theilnahme wird aber nicht nur das Machtverhältniß
ungünstiger, sondern auch die strategische Lage nachtheiliger. Leider
ist an diesem Kriege kaum mehr zu zweifeln. Ein vernünftiger Grund

ist freilich dafür nicht abzusehen — der Kaiser aber hätte gar zu
gern ein Ministerium Gerlach an der Spitze Preußens gesehen. Die
Intrigue wurde von hier aus mit aller Macht unterstützt — sie ist
mißlungen — da kennt unser Karl Iwanowitsch sich nicht mehr vor
Wuth! General Berg hat seinem Verwandten, Baron Mengden,
im Vertrauen und unter dem Siegel der Verschwiegenheit gesagt, am
1. März werde sich Krieg oder Frieden entscheiden; käme es aber zum
Ausmarsch der Garden, dann werde es diesmal kein „Kinderspiel",
kein bloßer militärischer Spaziergang sein. Mengden hat nichts eiliger
zu thun, als das weiter zu erzählen. Den Soldaten wird weis gemacht, man ziehe dem König von Preußen gegen „die Rebellen" zu
Hilfe, und geflissentlich werden Gerüchte verbreitet, der König von
Preußen habe fliehen müssen.

14./26. Februar. Wahrscheinlicher austro-russischer Operationsplan: Die russische Hauptmacht sucht über Breslau in die Lausitz
vorzudringen, um sich dort mit dem österreichischen Heere zu vereinigen
und zwischen Elbe und Spree auf Berlin vorzudringen. Dazu braucht
man erstens ein Corps, das längs der Memel auf Königsberg los-
geht, zweitens ein Corps an der Weichsel; Hauptbestimmung beider:
Deckung der langen Flanke von Riga bis an die Oder; Hauptmacht
Offensive gegen Breslau u. s. w.; ein starkes Corps auf der Straße
von Warschau nach Posen, bestimmt, diesen Ort einzuschließen und
weiter auf Berlin vorzugehen. Gegenmaßregeln: Erstens ein Corps
vorwärts Königsberg, das verstärkt werden kann, um seinerzeit die
Offensive gegen Wilna hin zu ergreifen; zweitens ein Beobachtungs-
corps an der Weichsel; drittens ein starkes Corps bei Posen, um
die Offensive gegen Warschau zu ergreifen; viertens erste Armee bei
Breslau — daß dieser Ort nicht eine Festung ersten Ranges ist,
muß man beklagen, man muß sich durch ein starkes verschanztes Lager
helfen; fünftens, zweite Armee zwischen der Spree und Elbe, dringt
über Zittau u. s. w. in Böhmen ein, muß diesen Theil des Kriegstheaters wenigstens bis zur Elbe von Oesterreichern frei machen, sonst
ist die Stellung in Schlesien nicht zu behaupten, wird durch ein
Corps von Glatz her unterstützt — Preußen hat leider keinen weiten
Raum mehr zum Ausweichen, wie Rußland 1812 — die Ver-

einigung der Oesterreicher und Russen muß um jeden Preis verhindert werden.*)

19. Februar/3. März. Alle dänischen Artikel aus der Times
müssen auf kaiserlichen Befehl in den russischen Zeitungen übersetzt
werden. Man hat von hier aus Himmel und Erde in Bewegung
gesetzt, um den König von Preußen zu bewegen, daß er den Eid auf
die Verfassung verweigere.

Nachrichten verwandten Inhalts tauchten noch mehrere Wochen lang
auf — erst am 8./20. März konnte constatirt werden:

Von einem Kriege ist nun weiter nicht die Rede. Man macht,
wie gewöhnlich, Vorbereitungen zum Lager bei Krassnoje Selo. Man
hat gerüstet und gedroht, aber die Erfahrung gemacht, daß Bange-
machen nicht gilt, daß Preußen bereit ist, den Handschuh aufzunehmen,
wenn er im Ernst hingeworfen wird. Da findet man doch nicht
zweckmäßig einen offenen ehrlichen Krieg zu beginnen — aber hinter-
rücks giebt man dem König von Dänemark sieben Millionen Thaler,
damit dieses kleine Ungemach für Preußen ja nicht aufhört.

Der Befriedigung darüber, daß Preußen den Muth einer selbständigen
Politik wieder gewonnen zu haben schien, sollte indessen nur kurze Dauer
gegönnt sein. Noch war der Monat April nicht zu Ende und deutlich lag es
bereits zu Tage, daß Deutschland um eine Hoffnung ärmer geworden war.

Radowitz' Rede in Erfurt — so schreibt Bernhardi am 1./13. April
(1850) — versprach so viel und nun hat König Friedrich Wilhelm schon
den Muth verloren! — Das Recht des Kriegs und Friedens soll vom
engern Bunde auf den großen deutschen Bund übertragen werden.
Damit wäre nicht allein der engere Bund, sondern Preußens politische
Bedeutung vernichtet! — Der Vorschlag geht nicht durch und dann
erfolgt von zwei Dingen eines: entweder der König nimmt diesen Vorschlag zurück, — dann ist der Krieg mit Oesterreich und Rußland
wahrscheinlich da. Das wäre das geringere Uebel. — Oder der König
wirft sich der Partei Gerlach in die Arme, und sagt sich auch vom
Bunde los! — Dann ist Preußen lächerlich gemacht — Deutschland
bleibt in elender Zerrissenheit eine Beute künftiger Revolutionen.

---

*) Wer die einschlagenden Verhältnisse kennt, wird bewundern, mit wie
treffendem Blick B. die Bedeutung der einzelnen strategischen Verhältnisse schon
damals beurtheilte.

8./20. April. Mein Schwager Julius schrieb neulich, daß er die Kriegskosten mit dem Oesterreicher Zichy liquidirt und den Orden der eisernen Krone 1. Klasse bekommen hat.

Er fürchtete, man möchte mit den getroffenen Arrangements hier nicht eben zufrieden sein; Oesterreich zahlt nur **3 Millionen Rubel und das in Raten**!!! — Schlechte Politik diese lächerliche Summe anzunehmen; die Oesterreicher erhalten vermöge dieser Entschädigung, die wie ein Spott aussieht, das Recht zu sagen, sie hätten die Russen gemiethet.

Einige Wochen später kam Herr von Krusenstern auf einige Wochen nach St. Petersburg:

Julius spricht — so berichtet das Tagebuch — viel von Politik und zeigt sich natürlich als lebhafter Bewunderer des Kaisers und Nesselrodes. Die Zustände Oesterreichs schildert er auf Grund seiner Beobachtungen als sehr traurige. Sehr listig hat Schwarzenberg unsern Karl Iwanowitsch (den Kaiser Nikolaus) in die Theilnahme an dem Kriege in Ungarn hineingezogen. Rußland hatte versprochen Galizien zu besetzen im Fall sich dort wieder ein Aufstand regte — und Paskewitsch war autorisirt in diesem Falle russische Truppen in Galizien einrücken zu lassen, ohne erst in Petersburg anzufragen. Darauf berief sich S ch w a r z e n b e r g in einem sehr schlauen Brief an Paskewitsch, indem er dessen schwache Seite sehr gut zu benutzen wußte: „Le sort de l'Europe est entre Vos mains!" u. s. w. — Die Absichten der Revolutionäre sollten auf Polen gerichtet sein; darauf hin nahm Paskewitsch auf sich, die Division Panjutin nach Oesterreich zu senden. — Dem Kaiser Nikolaus wurde weis gemacht, der ungarische Aufstand sei eigentlich ein polnischer auf ungarischem Boden. Man ist etwas beschämt und sehr ungehalten, da sich nun ergeben hat, daß nicht mehr als 1200 Polen bei der ungarischen Armee waren; Schwarzenberg hatte von 20,000 Mann geschrieben. Haynau soll als Stratege ein Mann von Kopf und Kenntnissen sein, auf dem Schlachtfeld aber embrouillirt er sich, verliert vollkommen den Kopf, und weiß nicht aus nicht ein. — Ueber die Verhandlungen mit dem Grafen Zichy erzählt Julius: Da die Oesterreicher nicht bezahlen wollten und konnten, so meinte

er (Julius), man müsse wenigstens die armselige Abfindung, die angeboten wurde, dem Kaiser gegenüber gehörig motiviren. Man nahm
also alle die traurigen und beschämenden Geständnisse, die Zichy über
den Zustand von Oesterreich gemacht hatte, zu Protokoll, legte auf diese
Weise dem Grafen die beschämendsten Geständnisse in den Mund
und ließ sie von ihm unterschreiben. — Die Umkehrung der Politik
in Warschau war nicht so vollständig, als man in Petersburg glaubte.
— Kaiser Nikolaus hat sich darauf beschränkt beiden Parteien, d. h.
den Oesterreichern und Preußen, die Armee zu zeigen und dem Prinzen
von Preußen gesagt: C'est la réserve de l'armée autrichienne
und dem Fürsten Schwarzenberg: C'est la réserve de l'armée
prussienne, si Vous bougez. Freilich hat er jetzt mehr Sympathie
für den König von Preußen, aber nur weil dieser Leute wie Gerlach
bei sich hat: Mais il (Nikolaus) est revenu de son engouement
pour le Prince de Prusse, qui est tout à fait dans les idées Alle-
mandes. Diese Worte sprach Julius in einem Ton und mit einer Bewegung der Hand, als ob von einer Art von Wahnsinn die Rede sei!
    29. Juni/11. Juli. Es ist mir aufgefallen, wie sich unsere
Diplomaten, Julius Krusenstern u. s. w. in ihren politischen Urtheilen
beständig in Widersprüche verwickeln. Man spricht pomphaft von
Dänemarks Recht, davon, daß Schleswig-Holstein ein Sammelplatz
alles revolutionären Lumpengesindels geworden ist: „ce sont des cor-
donniers qui veulent régner, voilà tout" und dann ergiebt sich
doch wieder, daß man vor Allem die Holsteinschen Häfen nicht will
in Deutschlands Hände fallen lassen und daß die ganze Frage sich
darum dreht. — Man lacht über die Einheit Deutschlands als über
einen Gedanken aus dem Tollhause, und dann kommt es heraus,
daß ein einiges und mächtiges Deutschland der russischen Anmaßung
sehr hinderlich und beschwerlich sein würde. Für mich knüpft sich
noch eine andere Betrachtung daran. Diese Leute sind unwissend,
leer wenn auch listig, ohne Sinn für etwas Anderes als die Interessen der niedrigsten Selbstsucht und wunderbar beschränkt. Ihnen
ist das Schicksal der Völker anvertraut und man wundert sich
noch, wenn von Zeit zu Zeit der strafende Arm des Himmels in
furchtbaren Revolutionen fühlbar wird.

6./18. Juli. Friede Preußens mit Dänemark, welche Schmach für Deutschland und für Preußen! — es ist also dafür gesorgt, daß Preußens Einfluß nicht an die Nordsee reiche! daß Preußen-Deutschland nie eine Seemacht werde! — Und welche Saat unsäglichen Unheils sehe ich ausgesäet! — welche Keime für die Zukunft! — Die Nachricht macht mich krank.

27. Juli/8. Aug. Mit großer Spannung erwarte ich die Post — und sie bringt die Nachricht von der Schlacht bei Idstädt! Die Holsteiner haben sie verloren. Es war nicht anders zu erwarten und ich habe es nicht anders erwartet, denn es konnte sich nur darum handeln mit Ehren zu fallen. Dennoch bin ich tief betrübt. Die Holsteiner werden noch eine Schlacht bei Wittensee annehmen; zu einem Vertheidigungskriege, in dem man die Kräfte des Angreifers sich könnte erschöpfen lassen, fehlt es indessen an Raum und Zeit: an Zeit eben des engen Raumes wegen, auf dem die Ereignisse sich schnell entwickeln müssen. —

29. Juli/10. Aug. Die Schlacht bei Idstädt beschäftigt mich sehr. Besonders da sie von dänischer Seite gut geführt worden zu sein scheint. Die Holsteiner haben sie verloren weil sie keine Reserven mehr hatten, und weil, was sie etwa noch an Truppen verfügbar hatten, nicht an der entscheidenden Stelle im entscheidenden Augenblick zur Hand war (wie 1815 bei Ligny) — man hatte sie veranlaßt sie anderwärts zu verwenden. —

Der Rückschlag, der seit dem August 1850 eingetreten war und der die politische Stockung der folgenden Jahre bedingte, war an der Newa ebenso fühlbar, wie an der Spree, der Donau und der Seine. Auch für Bernhardi trat eine Periode erneuerter Zuwendung zu außerhalb des politischen Gebiets liegenden Interessen ein. Den Rest des Sommers brachte er auf einem estländischen Landgute zu. In den von dort datirten Tagebuchblättern ist nur ausnahmsweise von öffentlichen Dingen die Rede. Die Stelle derselben vertreten Bemerkungen über ältere Erscheinungen der französischen Literatur, die für die Betrachtungsweise und den sittlichen Ernst des Verfassers bezeichnend genug sind, um dem Hauptinhalte nach wiedergegeben zu werden.

11./23. Aug. Den Abend Delphine von Frau von Staël

gelesen. Wir kommen bis zur ersten Begegnung von Léonce und Delphine und es läßt sich da schon absehen, daß das Motto: Un homme
doit savoir braver l'opinion, une femme s'y soumettre wie ein
Rechen-Exempel durchgeführt werden soll, um mit einem quod erat
demonstrandum zu schließen. Was der soi-disant philosophische
Inhalt des Buchs sein soll, ist also eine Armseligkeit; es läuft auf
eine in den Salons der guten Gesellschaft gemachte ganz alltägliche
Beobachtung hinaus. Und welche Beschränktheit und frivolité
der Weltanschauung! — Gespräche über die entstehende Revolution
werden piquants genannt! Was ist die opinion, die allgewaltige? von
wem wird sie gehandhabt? — Ils sont une poignée d'impertinents
qui ne comptent qu'eux au monde et qui ne valent pas la peine
d'être comptés. — (Rousseau.) Kann eine geistreiche Frau so beschränkt und befangen sein, daß sie vor den Salons die ganze wirkliche Welt gar nicht gewahr wird! — In welchem anscheinend engen
Kreise bewegt sich Hermann und Dorothea und welche Größe der
Weltanschauung und Lebensphilosophie durchweht das Ganze! —
   12./24. Aug. Delphine weiter gelesen. Immer dasselbe, qu'un
homme doit savoir braver l'opinion u. s. w. Wenn die Durchführung dieses Themas einen Werth haben soll, müßte nachgewiesen
werden, daß homme und femme wirklich von ihrem eigentlichen
inneren Werth verlieren, wenn sie nicht so da zu stehn wissen —
und das wäre nicht unmöglich. Hier ist aber alles bloß auf Aeußer-
lichkeiten bezogen, und der Spruch zu einer etwas platten Regel
der Lebensklugheit gemacht. — Vieles einzelne ist sehr charakteristisch
für Mme. de Staëls eigene Weltanschauung. Wir lesen bis zum
30. Brief des ersten Theils, der meine Verwunderung macht.
Es ist zum Erstaunen, was Delphine abhält sich entschieden auszusprechen, bei so viel Frivolität, so wenig Ernst und Würde in der
allgemeinen Ansicht des Lebens! Da muß man wohl mit Mme.
George Sand ausrufen: „Quel oubli des principes, quel respect
pour les convenances." Es ist ein empörendes Buch. —
   Delphine veranlaßt den Tod des Mr. d'Ervins, und ihre
Reue ist der Art, daß sie ihr Veranlassung giebt, sich selbst die char-
mantesten Dinge zu sagen über ihre bonté, ihre générosité — und

wie sie Léonce verliert tröstet sie sich damit, qu' aucun remord ne se mêle à sa douleur. Et la mort d' Ervins! Der arme b' Ervins war nicht darauf eingerichtet hübschen Damen zu gefallen, da kann er denn abgeschlachtet werden ohne daß irgend ein Mensch sich deßhalb Vorwürfe zu machen braucht.

Und erst die Briefe XXXII und folgende! Welch ein Aufwand superelecter Tugend und délicatesse! — und wie wenig einfache gesunde Ehrfurcht von der Wahrheit! — Rousseau hat Recht; das sind raffinements, von denen gewöhnliche Menschen, die sich einfach bemühen redlich und wahr zu leben und zu handeln, unmöglich etwas begreifen können. Um diese doppelt raffinirten superelecta, délicatesses und procédés, ces sublimes vertus, dont le mensonge est un élément nécessaire würdigen zu können, muß man eine Frau sein, die einen ihrer Laquaien zum Liebhaber gehabt hat, wie Frau von Staël einmal in dem Fall war.

Wahrscheinlich hätten die Leser, die Frauen, die an dem Leben des alten Hofs, den Gräueln und Lügen der Revolution, den cynischen Leichtfertigkeiten der Direktoriumszeit ihren Antheil hatten, Delphine sehr getadelt, und es sehr indélicat gefunden, wenn die imaginaire Delphine auf Léonce's Fragen ganz einfach die Wahrheit sagte. — Man müßte eigentlich die Romane, die einmal vogue gehabt haben, in geschichtlicher Folge lesen, und hätte dann in ihnen eine Geschichte der Zeit. Wie lehrreich wäre die Folge: Richardson — Fielding — Voltaire-Rousseau — Diderot — Crébillons Liaisons dange-reuses — Mme. de Staël — Chateaubriand — Sir Walter Scott — Victor Hugo — George Sand — Eugène Sue — man sähe wie das mittelalterliche Gebäude der Gesellschaft und die Gesellschaft über-haupt untergraben wurde.

23. Aug./4. Sept. Abends mit den Damen den zweiten Theil von Delphine zu Ende. Mme. de Vernon fällt am Ende in einer sehr unwahrscheinlichen Art aus der Rolle. Merkwürdig ist, in wel-chem Licht Mme. de Staël die positive Religion und eine von ihr ge-tragene Gesinnung erscheinen läßt. Die Religion ist ein höchstens Geduldetes. Das war die damals herrschende Ansicht. Wie ver-schiedene Ansichten sind seitdem Mode geworden! — Einer Lächer-

lichkeit verfallen Romane, die von Frauen herrühren, sehr leicht: die Welt sieht darin aus, als ob sie eigentlich nur von Frauen bewohnt wäre, oder doch nur was diese thun und sagen wichtig wäre. Die Männer, da man Liebhaber und dergleichen doch nicht ganz entbehren kann, erscheinen ungefähr wie die Nebenrollen in einem monodrame. —

25. Aug./6. Sept. Wir lesen noch Delphine; die Briefe, die Leonce und Delphine nach Mr. de Vernons Tode wechseln. Die Leidenschaft spricht sich namentlich in Delphinens Briefen wahr und lebendig aus. Dagegen bürgt mir aber nichts für die Tiefe und den Ernst, somit für die Dauer dieser Empfindungen. Und warum und womit bekämpft Delphine ihre Leidenschaft? — von Ernst, von wirklichem Gefühl für die moralische Würde des Menschen, für die Heiligkeit der Pflicht ist da nirgends eine Spur. Ein procédé délicat gegen Mathilde, darauf läuft die Sache hinaus. Und was sie sich darüber sagt sind hohle Sentenzen; diesen Schutz gegen die Leidenschaft in dem Roman genügen zu lassen, hängt freilich von Frau von Staël ab —: in der Wirklichkeit lockt man damit keinen Hund unter dem Ofen heraus. Eine Frau, die ihrer Leidenschaft nichts besseres entgegen zu setzen hätte, würde wohl ohne viele Umstände in die Arme ihres Geliebten gerathen. Man sieht, das Buch ist von einer Frau geschrieben, die nie einer Leidenschaft oder auch nur einem Gelüst widerstanden hat, und das im wirklichen Leben auch als eine niaiserie betrachtet hätte. Wenn Rousseau's Julie, mit Worten der Wahrheit wie sie aus einem tiefen Gemüthsleben hervorgehen, beschreibt wie das Gefühl der Würde ihrer neuen Lebensverhältnisse als Frau sie ergriffen hat, so bin ich überzeugt, — die Sentenzen oder Gemeinplätze, die Delphine ausspricht um die Nothwendigkeit eines procédé délicat darzuthun, sind keine Bürgschaft für ihr Thun und Lassen. Wir sprechen viel darüber; auch davon daß George Sand, so frevelnd die Tendenz ihres Strebens auch ist, das Leben doch ernster und tiefer aufgefaßt hat als Mme. de Staël. Diese steht noch ganz auf dem Standpunkt, von dem aus man über die Grenze des Salons hinaus nichts erblickt.

27. Aug./8. Sept. 1850. Delphine; es ist merkwürdig zu

5*

sehen, welche Ansichten von Religion damals herrschend waren, in derselben großen Welt, die sich nun seit dreißig Jahren wieder fromm anstellt. Wie tiefe Wurzeln doch das durchaus conventionelle ge- sellschaftliche Leben geschlagen hat! — Selbst unmittelbar nach einem so gewaltigen Riß wie die französische Revolution in alle Verhältnisse machte, konnte ein Buch wie Delphine erscheinen und Erfolg haben! —

29. Aug./10. Sept. Abends Delphine. Leonce wird mehr und mehr eine alberne Carricatur. Die Ehre ist seine Religion; gut! wenn er darunter ein Gesetz verstände, das er sich selbst auferlegt hat, wie der Eid! — Aber er versteht darunter nichts anderes als was Hinz oder Kunz sagen! — Einer solchen Narrheit ist kein Mensch in dem Grabe unterworfen, das ist nicht wahr. Ueberdem ist es höchst widerlich, daß ein Mann in der geschichtlichen Zeit, in welche die Handlung verlegt ist, für nichts Sinn hat, um nichts sich be- kümmert, als um das brutale Gelüst, das er seine Liebe nennt. Mir fällt dabei immer Hanswursts Hochzeit ein.

Die gemeine und rohe Selbstsucht des Elenden ist ganz unaus- stehlich; wie kann Frau von Staël erwarten, daß irgend ein ver- nünftiger Mensch Theilnahme für so eine unbedeutende, unvernünftige und rohe Bestie empfinden wird! — Uebrigens sieht neben allen Sublimigkeiten die wahre Gesinnung hervor; wie gern zeichnet Frau von Staël Scenen, in denen Delphine kaum widersteht; wie kommt sie darauf zurück! — Vergleicht man damit die Scene zwischen dem Templer und der Jüdin im Jvanhoe, so sieht man wie ein künst- lerischer Sinn, und wie eine schmutzige Phantasie einen solchen Gegenstand behandeln. —

5./17. Sept. 1850. Abends Delphine — Lebensai's Brief über die Scheidung soll wohl der philosophische Culminationspunkt des Ganzen sein — welch ein elendes Geklatsch! — Einzelnes sehr charakteristisch; so z. B. wenn Delphine sagt: „— Autre fois j'aimais assez être seule" — in einem Salon. Succès d'amour propre sind immer der eigentliche Inhalt des Lebens! — Delphinens Reue darüber, daß sie Valore betrogen hat, ist auch himmlisch: ne m'en parlez ja- mais, je parviendrai peut-être à l'oublier. Von Italien, Spanien, Holland, England und Amerika ist in Lebensai's Brief die Rede —

aber nicht von Deutschland! — Schlegel hatte damals noch nicht die
deutsche Philosophie und Literatur in usum Delphinae bearbeitet.
Es ist merkwürdig, wie vollkommen man in Frankreich von Deutschland nichts wußte! — Das Buch sur l'Allemagne hat unstreitig
eine sehr weitgreifende geschichtliche Bedeutung. —

Von diesen Abschweifungen auf das literarische Gebiet kehrt der
Tagebuchschreiber alsbald wieder zu den Interessen zurück, die den eigentlichen Inhalt seiner geistigen Existenz bildeten. — Zunächst stellt er Beobachtungen über die ihn umgebenden estländischen Zustände an:

15./27. Sept. Wie das Land durch die ewigen Rekrutirungen
erschöpft ist. Hier in Aß haben sich nur fünf Menschen gefunden,
die das Maß halten — und von denen sind vier ganz erbärmliche
Subjecte, die ich, wenn ich Oberster wäre, sehr ungern in mein
Regiment aufnähme. — Die Herabsetzung der Dienstzeit von 25 auf
15 Jahre ist ein Unglück. Konnte und wollte man die Dienstzeit
nicht auf 6 Jahre herabsetzen, so war es besser sie auf 25 zu lassen.
Wer 15 Jahre russischer Soldat gewesen ist taugt für keinen andern
Stand mehr und dient eben so gut noch 10 Jahre weiter; jene Verminderung der Dienstzeit macht auf der andern Seite immer ver-
mehrte Rekrutirungen nöthig.

15./27. October. In Deutschland allgemein Ueberdruß und
Ermüdung; politische Erschlaffung. — In Mecklenburg bei der sehr
aristokratischen Ritterschaft keine Spur von deutscher Gesinnung. —
Hiesige Verhältnisse. H. prahlt öffentlich auf dem Club damit, daß
er den Gesetzen zum Trotz drei Bauernwirthe jeden mit 40
Stockstreichen hat bestrafen lassen! — Ein junger St. Petersburger Beamter Bellimischew war hier um die Privilegien der Städte Estlands
zu revidiren und unter diesem Vorwand zu beschränken. Im Frühjahr
wurde er von Gensdarmes aus dem Bett geholt, und unter Wache
nach Petersburg geschafft, als verwickelt in die socialistische Verschwörung. Jetzt kommt dieser Günstling des Ministers Perowsky als
Gesetzgeber zurück! — Die Uebersetzung des neu compilirten estländischen Ritter- und Landrechtes in's Russische wird nämlich in Petersburg, ohne Zweifel in bestimmter Absicht, schlecht und des Gegenstandes
nicht würdig gefunden. Herr Bellimischew soll ohne Controlle

die Uebersetzung verbessern; und dabei ist zu bemerken, daß fortan die russische Uebersetzung als eigentliches Gesetzbuch gelten und Autorität haben, das deutsche Original nur als Uebersetzung gelten soll. Das haben die Herren zugelassen ohne sich sonderlich zu sperren — wahrscheinlich weil das nichts geholfen hätte.

Inzwischen hatten die Wolken des preußisch=österreichischen Conflicts in der hessischen Frage den politischen Horizont zu verfinstern begonnen. Bernhardi theilte die Hoffnung zahlreicher deutscher Patrioten auf ein energisches Vorgehen Preußens. Die Bitterkeit seiner Enttäuschung spiegelt sich in den nachstehenden Aufzeichnungen wieder, die zugleich be= zeichnend sind für die Langsamkeit und Unsicherheit des Nachrichtenwesens in dem damaligen östlichen Europa:

23. October/4. November. Der Kaiser aus Warschau zurück, und sehr guter Laune, das ist schlimm, sehr schlimm! — es wird also ganz nach seinem Sinn gehen in Deutschland? — Preußen lenkt ohne Zweifel auf das erwünschteste in Oesterreichs Bahnen ein!

Obgleich der russische Kaiser in Warschau seinen Willen durchgesetzt und Preußen zur Nachgiebigkeit in dem entbrannten Streite über die hessische Angelegenheit bestimmt hatte, behielt es noch für eine Weile den Anschein, als ob Rußland zu gewaltsamer Einmischung in die deut= schen Dinge schreiten werde. Die bezüglichen Notizen unseres Tagebuchs lauten darüber so bestimmt, daß sie trotz ihrer Kürze und Abgerissenheit Erwähnung verdienen:

St. Petersburg den 27. Oct./8. Nov. Das Grenadier= Corps hat plötzlich wieder Befehl erhalten nach Litthauen zu mar= schieren. Im Gegensatz zu Allem, was ich in letzter Zeit (sc. über Preußens Nachgiebigkeit) erfahren, ist das eine gute Nachricht zu nennen.

Den 9. Nov. Alles sieht wieder kriegerisch aus. Es ist sogar davon die Rede, sämmtliche „auf unbestimmte Zeit" beurlaubte Sol= daten einzuberufen.

1./13. Nov. 1850. Graf Brandenburg leider todt, aber die preußische Armee auf dem Kriegsfuß! Das freut mich. —

5./17. Nov. Die Nachricht, daß Preußen seine Armee mobil

macht, hat auf den Kaiſer Nikolaus einen ſolchen Eindruck gemacht,
daß man ihm hat Schröpfköpfe ſetzen müſſen. —
8./20. Nov. Baron Roſen hat mir vielfach geſagt, daß die
Diplomaten den guten Karl Iwanowitſch (den Kaiſer) täuſchen und
ihm nur das berichten, was er gerne hört: Bewunderung des Königs
von Hannover, die Verſicherung, daß die partie saine et respec-
table der Bevölkerung nach einer abſolutiſtiſchen Regierung ſeufzt, daß
das ganze Lärmen in Deutſchland durch eine Hand voll Revolutionaires
gemacht und daß die abſolutiſtiſche Regierungsform die einzige iſt, die
auf dem Feſtlande von Europa gedeihen kann. — Staatsrath Grimm
war den Sommer über in Deutſchland (in Baden) geweſen und hat
von dort aus an die Kaiſerin einen Brief von 4 Bogen geſchrieben,
in dem er die Dinge in einem anderen Licht zeigte und nachwies, daß
ein Krieg unfehlbar Preußen zum Herrn von ganz Deutſchland machen
würde. — Vor kurzem zurückgekehrt, ſtellt er ſich der Kaiſerin vor;
ſie dankt ihm für den Brief, avec éffusion und hat ihn dem Kaiſer
mitgetheilt — Dieſer kommt dazu, zeigt mit der Hand auf Grimm:
„Ah! c'est un fameux révolutionnaire, celui-là. Grimm proteſtirt:
er ſei durchaus konſervativ. „Mais pourtant Vous admirez M. M.
Gagern et de Radowitz." „Ja, weil dieſe Männer und ihre Partei
die einzigen ſind, die die Revolution mit Erfolg bekämpfen können." —
Auf dieſe Weiſe ging das Geſpräch eine Zeit lang fort. Der Kaiſer
führt es wie in halbem Scherz. — Nun kommt der preußiſche Major
von Schlegel an, um zu erklären, wie es eigentlich mit der Beſetzung
von Heſſen zuſammenhängt. Der hat dem Kaiſer reinen Wein ein-
geſchenkt und eine etwas derbe Sprache geführt, geſagt, daß
die Berichte des Geſandten den Kaiſer täuſchten. Schlegel hat in
Petersburg nur drei Perſonen geſehen, die einen Begriff von der
Lage Deutſchlands haben: die Großfürſtin Helene, General Baron
W. Lieven, und André Roſen (dem es nicht ganz angenehm iſt ſo citirt
zu werden). — Schlegel lieferte Beweiſe, daß im Kriege ganz Deutſchland Preußen zufällt — daß die Provinzen den Befehl zur Rüſtung
mit Enthuſiasmus aufnehmen, und unter der Hand von freien Stücken
500,000 Mann und 60 Mill. Thaler angeboten haben. Er zeigte
ferner die fulminante Note Oeſterreichs und fragte, ob Preußen etwas

anderes thun könnte als den Handschuh aufnehmen? — Der Kaiser
mußte gestehen: Nein! Nach die sem Gespräch hat er sich die Schröpfköpfe setzen lassen — und darauf folgten die friedlichen Befehle an
die Armee. —

13./25. Nov. Rittmeister M. erzählt mir, daß die zweite leichte
Kavallerie-Division der Garde einen Befehl zur Mobilmachung erhalten hatte, der widerrufen wurde. — Am 18./6. war Regiments-
fest und Parade der Gardehusaren in Zarskoje-Selo. Der Kaiser
freut sich so viele alte Soldaten zu sehen — man sagt ihm: sie gehen
ab als Urlauber auf unbestimmte Zeit — „Was? — nein!" — so
lange die Politik nicht klarer sei, werde er keine Urlauber entlassen;
so lange man ihn nicht angreife, werde er sich ruhig verhalten.
„Wenn er aber auch nur Winkelzüge macht, werde ich ihm zeigen"
(sc. dem Könige Friedrich Wilhelm IV., wobei die Faust drohend erhoben wurde). — Seine Schwester (sc. die Kaiserin) würde ihm nur
dabei allein leid thun. —

Der Tag der Rache wird doch wohl ein Mal kommen!

17./29. Nov. Eine geheimnißvolle Dame hat diesen Sommer
in Peterhof großes Aufsehen erregt. Sie bewohnte ein Haus in
einer abgelegenen Gegend, das der Kaiser selbst mit großer Sorgfalt
einrichten ließ; der Kaiser besuchte sie — aber auch die Kaiserin,
was jeden Gedanken an ein galantes Verhältniß beseitigte. Eine
Zeit lang waren ihre Leute in Trauer — nach Louis Philipps Tode
— das führte auf die Vermuthung, daß es Mme. d'Angoulême
sei. — Geheimnißvoll reiste sie wieder ab.

19. Nov./1. Dec. Die Politik in echt russischen Kreisen dreht
sich um folgendes Thema: der Kaiser ist guter Laune — der Kaiser
ist schlechter Laune — in diesem Augenblick ist er sehr schlechter
Laune. Morgen ist das Fest der 25jährigen Thronbesteigung. Es
waren große Festlichkeiten vorbereitet. Eröffnung der neuen Brücke
— großartige Erleuchtung der Stadt u. s. w. — Alles bestellt.
Plötzlich heißt es, der Kaiser kommt gar nicht her, bleibt den Tag
in Zarsko allein mit der Familie. — Als Grund werden auch einige
Maßregeln der inneren Politik angeführt, die vom Ministerrath vorgeschlagen waren, und in die er gewilligt hat, aber nicht gern: Er-

mäßigung des Tarifs, und eine Verordnung, welche die Minister
ermächtigt, jeden Beamten nach Willkür zu verabschieden und zugleich
zu verfügen, daß er nie und nirgend wieder angestellt werden kann!
Dann heißt es wieder, weil die alte Laval vorgestern gestorben ist.
— Das sagt man, es ist aber bei allebem nicht schwer zu errathen,
daß die Thronrede des Königs von Preußen und die Haltung der
preußischen Kammern der eigentliche Grund der üblen Laune sind.
20. Nov./3. Dec. Zu Baron Rosen —: Es ist wirklich die
preußische Thronrede die den Kaiser aufbringt. „Mais c'est une dé-
claration de guerre!" hat er ein mal über das andere ausgerufen —
da er aber doch nichts thut und nichts verfügt, hege ich die Ueberzeugung, daß man sich von hier aus in nichts mischen wird. — Eine
seltsame Geschichte ist hier vorgefallen: Vor 3 Wochen war wegen Ver-
theuerung des Branntweins ein Auflauf, eine Kneipe wurde zerstört,
ein alter Soldat todtgeschlagen. Untersuchung: der Minister Perowski
setzt eine Commission nieder, die Branntweinspreise, als Ursachen
des Kravalls, sollen herabgesetzt werden. — Die Branntwein-Pächter,
Benardaki an der Spitze, beschweren sich beim Kaiser: Wenn sie,
bei dem ungeheuren Pacht, den sie zahlen, auf diese Weise chicanirt
werden sollen, können sie nicht bestehen, erbitten daher Aufhebung
ihres Kontrakts. Darauf thut der Kaiser, was die Pächter eigentlich
haben wollen: er befiehlt die Commission aufzuheben — auf diese
Art bleibt seltsamer Weise auch der Mord ungerügt! —
22. Nov./4. Dec. Der Kaiser hat gestern auf der Parade, da
das Semenowsche Regiment die Wache bezog, etwas von einem möglichen Feldzug gesprochen. —
24. Nov./6. Dec. Seit kurzem ist verordnet, daß Philosophie
fortan an den russischen Universitäten nur von Geistlichen der „griechischen" Kirche gelehrt werden darf. Ueberall sind Geistliche zu Professoren ernannt worden. Professor Fischer,
der wahrhaftig servil genug ist, hat demgemäß seine Professur bei
der Universität niederlegen müssen. — Professor der Philosophie an
der geistlichen Akademie (einer griechisch-orthodoxen Priesterschule) aber
ist er seltsamer Weise geblieben (weil der — wörtlich befolgte —
Befehl allein für die Universitäten erlassen worden). Schöne Zeiten!

In Finnland ist verboten worden, irgend Etwas — außer Katechis=
mus und Gesangbüchern — zu drucken!

Mit einer Bemerkung darüber „daß der Kaiser fortwährend Nach=
richten erhalte, die seine Laune verbesserten", daß der dem Grenadier=
Corps abermals ertheilte Befehl zum Ausmarsch zurückgenommen worden
sei und daß sich daraus mit Sicherheit auf das Zustandekommen öster=
reichisch=preußischer Abmachungen schließen lasse, welche Preußens deutsche
Stellung vernichteten — schließt die Reihe politischer Notizen, welche
das Tagebuch von 1850 enthält.

Der Tagebuchschreiber war inzwischen zu einem wichtigen und folgen=
reichen Entschluß gelangt. Es duldete ihn nicht länger in Rußland.
Seine liebsten Wünsche waren gescheitert, seine nächsten Freunde todt,
der Gesundheitszustand seiner Frau ließ ein längeres Verweilen am Newa=
Ufer bedenklich erscheinen. Zu diesen persönlichen Gründen hatten sich sach=
liche von viel erheblicherem Gewicht gesellt. Der Gang, den die Entwicke=
lung des von Nikolaus I. regierten Staates seit Ausgang des ungarischen
Feldzugs genommen, der beständige Rückgang des geistigen Lebens der
Hauptstadt, die Knebelung der letzten Ueberreste freien Denkens und wissen=
schaftlicher Unabhängigkeit, der eherne Druck, der auf der gesellschaftlichen
Bewegung lastete, hatten Bernhardi das Leben in St. Petersburg mo=
ralisch unmöglich gemacht und ihn zu dem Entschluß gebracht, den längst
gehegten Plan nach Deutschland überzusiedeln, das er als sein wahres
Vaterland betrachtete, nunmehr um jeden Preis auszuführen. Er wollte
das bescheidene Vermögen, über welches er und seine Frau verfügten, auf
eine ländliche Niederlassung verwenden und als unabhängiger Gutsbesitzer
den Rest seines Lebens auf Arbeiten verwenden, welche freie Bewegung
und Selbstbestimmung erforderten. Fräulein Julie von Krusenstern, die
jüngere Schwester seiner Frau, war entschlossen das Geschick des ihr eng
befreundeten Schwagers zu theilen und die Genossin des Hauses zu
werden, das dieser in seinem Geburtslande neu zu begründen gedachte.

Vor Allem war es die Sorge um die Schwester, deren Gesund=
heit damals bereits ernstlich gefährdet schien und die liebevoller Pflege
häufig dringend beburfte, welche diesen Entschluß hatte reifen lassen,
mit dem die hochherzige Dame auf jede selbständige Gestaltung ihres
Lebens verzichtete, um sich ganz dem Glück der Schwester hinzugeben.
Ebenso talentvoll und geistreich, wie hochgebildet — und wie ihre Schwester
jeder selbstsüchtigen Regung vollständig fremd — war sie auch Bernhardi

von Jugend auf eng befreundet und hat nicht wenig dazu beigetragen, das geistige Leben im Bernhardi'schen Hause durch ihr nie versiegendes, immer jugendlich frisches Interesse an allen wissenschaftlichen, künstlerischen und idealen Bestrebungen anzuregen und eigenthümlich zu gestalten. Regen, oft selbstthätigen Antheil nahm sie besonders an literarischen Dingen. Ihre Uebersetzung von Krylows russischen Fabeln in's Deutsche ist seiner Zeit gedruckt worden, und die in ihrem Nachlaß vorgefundenen formvollendeten Uebersetzungen Byron'scher Werke, sowie eigne poetische Versuche zeugen von einem ungewöhnlichen dichterischen Talent. Wenn diese außergewöhnlichen Anlagen nicht in erheblicherem Maße zur öffentlichen Geltung gelangt sind — zu der sie voll berechtigt waren — so lag das vor Allem daran, daß die Sorgen des äußeren Lebens ihre Kräfte bald ganz in Anspruch nahmen: dem Hauswesen und der Erziehung der Bernhardischen Kinder — denen sie eine zweite Mutter war — mußte sie bald selbständig vorstehen, da Frau von Bernhardi's Gesundheitszustand ihr jede irgend anstrengende Beschäftigung verbot. Diesem selbstlosen Beruf hat sie in stets treuer Opferwilligkeit ihr ganzes reich beanlagtes Leben geopfert.

Daß die Loslösung von geliebten Menschen und gewohnten Verhältnissen schwere Opfer mit sich bringen werde, wußten alle Betheiligten gleich genau. Auch darauf mußte man sich gefaßt machen, daß die im russischen Staatsdienste stehenden, mit russischen Interessen verwachsenen Brüder von Krusenstern die Auswanderung der Geschwister mißbilligen und aus äußeren wie inneren Gründen peinlich empfinden würden.

Der Austritt aus dem russischen Unterthanenverbande hatte die persönliche Erlaubniß des Monarchen zur Voraussetzung — die bloße Bitte um solche Entlassung aber galt für ein bedenkliches, ja gefährliches Unternehmen, seit man wußte, daß der Kaiser dieselbe als Undankbarkeit, ja als Verletzung der ihm schuldigen Sympathie und Achtung ansah. Als zu Ende der 40er Jahre ein harmloser Sänger, der Tenorist Iwanow die Entlassung erbeten hatte, um ein dauerndes Engagement bei der Pariser italienischen Oper annehmen zu können, waren Se. Majestät durch dieses Unterfangen in so heftigen Zorn versetzt worden, daß der um seine Vermittelung angegangene Kaiserliche Botschafter in Paris Herrn Iwanow zur Zurückziehung seines Gesuchs bestimmen und die Angelegenheit privatim erledigen hatte. Und dieses Mal war es der Schwiegersohn des berühmten Admirals von Krusenstern, der Schwager eines dem Monarchen persönlich bekannten Diplomaten und dreier höherer Offiziere,

der dieses Unterfangen auszusprechen und dadurch die Gefahr einer „Com=
promittirung" der gesammten Familie heraufzubeschwören gedachte? Bern=
hardi war mit diesen Schwierigkeiten so genau bekannt, daß er seinen
Oheim Friedrich Tieck bereits zu Ende des Jahres 1849 ersucht hatte,
Humboldts Intervention in dieser Angelegenheit anzurufen und dabei
geltend machen zu lassen, daß es sich vorliegenden Falls nicht sowohl um
die Exnexirung eines russischen Unterthanen als um die Renaturalisirung
eines geborenen preußischen Unterthanen handle. Wie aus einem späteren
Schreiben (1./13. April 1851) erhellt, hatte Humboldt dem Wunsche
Bernhardi's entsprochen und demselben eine Empfehlung an den preußischen
Gesandten in St. Petersburg, General von Rochow, gesendet. Da dieser nur
behutsam vorgehen zu können erklärte, und Alles darauf ankam die Sache
in das Gewand eines Gesuchs um Erlaubniß zur Rückkehr eines ge=
bornen Preußen in sein Vaterland zu kleiden und das Immediatgesuch
an den Kaiser vermeidlich zu machen, so mußte Bernhardi die Erledigung
seines Wunsches einstweilen hinausschieben. Endlose formelle Schwierigkeiten,
Verhandlungen mit Behörden aller Gattungen und Arten und unbe=
rechenbare Zeitverluste ließen sich auch im günstigsten Falle voraussehen.
Außerdem mußte die Wiederkehr der warmen Jahreszeit abgewartet
werden, da bei dem Mangel anderweiter Verkehrsmittel der Seeweg nach
Stettin eingeschlagen werden sollte. Endlich galt es für Frl. Julie
von Krusenstern, die als Inhaberin einer kaiserlichen Pension russische
Unterthanin bleiben mußte, einen Reisepaß und das dazu erforderliche
ärztliche Attest zu beschaffen. Reisen „in's Ausland" waren damals mit
schwer zu übersteigenden gesetzlichen Schwierigkeiten verbunden, zumal
wenn die Paßsteuer von 500 Rubel (1500 M.) jährlich vermieden werden
sollte. Danach hatte Bernhardi seine Einleitungen getroffen, den Sommer
1851 für die Abreise in Aussicht genommen, seine Familie in Esthland
gelassen und sich selbst von Reval nach St. Petersburg begeben, um sein
Hauswesen aufzulösen, seine Arbeiten und Geschäfte zum Abschluß zu
bringen und dann gleichfalls nach Esthland zu gehen.

Zu den Arbeiten, welche vor der Abreise beendet werden sollten
und beendet wurden, gehörte ein auf Anregung des damaligen Chefs der
Heroldie=Abtheilung des Senats, Sannitz, entworfenes Werk über Ge=
schichte der Heraldik, das in's Russische übersetzt und bei der Akademie
eingereicht werden sollte und für welches dem Verfasser der sogenannte De=
midow'schen Preis in Aussicht gestellt worden war. Auch dieses Mal
sollte der unermüdliche Arbeiter um den sauer verdienten Lohn seines

Fleißes (die Verhandlungen mit dem russischen Uebersetzer hatten zahl= reiche Widerwärtigkeiten im Gefolge gehabt) gebracht werden. Verschie= dene Umstände führten dazu, daß die Entscheidung über die Prämiirung auf einen Zeitpunkt hinausgeschoben wurde, zu welchem der Verfasser die russische Hauptstadt bereits verlassen hatte und daß dieselbe schließlich vollständig unterblieb.*)

Die letzten in St. Petersburg verbrachten Monate vergingen mit Reisevorbereitungen und Materialsammlungen für die längst geplante Biographie Toll8, die Bernhardi in Deutschland auszuarbeiten gedachte. — In den nicht eben zahlreichen freien Stunden, die ihm geblieben, griff er zu einem Buche, das damals die Runde um die Welt machte und das ihm vornehmlich als Beitrag zur politischen Signatura temporis Deutschlands von Interesse war: den Dorfgeschichten Berthold Auerbachs. Nach beendigter Lecture des zweiten Bandes faßte er den gewonnenen Eindruck in die nachstehende Notiz zusammen: „Ich habe die „Sträflinge" und „die Frau Professorin" gelesen. An sich sind diese Erzählungen nicht so bedeutend wie „Ivo" oder „der Lauterbacher", aber das revolutionäre Element tritt immer unverhüllter hervor und dabei auch die Parteiunwahrheit, die alle Revolutionärs als ideal vortreffliche Menschen schildert und mit unschuldigster Unbefangenheit nichts davon weiß, daß recht viel arges Lumpengesindel unter ihnen ist. Aber viel Talent!"

So war die zweite Hälfte des December herangekommen, der Zeit= punkt für Bernhardi's Abreise von St. Petersburg. Er hatte beschlossen, bis zum Frühjahr in Estland zu bleiben, daselbst verschiedene Familien= und Geschäftsangelegenheiten zu erledigen und sofort nach Wiedereröffnung der Schifffahrt in Reval an Bord eines der nach Teutschland bestimmten Dampfer zu gehen. Schwere Krankheiten, von denen Bernhardi's Kinder, dann er selbst ergriffen wurden, verzögerten die Ausführung dieses Planes bis tief in den Sommer (1851) hinein. Während der Gang der deutschen Dinge, insbesondere die Unterordnung der preußischen Politik unter Schwarzenberg das Herz des patriotischen Auswanderers inmitten schwerer Krankheit mit düsteren Zukunftsgedanken erfüllten, traf ihn unerwartet ein schwerer persönlicher Schlag. Der einzige in Teutschland lebende Verwandte, mit dem er in steter und dauernder Verbindung geblieben war,

---

*) Ob diese Arbeit mit der zu Ende der 50er Jahre im Cotta'schen Verlag veröffentlichten Skizze der Geschichte des Wappenwesens identisch ist, wissen wir nicht.

sein Onkel Friedrich Tieck war gestorben, während Bernhardi selbst im Fieber lag. Die Kunde dieses Ereignisses durfte dem Reconvales=
centen erst in den letzten Tagen des Juni mitgetheilt werden:

Es ging mir wie ein elektrischer Schlag durch alle Glieder! Darauf war ich nicht gefaßt, so soll ich auch diesen besten aller Menschen nicht wiedersehen. Es scheint mein Schicksal zu sein, daß ich immer und überall einen Moment zu spät komme. Wie heimathlich hätte ich mich mit ihm in Berlin gefühlt und wie fremd werde ich nun dort sein. Ich kenne Berlin ohne ihn gar nicht .... In den Zeitungen steht „er sei seinem höheren Alter und längeren Widerwärtig-
keiten erlegen". Er ist trotz redlichsten Strebens, mühevoller Arbeit, bei sehr bescheidenen Wünschen und Ansprüchen nicht dahin gekommen, auch nur im hohen Alter eine angemessene, ruhige und sorgenfreie Existenz zu haben. Und warum? Weil es ihm an der hienieden einmal nöthigen Selbstsucht fehlte und weil seine allzu große Gutmüthigkeit immer wieder mißbraucht wurde.

Drei Wochen später, am 17./5. Juli konnte endlich aufgebrochen werden: kurz zuvor hatte ein kaiserlicher Ukas die auf Auslandspässe ge-
legte Steuer abermals erhöht und russischen Unterthanen verboten, länger als zwei Jahre im Auslande zu verweilen. Glücklicher Weise war Bern-
hardi's Schwägerin, Julie von Krusenstern, bereits früher in den Besitz eines Passes gelangt; so konnten die fünf Auswanderer (die genannte Dame, die Bernhardi'schen Eheleute und deren zwei kleine Söhne) un-
gefährdet den Dampfer Alexandra besteigen, der sie über Riga nach Stettin bringen sollte, wo man nach fünftägiger stürmischer Seefahrt am 22. Juli landete. Damit hatte ein neuer Abschnitt in dem Leben des vielgeprüften, inzwischen neunundvierzig Jahre alt gewordenen Mannes begonnen.

Unter dem Scepter Friedrich Wilhelms IV.

————

Rückkehr nach Deutschland und erste Umschau
im Vaterlande 1851.

Niemals, auch nicht in den Stunden gesteigertsten Unmuths über die russischen Verhältnisse und leidenschaftlichster Sehnsucht nach der deutschen Heimath, hatte Bernhardi sich über die Schwierigkeiten der Eingewöhnung in ein Vaterland getäuscht, das ihm eine bloße Jugenderinnerung, seiner Frau und Schwägerin eine vollständige Fremde bedeutete, — in dem er von Niemand erwartet wurde, in dem er kaum Jemand kannte, das eben eine furchtbare Krisis bestanden und (wie er nur allzugut wußte) schlecht bestanden hatte. Trotz der tief gewurzelten, nicht nur auf hundertfachen Erfahrungen, sondern ebenso auf gegensätzlicher sittlicher Welt- und Lebensanschauung gegründeten Abneigung gegen russisches Staats- und Nationalwesen und gegen die Oberflächlichkeit der russischen maßgebenden Kreise, war er mit den Annehmlichkeiten des russischen Ge = sellschaftslebens damaliger Zeit genau genug bekannt, um von Illusionen über die seiner wartenden Verhältnisse und die seiner Familie harrenden Enttäuschungen völlig frei zu sein. Den Gegensatz zwischen hüben und drüben hat Victor Hehn bei Gelegenheit in eine Formel gebracht, der Bernhardi aller Wahrscheinlichkeit nach zugestimmt hätte:

„Das Leben in Rußland hat — verglichen mit dem in Deutschland — allen Reiz des Jugendlichen, weiterer Verhältnisse, leichterer Bewegung. Es schleppt sich mit keinem Ballast der Vergangenheit, es wird nicht von Scrupeln und Philistereien eingeengt, auch nicht von Gemüth verschwemmt und getrübt . . . . da ist zwar auch Gewaltsamkeit und Herrschaft im Leben, aber sie hat nicht als ein System sentimentaler Treue in der Brust des Bedrückten selbst ihren Sitz; da giebt es zwar Rangklassen, aber keinen Hochmuth des Edelmanns — wer sich zu benehmen weiß und leicht französisch spricht, hat überall Zutritt . . .

Bernhardi, II.   6

Dieselbe wenig complicirte Sitte geht über das ganze weite Reich; die Leichtigkeit sie sich anzueignen und der weltmännische Tact, der hier als erstes Zeichen der Bildung gilt, macht das Leben bequemer . . . Dabei ist das Fortkommen verhältnißmäßig so leicht, wer nur halb Hand an= legt, dem gelingt es und der Erfolg ist in diesem Lande Bestimmung, liegt gleichsam in der Luft" — allerdings, wie wir hinzufügen müssen, nur für den, der rücksichtslos in der Wahl seiner Mittel ist, während das Verdienst, das nicht zugleich seine persönliche Würde preiszugeben be= reit ist, ewig unbeachtet bleibt. — Für Frau von Bernhardi und deren Schwester kam noch ein Anderes hinzu. Trotz vieljährigen Aufenthalts und zahlreicher Beziehungen in St. Petersburg waren diese Damen in ihren Herzen Estländerinnen geblieben, Bürgerinnen eines Landes, das eben seiner Abgeschlossenheit wegen als Heimath außerordentlichen gesell= schaftlich=familienhaften Behagens bezeichnet werden konnte, — in wel= chem nahezu sämmtliche Genossen der herrschenden Schicht seit Genera= tionen bekannt und verwandt waren und in einem Zusammenhang lebten, der aus der Gemeinsamkeit der Interessen und Erlebnisse unerschöpfliche Nahrung zog. Diesen Genossinnen seines Geschicks sollte Bernhardi Hei= math und Familie und außerdem eine Summe äußerer Lebensannehm= lichkeiten ersetzen, die mit den Eigenthümlichkeiten einer privilegirten Co= lonialexistenz in zu directem Zusammenhang gestanden hatten, als daß sie sonst in der Welt hätten gefunden werden können! Am wenigsten schien das in dem Deutschland der Reactionszeit möglich, wo unvermittelte und unüberwundene Parteigegensätze die Enge der Verhältnisse über das gewöhnliche Maß hinaus gesteigert und einen Zustand geschaffen hatten, dessen Druck Bernhardi selbst in peinlichster Weise empfinden sollte. Er mußte, daß seine Familie für Jahr und Tag ausschließlich auf ihn ange= wiesen sein werde, und daß es den Aufbau eines Lebens gelte, für welchen die Grundlage erst gefunden werden sollte. So unkenntlich hatten die fünf= zehn Jahre, die er in der Fremde zubrachte, die Voraussetzungen deutscher Existenz verändert, daß es zur Orientirung innerhalb derselben auch für ihn selbst geraumer Zeit und erheblicher Anstrengung bedurfte. Was es damit auf sich hatte, geht aus den ersten in Teutschland geschriebenen Tagebuchnotizen deutlich hervor:

Stettin 8./20. Juli. Ein seltsamer Lebenslauf der Meinige; zum dritten Male wandre ich aus! um ein neues Leben anzufangen!

23. Juli. Der preußische Soldat sehr verändert; man sieht ihm an daß nichts mehr auf Parade-Schönheit gesehen wird. — Auffallend aber hat sich in den 15 Jahren die Pferdezucht gehoben; schon die Wagenpferde die ich sah fielen mir seit gestern auf: nun sehe ich die Artillerie über alle Erwartung gut bespannt — 2. Königs-, 9. Colberger R. — Jäger, Pioniere, — zahlreiche Artillerie. Nach Tisch Fahrt nach dem Logengarten; hübsche Aussicht auf die Oderniederung Elisium bei Kupfermühle.

Berlin 25. Juli. Die wehthuenden Eindrücke mehren sich. Berlin ist nicht mehr das alte; es war eine todte Stadt; jetzt welche Bewegung! — Alles Kleinstädtische ist verschwunden. — Die ehemaligen anspruchslosen Kaufläden haben sich in glänzende Magazine verwandelt; welcher Luxus, welche Eleganz — was für schöne Equipagen! — Man kann das Fortschritt nennen —: aber die alte preußische unscheinbare, etwas kleinliche Sparsamkeit hatte auch ihren Werth; man konnte über sie lächeln, aber sie wußte gelegentlich mit geringen Mitteln einen ruhmvollen siebenjährigen Krieg zu führen! — Zum ersten Male ein Eisenbahn-Coursbuch gekauft; sehe die Rangliste an: in den gesammten Garden kein einziger bürgerlicher Offizier! — Das ist nicht ohne Absicht so und thut mir wehe! —

Besuch bei Ludwig Tieck; er ist gut und milde geworden im Alter, wohlwollend gegen mich. Wir sprechen viel und sprechen uns aus. — Später Paul v. Rennenkampff (Finanz-Attaché bei der russischen Gesandtschaft) aufgesucht. Der kündigt mir gleich zuerst an, daß er nicht nach Rußland zurückkehren, sondern auswandern will. Gespräch, das mir das Herz schwer macht, über Politik; was hätte sein können und nicht ist! Großer, allgemeiner Enthusiasmus als gegen Oesterreich gerüstet wurde — und nun ist die Unzufriedenheit nicht weniger allgemein, und bis in das entfernteste Dorf verbreitet. Der Geist der Armee ist gut, sie ist nicht reactionär gesinnt, aber unzufrieden mit dem Olmützer Ausgang; die russische Allianz ist ihr höchlich verhaßt. —

27. Juli. Abermaliger Besuch bei Ludwig Tieck, der etwas angegriffen ist. Viel besprochen, auch Politik; obgleich er vom König persönlich begünstigt wird, sieht er die Verkehrtheit der jetzigen preu-

6*

tischen Politik! — den Abgrund zu dem sie führt. Er erzählt mir
auch von der allgemeinen Begeisterung bei der Bewaffnung gegen
Oesterreich, und der Unzufriedenheit, die folgte. —

28. Juli. Nochmals zu meinem Onkel Ludwig Tieck, viel über
Kunst, Literatur und Krieg gesprochen, — er spricht wieder von dem
Unheil der jetzigen preußischen Politik, von der Schwäche des Königs,
der kaum je ein Wort gesagt hat, das er nicht wieder zurückgenommen
hätte. Dabei ist der König heiter und zufrieden und glaubt immer
das Beste und Passendste zu thun. „Wie ist der Prinz von Preußen?"
Der hat viel gelernt in den letzten Jahren und sagt auch, daß der
König mehr als ein Mal eine große Zukunft in Händen hatte, „aber
er hat sie immer von sich gewiesen." Friedrich der Große wäre unter
denselben Bedingungen längst Herr von Deutschland. Der Onkel
spricht auch von dem pietistischen Unfug, der Mode geworden. Die
Prediger donnern von den Kanzeln z. B. auch gegen Goethe.

Wir sprechen dann über Goethe. Der hat dem Onkel Ludwig
nie etwas recht machen können. Nur Werther und Götz sollen
gelten. An dem Faust hat mein Onkel viel auszusetzen; er findet,
daß das Ganze nicht zum großartigen Anfang paßt. Diese großartige Skepsis — der Mensch, dem der Erdgeist erschienen ist —
wie man sich diese Erscheinung denken mag, muß sie doch immer die
größte Erfahrung dieses Menschen sein —. Wie Faust nachher ein
Wesen, wie Mephistopheles ertragen, sich in ein einfaches Kind, wie
Gretchen verlieben kann —: das findet Ludwig Tieck unbegreiflich.
Goethe hätte nach seiner Meinung nicht müssen an den kleinen Hof
kommen. Er hätte müssen in Frankfurt bleiben, Bürger werden, die
Freuden und Leiden seiner Zeit mit erleben: „dann wäre Etwas aus
ihm geworden was eine Parallele zu Shakespeare bilden könnte!" —
für so etwas erkennt er ihn also nicht! „Den zweiten Theil
des Faust — so weit man so etwas von dem Werk eines solchen
Geistes sagen kann — den verachte ich! — da ist nichts als Willkür
und Laune." — Er kann es Goethen nicht verzeihen, daß er nicht in
der Richtung geblieben ist, die er in seiner Jugend eingeschlagen hatte,
und daß er sich gleichsam von Shakespeare ab, der Antike zugewendet
hat. Es kömmt dabei vieles zur Sprache, was einen tiefen Blick in

das geistige Wesen der Novalis-Tieck'schen Romantik thun läßt (Wackenroder nicht zu vergessen). — Es ist ein gewisser Nihilismus darin, weil die Leute nicht wirklich zu Ernst und Reife durchgedrungen sind, das läßt sich nicht leugnen. — Das vorige Mal sprach ich davon, daß es im Leben des Menschen eine Krisis giebt, einen Bruch, der ihn zur Reife bringt und zu dem macht, was er dann bis an's Ende bleibt. Was er vor diesem Moment an geistigen Gütern besitzt, ist unsicher wie ein Traum; man kann nicht wissen was er davon mit hinüber bringt in die Periode seiner Reife, und was dann daraus wird. Mein Onkel antwortete, er habe eine solche Erfahrung an sich nicht gemacht; er sei von Anfang an einem und demselben Instinkt treu und konsequent in einer und derselben Richtung fortschreitend geblieben. — Heute führte uns Faust in das Gebiet der Philosophie; wir kommen auf das unerklärliche Räthsel des Lebens und der Schöpfung. — „Ich habe auch viel darüber phantasirt," sagte er. — Ein sehr bezeichnender Ausdruck! — Ja! weiter als bis zum Phantasiren, das sich ohne strenge Folgerichtigkeit, ohne bestimmten Zweck und Ziel — oder vielmehr, da man das Ziel nicht vorher wissen kann — ohne mit Energie und Folgerichtigkeit eine bestimmte Richtung einzuschlagen, im intellectuellen Raum schwankend hin und her bewegt —: weiter haben es die Romantiker nie gebracht. Darum besteht denn auch ihr ganzes geistiges Besitzthum eigentlich nur aus einer Anzahl willkürlicher Sätze, deren Begründung genau genommen nur im Gefühl, nicht in einer auf dem Wege des Denkens ermittelten und gerechtfertigten Ueberzeugung gesucht wird. — Tieck spricht nun jetzt schwankend von Fortdauer nach dem Tode; — was aus den dummen unbedeutenden Menschen wird — haben die eine Seele? und wozu? — was wird aus ihnen? — sollen die auch ewig leben? — wozu? — Dann nimmt er einen Anlauf und sagt, mit Beziehung auf jenes frühere Gespräch: „Sieh mal! ich glaube nicht, daß das Leben solch einen bestimmenden Einfluß auf den Menschen übt als Du anzunehmen scheinst. Ich kann überhaupt dem Leben nicht so viel Realität zuschreiben. Das Leben ist ein Traum, von dem wir nicht lassen können — nicht lassen sollen — von dem wir aber nicht wissen können, wie viel oder

wie wenig Realität er eigentlich hat." — „Gut! bemerke ich
dazwischen, es mag ein Traum sein, der so viel oder so wenig Realität haben mag als man wolle: immer bewegt das Leben sich indessen
nicht in einem passiven Medium, sondern auch in einem reagirenden;
und eben weil es ein reagirendes ist, modificirt es das Individuum."
— Das macht wenig Eindruck; er fährt fort, daß er ein passives
Medium auch nicht annehme (doch ist das in seiner Ansicht etwas ganz
Unwesentliches), die Individuen sollen sich verschiedenartig ausbilden
— das will die Natur — es muß verschiedenartige Individuen geben
— und nur die, die konsequent von Anfang bis zu Ende in einer
Richtung bleiben, gelangen zu einer wirklichen, unsterblichen Indivi-
dualität, die nach dem Tode fortdauert (damit vindicirt er die
Unsterblichkeit für sich, und spricht sie Goethen ab!) —
die übrigen menschlichen Individuen müßten demnach als mißlungene
Schöpfungen wieder in das allgemeine Naturleben zurück fallen? . . .

Ich denke viel nach über meinen Onkel und die Gespräche mit ihm.
Wie heilsam wäre es gewesen, wenn er sich in seiner Jugend mehr
nach wirklichen Kenntnissen umgethan hätte! — Daran mangelte es!
— Er hat eben nur viel gelesen, wie ihn Lust und Laune trieb.
Nie aber hat er zu einem Werk so ernsthafte Vorstudien gemacht,
wie z. B. Goethe zum Götz. Er hat das Leben als einen
wesenlosen Traum behandelt. Er ist überall beim bloßen
Genuß stehen geblieben. Eben so wenig wie er Vorstudien gemacht,
hat sich aus dem was ihn interessirte ein Studium für ihn ergeben.
Schade daß er sein lang meditirtes Werk über Shakespeare nicht geschrieben hat; ich wäre begierig zu sehen, wie viel Realität das haben
könnte. Von dem alten Voß, den er den ledernen nennt, spricht
er immer mit Verachtung und einer Art von Ingrimm (obgleich ihm
der Mann nie etwas gethan, nur als geistiger Antipode ist er ihm
verhaßt). Er will nicht gestehen, daß dessen Uebersetzung des Homer
etwas taugt! — Sehr merkwürdig ist mir seine Lectüre. Er liest
Casanova's Memoiren. Dabei finde ich ihn jetzt immer.

Nach mehrtägigem Aufenthalt in Berlin wurde die Reise weiter fortgesetzt. Frau von Bernhardi sollte die Kur in Franzensbad gebrauchen, wohin ihre Familie sie begleitete, um dort über die Wahl eines dauernden

Aufenthalts schlüssig zu werden. — So wenig Bernhardi das Gefühl der Isolirung zu überwinden vermochte, so trostreich und erhebend war ihm während der Reise der Gedanke, in Deutschland zu sein, „Berlin, Dresden, Thüringen, Donau und Rhein fortan nach Belieben aussuchen und inner= halb seines Bereichs haben zu können". Franzensbad, das er zuletzt vor zwanzig Jahren gesehen, erschien wenig verändert, aber auch wenig anziehend. Durch die damaligen österreichischen Verhältnisse fühlte er sich in mancher Rücksicht an Rußland erinnert. „Dort ist die Barbarei fühlbar, ein primitiver und gewissermaßen naturgemäßer Zustand — hier der Rückschritt ein künstlicher, eine Stultifizirung und Verkrüppelung des Geistes; dort geht der Druck von einer Person aus, hier von einem System, dem der Kaiser selbst gehorchen muß." — Peinlicher als alles Uebrige aber wirkte die Wahrnehmung, daß unter den norddeutschen, insbesondere den preußischen Badegästen ein förmlicher Kultus Rußlands und seines Kaisers getrieben wurde, und daß derselbe innerhalb gewisser anspruchsvoller Kreise als selbstverständlich, als Zeichen correcter und loyaler Gesinnung angesehen und vorausgesetzt wurde. — In einer der darauf bezüglichen Notizen heißt es u. A.:

Einen Major Hinzmann (oder Wenzmann?) treffe ich häufig am Brunnen; er läuft da mit der preußischen National-Cocarde am Hut herum, was ich noch Niemanden habe thun sehen. Die Sache erklärt sich; als großen Bewunderer des Kaisers Nikolaus hatte er sich schon gestern kundgegeben — heute zeigte der Mann mit aristokratischem Namen sich als Mann der Kreuz-Zeitungs-Partei. Er eifert sehr über das gute Herz des Königs — Herr von Unruh, Walbeck sind nicht gehangen! — in dieser Beziehung kann man von den Oesterreichern etwas lernen u. s. w. Die Königsstadt in Berlin hätte in den März- tagen eingeäschert werden müssen, weil dort der Geist schlecht u. s. w. Ankaufen muß man sich in Ostpreußen, denn dort ist weder Krieg noch Umsturz zu fürchten; höchstens könnte das Land einmal russische Provinz werden, und würde es dann gewiß gut haben — für's Erste — wie alle neueroberten Provinzen des russischen Reichs. — In Preußen müssen wir auf 1847 zurück- kommen, auf die alten Landstände — „das wird auch geschehen", und dann sollen Sie 'mal sehen, dann erklären die Stände: „wir wollen gar keine Verfassung haben." — Also da will man hinaus!

— Der Mann ist weder ein tiefer Denker noch ein gewandter Dia-
lektiker; Sophistik ist dabei nicht die mindeste; die pure Naivetät;
Gründe hat er nicht und braucht er nicht, und dennoch rühmt er sich
in Ostpreußen Parteiführer gewesen zu sein, und den Treubund gestiftet zu haben, in Königsberg.

Einige Tage später. Der confuse Major ist nun ziemlich
erschöpft, und hat mir nichts Interessantes mehr zu sagen. Ich frage
ihn, ob er je einen russischen Soldaten gesehen hat, der
eine gesunde Gesichtsfarbe hatte? — Nein, alle von grau-
gelbem Teint! und hohlen Wangen! und wie die Leute sterben!

— Im Lager von Woßneßensk war Graf Witte außerordentlich
galant gewesen, hatte einen Pavillon gebaut, in dem die Kaiserin ihr
Petersburger Cabinet mit allen Möbeln genau nachgeahmt wiederfand;
einen Park mit alten Bäumen, die hunderte von Wersten hergebracht,
nach einigen Wochen natürlich ausgehen mußten. Alle diese Wunder
waren auf Kosten der Verpflegungsgelder bewirkt worden, die Soldaten hatten dafür nichts zu essen als Commißbrot und Wasser-
Melonen! obgleich die Cholera im Lande war. Die Folge war,
daß die Ruhr ausbrach, und viele Tausende starben. Natürlich
wurden die Todten in der Nacht verscharrt; den Damen wurde ein
unangenehmer Anblick wie billig erspart; die erfuhren nichts davon!
So schwadronirte mein Mann nun in entgegengesetzter Richtung, und
obgleich er gestern mit Bewunderung von dem „vortrefflichen Material" der russischen Reiterei gesprochen hatte, ließ ich ihn jetzt alle
Mängel bestätigen, die ich kenne!

Bevor Bernhardi Franzensbad verließ, unternahm er einen Ausflug
in das benachbarte Eger:

Wallensteins Bildniß, — grauenhafte Gemälde, die „Execution"
von 1634 darstellend und die Belagerung von 1642/43. In einem
Glasschrank Wallensteins Marschallschwert, sehr unscheinbar. Ganz
gewiß nicht das, wofür es ausgegeben wird. Es möchte wohl das
Schultheißen-Blutbann-Schwert der Stadt Eger sein. Auch der
Umstand, daß es seit unvordenklichen Zeiten auf dem Rathhause war,
spricht dafür. Die Hellebarde, mit welcher Wallenstein erstochen
worden sein soll, — gewiß auch nicht echt. Wer hätte wohl gleich nach

vollbrachter That daran gedacht, die Hellebarde eines gewöhnlichen
Dragoners als Merkwürdigkeit mit Beschlag zu belegen? Weiter
führt uns die Schließerin in den schwarzen sogenannten Römerthurm.
Die Geschichte schweigt davon, daß Rom seine Herrschaft bis hieher aus-
gebreitet. — Seni's Observatorium, der Banketsaal, in welchem Illo,
Terzky, Neumann u. A. ermordet wurden u. s. w. Es kommen zwei
Jäger vom 14. Bataillon, um die Burg zu sehen und werden sehr
gut empfangen: die Armee ist der Stand vermöge dessen geherrscht
wird im Lande. Die Schließerin spricht mit einem Gefühl der
Weihe von diesem vierzehnten Bataillon, dem zu Ehren das Regiment
Haugnitz heute einen Fackelzug veranstaltet: das Bataillon hat sich
bei Fulda, d. h. in der Völkerschlacht von Bronzell sehr ausgezeichnet,
es haben Viele Orden erworben. — Die Sage von der Auszeichnung
des 14. Jägerbataillons bei Fulda ist gewiß nicht von selbst entstanden,
sondern absichtlich verbreitet worden.

Nachmittags und Abends daheim. — Die Isolirung der Eger-
länder läßt sich topisch und geschichtlich erklären. Von den stammver-
wandten Oberländern waren sie durch das Fichtelgebirge, von den
Thüringern durch die Vogtländer Berge, von beiden politisch erst
als freie Reichsstadt, dann als Pertinenz von Böhmen getrennt, —
von den Slaven schied sie die Nationalität. Den politischen Mittelpunkt bildete die Stadt mit den Behörden, ein specielles centrales
Interesse der Gesundbrunnen.

Ein Winter in Weimar 1851/52.

Mitte September war die Franzensbader Kur geschlossen und mußte
man über die Wahl eines Wohnorts für den bevorstehenden Winter schlüssig
werden. Angesichts der Schwierigkeiten, die mit einem provisorischen
Berliner Aufenthalte verbunden gewesen wären, und mit Rücksicht auf
die Nothwendigkeit die Pläne für Erwerbung eines Landsitzes bis zum
Frühjahr (1552) auszusetzen, entschied man sich für Weimar. Erst nach=
dem diese Entschließung gefaßt worden war, wurde Bernhardi auf ein

Bedenken aufmerksam gemacht, daß gegen diese Wahl sprechen sollte: in Weimar res|dirte ein russischer Gesandter, von dem man annahm, daß er die anwesenden russischen Unterthanen überwache. Frau von Bern= hardi war durch Verwandtschafts= und Vermögensverhältnisse an rus= sische Beziehungen gebunden, ihre Schwester russische Unterthanin und Inhaberin einer kaiserlichen Pension; zu Folge der erheblichen Zahl durch die Herzogin Maria Pawlowna nach Weimar gezogener russischer Reisender erschien die dortige Atmosphäre russisch inficirt und die Wahr= scheinlichkeit unliebsamer Berichte über Personen, die nicht mit dem Strome schwammen, noch größer als in anderen Theilen Deutschlands. Darüber, daß der russische Einfluß sich über den gesammten deutschen Norden und die Mehrzahl der kleinen Höfe erstrecke, — daß mit der Klatsch= und Denunciationssucht der deutschen Russenfreunde ernstlich gerechnet werden müsse, und daß die Beziehung zu Rußland eine Kette bilde, die mit Vorsicht geschleppt werden müsse, wenn sie nicht zur Schlinge werden solle — darüber war Bernhardi seit dem ersten Tage seines Aufenthalts in dem Deutschland von 1851 belehrt worden. Wo immer bekannt geworden war, daß er aus Rußland komme, hatte man ihn auf die Vorzüge der dortigen patriarchalischen und monarchischen Ordnung angeredet, mitunter auch wohl verwunderlich gefunden, daß ein Mann von Bildung und guter Gesinnung auf das Glück, in diesem vortrefflichen Staate zu leben, freiwilligen Verzicht geleistet habe. Entgegengesetzten Stimmungen und Ansichten war Bernhardi lediglich bei den nicht allzu zahlreichen Per= sonen begegnet, die den Muth besaßen sich zu den Meinungen der ver= pönten und besiegten Liberalen zu bekennen und das damit verbundene Ungemach auf sich zu nehmen. „Man soll jetzt auf's Land gehen, allein für sich leben, die Classiker lesen, sich um nichts kümmern, was jetzt in der Welt vorgeht, — ja Nichts davon wissen" hatte ihm ein schlichter Patriot in Franzensbad gesagt, und dabei die Thränen aus den Augen gewischt.

Es lassen sich (so schrieb Bernhardi bei dieser Veranlassung) jetzt merkwürdige Vergleichungen in Deutschland anstellen. Wenn ich die giftgeschwollenen Demokraten, die ich an der Berliner table d'hôte saß, diesen schlichten Bürgersmann, den albernen Tropf von reaktio= närem Major und das Haupt des Berliner Treubundes, den blitz= dummen Herrn v. S. neben einander stelle, so ist das schon merk= würdig genug.

Von diesen eben nicht erhebenden Eindrücken begleitet, traf Bernhardi um die Mitte des Septembers in Weimar ein. Zunächst mit
dem Aufsuchen einer Wohnung beschäftigt, sah er am folgenden Sonntage der Wachtparade zu.

Es ging schlecht genug. Diese Wachtparade war jämmerlich
und mir blutete das Herz, deutsche Krieger als hechelkramische Soldaten in trübseliger Verfassung zu sehen. — Abends wurde das Theater
aufgesucht. „Das Haus klein, nur zwei Gallerien, keine Logen,
sondern nur eine „herrschaftliche Loge" die an das Proscenium ragt
und zu jeder Seite derselben ein großer Balkon, — rechts für die
Abonnenten. Man nennt das hier die ablige Bank, sagt man mir,
hier sind hauptsächlich die Personen, die zum Gefolge der Herrschaften
gehören — drüben die Personen, die nicht zum Hofe gehören . . . . .
Die Großherzogin im Theater; sie ist seit fünfzig Jahren hier und
noch immer gilt sie nicht für eine deutsche Fürstin, sondern für eine
russische Prinzessin und sie hat einen russischen Sekretär bei sich.

22. Sept. Nach Tisch suche ich Goethe's ehemaligen Sekretär
Kräuter auf, um mit ihm die Möglichkeit zu besprechen, unseren Gast,
Frau von Ungern-Sternberg, geborene Toll in Goethe's Haus, und
namentlich in sein Arbeitszimmer zu führen. Ich komme an den
falschen Kräuter, den älteren Bruder, der Archivar ist. Der meint,
das habe Schwierigkeiten, die „jungen Barons" — von denen er
nicht das Beste spricht — sind seit dem Tode des Kanzlers Müller
„majorenner und souveräner" geworden, und haben gar eigenthümliche Instruktionen für Haus und Sammlungen zurückgelassen.
Sie leben mit ihrer Mutter in Wien; Frau von Goethe (Ottilie) habe
„etwas Liebes" dort. — Nun erzählt Kräuter von der Familie Goethe
— klatscht — August Goethe habe nicht länger leben können, er sei
schon ganz „kaput" gewesen, vielleicht nur deßhalb nach Italien gesendet
worden, um nicht in Weimar zu sterben. „Bacchus und Venus"
hatten seine Gesundheit untergraben, der junge Mann hatte zu viel
Phantasie, der konnte nicht mit einer Frau leben! — Dann giebt er
zu verstehen, Frau v. Goethe habe ihrerseits auch von jeher zu viel
Phantasie gehabt; Courmacher konnte sie nicht entbehren, und mitunter konnte man bemerken, daß irgend ein interessanter Fremder auch

wohl mehr als bloßer Courmacher war. Aber der Mann bemerkte das
nicht, oder wollte das nicht bemerken; er ging seine Wege, und sie
ging die ihrigen. — Den jungen Goethe's, den Enkeln, ist hier nicht
wohl; „sie fühlen, daß sie den Großvater nicht ersetzen
können, und das drückt sie."

23. Sept. Ich suche den ächten Kräuter auf, der Bibliothekar ist.
Der giebt mir, in Beziehung auf Goethe's Haus, schlechten Trost.
Goethe's Familie, meint er, sei verrückt; die Großherzogin habe ge-
beten, das Haus den Braunschweigischen Herrschaften an
einem andern Tage, als dem Freitag zu zeigen — der Sekretär
Schuchart schützte aber selbst da seine bestimmte Instruktion vor, und
verwies an die Familie, die eben hier war und die denn beschloß, den
Herzog von Braunschweig selbst herumzuführen, natürlich mit so viel
Embarras als möglich.

27. Sept. Ernst Ungern-Sternberg (russischer Gesandter in
Kopenhagen, Schwiegersohn Tolls) besucht uns. Er hat den hiesigen
russischen Geschäftsträger, Herrn v. Maltitz gesehen und von uns
gesprochen; Maltitz fragte gleich, ob ich gut denkend sei? (est-il
bien pensant?) und erhielt darauf die bündigsten Versicherungen. —
In der freundschaftlichsten Weise aber sagte er, Ungern, ich möchte in
meinen Aeußerungen, besonders über Rußland, hier recht vorsichtig
sein — denn ich würde gewiß einigermaßen beobachtet
werden! — Es ist ein großes Unglück, in irgend einer Weise von
Rußland abhängig zu sein.

30. Sept. 1851. Auf Ungerns Rath besuche ich den russischen
Gesandten Baron Maltitz. Unansehnliches Haus, Hausflur mit
Ziegeln uneben gepflastert; rechts Blick in die offene Küche, die Köchin
fragt: „wen habe ich die Ehre zu melden?" — eine steile Treppe
hinauf, schon im dunkeln Vorzimmer empfängt mich Maltitz mit
vielem Empressement. Ein dicker, schwerfälliger, freundlicher Mann,
den man eher für einen Gelehrten, als für einen Diplomaten halten
könnte! „Sie kennen Rußland?" — „Ich habe dort gedient!" —
Er zeigt sich unterrichtet, mit den alten Sprachen und der Literatur
vertraut, in der deutschen Literatur in seltenem Grade belesen. —
Des Geheimraths Schukowski eben erschienene russische Ueber-

ſetzung der Odyſſee beſprochen, er leiht mir ſogar unaufgefordert einen
Band. — Spricht von Weimariſchen Zuſtänden, — mit einer Art
von officieller Begeiſterung von der Großherzogin, die das Andenken
an die große Zeit Weimars ſehr im Herzen trägt — bemerkt dabei
aber, daß er im Uebrigen nirgend in Deutſchland ſo wenig Nach-
wirkung von dem Daſein Goethe's und Schillers gefunden habe, als
gerade hier in Weimar!

Frau von Ungern iſt geſtern bei Hof geweſen, Ruſſomanie und
Adoration Rußlands ſind zu Folge der herrſchaftlichen Stimmung
an der Tagesordnung und dabei eine ſo ſteife und förmliche Etikette,
wie Frau von Ungern ſie ſeit Petersburg nicht geſehen. Die Großherzogin ſpricht gern ruſſiſch et traîte tous les Russes en compa-
triotes.

Einige Wochen ſpäter wurden Bernhardi und ſeine Schwägerin zu
einer Soirée an den Hof geladen (7. Oktober).

Alles bewegt ſich in zwei kleinen Zimmern, die Großherzogin
erſcheint ſehr höflich, ſetzt mich aber auf doppelte Weiſe in Verlegenheit. Sie hält mich für einen Petersburger Akademiker — dann iſt
ſie taub, ſpricht ſehr undeutlich, redet oft von Weitem mit mir du
fond de son sofa und beim Abendeſſen quer über den Tiſch. Ich
verſtehe kein Wort und bin oft in dem Fall, au hazard antworten
zu müſſen. Sie ſcheint das einigermaßen gewöhnt. — Nach der
Runde, welche die Großherzogin macht, ſetzt man ſich zum Theetiſch in
einem Winkel deſſelben Zimmers. Ziegeſar ſagt zu mir: „Wollen Sie
nicht Ihren Hut ablegen?" — auf dieſe feinbürgerliche Propoſition
war ich durchaus nicht gefaßt. — Nachher geht man in ein anſtoßen-
des Cabinet, wo an zwei Tiſchen cercle gemacht wird, zu dem auch
der Erbgroßherzog erſcheint. Er ſpricht mit mir und dem Profeſſor
Preller über Macchiavell, den er zwei Mal geleſen hat, dann von den
traurigen Erfahrungen von 1848. Preller bedauert, daß die Bewegung ſo wenig Energie gezeigt habe und daß dabei ſo wenig herausgekommen ſei; der Prinz ſtimmt elegiſch ein. (Der junge Hof wagt
alſo nicht, ſich unumwunden zu reaktionären Ideen zu bekennen —
das gehört zu der deutſchen Cocarde, die die Soldaten auch tragen.)

Um die Mitte des Oktober ging Bernhardi auf einige Tage nach Berlin, um sich nach Materialien für sein Buch über den General Toll umzusehen und der immerhin fühlbaren Enge des kleinstädtischen Lebens zu entfliehen. Sein erster Besuch galt auch dieses Mal dem Oheim Ludwig Tieck.

16. Oct. Mein Onkel erwähnt, daß Frau von Goethe hier ist, und nannte sie eine sehr geistreiche Frau. „Aber nicht eben eine musterhafte, wie ich glaube?" bemerkte ich —: er rasch: „O nein! sie hat sich sehr viel erlaubt; es war eine unpassende Heirath; der Mann ist eigentlich daran zu Grunde gegangen." —

Viel von Literatur gesprochen, Homer und Nibelungen. Ich bemerke zu meiner Ueberraschung, daß ich in beiden besser Bescheid weiß als mein Onkel. Die Art, wie er von den Nibelungen spricht, ist charakteristisch für den Geist, in welchem die Romantiker sich mit den neu entdeckten Schätzen der altdeutschen Literatur beschäftigten. Sie suchten und fanden da Nichts als einen Gegenstand des Genusses, wie ihn eine gewisse schwelgende Schlaffheit in den poetischen Erzeugnissen der Gegenwart sucht. Was sich weiter daraus ergeben hat für das Verständniß der deutschen Heldenzeit, davon hat er keine Ahnung. Er weiß Nichts davon, daß in dem Nibelungen-Lied, wie wir es jetzt haben, fränkische und gothische Sage mit einander verflochten sind; daß die letztere im Jornandes selbständig und rein bewahrt ist, er weiß so gut wie Nichts von der Siegfried-Sage, von dem Verhältniß Siegfrieds zu Brunhild, auch davon Nichts, daß diese eine Walkyre ist. Er hat nie etwas davon bemerkt, daß zwar dem Nibelungen-Lied im Ganzen eine höfisch-ritterliche Färbung gegeben ist, daß doch aber einzelne Stellen den uralten Ton aus heidnischer Heldenzeit bewahrt haben — und ist nicht wenig verwundert, als ich ihm die hauptsächlichsten dieser Stellen nachweise: Hagens Gespräch mit den Schwanen-Jungfrauen (die mein Onkel nicht dafür erkannt hatte) — und die Fahrt über die Donau. Daß da das Colorit der Urzeit mit aller Macht und Herrlichkeit aus der höfisch-ritterlichen Uebermalung hervorbricht, und daß grade diese Stellen die schönsten sind, hat er gar nicht bemerkt. Was das für Wesen sind, die dem Hagen an der Donau weissagen; — wie es sich erklärt, daß Jungfrauen, die im Bade über-

rascht werden, Propheten sind —: das sind Fragen, die er sich nie
vorgelegt hat. Es ist ein reizendes Bild, Poesie an sich; Frage nach
der Bedeutung ist beschwerlich — und was hat man am Ende davon? — Auf die bestimmte unvorbereitete Frage, warum das Alles
so ist? — würde er ohne Zweifel geantwortet haben: der Dichter
hat es sich eben so ersonnen, und es ist auch hübsch so! — Wie
wir über den Homer sprechen, zeigt sich, daß er, in der Weise der
Romantiker, Kunst und Literatur als etwas außerhalb des eigentlichen
Lebens der Völker liegendes betrachtet. Er spricht davon daß u n s e r e
L i t e r a t u r! (die europäische) mit dem Homer beginnt, — nennt
das seltsam und spricht die Ueberzeugung aus, daß die verschiedenen
Zeitalter geistig gar nicht so von einander entfernt seien als man
meine; daß es im Gebiet der Kunst und Literatur dem Geist und
Wesen nach nothwendiger Weise verschiedene Zeitalter giebt, scheint
er überhaupt nicht recht zu glauben. Das hängt mit der Ansicht
zusammen, die in Allem doch am Ende nur einen Gegenstand unmittelbaren Genusses sieht, und nach weiteren Beziehungen nicht fragt
— und erinnert mich an einen Aufsatz von ihm, über den Euripides
(in Raumers Taschenbuch) — bei dem er einen Fortschritt zur freien
Shakespeare'schen Form wahrzunehmen glaubt! Von Wielands
Schriften nimmt er Idris und Zenide in Schutz, worin es freilich
phantastisch genug zugeht.

P o l i t i k. Ich mache die Bemerkung, daß die jetzt herrschende
reaktionäre Partei alles bestehende Gute wieder abschaffen möchte;
auch die Landwehr. „O ja! Hardenberg ist ihnen ein Greuel, und
alles was der gethan hat möchten sie wieder vernichten!" — Stein
ist es wohl eigentlich, den sie verwünschen. — „Den nun ganz besonders! — Aber auch Hardenberg; Gott weiß wohin das noch
führen soll!" — Den General Gerlach kennt Tieck von dessen Kindheit
an. „Der ist grade zu ein Dummkopf." — Wie kann denn aber
ein so beschränkter Mensch Einfluß üben auf einen so geistreichen wie
der König ist? — „Ja! weil er zu Allem ja sagt, und immer
ja sagt, immer noch weiter geht als der König selbst." —
Ich kann es immer nicht begreifen, daß es dem König nicht bedenklich
ist, zu bemerken, daß alle irgend bedeutenden Menschen entweder zur

Opposition übertreten oder sich zurückziehen; über Rabowitz weiß er mir keinen Aufschluß zu geben, so viel er ihn auch gesehen hat in Sanssouci; der ist ihm eine problematische Person geblieben wie für alle anderen Menschen. — „Der Prinz von Preußen hat viel gelernt in den letzten Jahren!" — Das will ich gerne glauben, aber eben weil er sich in achtungswerther Weise discret verhält, weiß das eigentlich Niemand. — Das muß mein Onkel theilweise zugestehen. — Der Prinz von Preußen ist ein Feind aller Frömmler. Sein Verhältniß zum König ist ein eigenthümliches. „Sie toleriren sich gegenseitig." — Mein Onkel spricht von dem großen Einfluß, den die gegenwärtige Militär-Verfassung in heilsamster Weise auf die Bevölkerung geübt hat. „Es ist ein ganz anderes Volk geworden!" — Ehemals war das Branntweinsaufen z. B. unter den Bauern und Handwerkern ganz allgemein (mein Onkel hat lange Jahre auf dem Lande gelebt und kennt das Leben des Volkes) — man fand unter den Bauern nicht selten Leute, die eigentlich von Branntwein lebten; die allen Geschmack für Speise und die Fähigkeit zu verdauen verloren hatten; die starben dann mehr oder weniger blödsinnig im Alter von 40 bis 50 Jahren. Dergleichen giebt es jetzt nicht mehr (und solchen Erinnerungen gegenüber sprechen die Heuchler von der Sittlichkeit, der ehemaligen, die untergeht!!!) — zu der Verbesserung trägt aber gewiß die Emancipation des Bauernstandes nicht weniger bei als das Militärsystem. Das Alles wolle man jetzt aus „Frömmigkeit und Sittlichkeit" wieder abschaffen.

22. October.   Den Major Etzel besucht.*)   Er theilt mir

---

*) Zu dem damaligen Major von Etzel trat Bernhardi bald in nähere Beziehungen, die beide Männer dauernd aufrecht erhielten. Aus dem Garde-Schützen-Bataillon hervorgegangen, bereiste Etzel als Hauptmann im Generalstab Rußland, Schweden, Oesterreich und Piemont, und machte 1859 den Feldzug in Schleswig als Generalstabs-Chef bei General Hirschfeld mit. Später Chef des Stabes beim 2. Armeecorps und Commandeur der 32. und 29. Infanterie-Brigade erhielt er im Herbst 1864 das Commando der 16. Division, und nahm in dieser Stellung am Feldzug 1866 Theil. Im Herbst desselben Jahres wurde er zum Director der Kriegs-Akademie ernannt, war 1870 stellvertretender commandirender General des 9. Armeecorps, avancirte zum General der Infanterie, wurde zum Gouverneur von Stettin ernannt, nahm im Herbst 1871 seinen Abschied und starb im Herbst 1888 als Vorsitzender der Kaiser-Wilhelm-Stiftung für die Invaliden. Sohn eines Freiheits-

manches Merkwürdige über den letzten Feldzug in Schleswig mit. Willisen ist ganz so unbrauchbar wie ich immer glaubte — die Schlacht bei Idstädt war fast gewonnen; nach der Niederlage des Generals Schlepegrell glaubten die Dänen sie verloren. Aber als die Sache wieder eine andere Wendung nahm, verlor Willisen den Kopf und gab den Befehl zum Rückzug, in einem Augenblicke wo es durchaus nicht nöthig war! — „Davon wird er sich nie weiß waschen können." — Das Hauptunglück war, „er hatte seinen Generalstab nicht in Ordnung." Er imponirte nicht durch seine persönlichen Eigenschaften und man gehorchte schlecht; ein jeder griff selbständig und auf eigene Hand ein in die Kriegsführung. — Ich meine, er hätte überhaupt nicht den Angriff bei Idstädt abwarten müssen; da er den großen Vortheil voraus hatte, daß sein Heer früher versammelt war als das der Dänen, mußte er rasch in deren Quartiere vorrücken und sie einzeln schlagen. — „Das wollte die Statthalterschaft nicht; die wollte das strengste Recht auf ihrer Seite behalten." — Was hat das geholfen? — Willisen mußte dennoch die Offensive ergreifen. Der Diplomatie gegenüber kommt es auf den Erfolg an, nicht auf ein bis in die zartesten Schattirungen bewahrtes Recht.

Ueber den Harz, den er für wenige Tage aufsuchte, kehrte Bernhardi nach Weimar zurück. Sein Reisetagebuch enthält eine Bemerkung, die auf Wandlungen hinweist, die sich seit den 30er Jahren vollzogen hatten, von der Mehrzahl der Zeitgenossen indessen unbeachtet gelassen worden: es fällt ihm auf, „daß von den Gebildeten deutsche Volkslieder gesungen werden, was früher kaum vorgekommen. Keine Arien aus Opern, so hat denn doch 1849 vielfache Spuren zurückgelassen!"

Ende Oktober wieder eingetroffen, machte Bernhardi eine Bekanntschaft, die merkwürdig genug war, um besonders notirt zu werden.

Hier lebt seit einigen Jahren die Fürstin Wittgenstein, geborene Iwanowska, die sich von ihrem Manne, dem Sohne des Feldmarschalls

kämpfers, des bekannten Verfassers einer seiner Zeit in ganz Deutschland bekannten Terrainlehre, war er ein mehr kritischer als productiver Geist; während der 15 Jahre, die er ununterbrochen dem Generalstab angehörte, entwickelte er eine reichhaltige und erfolgreiche Thätigkeit. Seine Leitung der Kriegs-Akademie bezeichnet eine Glanzperiode dieser Anstalt. Seine Monographie der Schlacht bei Zorndorf fand die freudige Anerkennung seines Freundes Bernhardi.

Wittgenstein, scheiden läßt, um den berühmten Virtuosen Franz Liszt
zu heirathen. Obgleich noch nicht geschieden, lebt sie mit ihm zusammen (auf der Altenburg) — und in dieser sehr sonderbaren Lage
hat sie den Muth gehabt, die Protection der hiesigen Großherzogin
zu suchen, und die Gewandtheit besessen, sie zu gewinnen! — Durch
die Großherzogin ist nun der grimme Kaiser Nikolaus besänftigt! —
Dazu gehört eine Polin! — Sie ist mit Charlotten (Frau von
Bernhardi) als Kind viel zusammen gewesen. Von ihren Sommer-
reisen zurückgekehrt, hat sie an Charlotten ein ungemein freundliches
Billet gerichtet. Ich gehe zu ihr, um die Antwort zu bringen.
Finde eine kleine, schwarze, häßliche, kränkliche — sehr kluge und
gewandte Polin, mit einer kleinen jüdischen Nuance. — Werde mit
überschwänglichem Empressement aufgenommen. (Im Hause polnische Wirthschaft — im Saal, in einer Ecke, ein unordentlicher
Haufen Bücher, Musikalien und Papiere auf dem Fußboden — überall
sehr einfache, alte, etwas schmutzige Möbel.) — Auch ich bin kein
Fremder für sie; sie hat durch ihren Vetter Theodor Kalm von mir
gehört. — Sie spricht sehr unverhohlen von ihrer Lage, dem „doulou-
reux provisoire", doch jetzt geht es etwas besser — eine Zeit lang
sah es sehr übel damit aus; ihre ganze Existenz war sehr prekär
geworden. — „Nous étions réduits aux dix doigts de Liszt."
(Kluge Person; ich weiß zufällig, daß sie zwei Millionen Rubel mitgenommen und in Sicherheit gebracht hat; c'est une poire pour la
soif, aber davon läßt sie sich nichts merken! — sie macht sich so
arm und klein als sie kann — ihre Opfer so groß und unbedingt
als möglich. Darum auch die fast ärmliche Einrichtung — und
die mehr als einfache Kleidung!) — Uebrigens ist der Umgang mit
ihr durchaus nicht bequem, und hat sein Bedenkliches; sie ist in gewisser Beziehung indiskret; stürmt mit ungestümer Rücksichtslosigkeit
mit Fragen über unsere Verhältnisse und Lebenspläne auf mich ein,
so daß einem ganz unheimlich dabei wird. — In Bezug auf sich selbst
ist sie sehr zurückhaltend; von ihren religiösen und politischen Ansichten kommt durchaus gar nichts zum Vorschein. — Sie glaubt
ein paar mal Liszt im Nebenzimmer zu hören, läuft an die beiden
Thüren des Gemachs: „Cher ange, est-ce toi?" — Am Ende

erscheint Liszt — ein sehr häßlicher Mann, manières décousues, macht im Ganzen einen angenehmen Eindruck; er ist nicht ein Mann von transscendentem Geist, aber Gutmüthigkeit macht ihn liebenswürdig. Von dem Besuch bleibt ein unheimliches Gefühl zurück. 2. Nov. Einladung zu Hof, Diner in Galla, weil der Fürst und der Erbprinz von Schwarzburg-Sondershausen da sind. In Uniform. Ich habe aber keine! Dann in Frack und Degen. Zahlreiche Gesellschaft in goldgestickten Uniformen. Fürst von Sondershausen spricht in meiner Nähe mit dem Leibarzt, und sagt ziemlich laut: „Ich habe keine Galle mehr! ich habe sie 1848 alle verbraucht — jetzt habe ich keine mehr." — Nach Tisch kommt der Erbgroßherzog auf mich los: „meine Eltern wünschen Sie hier zu behalten" u. s. w. Er fragt mit großem Interesse nach Ludwig Tieck — ich erwähne, daß er so viel unvollendet, kaum angefangen hinterläßt, — sein Werk über Shakespeare — sein Leben — Erbprinz bedauert. — „Ich werde natürlich, wenn ich meinen Onkel verlieren sollte, Alles mit der größten Pietät bewahren, und bekannt machen, was sich zur Mittheilung eignet." — Erbgroßherzog: „Das sollten Sie hier in Weimar thun, ich würde den allergrößten Werth darauf legen, wenn das von Weimar aus in die Welt käme." — Caroline Wittgenstein war auch bei dem Diner — und kommt von dort zu uns — bedeckt mit Juwelen, was zu dem „réduits aux dix doigts de Liszt" nicht recht paßt. — Sie hat Bücher geschickt, unter anderem Adolf Stahr „Zwei Monate in Paris" — davon ist die Rede. Man bemüht sich Adolf Stahr hierher zu ziehen. Meine Damen sprachen ihre Verwunderung darüber aus. Die Wittgenstein lachend: „Oh, des deux côtés le diable n'est pas aussi noir qu'on le peint. Les démocrates trouvent qu'après tout les princes ne sont pas si méchants, les places, les honneurs etc. leur conviennent fort. Et les princes comprennent qu'il est de leur intérêt d'attirer ces gens." Fanny Lewald lebt jetzt in Jena — und (obgleich sie, noch dazu ganz öffentlich, in einem Verhältniß mit dem an eine Andere verheiratheten Adolf Stahr steht), war sie, wie Caroline Wittgenstein uns belehrt, eine Freundin des Erbgroßherzogs. „C'etaient des envois de livres et de billets!" — Der

7*

Bruch kam am Ende von ihrer Seite! — sie formalisirte sich darüber,
daß er die Exemplare ihrer Schriften, die sie ihm überreichte, zu
vielen Menschen mittheilte, so daß in Weimar kein Mensch sie kaufte. —
6. Nov. Auf die Bibliothek, um für meine Schwägerin Grimms
deutsche Sagen zu holen; man giebt sie mir, obgleich heute nicht der
Tag ist. Kräuter wundert sich, daß sie zu Hause sind: „denn
die altdeutsche Literatur ist bei uns sehr in Anspruch genommen,"
selbst die Damen lesen sie. Eine Mademoiselle Sommer, Gouvernante im Hause des Hauptmanns v. Seebach — jung und hübsch
— ist darin besonders belesen — hat sich sogar mit den alten skandi-
navischen Sprachen ganz vertraut gemacht und auch „das Edda-
wesen" ganz inne. — Ein Registrator erzählt, im Jahre 1848 haben
die Gymnasiasten allhier „es sich erobert", daß einige Stunden
wöchentlich Griechisch und Lateinisch weggefallen sind, dagegen 3 Stunden altdeutsche Literatur gelehrt wird — und außerdem bilden die
Schüler der höheren Klassen zahlreiche „Kränzchen" von sechs oder acht
Theilnehmern, in denen sie zusammen mittelalterliche Dichter lesen
(das gehört zum Kapitel der Volkslieder, die ich in Ballenstädt hörte,
und freut mich gar sehr). — Kräuter fragt mit bedenklich fragendem
Blick: „Aber warum muß das die Jugend sich erst selbst erobern?
Warum thut man so etwas nicht von oben her?" — Je nun! weil
das Alter die natürliche Pairskammer ist, und seiner Natur nach
konservativ!

7. Nov. Die Großherzogin bescheidet mich zu sich. Ich hatte
ihr ein Exemplar meines (im Jahre 1847 geschriebenen) Nachrufs
auf Krusenstern überreichen lassen. Sie spricht immer mit Enthusiasmus von Rußland, verlangt von mir, daß ich ihn auch empfinde,
setzt das ohne Weiteres voraus und denkt gar nicht an die Möglichkeit, daß ich mich in meinen Studien mit etwas Anderem, als mit
Rußland beschäftigte. Es ist nicht schwer zu sehen, daß sie gern einige
überschwänglich lobpreisende Redensarten zum Ruhme des
Kaisers Nikolaus in meiner Schrift gefunden hätte. —
Sie spricht selbst viel zu dessen Lobe, was sie besonders an ihm be-
wundert, ist, daß er seine Leute zu wählen weiß! — (etwa
die Korsakow, Wrontschenko [Finanzminister], Schichmatow-Schirinski

[Unterrichtsminister] u. s. w.?). Und nicht genug, daß er ausgezeichnete Männer zu finden und in seine Nähe zu ziehen weiß — „er weiß auch wozu ein Jeder zu brauchen ist — und braucht ihn gerade dazu!" — Die Frage, wie es mir in Weimar gefällt, führt darauf, wie reich Deutschland überall an Interesse sei — sie erwähnt der letzten „unglücklichen Jahre" — wo es freilich sehr schlimm hergegangen sei — sie meint: „Wer hat da nicht gefehlt? Das muß man mit Milde beurtheilen." — Es zuckt dabei durch ihr Gesicht wie eine schmerzliche Erinnerung an den Bruder, den grimmen Bruder Nikolaus? Der mag ihr damals schöne Dinge geschrieben haben.

7. Nov. Wir haben Liszts „Lohengrin et Tannenhäuser" beendet. — Der Mann schreibt ein absonderliches geschraubtes Französisch. Den Abend die Lohengrins-Sage bei J. Grimm den Damen vorgelesen. Es ist interessant, wie in den verschiedenen Versionen das Heidenthum mehr und mehr verwischt wird; daß Lohengrins Mutter eine Walküre ist, daß man ihn deshalb nach seiner Herkunft nicht fragen darf — verschwindet — und der als Sohn einer Walküre in einen Schwan verwandelte Bruder verliert ganz alle Bedeutung; der Schwan wird zuletzt ein bloßer ganz wesenloser poetischer Schmuck.

10. Nov. 1851. Abends Concert bei Hofe mit meiner Schwägerin Julia, zu Ehren der Prinzessin Carl von Preußen, die mit zwei allerliebsten Töchtern hier ist. Julia wird ihr auch vorgestellt — die Dichter-Zimmer sind das Lokal; Musik im Goethe-Zimmer. Liszt fungirt als Kapellmeister, und ich bewundere seinen Takt! — er hält sich ganz zu den Künstlern, die sich in den Zwischenakten im Wieland-Zimmer aufhalten — mischt sich durchaus nicht in die Gesellschaft — kommt nur gerufen zur Prinzessin Carl — kurz ist ganz Kapellmeister, ohne den mindesten Anspruch auf Geltung als man of fashion. — Die Damen sitzen im Goethe-Zimmer, wir Anderen halten uns meist im namenlosen rothen Saal daneben auf. — Franz Liszt spielt ein Trio mit Violine- und Violoncello-Begleitung, wunderbar schön; er hat etwas Aetherisches im Anschlag, ich weiß es nicht anders zu nennen! — Er, der wirklich häßliche Mann, ist schön am Flügel, seine Physiognomie belebt sich in eigenthümlicher Weise. —

Das Uebrige, Gesang des Herrn Maierhofer und der Frau Wolff vom Theater, ist wenig der Rede werth. — Erbgroßherzog dankt für mein Buch, sagt mir viel Schmeichelhaftes — Maltitz stellt mich der Gräfin Beust vor; hübsche, artige Frau. Der vormärzliche Staats- minister von Gersdorf*) läßt sich mir vorstellen! Wir sprechen dar- über, wie Deutschland überall interessant ist; seine zweitausendjährige Geschichte hat überall Spuren zurückgelassen. Zu meiner großen Ueber- raschung antwortet Gersdorf: „Ja, diese tausendjährige Ge- schichte lastet auf uns! — sie hat unsere Zerstückelung bewirkt. Und was soll nun werden? — Zu schnell vereinigen, das geht auch nicht, das haben wir gesehen! — welch ein jämmerliches Schauspiel haben wir den andern Völkern seit 3 Jahren gegeben! — und wie konnte es anders sein, da die Bauleute sich versammelten, ohne einen Plan zu haben, und ohne zu wissen, was sie bauen wollten u. s. w." Im Herausgehen treffen wir mit Liszt zusammen — ich widerrathe immer ihm etwas Schmeichelhaftes über sein Spiel zu sagen — ich müßte mich sehr irren, wenn ihm das in seiner gegen- wärtigen Lebensepoche angenehm wäre; er sieht mir nicht so aus; aber die Frauen lassen sich das nun einmal nicht nehmen.

11. November. Mit Julia einen Besuch bei Caroline Wittgen- stein gemacht, der uns einen peinlichen Eindruck zurückläßt. Caro- line ist sehr indiskret. Sie fragt sehr viel pour avoir le secret de tout le monde und auf diese Kenntniß eine gewisse Herrschaft zu grün- den, so daß man wenigstens nicht wage ihr zu schaden. Dazu gehört

---

*) Wo der Männer gedacht wird, die während der traurigsten Zeit der deutschen Geschichte von 1815 bis in die 50er Jahre den nationalen Gedanken hochgehalten und in Preußen den einzig möglichen Retter erkannt haben, wird man stets auch den weimarschen Minister v. Gersdorf nennen. Im Jahre 1811 in weimarsche Dienste getreten, vertrat er die Interessen des Herzogthums am Wiener Congreß, und vermittelte die damalige Vergrößerung des Landes. Von ihm ging dann die Initiative aus, die zur Verleihung der weimarschen Verfassung führte, in umfassender Thätigkeit regelte er das weimarsche Steuerwesen und erreichte endlich den folgenreichen Anschluß Weimars an den preußischen Zollverein im Jahre 1833. Bis zum März 1848 ist er dann noch weimarscher Staatsminister gewesen und hat im October 1852 sein arbeits- und ehrenreiches Leben infolge eines Schlagflusses beendet. Er war ein reifer vorurtheilsfreier Geist, klar und bestimmt im Wollen und Handeln — ein Mann von wahrem Adel der Gesinnung.

dann nothwendig, daß sie ihrerseits sehr versteckt ist, und so verlautet denn auch von ihren Ansichten über Politik, Religion, Kunst und Literatur gar Nichts. Wenn ich nicht sonst wüßte, daß sie fanatisch katholisch ist, und eine enragirte polnische Patriotin, würde ich in Weimar und durch sie selbst nicht viel erfahren. — Sie will nun meine Ansichten von Religion kennen, geht mit ihren Fragen rücksichtslos auf ihr Ziel, und verwickelt mich in ein Gespräch, das mir unangenehm ist. Liszt kommt dazu, übernimmt die Vertheidigung der katholischen strengen Kirchlichkeit, die sich jede eigentliche Ansicht und Ueberzeugung verbietet. Er muß, wie es scheint, diese Vertheidigung annehmen, wenigstens sucht er, während er spricht, in Carolinens Augen zu lesen, wie weit er gehen soll oder darf. Seine Gründe sind aber wieder nur äußerliche, gleichsam polizeiliche. Er ist ehemals Freidenker gewesen, alliirt mit Lamennais u. s. w., aber es ist ihm in neuester Zeit ein Licht darüber aufgegangen, wie diese durchaus negative Ansicht zu dem Aeußersten revolutionären Treibens führen müsse — dazu, que la guillotine serait introduite partout comme un instrument permanent de l'orchestre politique und das habe ihn bestimmt de se rejetter fortement dans le système catholique. Von Wahrheit an sich, und einer wirklichen Ueberzeugung von ihrem Dasein ist also gar die Rede nicht! — Viele Leute in Frankreich seien in demselben Fall, versicherte er. Diese Religiosität, aus der Furcht entsprungen, ist also nichts weiter als der Wunsch, die Anderen (die unteren Klassen namentlich) möchten recht gläubig sein, damit sie uns zufrieden lassen!

14. Nov. Besuch bei Frau v. Plötz. Erst vom Erbprinzen gesprochen, dessen Hauptfehler und Unglück Mißtrauen in sich selbst ist. Sie möchte ihm gern mehr Selbstvertrauen einflößen. Von Liszt gesprochen, von dem sie eigentlich eine geringe Meinung hat, er habe keinen sehr ausgezeichneten Geist und sei kindisch eitel. — Caroline Wittgenstein dagegen sei wirklich eine höchst ausgezeichnete Frau, „elle lui donne l'esprit et les qualités qu'il na pas."

(Auffallend ist, daß Caroline im Gespräch sich selbst immer höchst unbedeutend darzustellen sucht, — Liszt dagegen als ein überschwängliches und ganz unerhörtes Genie.) — Liszt habe sich eigentlich auch gegen Caroline schlecht benommen. Sie führte in Polen ein ganz originelles, isolirtes Leben, ging nie in Gesellschaft u. s. w. So war sie in ihren Geschäften zu den sogenannten Kontrakti, der Geschäftsperiode, nach Kiew gekommen. Liszt war da; Originalität, Geist, die Millionen und der Fürstentitel zogen ihn an et il lui fit la cour tout bonnement, aber er dachte es sollte eine gewöhnliche liaison werden, mit Liebesschwüren, wobei Jeder von Hause aus weiß, was er davon zu halten hat. Sie aber nahm die Sache sehr ernsthaft, was er im Anfang nicht gemerkt zu haben scheint. Er hatte die Sache wohl vergessen und lebte hier in Weimar im Gasthof mit einer anderen Frau, einer gewöhnlichen Pariser femme entretenue — man ließ das hingehen um ihn zu fesseln. Da bekommt er mit einem Male zu seinem Schrecken einen Brief von Caroline, que le sacrifice était fait, qu'il n'y avait qu'à venir la prendre à la frontière. Abholen mußte er sie, sich los sagen konnte er nicht — das verbot die conventionelle Ehre — aber los werden wollte er sie. Er bot Alles auf, um sie zu veranlassen, daß sie sich von dem Verhältniß los sagte, da ihm Caroline ohne Millionen, — wie es damals den Anschein hatte, — nicht zusagte. Geklagt habe sie, wie Frau von Plötz sagt, niemals, „mais je l'ai vue éternellement en larmes". Auch von der sogenannten Gesellschaft wurde sie mißhandelt. Wenn die Fürstin ganz einfach eine unsittliche Liebesintrigue mit Liszt gehabt hätte — dagegen hätte Niemand Etwas gehabt, mais on lui jette la pierre, parce qu'elle à voulu être vraie dans ces relations avec Liszt . . . . .

Ich bemerkte, daß die Welt zwar Roheit, Gemeinheit und Unsittlichkeit ganz gerne hingehen läßt, wenn sich das Alles nur innerhalb der einmal hergebrachten Formen hält — Nichts aber was sie als Exaltation bezeichnet. Wunderbar, daß Caroline Liszt dennoch unter den Fuß gebracht hat, und zwar so vollständig! sie hat ihn, der wenig Charakter hat, eben bei seiner Eitelkeit gefaßt, den Weihrauch freilich streut sie ihm immerfort, ohne Maß und Gewissen. — Von Liszt sagt Frau von Plötz, er sei kindisch eitel. Am liebsten würde er grand seigneur sein, Favorit des Erbgroßherzogs, in dessen Gunst er auch schon einige Fortschritte gemacht hat.

So! das macht es freilich verständlich, warum Caroline erklärt, sie habe, auch für die Zeit, wo ihre Lebensverhältnisse geregelt sein würden, Weimar zu bleibendem Aufenthalt erwählt! —
15. Nov. Frau von Plötz hat Recht. Liszt geht mit ehrgeizigen Absichten um, da ich nun aufmerksam geworden bin, sehe ich den ganzen Plan, auf den er seine Größe gründen will. Literarische Thätigkeit soll den Anfang machen. — Caroline spricht nämlich von einem Projekt — mit einer deprecirenden Vorrede: wie die großen und glänzenden Ideen des Genius natürlich sehr verlieren, wenn sie durch den Mund eines schwachen weiblichen Wesens verkündet werden — u. s. w. — Die Großherzogin und der Erbgroßherzog wünschen beide den alten Ruhm Weimars einigermaßen aufrecht zu erhalten. Was ist zu thun zu diesem Ende? — Liszt redet dem Erbgroßherzog vor, man müsse eine Zeitschrift hier in Weimar gründen — denn die Presse sei nun einmal da, sei eine Macht, man müsse sich also ihrer bemächtigen; das sei auch ein Mittel eine Menge Menschen, die sonst gefährlich werden könnten, zu gewinnen und zu fesseln (Strauß [Leben Jesu], Adolf Stahr — Fanny Lewald z. B., die schon in der Nähe sind). Um Gefahr, Unruhe, Recriminationen fremder Höfe zu vermeiden und mit Niemand etwas zu verderben, soll dieses Journal sich von allen politischen Tagesfragen der Gegenwart fern halten — und sich in kindlicher Harmlosigkeit in den Regionen des Idealen bewegen! — (Wenn Liszt dabei die Hauptperson sein soll, ist natürlich auch an wissenschaftlichen und kritischen Ernst nicht zu denken.) — Diese harmlose Revue kann selbst in politischer Hinsicht sehr wichtig werden — erzählt Liszt dem Erbgroßherzog — sie kann einen solchen arkadischen Schimmer um Weimar verbreiten, daß die Leute selbst im Sturm welterschütternder Revolutionen dächten und sagten: Lassen wir dieses den Musen geweihte Plätzchen zufrieden! — Auch mich wünscht man für dies Journal zu gewinnen; ich soll mitarbeiten an Liszt's Größe! — Bis jetzt fehlt es aber an Gelde um ein solches Journal zu subventioniren, und die hiesigen kleinlich gesinnten Beamten seien natürlich unfähig, die colossalen Conceptionen des Genius zu fassen! — Nun ein langes Gerede: wie handgreiflich uneigennützig Liszt dabei ist; ihn kann nur das uneigennützige In-

teresse für den Erbgroßherzog bewegen, sich überhaupt damit und mit
weimarischen Angelegenheiten zu befassen; was hat er davon? Si
Liszt veut faire parler de lui il n'a qu' à se mettre au piano
(das grade aber will er nicht) und er braucht jedenfalls einen
größeren Schauplatz u. s. w.

In einer Beziehung irrt sich wohl Frau von Plötz. Liszt hat
gar nicht selbst solchen Ehrgeiz; er scheint ein Mensch von schwachem
Charakter, der sich eben gehen läßt; schwelgender Lebensgenuß und
Weihrauch seiner Eitelkeit gestreut, hätten ihm wohl immer oder doch
noch lange genügt. Caroline aber hat Ehrgeiz für ihn, sie will etwas
aus ihm machen — und denkt dabei dann auch wohl selbst eine Rolle
zu spielen. Denn daß Liszt nicht der Mann ist, der in großen Verhältnissen und schwieriger Lage eine Meinung, in der Gefahr einen
Willen haben könnte, darüber kann sie sich schwerlich täuschen! Sie
verspricht sich eben Meinung und Willen für ihn zu haben! —

16. Nov. Besuch bei Staatsminister von Gersdorf, mit dem ich
heute ein langes und gutes Gespräch habe. Er ist sehr deutsch und
sehr preußisch gesinnt, und setzt, wie etwas was sich von selbst versteht, eine ähnliche Gesinnung bei mir voraus. Ereifert sich über
die Zerstückelung Deutschlands, — darüber daß der westphälische
Frieden die Usurpationen der Fürsten sanctionirt, und damit den
unseligen Zustand zu einem rechtlich bekräftigten gemacht habe. —
Die Union war eine vortreffliche Sache; im Jahre 1849, als man
mit Ungarn beschäftigt war, hätte der König von Preußen kräftig
vorgehen sollen. — Für Deutschland ist wenig zu hoffen so lange
nicht Oesterreich hinausgedrängt ist; der Erzherzog Stephan hätte
consequent bleiben und sich zum magyarischen König von Ungarn
erklären sollen! — In Deutschland ist der Bundestag, eben weil er
wenig im Innern der einzelnen Staaten vermag „vor der Hand
das Beste". — Von Preußen hofft er viel, namentlich vom Prinzen
von Preußen. Es geht freilich auch dort verkehrt zu, aber die Kammern sind doch da, und sind eine große Macht. — Ich: „Die möchte
aber die Kreuz-Zeitungs-Partei gerne confisciren!" — Dies wird aber
nicht geschehen! so weit gehen wir nicht! denn Courage haben
wir nicht! —

24. Nov. Franz Liszt bei uns. Er ist kein großer Geist, aber eine gewisse Lebensklugheit, und den Takt der damit zusammenhängt, besitzt er in einem hohen Grade. Zunächst ist es bei ihm entschieden System, nie und über Nichts, selbst über die gleichgültigsten Dinge nicht, eine Meinung auszusprechen, um sich nicht zu compromittiren und nirgends anzustoßen. Auch hatte er, der Günstling des Fürsten, den heutigen Abend in einer Bierstube zugebracht, in einem Club, der die Musiker des hiesigen Orchesters von Zeit zu Zeit bei Tabak und Bier vereinigt. Er roch ganz gewaltig nach schlechtem Tabak! — Er vermittelt dann ferner eine Art von freundschaftlichem Verhältniß zwischen dem Erbgroßherzog einerseits, und Fanny Lewald mit Adolf Stahr auf der andern. So hat er kluger Weise auf beiden Seiten den Fuß im Bügel! —

Liszt und Caroline gehören zu den Menschen, für die es sich im Leben nicht um eine Ueberzeugung handelt, sondern nur persönliche Interessen. Das Leben hat nicht ein Prinzip zur Grundlage, sondern nur ein persönliches Interesse zum Ziel, dem es sich ohne alle consequente sittliche Haltung zubewegt. Darum giebt es auch für dies Paar nicht edle und unedle Menschen, achtungswerthe oder verächtliche, sondern nur nützliche und schädliche. Ganz folgerichtiger Weise verweilt sein Blick mit Wohlwollen auf dem Lumpen, den man gewinnen kann — während ihm der redliche Ernst sehr unheimlich und ungeheuerlich ist! Da er mich für einen leidenschaftlichen Reactionären hält, glaubt er mir einen Possen zu thun, indem er sich darüber ergeht, wie erbärmlich sich die Fürsten im Jahre 1848 benommen haben. —

26. Nov. Abend bei Frau von Schwendler. Es kommt manches Interessante vor. Des Lustspielfabrikanten Rotzebue Mutter war eine sehr würdige Frau von stoischem Charakter, immer sehr unzufrieden mit dem Leben und Treiben ihres Sohnes; sie prophezeite ihm immer, daß es ein sehr schlechtes Ende mit ihm nehmen werde. — Sie hat den Sohn überlebt. — Nachdem Rotzebue ermordet war, erinnerte sie daran, wie sie immer ein schlechtes Ende vorausgesagt habe. Sie kam nach Eisenach zu Frau v. Schwendler und verlangte auf die Wartburg geführt zu werden — auch das Fremden-

buch zu sehen, was damals verboten war, der vielen Bemerkungen
wegen, die vom Wartburgfeste her darin standen. Die Erlaubniß
wurde bewirkt. Die alte Frau Kotzebue betrachtete lange die Zeilen,
die Sand hineingeschrieben hatte, und schloß dann das Buch mit
den Worten: „Das ist nicht die Handschrift eines Böse-
wichts." — Frau v. Schwendler spricht auch viel von Liszt, von
dem sie sehr eingenommen ist — von seiner Wohlthätigkeit, Groß-
muth, — seiner neidlosen Theilnahme für junge Künstler, die er
vorwärts zu bringen sucht in der Welt — und das sind allerdings
schöne Eigenschaften, die er hat. — Von dem neuen Könige Georg V.
von Hannover werden die wunderbarsten Dinge erzählt.

27. Nov. 1851. Den Abend Frau v. Plötz bei uns; eine höchst
liebenswürdige Frau. Von Liszt gesprochen. Bemerkung darüber, daß
er über nichts seine Meinung sagt, am Wenigsten über Politik. Darüber kann er sie gar nicht sagen, meint Frau v. Plötz, denn er ist im
Herzen durchaus revolutionär! — (Etwas davon kam neulich zum
Vorschein. Aber wie gesagt: Liszt gehört nicht zu den Menschen,
deren Ueberzeugung auf ihr Leben Einfluß übt. — Um so gewisser
kann der Erbprinz überzeugt sein, daß son ami Liszt ihm ungetreu
wird, sobald der Wind ganz entschieden von der anderen Seite weht.
— Unbegreiflich wie der Prinz nicht merkt, daß er selbst mehr Geist
hat als Liszt.) — Frau v. Plötz kennt die Prinzessin von Preußen
weniger als die übrigen Mitglieder der regierenden Familie — denn
die Prinzessin von Preußen hat eine entschiedene Abneigung gegen
alle Russen, und ist gegen sie weniger liebenswürdig als gegen andere
Menschen.

3. Dec. Das reaktionäre Gesindel ist nicht weniger platt und
gemein als das revolutionäre. Die Leute möchten bersten vor Aerger
über Kossuths Aufnahme in England; da bemühen sie sich denn die
Sache lächerlich zu finden; als ob das, was die mächtigste Nation
auf Erden, als solche thut, je lächerlich sein könnte! —

5. Dec. 1851. Matinée bei Frau von Plötz, der Erbprinz,
Frau v. Stein, Frau v. Grosse, Fräulein Beulwitz u. s. w. Sehr
animirtes Gespräch; es kommt auf Rußland. Der Prinz meint,
der Zustand des Reichs sei ein sehr schwieriger und gefährlicher —

der Großfürst Thronfolger, von dem er mit großer Freundschaft spricht, werde eine ungemein bedenkliche Stellung haben; er beklagt ihn deshalb und will meine Meinung über Rußland wissen. „Ich kenne es eigentlich gar nicht, da ich nie im Innern war." — Der Prinz meint, mein Schweigen sei auch eine Antwort. —

8. Dec. Die Nachricht von dem bubenhaften Pariser Staatsstreich allenthalben besprochen. Der Erbprinz spricht mit Verachtung von der Erbärmlichkeit der Franzosen; er hat Gelegenheit gehabt die „menées" in der Nähe zu sehen, zu deren Mittelpunkt die Herzogin von Orléans gemacht wird, und hat sich nur zu sehr davon überzeugt, wie von einem Princip bei den Franzosen gar nicht die Rede ist, und ein jeder nur durch persönliche Selbstsucht bestimmt wird. — Er giebt weiter zu verstehen, daß der russische Hof Louis Napoleons Gebahren entschieden billigen und unterstützen wird.

In den Hofkreisen hier setzt sich mehr und mehr die Ansicht fest, daß Louis Napoleons rettende That alle Schwierigkeiten löst — Frankreich wird nun ruhig bleiben und sich an eine monarchische absolutistische militär-despotische Regierung gewöhnen, und wenn Alles fertig ist, tritt Henry V. ganz ohne Friction an Louis Napoleons Stelle, der Graf von Paris wird sein Nachfolger, damit ist die alte Herrlichkeit wieder da, und von der Revolution ist in Europa nicht mehr die Rede. (Deutschland wird wohl das Bedürfniß der Einheit vergessen und die Ansichten der Kammerherren aller kleinen Höfe zu den seinigen machen! — Italien, Ungarn und Polen werden natürlich ihrem National-Dasein entsagen!)

18. Dec. Ein schwerer Tag! Um 11½ Uhr auf Einladung zur griechischen Kapelle, um den Namenstag des Kaisers Nikolaus zu feiern. Der russische Gesandte aus Dresden, der hiesige Maltitz, Maltitzin u. A. — ich erstaune über die vielen russischen Priester, Diaconen, Sänger u. s. w. die es hier giebt. Die Messe wurde erbärmlich gesungen, die Großherzogin zeigte sich indessen so glücklich und „radieuse" wie ich sie nie gesehen. Spricht nach der Messe mit mir davon, wie glücklich man sich fühle, dasselbe zu thun, was in dem nämlichen Augenblicke die Gesammtheit im Vaterlande thut

u. f. w. Der Erbgroßherzog in ruffischer Generalsuniform. — Um drei Uhr Galla-Diner bei Hof. Frau von Plötz erzählt die Ge- schichte meiner alten Bekannten Julie Haugl — Tochter des letzten polnischen Kriegsministers. Sie und eine Kammerfrau der Groß- fürstin Marie haben sich mit dem Prinzen Alexander von Hessen eingelassen, der wiederum der Liebhaber der Großfürstin ist. Der Kaiser zwingt den Prinzen, Julie Haugl zu heirathen indem er ihm öffentlich sagt, er lasse ihm die Wahl zwischen Julie und der Kammer- frau, aber eine von beiden müffe er heirathen. Der Prinz aus dem ruffischen Dienst entfernt. — Frau von Plötz ist sehr verwundert, da dergleichen doch sonst in Petersburg nicht eben ernsthaft genommen wird; sie meint es müffe da Nebenbuhlerschaft walten, der Kaiser aus Eiferfucht handeln. Ich denke, die Sache möchte wohl anders zusammenhängen; die Großfürstin Marie, die ihren kaiferlichen Papa bei der Nase führt, wenn sie Lust hat, könnte das so eingeleitet haben um ihren ungetreuen Schäfer aus Darmstadt zu strafen. —

In der verfammelten Hofgesellschaft ist die auffallendste Er- scheinung Semilaffo (Fürst Pückler) — eine Carricatur; ein Sieb- ziger in preußischer Generals-Uniform, mit fabelhaft reich gelockter Perrüque, rabenschwarz gefärbtem collier grec und Schnurrbart — geschminkt und mit falschen Zähnen. Eine Menge Ordenssterne, und das Ordensband so kunftreich über die Brust gelegt und durch Stecknadeln fest gehalten, daß es nicht einen einzigen Stern bedeckt. Dünne schwankende Beine und ein ungemein jugendliches séducteur- Wesen. — Eine höchst alberne Carricatur. Der Erbgroßherzog zu Tisch in ruffischer Hufaren-Uniform. — Tafelmusik, recht gut bei solchen Gelegenheiten, sie übertäubt das unvermeidliche Geklapper mit Tellern u. f. w. — Ich habe wieder einen ausgezeichneten Platz, der regierenden Familie gegenüber, zwischen Beaulieu und dem Mi- nifter Wydenbrugk. — Die Großherzogin den ganzen Tag befeligt — am glücklichsten in dem Augenblick, wo der Großherzog die Ge- fundheit des Kaisers ausbringt.

26. Dec. Der achttägige Umgang mit Semilaffo soll auf den Erb- prinzen einen gewissen Einfluß geübt haben. Er ist sehr eingenommen von ihm und nennt ihn den größten Lebensphilosophen, den er kennen

gelernt; Semilasso trägt wie Lord Chesterfield, und gewiß nicht ohne Geist, die Frivolität und den Egoismus der großen Welt als ein philosophisches System vor. Als Hauptlehre, die er sich daraus ab- strahirt hat, wiederholt der Prinz: „Man muß die Menschen berücksichtigen, aber man muß sich nicht von ihnen beein- trächtigen lassen!" — und das ist ein vieldeutiger und viel um- fassender Satz im Munde eines Fürsten, der denn doch den Gedanken nicht los werden kann, daß ihm das Recht in seinem eigenen In- teresse zu regieren von Gottes Gnaden zusteht! — Nachher spricht er viel von Religion, von den Mitteln, sie durch Schmuck der Gottes- dienste dem Volke näher zu bringen. Das gehört nothwendig zur Sache! was könnte es helfen klug und selbstsüchtig zu sein, wenn nicht die Anderen dumm und hingebend wären!!! — Da viel von dem Lebensphilosophen Pückler die Rede ist, mache ich auf die sehr bedenkliche sittliche Seite seines Thuns und Treibens aufmerksam und werde dabei von Maltitz unterstützt. —

Noch bevor das Jahr 1851 zu Ende gegangen war, wußte Bern- hardi mit Deutlichkeit, daß er keine Aussicht habe in Weimar wahrhaft heimisch zu werden. Für das Werk über den General Toll, an welchem er unentwegt arbeitete, hatte die Weimarer Bibliothek weniger geboten, als von ihm erwartet worden — dieses Werk aber stand im Mittelpunkt seiner Thätigkeit und sollte den Ausgangspunkt für weitere historisch- politische Arbeiten bilden. Dazu kam Anderes. Mit der Enge der Weimarer Verhältnisse hätte er sich aussöhnen können, wenn ihm volle Freiheit der Bewegung gegönnt gewesen und wenn er nicht immer wieder die Empfindung gehabt hätte mit seiner nationalen Gesinnung ebenso isolirt dazustehen, wie mit seinen Anschauungen über Literatur und Kunst. „Die Verehrung Rußlands", so schreibt er an einem der ersten Tage des neuen Jahres, „die hier bei Hof und in den Hofzirkeln getrieben wird, übersteigt alle Begriffe. Die Leute können sich nicht davon über- zeugen, daß man das Glück Russe zu sein aufgibt und daß man kein Russe sein will." — Außerordentlich peinlich berührte ihn, den entschie- denen Anhänger der Traditionen des Klassicismus, die durch Liszt inscenirte allgemeine Wagner-Begeisterung. Am Abend des 11. Januar (1852) war der Lohengrin gegeben worden, von dem Liszt prophezeit hatte, er werde den Glanz, den einst Goethe's Anwesenheit über Weimar gebracht, erneuern.

Einige Tage später bringt die „Allgemeine Thüringer Zeitung" einen Artikel über Lohengrin, worin rühmend hervorgehoben wird, daß nun die alte herrliche Zeit Weimars freilich in anderer Weise wieder da sei, nämlich durch die Musik (i. e. durch Liszt). Kann man sich in solchen abgeschmackten Vorstellungen gefallen! Warum war Weimar bedeutend unter Carl August? — Hübsche Verse an sich hätten es wahrlich nicht gethan! — Was in Weimar geschah, stand im engsten Zusammenhang mit den umgestaltenden Fortschritten Deutschlands. Deutschland bedurfte einer verjüngten Literatur und Philosophie um verjüngtes politisches Dasein hoffen zu dürfen, oder auch nur wollen zu können. — Weimar und Jena waren die geistigen Mittelpunkte, von denen diese verjüngte und verjüngende Literatur und Philosophie ausgingen. Soll Weimar seine alte Bedeutung wieder gewinnen, so müßten jetzt die Gagern, Auerswald, Camphausen, v. Arnim u. s. w. Carl Alexanders Vertraute sein. Mit ein bischen Turlututu ist die Sache nicht gethan. — Merkwürdig wie Liszt Wagners Opern braucht; er macht sich damit geltend als ob es seine eignen Werke wären, und bringt dadurch seine eigene Unproductivität in Vergessenheit.

Der Erbprinz redet mich auf den Lohengrin an und fordert mich auf, ihn noch einmal zu hören, namentlich die Introduction, die ich dieses Mal nicht gehört hätte, da ich etwas später gekommen sei (das hat er bemerkt, so scharf wird man kontrolirt!). — Er findet darin etwas, das wie ein Strahl vom Himmel kommt, sich durch irdische Zustände durchgequält, und zuletzt wieder zum Himmel erhebt. Also die Erlösungsgeschichte! — und die Geschichte Lohengrins und des heiligen Gral. Das Alles scheint ihm so kaum halb verständlich aber mystisch schön. — Ich rette mich auf das Gebiet der Sage und erwähne, daß die Sage eigentlich eine heidnische ist, ihr ganzer Sinn und Zusammenhang darauf beruht, daß Lohengrin Sohn einer Walküre, einer Schwanenjungfrau ist — daß die Verbindung dieser Sage mit der vom Gral eine ganz willkürliche ist, und das Ganze auf das Gebiet des Willkürlichen versetzt, — daß der Gral keltischen Vorstellungen angehört, aber ursprünglich auch nichts weniger als christlich, sondern die Zauberschale des Perebur ist. Der Erbprinz war nicht wenig verwundert, kam aber doch wieder auf die nebelhafte Christelei zurück. — Der alte Capellmeister der Großherzogin, ein Franzose, schüttet auch sein Herz gegen mich aus über Lohengrin; über den ganz verkehrten Sinn, der eine Symphonie mit Singstimmen für eine Oper ausgeben will — weist auch Fehler gegen die musikalische Grammatik nach und spricht von Plagiaten. — Unter den Leuten der „Gesellschaft" versteht es sich dagegen ganz von selbst, daß es über Lohengrin nur eine Meinung geben kann und daß jeder Mensch vor Bewunderung außer sich ist. In diesem Sinn werde ich öfter angeredet.

21. Februar. Heute den alten Edermann besucht. Der arme Mann war 13 Jahre lang versprochen und als er sich endlich mit seiner Geliebten verbinden konnte, starb sie nach einem Jahr im ersten Wochenbett. Nur ein Sonnenjahr im Leben. Goethe pflegte und hegte ihn nach seinem Verlust mit unendlicher Liebe. — Von Goethe's Familie, dessen Sohn und die leidenschaftliche Ottilie gar nicht zusammen paßten; sie hatten beiderseits Liebesintriguen, „es kam häufig zu Scenen und dem Alten gegenüber wurde geheuchelt und gelogen." Am meisten mißfällt mir folgendes: im vorigen Jahr war Frau Ottilie hier, unmittelbar nach dem Tode ihrer Mutter, 53 Jahre alt; sie betrachtete ihre grauen Haare und sagte zu Edermann: „Ja! mein armer Edermann, mit der Liebe ist es für mich vorbei!" — Auch sonst manches Interessante besprochen. . . . Abends Shakespeare's Sommernachtstraum mit der von L. Tieck erfundenen Scenerie. Erschrecklich schlecht gegeben, aber welche Fülle der Poesie, welche Herrlichkeit. Maltiz sieht die tiefsten Tiefen der Tiefe darin: besonders tief scheint ihm, daß das Mysterium des Lebens darin besteht, daß der Mensch ein Esel ist.

Es ist interessant die verschiedenen Altersschichten der hiesigen Gesellschaft zu beobachten. Frau von Schwendler stammt aus der Zeit Friedrichs des Großen: Klarheit, Freisinnigkeit, ein Liberalismus der alle Standesvorurtheile von sich weist, sind denn auch die Grundzüge ihres Wesens. Frau von Stein gehört der Zeit der Romantik und Schlegel'schen Bildung an und hat in Beziehung auf Religion bei Weitem nicht den hellen, unbefangenen Blick. Bei der jüngeren Generation bemerkt man gar nichts, als Leere und Zerfahrenheit.

22. Febr. Abends bei der Erbgroßherzogin. Der Erbgroßherzog ist in Eisenach; am Theetisch außer der Erbgroßherzogin, Cavalier und Dame (Zedlitz und Frl. Könneritz) — nur drei geladene Personen: Frau von Stein — General Staff*) und ich. — Die hohe Dame aber dennoch wie immer in einer mirobolanten Toilette: decolletée, kurze Aermel u. s. w. Die Conversation beginnt vom Theater und endet mit der Kirche. — Die hohe Dame schwärmt für Rußland; „die Geistlichen gelehrt und milde — das Volk fromm und moralisch — darum patriarchalische Ergebenheit und bequemes Glück überall — ganz ideale Zustände!"

25. Febr. 1852. Liszts Zank mit Henriette Sontag geht fort. Sie hatte versprochen in Weimar ein Conzert zu geben zum Besten der Goethe-Stiftung en herbe — da erscheint in der musikalischen Leipziger Zeitung — ohne Zweifel durch Liszt veranlaßt — ein sehr beißender Artikel gegen sie; nun nimmt Henriette Sontag ihr Wort zurück. Die alte Großherzogin schreibt von Neuem — da schickt ihr Graf Rossi das Blatt mit dem Artikel und meint, darnach könne Henriette Sontag unmöglich wieder nach Weimar kommen.

26. Febr. Diner bei Caroline Wittgenstein, Marschal da. Der Artikel gegen die Sontag, von dem Marschal sagt, daß er ganz abscheulich sei, ist von dem jungen Hans von Bülow. Liszt und Caroline finden ihn vortrefflich und triumphiren. — Besprechen die „Ritter vom Geist": darauf fanatische Lobrede auf die Jesuiten, die wahren Freunde der Menschheit, die wahren Förderer des Fortschritts. Caroline Wittgenstein vertheidigt mit großem Eifer den Satz, daß Frauen eigentlich nie actrices, ja nicht einmal auteurs sein dürften! Jede

---

*) General von Staff war eine nicht unbedeutende Persönlichkeit, die ein wechselvolles Leben hinter sich hatte. Bis 1811 in weimarschen Diensten, trat er 1813 in die russisch-deutsche Legion, bei welcher er schließlich Generalstabs-Offizier war. 1815 war er Hauptmann im preußischen 31. Inf.-Regt. 1821 war er dem als Commissar bei der österreichischen Armee commandirten General v. Natzmer zugetheilt, dann längere Zeit Generalstabs-Offizier und ging als solcher 1829 in besonderer Mission in das Hauptquartier des General Diebitsch während des türkischen Feldzuges. 1846 nahm er als Generallieutenant seinen Abschied, um die Verwaltung seiner Güter zu übernehmen. Mehrfach auch litterarisch thätig, schrieb er z. B. 1821 den „Befreiungskrieg der Katalonier".

solche position exceptionnelle verletze die pudeur, die allein den Werth der Frauen bestimme. Pudeur, — pudeur, position anormale, exceptionnelle, das kam immer wieder mit großem Nachdruck. Welch' eiserne Stirn! Sie sind wüthend auf Schöll, weil in dem Festprolog zum 16., dem Geburtstage der Großherzogin, die Muse der Tonkunst nicht über die tragische Muse gestellt war.

Abends bei Frau von Plötz, sie klagt, wie Liszt unwürdig gegen Henriette Sontag maschinirt hat; er ließ das Orchester falsch accompagniren, plötzlich Tempo ändern u. f. w., um die Sängerin zu verwirren! —

Niederlassung in Schlesien 1852.

Trotz der Güte, welche ihm von den Weimarer Fürsten bewiesen wurde und die ihm das Verbleiben in deren Umgebung nahe gelegt hatte, sah Bernhardi, wie erwähnt, die Unthunlichkeit einer Niederlassung in Thüringen deutlich ab: in der Landeshauptstadt zu bleiben ließ seinen Neigungen zuwider, zu einem Gutslauf in der Umgegend von Weimar reichten seine Mittel nicht aus. Da Frau von Bernhardi (die inzwischen Mutter eines dritten Kindes, einer Tochter geworden war) nach beschleunigter Uebersiedelung auf's Land verlangte, trat er Anfang April eine Reise nach Schlesien an, wo ihm ein in der Nähe der Stadt Hirschberg belegenes Landgut Kunnersdorf zum Kaufe angeboten worden war. „Zwischen Slaven eingeklemmt und nicht im Herzen Deutschlands zu leben" erschien an und für sich wenig anziehend, die örtlichen Verhältnisse aber machten einen günstigen Eindruck und die in Betracht kommenden Personen der Nachbarschaft zeigten sich entgegenkommend, insbesondere der General von Scheliha, Bruder des verstorbenen Besitzers von Kunnersdorf. Hirschberg, Warmbrunn und Umgegend wurden eingehend studirt, Beziehungen zu den Honoratioren der Stadt und den präsumtiven Nachbarn angeknüpft und die bestehenden Zustände auch nach der politischen Seite geprüft.

Kreisgerichtsrath Vietsch aufgesucht, finde ihn artig und wohlwollend. Er theilt Vieles über gesellschaftliche Verhältnisse, Klima u. f. w. mit. Auch über Politik. Als Beamter spricht er sich vor-

sichtig aus, hält mit seiner Mißachtung der gegenwärtigen Regierung
aber nicht zurück — dafür erwartet er von dem Prinzen von Preußen
jedenfalls Consequenz. Er ist kein großer Bewunderer der
parlamentarischen Regierung, „aber wenn man eine so verständige
und gemäßigte Opposition, wie die in den jetzigen Kammern als
äußerste Linke verschreit und Jeden verketzert, der sich eine irgend selbständige Meinung erlaubt und nicht unbedingt mit der jetzigen Regierung stimmt, — das ist zu arg." Auch damit unzufrieden, daß
man 1850 nicht Krieg anfing. — Dann zu General von Schelißa,
der das Leben so reizend wie möglich schildert: bei dem Gymnasium
ein Prof. Schubarth, Verfasser eines Commentars zu Goethe's Faust,
Major von Flotow*), berühmter Lichenolog u. s. w..... Spaziergang
zur Gnadenkirche, einer der sechs Gnadenkirchen, die auf Karls XII.
Verwendung den Protestanten Schlesiens für ihr eignes Geld zu
bauen erlaubt wurde, nachdem sie hundert Jahre lang gar keine gehabt hatten. Da haben die damals reichen Hirschberger eine großartige Anlage gemacht, stattliche reichverzierte Kirche, schöner Kirchhof
(ist mir bestimmt auf diesem Kirchhof zu ruhen?) und ein gar stattliches Gymnasium. Den Leuten, die das Vermögen hatten und das
Bedürfniß empfanden, solche Anlagen zu machen, versagte Oesterreich
unter der Jesuiten Leitung Kirche und Schule! Kein Wunder, daß

---

*) Zu Julius von Flotow trat Bernhardi sehr bald in ein herzliches und
freundschaftliches Verhältniß. 1788 geboren und im Cadetten-Corps erzogen, machte
er die Feldzüge 1806 und 1807 im Dragoner-Regiment v. Katte mit — trat nach
dem Tilsiter Frieden freiwillig aus dem Dienst — 1812 aber kehrte er in sein
altes Regiment zurück und wurde bei Großgörschen schwer verwundet. Im Herbst
1814 wiederhergestellt, stand er mit seinem Regiment in Frankreich, 1815 als
Führer der Ersatzschwadron in Schlesien, 1817 und 18 wieder in St. Mihiel. Er
diente dann noch activ bis 1824 und nahm 1832 definitiv seinen Abschied Schon
während seiner Dienstzeit hatte er sich in der Neumark, Frankreich und Schlesien
eifrig mit lichenologischen Studien befaßt und war mit den bedeutendsten Forschern
auf diesem Gebiet in Verbindung getreten Nunmehr widmete er sich ganz diesem
Zweige der Wissenschaft und erlangte in derselben, mit allen Welttheilen und allen
bedeutenden Männern seines Faches in Verbindung stehend, eine weitreichende Berühmtheit, da er in mancher Hinsicht bahnbrechend und bereichernd in seiner Wissenschaft wirkte. Seit 1826 lebte er in Hirschberg und war eine in der ganzen Gegend
im besten Sinn populäre Persönlichkeit. Ein Mann von seltener Reinheit des
Charakters, fest und treu — ein wahrer Edelmann.

es Schlesien verlor. . . . . Vor der Abreise Bekanntschaft
mit Justizrath Robe, dem Rechtsanwalte, Kammermitgliede und Oppo-
sitionsmanne — sehr gescheidt, von sehr gemäßigten Ansichten. Ich
sondire wegen des Prinzen von Preußen. Was ihm die Sympathieen
der Bevölkerung zugewandt hat, ist die Ueberzeugung, daß er 1850
den Krieg wirklich geführt hätte. Consequenz, die man jetzt schmerzlich
vermißt, sei jedenfalls von dem Prinzen zu erwarten: der Prinz glaubt
aber die äußere Stellung Preußens erhöhen zu können, ohne die
inneren Zustände weiter zu entwickeln. Volle Uebereinstimmung
unserer Ansichten; wir sind beide überzeugt, daß Preußen um jeden
Preis und auf jede Gefahr den Krieg beginnen mußte: selbst ein un-
glücklicher Krieg war unzweifelhaft der Anfang der wahren Größe
Preußens; selbst einem neuen 1806 folgte gewiß ein 1813.

Ueber den Anlauf Kunnersdorfs schlüssig geworden, reiste Bernhardi
nach Weimar zurück um die Sache vor allendlichem Abschluß nochmals
mit seiner Frau zu bereden. Seinen Weg nahm er über Dresden, das
er seit vielen Jahren nicht mehr gesehen hatte und das ihm einen nieder-
drückenden Eindruck machte:

Kein Denkmal nationaler Erinnerung, keines freien menschlichen Strebens — keines, das einem idealen Bedürfniß der Menschheit entgegen käme! Nichts als Denkmale des Kammerherren- und
Pagenthums, Denkmale einer glänzenden Hofhaltung, der das Land
hingeopfert, man kann sagen geschlachtet wurde! — August der Starke
und Graf Brühl, das sind die großen Namen Dresdens; Gräfin
Königsmark, Cosel, italienische Oper, Masleraden, Illuminationen,
Carrousels — Castraten, uneheliche Kinder, das sind die geschichtlichen
Erinnerungen, welche die unnützen, geschmacklosen Prachtbauten, die
katholische Kirche, den Zwinger, das japanische Palais u. s. w. um-
schweben. — Und nun vollends ist die ganze Kammerherren- und
Pagen-Herrlichkeit dem Verfall anheimgefallen! — Der katholische
Gottesdienst ist recht augenscheinlich darauf eingerichtet den Hof durch
Musik und Schaugepräge zu unterhalten — selbst die Gemälde-Galerie
ist nur da als Flitterstaat, der zu einer glänzenden Hofhaltung nun
einmal gehört. Ich will hinein: sie wird erst am 1. Mai geöffnet,
und zwar nur gegen 2 Thlr. Eintrittsgeld! — Von einem Studium

dieser Kunstschätze kann also höchstens für Millionairs die Rede sein! — Wie wenige Menschen haben einen Blick für das eigentliche Wesen und den Ernst der Dinge! —

Was über den öffentlichen Geist in Sachsen verlautet, klingt wenig erbaulich. In Dresden hängt so ziemlich Alles, was nicht Demokrat ist, Kammerherren, Beamte, Hoflieferanten u. s. w., mit leidenschaftlicher Zuneigung an der Dynastie. In diesen Kreisen herrscht ein ganz abenteuerlicher Preußenhaß; was man Preußen alles nachsagt, was man Preußen alles Schändliches zutraut, das übersteigt — wie man mir sagt — alle Begriffe; natürlich ist man für Oesterreich. — Im Lande dagegen ist man vielfach preußisch gesinnt; nur hin und wieder versprechen sich Fabrikanten im Vogtland Reichthum von einem Anschluß an Oesterreich. In Leipzig endlich spricht die ganze überwiegende Mehrzahl sich unverhohlen in preußischem Sinne aus. In Weimar erzählte die Gräfin Beust mir schon früher, daß der Preußenhaß in den Schulen sehr sorgfältig genährt und gepflegt, ja förmlich als Wissenschaft gelehrt wird. Von einem Verwandten, der in Dresden im Cadettenhause ist, weiß sie, daß alle Stylübungen in der Schule diese Tendenz haben.

Drei Wochen später war die Familie Bernhardi bereits auf der Reise in die neue Heimath, zu welcher man den Weg über Halle und Berlin nahm.

An der table d'hôte in Halle betrachtete man den Zollverein als bereits gesprengt und berechnete man den ungeheuren Verlust, den das arme Sachsen dadurch erleiden wird. Ein Gast sagte: „Beust ist nicht der Mann danach zu fragen" und Alle schwiegen überzeugt. Leipzig könne in Folge einer Sprengung des Zollvereins zu einem Dorf herabsinken und Halle verspricht sich dann die Messe.

In Berlin galt der erste Besuch auch dieses Mal dem alten Oheim Tieck, den der Neffe körperlich und geistig gegen das Vorjahr gesunken fand. Gespräche, zunächst Politica:

Die romantisch-geschichtliche Partei, Radowitz cum suis beseitigt, — die ganz orthodoxe Partei regiert unbedingt. Ton bei Hofe und in der Partei sei, die Verwaltung Steins durchaus revolutionär

und verwerflich zu nennen, — das Ideal der Partei seien die Zustände des 17. Jahrhunderts.

Dann ist von Jacob Grimm die Rede.

Für Jacob Grimms Thun und Wirken fehlt meinem Oheim
der Sinn; er lehnt das Gespräch mit der Aeußerung ab, daß diese
Art Gelehrsamkeit, diese Pedanterie, dies wichtig nehmen von Kleinigkeiten ihm immer etwas Fremdes gewesen sei . . . . Berlin hat er
immer verabscheut. Der Rationalismus und Hochmuth waren ihm
in seiner Jugend zuwider — nun wieder der Pietismus: in seiner
Weise romantisch hat Berlin eben nie werden wollen. — Er sagt,
daß Goethe den Frankfurter Dialekt nie los geworden sei und vom
Theater nichts verstand. —

1. Mai. Abermaliger Besuch bei Tieck, dem ich Julia's Bemerkungen zu den Grimm'schen Märchen und Sagen vorlese. Sie machen
einen unerwarteten Eindruck auf ihn. Sie imponiren ihm gar sehr:
er gesteht aber zugleich, daß ihm diese Betrachtungsweise, welche die
geschichtliche Bedeutung der Dinge auffaßt, und zu konstatiren strebt,
welches Volksdaseins Ausdruck sie sind, nicht allein neu, sondern
vollkommen fremd ist. — Er meint, es fruchte gar nichts die
Dinge nach ihrer Bedeutung zu befragen; man könne sie doch nicht
ergründen, er führt die Odyssee an (in der er den Gesang des Demo-
dokos, wie in der Ilias die Scene auf dem Ida, vorzugsweise für
uralt hält!!). — Da sei Kalypso — dies wunderbare Dasein am
Ende der Welt, das doch als bekannt vorausgesetzt werde — diese
Verbindung mit einem Sterblichen und doch Zusammenhang mit
der Götterwelt —: wer könne das erklären! — Man müsse daher,
weil die Erklärung unmöglich sei, bei der Erscheinung selbst stehen
bleiben. Es ist Poesie an sich, auf die Erscheinung selbst, auf
das Gefallen oder Mißfallen daran, komme es an. So
könne er auch gar nicht zugeben, daß es eine Poesie verschiedener
Perioden, als Ausdruck verschiedener Zeiten und ihres Geistes gebe;
Poesie ist Poesie an sich, und immer dieselbe; es gebe gar keine
alte und neue Poesie, sondern nur gute und schlechte. — So
könnte man die Odyssee, wenn sie etwa jetzt entdeckt würde, gewiß ohne
Zweifel für ein Werk der Gegenwart ausgeben! „In dieser Art

von Mysticismus, in diesem Halbdunkel, habe ich mein
Heil gesucht von jeher!" Es zeigt sich mir in diesem merkwürdigen Gespräch die Nichtigkeit des Treibens der Romantiker in
ihrer ganzen Blöße und wesenlosen Hohlheit. Die Poesie wird als das
Höchste der Menschheit hingestellt, ist aber doch im Grunde nach dieser
Ansicht nichts weiter als ein Spielzeug für müßiges Volk. Spielen,
tändeln, träumen, Licht und Klarheit vermeiden, wäre der eigentliche
Gehalt des Lebens! — Etwas lenkt Ludwig Tieck wieder ein, er meint,
jene andere, ihm gegenüberstehende Ansicht, das sei Forschung, Wissenschaft, er achte und ehre sie sehr — aber sie sei ihm fremd. — Doch
ist diese angebliche Achtung nur eine Abfindung mit der Sache; seine
eigentliche Gesinnung spricht sich gleich darauf in der Bemerkung
aus: „An dem Streben sich von der Bedeutung der Dinge
Rechenschaft zu geben, ist Goethe zu Grunde gegangen!"
als ob der je zu Grunde gegangen wäre. — Der hätte fortfahren
sollen, wie in der Jugend naiv — (heißt in diesem Zusammenhang:
spielend, träumend, ohne Absicht und Anstrengungen sich gehen
lassend) — zu dichten, dann wäre etwas Großes aus ihm
geworden. Als ob Goethe je spielend und ohne Ernst gedichtet hätte
— als ob ein Mensch, der wirklich lebt, immer auf einem und demselben
Punkt bleiben könnte! — Ludwig Tieck vergleicht die Odyssee mit den
Nibelungen; der Tod der Freier sei das Größte, was jemals gedichtet
worden, — nur der Tod der Nibelungen sei damit vergleichbar.

6. Mai. Zu Ludwig Tieck, en trois; Julia befragt ihn viel
über Novalis. Er sagt unter Anderem, der und Schleiermacher paßten
nicht recht zusammen. Denn Schleiermacher klebte etwas von der
Aufklärung jener Zeit an, Novalis war „ein christliches gläubiges Gemüth". — Dann spricht er mit großer Bewunderung von Euripides,
den er unter den griechischen Tragikern am höchsten stellt, weil er —
gemäß seiner Theorie von Poesie an sich, die immer dieselbe ist, und einer
Zeit so gut wie einer anderen angehören kann — in ihm einen Fortschritt zur Shakespearischen Form wahrzunehmen glaubt!!! — Neigung
den Chor abzuschaffen — Humor, Ironie, Neigung komische Scenen
einzuflechten. Erwähnt Schillers „wahnsinnige" Ansicht, daß die
Shakespearischen Schauspiele einen Chor haben müßten — da ist weit

mehr als der Chor: dieser Humor — diese Ironie — dies Verweisen auf die Wirklichkeit —: alles das! Von Goethe und Schiller spricht er nicht leicht anders als tadelnd. — Vor 1848 hatte er mit dem König verabredet im Thiergarten ein Theater zu bauen, ganz so wie Shakespeare's Globus-Theater war. Der König war ganz für die Idee eingenommen, soweit er sie verstand und folgen konnte.

In politischer Hinsicht waren die während dieses dritten Berliner Aufenthalts gewonnenen Eindrücke die denkbar ungünstigsten:

. . . . . Von allen Seiten wird mir die Zunahme des russischen Einflusses bestätigt. Während es Unsinnige giebt, die sich nicht scheuen dem Schöpfer unseres Landwehrsystems Boyen die Absicht unterzulegen, mit dieser Institution „den preußischen Staat dem Untergange entgegenzuführen und Deutschland an seine Stelle zu setzen", hält man namentlich in der Garde Rußland für den besten, den natürlichen Verbündeten Preußens. Dieser Geist wird vom Hof aus genährt und ebenso durch die älteren Offiziere, die unter dem vorigen Könige emporgekommen sind. In der Garde geht diese Gesinnung durch, aber nicht so in der Armee. Die Armee sei nicht eigentlich reaktionär gesinnt, — sie habe nur die wilden Uebergriffe der Demokraten von 1848 vor Augen und diese seien ihr natürlich ein Gräuel. So rächen sich die Frevel, die 1848 gegen die Armee verübt worden sind. — In den Hofkreisen nennt man den jüngst verstorbenen Fürsten Schwarzenberg bereits den Retter des preußischen Staats . . . . . .

. . . . . . Die Prinzessin von Preußen ist hier, reist aber nicht dem russischen Kaiser entgegen und bleibt wie es heißt die Zeit über in Berlin ohne nach Potsdam zu gehen.

8. Mai. Abreise, Fahrt zum schlesischen Bahnhof. Wir müssen eine Stunde lang warten, weil der König und die Kaiserin mit einem Extrazuge erwartet werden, der statt um 6 um 7 Uhr eintrifft. Alle Bahnhöfe mit Kränzen, russischen und preußischen Farben geschmückt. An „jubelnder" Menge fehlt es natürlich auch nicht.

In Hirschberg eingetroffen mußte die Familie Bernhardi zunächst eine provisorische Wohnung nehmen, um die Neueinrichtung des Kunnersdorfer Hauses abzuwarten, das erst am 8. Juni bezogen werden konnte.

Auf Bernhardi lastete zu dieser Zeit die Empfindung auf des „Stromes
tiefstem Grunde" angelangt und für den Rest des Lebens isolirt, den
Schauplätzen der großen geschichtlichen Ereignisse völlig entrückt zu sein,
— mit bleierner Schwere. Von den Dingen, die den Inhalt seiner mora=
lischen Existenz gebildet, auf welche alle seine Studien und Arbeiten ge=
richtet gewesen, glaubte er für immer geschieden und in die Schranken
eines eng abgegrenzten Daseins gebannt zu sein, das ihn und die Seinigen
zunächst fremd und ungewohnt ansah. Jüngere Elemente fehlten fast voll=
ständig. „Die jungen Männer, die mit der Zeit leben, sind da wo das
Leben wogt" — die älteren Nachbarn beschränkten sich auf ihre nächsten
Interessen. Günstigsten Falls waren Bernhardi und seine Familie auf den
Verkehr mit einer kleinen Anzahl gleichgesinnter Personen angewiesen,
die außerhalb der geschichtlichen Bewegung standen und ihre geistige Nah=
rung aus der Kunde bezogen, die gelegentlich in die einsame Landschaft
am Fuße des Riesengebirges drang. Und wie niederdrückend und ent=
muthigend klang diese Kunde, — wie vollständig stimmte sie zu der tiefen
Depression, die sich seit dem Jahre 1850 über den gesammten preußischen
Staat gebreitet hatte und nirgend frisches hoffnungsfrohes Leben auf=
kommen ließ. Im Innern landräthliche Willkür, Gesinnungsriecherei,
pietistisch=heuchlerisches Wesen, krampfhaftes Anklammern an überlebte
ständische Formen, — dem Auslande gegenüber Würdelosigkeit und freiwillige
Abhängigkeit von fremden Launen und Einfällen. Mit allem Uebrigen
glaubte man sicherer rechnen zu können, als mit der eignen Thatkraft und
Entschlußfähigkeit, denn daß diese an der leitenden Stelle fehle, wußte und
empfand Jedermann. Galt der Triumphzug, den der Kaiser Nikolaus
damals durch Teutschland hielt, doch manchem sonst patriotisch gesinnten
Manne als Vorläufer einer Erneuerung der deutschen Stellung Preußens.

1. Juni. „Haben Sie wohl bemerkt", fragte mich der General
von Scheliha, „wie herzlich der Kaiser von Rußland unsere Armee an
das frühere gute Einvernehmen erinnert hat?" Dem Manne der
alten Schule ist das viel werth, „denn" — fügt er hinzu — „diese
Reise wird auch in Beziehung auf Oesterreich nicht ohne gute Früchte
bleiben und dieses Oesterreich bedeuten, daß es mit Preußen Hand
in Hand gehen muß!"

Nach Tisch in Warmbrunn Zeitungen gelesen. Die Schmach
ist ärger wie zur Rheinbundszeit, damals wurde man geknebelt, aber
man hatte doch gekämpft und war besiegt, — man gehorchte einer

tragischen Nothwendigkeit. Jetzt kriechen die Fürsten freiwillig vor dem Kaiser Nikolaus, um unter seinem Schutz ihre Völker knechten zu können. Damals war man auch geknechtet, aber durch Napoleon, der doch ein anderer Mann war als der Kaiser Nikolaus .... Diesen Mann und seine „Großartigkeit" aber hört man allenthalben preisen und wenn er einen Kreuzzug gegen Frankreich unternehmen wollte, um die legitime Erbärmlichkeit in der Person Heinrichs V. auf den Thron zu setzen, so müßte Preußen mitgehen und mit bluten.

Vormittags hatte ich in der Zeitung gelesen, daß die Jesuiten-Patres, allen Behörden auf's Wärmste empfohlen, in Danzig erschienen sind. — Kaiser Nikolaus macht in Berlin den Lieutenants auf eine wenig würdige Weise den Hof, während die Demokraten so thöricht gewesen sind, die Armee auf das schnödeste zu behandeln und zu beleidigen. Das Alles bildet ein schöne Aussicht für die Zukunft.

— — —

Kriegsgeschichtliche Studien.

Die lautlose Stille, in welcher der folgende Sommer verging, wurde zu Arbeiten der verschiedensten Art benutzt, — zumeist zum Abschluß des (bereits in Weimar begonnenen) ersten Bandes der „Denkwürdigkeiten aus dem Leben des Generals der Infanterie Grafen Toll", sodann zu eingehender Beschäftigung mit neuerer Kriegsgeschichte, d. h. mit dem Studium der Feldzüge von 1840—50.

Ich beginne mit einem „Magharenspiegel" von einem Magharen. Gar kein übles Buch, sehr charakteristisch tritt die österreichische Bildung des Verfassers hervor. Die Art von Methodik namentlich, die man auf österreichischen Lehranstalten gewinnt, kenne ich von dem Verkehr mit meinen österreichischen Freunden in Mailand. — Sie ist in ächt jesuitischer Weise darauf angelegt zu einem gewissen wesenlosen Schematismus zu führen; die Gedanken mit einem gewissen Anschein von Ordnung, Folgerichtigkeit und ganz besonders Klarheit durch anscheinend erschöpfende Kategorien zu führen, aber nie und nirgend in die Tiefe gerathen zu lassen. Das ganze Streben geht unverkennbar dahin, jede geistige Thätigkeit zu einer bloß mechanischen zu machen.

Willisen, Feldzug in Italien 1848.   Ein wunderliches Buch; die Ausgeburt einer ebenso großen wie naiven Eitelkeit.   Mit welcher Zuversicht verweist der beschränkte Mann auf seine „Theorie" als auf ein Receptbuch!   Es scheint, er erwartet das Buch mit formeller Autorität in jeden Kriegsrath eingeführt zu sehen wie das decretum Gratiani in den geistlichen Gerichten! — Der Feldzug an sich ist freilich einer der lehrreichsten.   Nach Willisens Meinung besteht Radetzky's Verdienst in diesem Feldzuge darin, daß er beinahe so gehandelt hat, wie Willisen gehandelt haben würde.   Für die Wissenschaft sei es aber im Grunde besser, meint Willisen, daß nicht er selbst sondern ein Anderer so gehandelt habe.   Das sagt er unmittelbar nachdem er sich in Posen blamirt hatte, kurze Zeit bevor er sich in Schleswig noch ärger blamirte! — In der immer wiederholten Redensart, daß in diesem Feldzug die „Theorie" des großen Krieges eine glänzende Bestätigung erhalten habe, wird angedeutet, daß Radetzky seine Feldherren-Weisheit aus Willisens Werk geschöpft, und absichtlich der dort entwickelten Theorie gemäß gehandelt habe —: denn sonst müßten die wahren Grundsätze der Kriegskunst sich in ganz gleicher Weise in jedem Feldzuge positiv oder negativ erwiesen finden. —

Ueber den Feldzug 1848 selbst hat sich mein Urtheil, wie ich es mir gleich während der Begebenheit gebildet, im Wesentlichen nicht geändert. — In der Verwendung der Truppen in der Schlacht bei Custozza, österreichischer Seits, zeigt sich eine gewisse Aengstlichkeit, die schwer zu erklären ist — wenn man nicht sagen will: Der Druck der allgemeinen politischen Lage Oesterreichs: das Bewußtsein, daß an der Erhaltung des Heeres die Erhaltung des Staates hing, sprechen sich darin aus.   Das Reserve-Corps konnte ganz gut bei Custozza und Somma-Campagna verwendet werden, und dann wurde ein vollständiger Sieg erfochten; man kam in die Ebene bis Villafranca. — Wie die Sachen standen mußte die Aufgabe für den 26. sein, den Sieg über den Haupttheil des sardinischen Heeres, den man nun gewiß noch auf dem linken Mincio-Ufer wußte, zu einem vollständigen zu machen — denn daß der unvollständige Sieg, ohne Trophäen und ohne Gefangene, genügen würde um das piemontesische Heer ganz aus den Fugen zu bringen: das lag doch ganz außer aller Berechnung. — Mit dem Uebergang über den Mincio hatte es Zeit! — Mir scheint, das 1. sowohl als das 2. Corps und die Reserve mußten am 26. so früh als möglich die Richtung auf Goito bekommen, der Uebergang bei Valeggio mußte natürlich festgehalten werden. — Das Benehmen der Piemontesen, dem gar kein folgerichtiges Denken zu Grunde liegt, übersteigt alle Begriffe, und verdient keine Kritik. —

B. v. F. Die polnische Insurrection im Jahre 1848. — Wie hat sich Willisen von den Polen betrügen lassen! Man hat von solcher Beschränktheit kaum einen Begriff! — Es ist hier sogar mehr als bloße Dummheit. Wir lernen einen beschränkten, kaum halb wachen Träumer kennen, der in einer abenteuerlichen, abstracten Welt lebt — von der wirklichen Welt und wirklichen Menschen gar keinen Begriff hat — und in wunderbarer Eitelkeit befangen, sich für sehend, die anderen, die vernünftigen Leute für blind hält! — Und dieser Unselige muß Heerführer der unglücklichen Holsteiner werden! — Dazu ist der Verfasser dieser Schrift Polenfreund und Apologet Willisens (der jetzt wohl keinen Apologeten mehr hat). Es kommt ihm eigentlich nur darauf an nachzuweisen, daß die Polen in ein paar Gefechten Sieger geblieben sind; was er von dem militärischen Theil erzählt ist sehr ungenügend. Doch sieht man, daß auch dieser kleine Feldzug von preußischer Seite eine planlose Rauferei war, leider! — Gott bewahre, daß es einem ordentlichen Feind gegenüber so ergehe. — Nur Wedel scheint gewußt zu haben was er eigentlich wollte. —

In Blesons Zeitschrift für Kunst des Krieges gelesen. — Die Operationen der österreichischen und russischen Heere gegen Ungarn 1848 und 49 zu Ende gelesen. Eine ganz gute Uebersicht. Es ist hier wie in Italien: das taktische Interesse ist gering: nur die Schlachten von Kapolna und Hegyes scheinen interessant —: die strategischen Combinationen dagegen sind von höchstem Interesse. Freilich liegt in dieser Beziehung die Ueberlegenheit ganz auf Seite der Ungarn. Die Rolle der österreichischen Armee ist nicht die glänzendste. Wie lächerlich von einer Schlacht bei Ezöreg und bei

Temeswar zu sprechen! — sollen diese etwa die wirklichen Niederlagen
bei Isja Szeg und Hegyes aufwiegen? — Ganz kläglich sind die
Operationen des Feldmarschalls Paskewitsch. Die sind gar kein
Gegenstand mehr für die Kritik.

Willisens Salbadereien über die Befestigung von Paris zu
Ende gelesen. Man begreift kaum wie ein Mensch bei solchem Mangel
an gesundem Urtheil überhaupt dazu kommt ein Buch zu schreiben.
Er träumt immer von Kriegen, die nicht mehr Bedeutung
hätten als eine Schachpartie, als ob es dergleichen je
geben könnte, und ein solcher Krieg scheint ihm der nor-
male zu sein, mit dem die Wissenschaft sich allein beschäftigen sollte.

Ausflug nach Franken, Weimar und Berlin.

Ende August unternahm Bernhardi eine Reise nach Franken, wohin
sein Freund General von Staff, Besitzer des bei Kitzingen belegenen
Gutes Tückelhausen ihn geladen hatte. Der Weg wurde über Dresden
genommen, das auch dieses Mal zu charakteristischen Tagebuch-Notizen
Veranlassung gab:

Kunstausstellung auf der Brühl'schen Terrasse. Arbeiten der
Schüler der Dresdner Akademie. Merkwürdig ist der Geist, der hier
gehegt und gepflegt wird: „Sächsische Husaren im (NB. siegreichen)
Kampf mit preußischer Infanterie" — das sind Lieblingsgegenstände.
— Der Preußenhaß in beständiger Zunahme. Man scheint überzeugt,
daß Preußen in der Zollvereinsfrage nachgeben wird und nachgeben
muß, denn Sachsen ist durch Oesterreichs Freundschaft jedenfalls ge-
borgen „und Preußen ist ruinirt, wenn Sachsen sich von
ihm lossagt". —

Andern Morgens um sechs Uhr weiter bei etwas trübem Wetter
und gelegentlichem kleinem Regen. Freue mich der schönen Gegenden
bis Plauen, der mächtigen Viaducte. Von hier über die Wasserscheide
zwischen Elster und Saale, theils gleichgültige, theils sogar etwas öde

Gegenden. — Hof liegt ganz hübsch an der Saale, im breiten Wiesenthal mit niedrigen Thalrändern. Von hier geht der sächsische Bahnzug zurück, ein baierischer weiter, man muß ohne thatsächlichen, im Wesen der Ortsverhältnisse begründeten Grund, Wagen wechseln und eine Stunde verweilen. Es wird nämlich dafür gesorgt, mit Absicht, daß irgend ein Gedanke an eine Einheit Deutschlands gar nicht aufkommen kann; man soll merken, daß man die Grenzen eines großen selbständigen Reichs betritt. Alle Einrichtungen sind muthwillig anders; die Wagen von anderer Construktion; anders angestrichen als in Sachsen; die Beamten und Bahnwärter nicht blos in andere Farben gekleidet, sondern auch nach anderem Zuschnitt (die Bahnwärter haben eine Art von Kindertracht, kurze feuerrothe Jäckchen), die Billette werden anders gehandhabt, in Beziehung auf das Gepäck gelten ganz andere Regeln u. s. w. Ich wollte mir schon Reuß-Greiz und Lobenstein u. s. w. loben, deren Schlagbäume schwarz-roth-gelb angestrichen sind, erfahre aber, daß sie diese als Hausfarben führen. — Die hügelichte Gegend hat einen eminent deutschen Charakter, sonst nichts bemerkenswerthes; das Fichtelgebirge weit nicht so großartig als das Riesengebirge. — Zum Main hinab die berühmte „schiefe Ebene" eine hübsche Waldschlucht hinunter. — Culmbach, die Plassenburg stattlich und malerisch darüber.

Ankunft in Bamberg (22. Aug.). Gestern war Bamberg todt, heute ist Kirchweih in Hallstadt und in der Stadt Prozession der heiligen Jungfrau und auf solche Veranlassung wird es hier lebendig. Baierisches Militär: 6tes Infanterie- und 6tes Chevauxlegers-Regiment. Sehr schöne Leute, aber schlechte Verwendung; die schönsten und größten Leute bei den chevaux legers. Das sind lauter Cürassier-Gestalten, die keineswegs zu den kleinen etwas schwächlichen Pferden passen. Die Pferde werden in einem thätigen Feldzuge schnell genug marode werden! — Die Infanterie dagegen weit unansehlicher an Leuten. Das Aeußere der Truppen etwas vernachlässigt; die Kleidung ist gut, aber geschmacklos, und besonders verstehen die Leute sich nicht zu kleiden; es sitzt ihnen Alles zum Erbarmen; auch ist die Kleidung nicht ganz sauber gehalten; und nun die Haltung der Leute! — Das Alles ist nicht unwesentlich;

ein nettes Aeußere ziemt dem Soldaten und gehört zur Sache. — Der baierische Soldat sieht plumper aus als der preußische. — Ein paar Stunden im Dom, das schönste von Rundbogenstyl, was sich denken läßt, besonders die westlichen neueren Thürme von unübertrefflicher Zierlichkeit. Meine Beobachtung, daß der Baustyl der gothischen Kirchen sich provinzenweise verschieden zeigt, und daß in jeder Provinz der ihr eigenthümliche Typus der gothischen Kirche schon im Rundbogenstyl vorgebildet ist, bestätigt sich von Neuem: 2 Chöre und 4 Thürme kommen in Thüringen und Franken vielfach vor. Michelsberg: die Veteranen von 1813 sind da heute im Hof und auf einem Theil der Terrasse zu einem Festmahl vereinigt. Ich begreife nicht weshalb und überhaupt — denn mit seinem Antheil an 1813 kann doch weiß Gott! Baiern nicht prahlen! — und etwas Deutsches ist da auch garnicht zu sehen, nur Bairisches! Fahnen, Zelt, Zeltstangen —: Alles weiß und blau! — diese Farben waren 1813 wahrlich nicht deutsch zu nennen! — ich begreife nicht, warum gerade heut Festtag ist! — Lange finde ich niemand, der mir das erklären kann. Der Wirth im deutschen Hause sagt mir am Ende: 1848 habe man die Phantasmagorie eingerichtet, das Veteranenfest, um ein Gegengewicht gegen die Demokratie zu haben, und gefeiert wird es am Ludwigstage respective am Sonntag, der dem Ludwigstage am nächsten fällt; jetzt, meint der Mann, der überhaupt mit großer Geringschätzung davon spricht, könnte man es wohl fallen lassen: also unter den Schutz der Erinnerungen an 1813, die ihrem Geiste nur allzufremd sind, mußte die bairische Regierung flüchten! — Vor einem Gasthofe finde ich ein Kommando Oesterreicher aufmarschirt, Regiment Benedek, ehemals Latour Nr. 28; es bekommt Quartierbillets. Kommt aus Rastatt, daß Gott erbarm! Das gehört doch auch zu den schmachvollsten Dingen, die in der preußischen Geschichte vorkommen, daß man aus dem ehrlich eroberten Rastatt heraus lief und die Oesterreicher hinein ließ.

Am Abend des 23. August Ankunft in Tückelhausen.

Tückelhausen ist ein Spiegelbild Deutschlands, es sind da geschichtlich sehr eigenthümliche verwickelte Verhältnisse entstanden. Es war ein Karthäuser-Kloster und wurde in der Montgelas'schen Aufklärungs-

periode 1803 säcularisirt und zerschlagen, d. h. der Grund und Boden
in kleinere Besitzungen vertheilt und an bäuerliche Besitzer verkauft.
Das Prioratsgebäude wurde Pfarrhaus, die Kirche Pfarrkirche, in den
Zellen der Mönche aber, die den eigentlichen Clausurhof umgaben,
wurden zwanzig Familien mit Landbesitz, Halb- und Viertelbauern
angesiedelt. Mein Freund General Staff hat die Güter dreier Besitzer
zusammengekauft und auf diese Weise die größte Besitzung zusammen-
gebracht, die es nächst Welzhausen in ganz Franken giebt, über 1000
bairische Tagwerk. Die Wohnungs- und Bauverhältnisse sind zu Folge
dieses geschichtlichen Prozesses so eigenthümlich verzwickt, daß Alles, was
in Staffs Stall geht, unter des Pfarrers Wohnung durchfahren
muß und daß der Pfarrer das Thor seines Hauses, in welchem Staff
drei Zimmer hat, nie verschließen darf. Außerdem gehören zu der
Gemeinde Tückelhausen noch vier große Bauernhöfe, ... die billig zu
haben sind, weil die Besitzer, die Bauern sich wegsehnen und in ein
Dorf ziehen wollen, wo sie das wahre Bauernleben führen können
und gesellschaftliche Geltung finden. Hier steht ihnen Herr von Staff
zu hoch und mit den sechsundzwanzig „kleinen Leuten", die im ehemaligen Kloster hausen, wollen sie nicht umgehen. Die sind nicht
ihres Gleichen. Die Bauernhöfe sind in Franken ansehnlich und
ohne Ausnahme untheilbare Bauernlehen, Majorat oder Minorat,
die Söhne, die nicht im Hof folgen, erhalten nur eine Abfindungs-
summe, die Bauern sind reich, stolz, aristokratisch und sehr konservativ
gesinnt, von Neuerungen wollen sie Nichts wissen. Die reichen Bauern
halten das Ganze zusammen, es giebt keine armen Leute — Tage-
löhner sind gar nicht zu haben, denn der Sohn des Bauern ist zu
stolz, um außer dem väterlichen Hof zu dienen . . . . . Staffs Knechte
sind meist aus Hessen. . . . . Wir sind hier im Herzen Deutschlands
in der eigentlichen Heimath der Reichsritter, in den Landen, die der
Oesterreicher mit ziemlich richtigem Takt „das Reich" nannte und
zu denen Brandenburg, Sachsen u. s. w. nicht gehörten. Hier hatte
der mittelalterliche Zustand seinen Höhepunkt erreicht und was das
für ein Zustand war, das geht schon daraus hervor, daß hier nicht
bloß jeder Rittersitz und jedes Städtchen mit Mauern und Thürmen
befestigt ist — auch von den Dörfern hatten sich viele mit Mauern

umgeben . . . . Anderswo, in Preußen ist wohl auch das „Junker-
thum" verhaßt — ein allgemeiner abstracter Begriff —, hier wo
alles Lehen und Fideicommissum ist, Bauernhöfe so gut wie Edelhöfe
in derselben Familie forterben, hat der Haß einen viel bestimmteren
persönlichen Charakter: es sind die einzelnen, namentlich genannten
Reichsritter-Familien, die, ohne in einen allgemeineren Begriff zu-
sammengefaßt zu werden, verhaßt sind: Vor Allem die Zobel von
Giebelstadt und die Schenken von Geyern. Diese Gegend ist der Schauplatz der Bauernkriege im 16. Jahrhundert. In der Natur der hiesigen
Verhältnisse liegt, daß die Tradition sich mehr als anderswo lebendig
erhält. Von dem Bauernkriege, namentlich von der Schlacht an der
Kauzer Mühle wissen die Bauern sehr umständlich zu berichten; besonders aber wissen sie sehr genau, was die siegenden Fürsten, Prä-
laten und Ritter nachher mit den besiegten Bauern gemacht haben
und davon erzählen sie noch jetzt mit zornfunkelnden Augen . . . .
Die neuen Jagdverhältnisse drohten Ausrottung des Wildes herbeizuführen. Herr von Staff hat es dahin gebracht, daß acht Dorf-
schaften ihre Jagd unter seiner Leitung gemeinsam verwalten; er schlug
vor auch die Zobel von Giebelstadt, deren Jagdgebiet in dem der
Verbündeten enclavirt ist, in den Verein mit aufzunehmen. Davon
wollten die Bauern Nichts wissen: Nein, die Zobel sein stolz, kein
Zobel geht mit ei'm Bauer auf die Jagd: da sein die Bauern auch
stolz und gehn mit lei'm Zobel auf die Jagd . . . Heute ist Bartholomäi,
der Tag des Heiligen der Pfarrkirche zu Acholzhausen. Der Pfarrer
giebt bei dieser Gelegenheit ein großes Festmahl, zu dem auch Staff
geladen ist. Er hätte sich gern los gemacht, aber der Pfarrer sagte,
er müsse kommen und erinnert daran, daß er für einige Aecker
sein „Grundholde" sei. Das Mahl hat 5 Stunden lang gedauert
und ist vortrefflich gewesen, erlesene Weine und Speisen, u. A. eine
Fischotter.

Die Mauern haben den hiesigen Städten im Jahre 1848 gute
Dienste geleistet; sie dienten den Orten dazu, die angeblich für
Schleswig-Holstein gebildeten, aus dem elendesten Lumpengesindel
bestehenden Freischaaren abzuhalten. Diese trieben sich überall im
Lande umher um überall gut verpflegt und mit Bier reichlich ver-

sorgt zu werden. Eine Schaar erschien vor Ochsenfurt, fand die
Thore geschlossen und der Bürgermeister fragte vom Thurm herunter,
was es gäbe. „Sie wünschten ein Frühstück", — dann sollten sie
ein Haus weiter gehen. Die Freischärler drohen; das Thor wird
geöffnet, die Bürger fallen mit Knütteln und Heugabeln bewaffnet
aus, — die Heldenschaar entflieht und ist seitdem spurlos aus der
Gegend verschwunden.

Ausflug nach Würzburg. Ich besuche die Residenz, eines der
vielen Schlösser Deutschlands, die nach dem Muster von Versailles
erbaut sind. Sogar ein Bischof mußte sein Versailles und seine
Montespan haben . . . Dem Schloß gegenüber liegt auf einer
Seite der Schloßgasse ein Garten, auf der andern ein Gasthof, der
wird jetzt verloost. Fränkische Reichsritter haben die meisten Loose
genommen und ausgemacht, wenn einer von ihnen es gewinnt, muß
das Haus geschleift werden. „Da im Schloß haben unsere Vor-
fahren gehaust, die Herzoge von Franken, da darf Niemand gegenüber wohnen," am wenigsten natürlich ein Plebejer.

Nach Tisch mache ich allein einen Spaziergang nach Giebelstadt. Es interessirt mich einen Reichsritter-Sitz zu sehen. Der
Weg führt auf der Wasserscheide dahin, zwischen den Quellen der
Gewässer, die Anfangs in flachen Mulden, weiter hinab in tief ein-
geschnittenen Schluchten, rechts nach dem Main, links nach der Tauber
hinabfließen. Die Dörfer liegen versteckt in den muldenförmigen
Thälern, nur die Kirchthurmspitzen ragen über die sanften Höhen-
züge empor. So wandert man wie in einer sehr wohl angebauten
Einöde mit Kirchthurmspitzen dahin — Bildstöcke am Wege — die
ungemein fruchtbare, röthliche fränkische Ackerkrume meist frisch
gestürzt. — Die Gegend ist holzarm — man brennt deshalb viel
Weinreben; — in einiger Entfernung von Giebelstadt gegen den
Main zu liegt aber doch ein Gehölz: Lustort für die ganze Umgegend:
„das Giebelstadter Loh". — Gegen das Ende des Ortes liegt
das alte Schloß, das einen viereckigen Hof umschließt — von einem
Graben umgeben, dessen Grund jetzt mit Kohl bepflanzt ist, und
über den jetzt anstatt der Zugbrücke eine steinerne führt. Halb noch
mittelalterlich festes Schloß — wie denn der berüchtigte runde Thurm

mit der Plattform noch steht — doch mehr wie ein Renaissance-
Schlößchen, wie St. Germain en Laye — über den Thüren Wappen-
schilde, Relief, in dem schönen heraldischen Styl des XVI. oder Anfang des XVII. Jahrhunderts. — Das Schloß muß wohl ehemals
etwas dominirend gelegen haben, jetzt ist der äußere Grabenrand höher
(durch Schutt, wohl in Folge von Verwüstungen u. s. w.) und es
liegt tief. — Wirthschaftshof an einer Seite jenseits des Grabens,
an den zwei anderen Seiten Straßen des Dorfes, nur an der vierten
ein kleiner, wüster freier Platz, aber auch bald durch den Fahrweg
und Häuser begrenzt. Da steht neben der Brücke eine alte Linde
eingezäunt, faisant sonction de parc. Man kömmt aber aus diesem
Schlößchen nirgend unmittelbar in's Grüne oder in's Freie. Neben
den Wirthschaftsgebäuden steht an der Heerstraße ein palastartiges,
mächtiges Brauhaus, von Sandsteinquadern erbaut — aber so bau-
fällig, daß die Landespolizei verboten hat es zu benutzen. — Die
Zobel von Giebelstadt sind nämlich sehr verarmt und stehen unter
Vormundschaft. — Die reichsritterlichen Vermögen sind fidei com-
missi, untheilbar und unveräußerlich (nur die Einkünfte können mit
Beschlag belegt werden, wie hier geschehen ist). — Da hat sich hier
im Lande die eigenthümliche Sitte gebildet, daß mehrere Linien einer
Familie auf einem Schloß beisammen hausen, und die Einkünfte
theilen. So leben die sämmtlichen Crailsheim, die es giebt, zusammen
auf dem alten Schloß Crailsheim, und hier in Giebelstadt beherbergt
das Schloß auch vier verschiedene Haushaltungen.

Die Reichsritter haben einen gewaltigen Dünkel; sie sind sämmtlich n o m i n a l e, durch Diplom, für Geld, zu Wien creirte Reichsfreiherren (ohne Reichsfreiheit versteht sich, und ohne Sitz und
Stimme unter den Freiherren auf dem Reichstag) — doch bilden sie
sich steif und fest ein, w i r k l i c h e Reichsfreiherren gewesen zu sein,
und wenigstens dem sogenannten mittleren, eigentlich dem hohen Adel
anzugehören. Die Zobel gaben gegen Staff zu verstehen: einem
König von Baiern könne ein Zobel doch nicht gut dienen; er stehe
ihm denn doch in der Geburt zu nahe. Nur dem alten Reichsober-
haupt, Oesterreich, dienen sie, wie etwa ein Prinz von Baiern auch.
Bei Alle dem rief mir Staff nach, wie ich nach Giebelstadt aufbrach:

„Nun gehen Sie nur zum 'Oberen Thomas', da werden Sie die ganzen Zobels beim Bier finden!" — In das Bierhaus zum Oberen Thomas ging ich denn auch, wurde in das Herrenstübchen gewiesen, da saßen am Tisch drei Männer und beim Fenster ein vierter, der sich bemüthig aus der Entfernung mit ihnen unterhielt. „Wer sind die Herren?" — Wirth: „Der am Ende ist der Baron; — der andre is a Viehhändler — und der dritte, das is a so a Partikulir von hier!" Ich setzte mich an den Tisch, verlangte Bier und Käse, nahm eine Zeitung. — Das Gespräch verstummte nach noch ein paar gewechselten Reden; der Baron stand auf, ergriff seinen Bierkrug und ging davon — bald ergriff auch der Partikulir den Bierkrug und zog hinterdrein — der Viehhändler zeigte am meisten Lebensart. Er zog zwar auch ab, mit dem Bierkrug in der Hand, aber er blieb doch noch etwas stehen mitten im Zimmer und hielt mir eine Art Abschiedsrede, die handelte von der Verpflichtung, die man habe, die letzten Tage der schönen Jahreszeit im Freien zu genießen. Ich erfahre dann aber von Frau von Beaulieu (Tochter des General von Staff), man habe sich in Baiern in dem Grade vor Horchern und Spionen in Acht zu nehmen, daß man jedem Unbekannten sorgfältig aus dem Wege geht.

29. August. Spaziergang nach Darstadt, dort haust die andere, die wohlhabende Linie der Zobels, wohlhabend durch die Heirath des gegenwärtigen Familienoberhauptes mit einer Engländerin. Darstadt liegt in einem muldenförmigen Thal, eng in einander gebaut, wie die thüringischen und überhaupt die mitteldeutschen Dörfer, aber nicht so hübsch und sauber wie die schlesischen. Die Höfe der Bauerngehöfte sind eben Düngerhöfe und ganz mit Mist angefüllt... Am Ende liegt das alte Schlößchen von einem Graben umgeben, zum Theil geschleift, so daß sich innerhalb des Grabens ein freier Platz gebildet hat. Der Graben und ein diesen umgebender Raum sind zu einem sogenannten Park eingerichtet, ein Graben, Springbrunnen, Schwäne, Schlingpflanzen um den Thurm, Einfluß englischen Geschmacks und englischen Geldes.

Nach Tisch Fahrt mit Staff und Frau von Beaulieu nach Giebelstadt, wohin Staff seine Tochter bringt, unvermerkt, zu einem Besuch bei den Zobels. — Die „Herrschaften" sind sämmtlich nach der Kautzenmühle gegangen, da fahren wir denn auch längs einem Fels hinab. — Da hält ein Singverein heute Versammlung — und wir finden da die sämmtlichen Zobel beim Bier. Der „alte Baron", der das Vermögen durchgebracht hat, der trägt einen Strohhut, eine aus Mangel an Pommade fuchsrothe Perruque und einen blauen Frack mit eiselirten Knöpfen — ganz genau so einen wie ich mir anno 1836 in Petersburg machen ließ; ein Bild der Verarmung, das etwas Ergreifendes hat. Dabei aber — was den Eindruck wieder aufhebt — eine sehr mangelhafte Bildung — plumpe Jäger- und Bedienten-Späße, inhaltsleere Lokal-Anecdoten u. s. w. — Sein Sohn, Baron Franz, der neulich die Flucht vor mir nahm — il nous fait les honneurs de la bière; Staff befiehlt Bier: — „Nur Gläser! nur Gläser!" ruft Baron Franz, und auch mit Butterbrodt und Käse werden wir regalirt. — Die Frau des Baron Franz und deren Schwester, Fräulein von Stetten, etwas veraltet, einige coquelicots im Gesicht. — Ferner: „der Sohn des Artillerie-Systems", nämlich Hauptmann v. Zoller, rothhaarig, macht dem veralteten Fräulein den Hof — und endlich außer einer Dame, die mir ganz unbekannt bleibt, „die Tochter der deutschen Flotte" i. e. Fräulein Fischer, Tochter des Mannes, der die Flotte verauctionirte. Die Damen ärmlich gekleidet, aber doch endimanchées und die trübseligste Conversation die man sich denken kann! Das ist Adel! — das macht Ansprüche!

Man fühlt (so faßt Bernhardi die Summe der in Baiern empfangenen Eindrücke schließlich zusammen) sich hier in einer andern Welt als im nördlichen und mittleren Deutschland. Warum? weil die Leute hier in Baiern ihr gesondertes staatliches Dasein au sérieux nehmen, was z. B. in den thüringischen Fürstenthümern gar nicht der Fall ist.

Seinen Rückweg in die Heimath nahm Bernhardi über Thüringen. In Jena wurde zu eingehender Besichtigung des Schlachtfeldes Gelegenheit genommen.

Früh im Thau und Morgenfrische hinaus auf das Schlachtfeld, das ungemein belehrend ist. — Hinauf den Weg in der Schlucht

neben dem Steiger, wo Napoleon mit seinen Garden hinauf zog.
Den alten Weg im Auge behalten, denn es giebt da auch einen
neuen, der nach Cospeda ausbiegt. Es ist gerade keine Chaussee,
aber doch kann es nicht gar zu schwierig gewesen sein, Artillerie
hinaufzubringen. Wenn man sich erinnert, wie die Franzosen von
der Sache sprechen, als sei hier Hannibals Zug über die Alpen über-
boten, so erstaunt man nicht wenig beim Anblick der Wirklichkeit! —
Ein alter Mann schiebt neben mir einen Schubkarren hinauf nach
Cospeda; Gespräch; er erinnert sich der Zeit gar wohl, erzählt wie
die Franzosen vor der Schlacht übel gehaust haben, plünderten,
muthwillig Feuer anlegten, und das Löschen nicht gestatteten, bis sie
selbst nach der Schlacht der Häuser bedurften, um ihre sehr zahlreichen
Verwundeten unterzubringen; da mußte denn sehr schnell gelöscht
werden. — Landgrafenberg; wie leicht wäre der Aufgang zu
vertheidigen gewesen, bis zum Windknollen gab es für die Franzosen keine Aufstellung; das Gelände fällt vom Windknollen in immer
niedrigeren, überhöhten Bodenwellen bis zum Landgrafenberg. —
Windknollen, Stelle, wo Napoleon während der Schlacht verweilte. Er kann wirklich an der eigentlichen Leitung der
Schlacht nur sehr geringen Antheil genommen haben,
denn man übersieht von da aus das Gelände nur sehr unvollständig,
und beurtheilen kann man es geradezu gar nicht. — Hier begegnen mir
ein ältlicher Landgeistlicher, und ein junger Mann aus Apolda, sein
Führer, die von Apolda zu Fuß nach Jena wandern und sich das
Schlachtfeld besehen. Die laufen aber rathlos herum und wissen
eigentlich nicht was sie den Hügeln und Gebüschen absehen sollen
oder wollen. Sehr beglückt, daß ich den Plan ausbreite und den
Hergang erläutere. — Wandre bis auf den Dornberg und bin
überrascht; die Wichtigkeit des Dorfes Vierzehnheiligen, seine
entscheidende Lage wird hier sogleich überzeugend anschaulich! — Kein
Plan giebt davon eine genügende Vorstellung; wie leblos und un-
genügend ist alles bloß papierene Wissen! — Hier, an
Ort und Stelle begreift man sogleich, warum Ney gegen die Befehle
Napoleons dies Dorf besetzte, und welch ein Gewicht dadurch in die
Wagschale gelegt wurde. Blieb Vierzehnheiligen den Preußen, so

kamen sie zwischen dem Iserstädter Forst und der Windmühle zwischen
Kippendorf und Hermstadt in eine ganz gute Aufstellung. Daß
Napoleon dem Marschall Lannes befahl sich bei dem Anmarsch der
Preußen auf den Dornberg zurückzuziehen, beweist schlagend, wie wenig
er eine richtige Anschauung von dem Schlachtfeld hatte. — Nach
Closwitz; — dann hinab durch das Rauchthal; der Zug hier war
im oberen Theil des Thales, wenn es nämlich so verwachsen war
wie jetzt, schwieriger — unten weniger schwierig als am Steiger;
doch auch hier keine sehr schwer zu bewältigenden Hindernisse. —

5. Sept. Anderen Morgens Fahrt bei herrlichem, nur etwas zu
heißem Wetter. — Mühlthal; die Schlucht, durch welche Augereau
zur Hochfläche hinauf zog, bietet vollends gar keine irgend nennens-
werthen Schwierigkeiten — Schnecke, Iserstädter Forst, Vierzehnheiligen. Daß dies Dorf nicht erobert werden konnte beweist
auf das schlagendste die Unbehülflichkeit der preußischen Taktik, denn
da es nicht auf dem Kamm des sanften Höhenzuges liegt, sondern
auf dem Abhang gegen den Dornberg, und selbst mit seinen äußersten
Hecken den Kamm nicht ganz erreicht, — der Abhang gegen Klein-
Ramstedt hin auch ein sehr sanfter, beinahe unmerklicher ist, bildet
es nach dieser Seite hin eigentlich gar keine Position. —

Vierzehnheiligen im Bambergischen nach der Reformation erbaut,
gewissermaßen ein filiale des hiesigen. — Steige auf den Thurm;
da übersieht man besonders gut die Aufstellung des General Holtzen-
dorff bei Lehsten auf einem steilen Abhange, mit dem rechten Flügel
in der Tiefe, mit dem linken gegen den Kamm, der eigentlich schon
in Feindes Händen! — An solchen Punkten kann man die immer
noch zu wenig betrachtete Psychologie des Krieges studieren. Zu solchen
Maßregeln kommen Menschen, die weder blödsinnig sind noch verrückt, die sich vielmehr im gewöhnlichen Leben ausnehmen wie ganz
vernünftige Leute, aber in Angst und Verlegenheit gerathen, wenn sie
erdrückt von einer Aufgabe, der sie nicht gewachsen sind, erst das moralische Gleichgewicht und in Folge dessen auch das des Geistes verlieren.

Weitere Fahrt über Klein-Ranstedt, Groß-Ranstedt,
Cappellendorf — da steht einem auch der Verstand geradezu still,
und versagt seine Dienste! — An diesem höchst schwierigen Defilé

konnte Rüchel der französischen Verfolgung gar wohl Halt! gebieten; der Wahnsinn, durch ein solches Defilé vorzugehen mit seiner kleinen Schaar, um jenseits unter dem feindlichen Feuer „en éventail" zu deployiren, dem sechsfach überlegenen siegreichen Feind in den Rachen hinein: — das wird an Ort und Stelle ganz unbegreiflich! —

Um 2 Uhr Ankunft in Weimar, treffe an der Wirths-Tafel im Erbprinzen die alte Gesellschaft, Mangold, H. von Bülow, R. Raff, zufälliger Weise auch Liszt, der dem auf der Durchreise begriffenen Eduard Devrient die Honneurs macht. Die Fürstin Wittgenstein richtet ihr Haus jetzt sehr elegant auf der Altenburg ein — sie empfängt dieses Mal in Liszts Zimmern. Abends Souper bei Liszt in Hans von Bülows Zimmern zu Ehren Devrients. Die nämliche Gesellschaft und außerdem Joachim, Violoncellist Coßmann und der Schauspieler Marr aus Hamburg, ein gescheidter Mann, den der alte Intendant Zigesar als Regisseur hat kommen lassen. Raff erzählt mir von seiner Erziehung bei den Jesuiten in Schwytz, die ihn zum Musiker bilden, und in ihren Orden ziehen wollten, wie sie eben jedes Talent brauchen. Da mußten die Schüler 40 mal im Jahr communiciren, Nächte im Gebet, Zerknirschung zubringen u. s. w. — Einer der Lehrer, Pater Hecht, Professor der Physik, ließ, nicht in seinen Vorträgen, wohl aber in Gesprächen auf seinem Zimmer, eine etwas leichtere Welt durchschimmern. Das wurde bemerkt, ohne viel Aufhebens zu machen wurde Pater Hecht zur asiatischen Mission versetzt, nach dem Libanon, wo er denn sehr bald von den Drusen erschlagen wurde. So macht es der Orden folgerichtig immer in ähnlichen Fällen! Raff ist dann später in Tübingen Hegelianer geworden. Wie ich von „treuen Verehrern von Liszt" vernehme, ist dieser ein so schwacher Generalbassist, daß er unfähig ist zu komponiren. Es fällt ihm — wie musikalischen Princessinnen — wohl eine Cantilene ein, aber er ist unfähig ihr Rundung und Haltung zu geben und namentlich die nöthige harmonische Breite. Raff hilft dann aus, wie der Musiklehrer bei einer musikalischen Princessin.

Nach einem mehrtägigen Ausflug in die romantische Umgegend der Ilmstadt Rückkehr in diese am 10. September.

Besuch bei dem russischen Gesandten Maltitz, der sein Herz ausschüttet. Er spricht von der allgemeinen Verstimmung in Deutschland,
die auch ihm in mancher Rücksicht gerechtfertigt erscheint, dann in
lauten Klagen über die Affaire Wittgenstein, in die er gegen Wunsch
und Willen immer tiefer hineingezogen wird. Fürst Nikolas Wittgenstein kommt in den nächsten Tagen her um die Sache zu betreiben;
eben erhielt Maltitz einen Brief des Fürsten Suworow (General-
Gouverneurs in Riga, dessen Adjutant Wittgenstein ist) und theilt
ihn mir seufzend mit. Er wird darin aufgefordert, sich des Gemahls
anzunehmen und zu sorgen, daß er zum Ziel komme. Erzählung:
Caroline Wittgenstein hat, indem sie die Scheidung fordert, keinen
andern Grund anzuführen gewußt, als den sehr wenig plausiblen,
sie sei zu der Heirath mit Wittgenstein gezwungen worden. Das
katholische Consistorium in Kiew (glaube ich) weist ihre Klage ab.
Die Sache wurde nun einem andern Consistorium (ich glaube Mohilew)
zur Revision überwiesen. Jeder, der mit dem kanonischen Rechte der
katholischen Kirche vertraut ist, meint, da seien aber auch keine Aussichten auf eine günstige Entscheidung. Aber Caroline Wittgenstein
behauptet das besser zu wissen, sie weiß eben Alles besser als andere
Leute, — sie ist „dumm schlau" klagt Maltitz, geht vorzugsweise und
ohne Noth krumme Wege und hat als echte Polin die Idee, daß man
mit Geld Alles machen kann und — überall. „Sie hat mir Geld
angeboten", klagt Maltitz. Mittlerweile war durch einen Advokaten,
der auch im Frühjahr mit des Mannes Vollmacht herkam, ein Vergleich geschlossen worden: e r wollte sich bemühen die Scheidung zu
Stande zu bringen und s i e verspricht ihm ein Gut Balanty abzu-
treten, sobald die katholische Scheidung erlangt ist. Nun hat Nikolas
Wittgenstein noch einen anderen Advokaten und der beweist, mit dem
russischen Gesetzbuch in der Hand, daß das ganze Abkommen null und
nichtig ist, — eventuelle Versprechungen, deren Erfüllung an eine
richterliche Entscheidung geknüpft wird, sind ungiltig! Neue Vorschläge — Caroline Wittgenstein soll Balanty o h n e Bedingung abtreten
und den Besitz übergeben, sobald die protestantische Scheidung erfolgt,
die Nikolas Wittgenstein nun seinerseits fordern wird. Dann wird e r
heirathen und s i e soll vor dem katholischen Tribunal den Umstand

geltend machen, daß ihr erster Mann bereits wieder verheirathet ist!
Sehr problematisch, — als ob es nicht Grundsatz der katholischen
Kirche wäre, sich um das, was außerhalb ihres Kreises geschieht, nicht
im Mindesten zu kümmern. Es scheint, Fürst Nikolas will sich sein
Vermögen sichern, heirathen und dann mag Caroline ihrerseits zusehen, wie sie zum Ziele gelangt. Caroline Wittgenstein finassirt in
unverständiger Weise, verweist in ganz taktloser Weise auf Liszt, der
solle für sie sprechen, für sie entscheiden. Wahrscheinlich liege ihr
an der Scheidung nicht viel; „c'est le status quo qu'elle veut
maintenir, cette femme jetera des hauts cris lorsqu'il faudra
être Madame Liszt", meint Maltitz.

12. Sept. Beaulieu sagt mir, daß ich zur Großherzoglichen
Tafel (Belvedere) geladen sei. Der Großherzog präsidirt allein, die
Großherzogin ist erkältet, — Graf Fritsch, Maltitz u. s. w. und Fürst
Nikolas Wittgenstein, der inzwischen angekommen ist und viel von
unserm gemeinschaftlichen Freunde Kalm spricht. Dann noch ein
philisterhafter kleiner Mann, kaif. russ. Staatsrath Kruse, Professor
aus Dorpat, den die dortigen Studenten den „dümmsten Europäer"
nannten. Benimmt sich ungemein hübsch, führt an der Tafel sehr
laut das große Wort, mit den Armen auf den Tisch gestützt, — der
Champagner schmeckt ihm so gut, daß am Ende die Augen ein wenig
schwimmen. Nach Tisch wünscht er allen Menschen „wohl gespeist
zu haben" — namentlich der Gräfin Fritsch, während der Großherzog mit ihr spricht, — zum Schluß schwingt er sein Hütchen nach
allen Seiten und empfiehlt sich auf eigene Hand.

Abends im Theater, — mit dem Minister Gersdorf gesprochen.
Er klagt, daß der Zollverein zerfällt, daß Rußland immer und immer
sein Gewicht für Oesterreich in die Wagschale legt und erzählt, daß der
Kurfürst von Hessen nach Paris gereist ist, um Louis Napoleon seine
Tochter anzubieten. „Sollte das möglich sein?" frage ich — er leiden-
schaftlich, fast schreiend: „Ueberrascht irgend eine Infamie Sie noch?"

13. Sept. Bei Maltitz, der mich eingeladen hatte, seine ferneren Confidences anzuhören. Er hat seine liebe Noth! Als er
den Fürsten Nikolas anmeldet, verweist Caroline Wittgenstein wieder
auf Liszt und dieser stellt sich sehr ungeberdig: man müsse den

Fürsten gar nicht ins Haus lassen, man müsse ihm nicht erlauben seine Tochter zu sehen (mit welchem Recht?) — er werde dem Fürsten Ohrfeigen geben (der glänzende Poltron), bis Maltitz das wüthende Paar fragt, ob es wirklich glaube, daß seine Sache durch violences besser werde. Die Zusammenkunft von Vater und Tochter hat in Maltitz' Gegenwart stattgefunden, — die Tochter war gut eingeschult zeigte sich dem Vater gegenüber sehr kalt und machte ihm Vorwürfe der Leiden wegen, die er ihrer Mutter bereite. — Wie der Prinz gemeldet wird, verlasse ich Maltitz.

Nach Tisch bei Caroline Wittgenstein — sie ist wunderbar unzart. Da das gestrige Diner erwähnt wird „Alors vous avez dû voir le prince Nicolas" — „Charlotte, est-elle grosse" u. s. w. — Liszt kommt und da wir allein bleiben, Ausfälle über den Fürsten, den er schlechtweg „Nicolas" nennt.

Besuch bei Dr. Sauppe; man findet doch immer edle Gesinnungsgenossen in Deutschland, daran richtet der Geist sich wieder auf. Abends bei Frau von Plötz. Maltitz erzählt viel vom Könige von Baiern, — man hat keinen Begriff von solcher Schwäche. Minister Beust hat doch wenigstens dynastische Zwecke im Auge, wenn auch erbärmliche, — von den Staatsmännern Baierns und Kurhessens aber weiß man bestimmt und genau, daß sie vor Allem persönliche Rache an Preußen üben wollen und das deutsche Volk muß dazu schweigen, daß seine heiligsten Interessen — auch der Zollverein — solchen Rücksichten geopfert werden.

15. Sept. Drohsen hier, besucht mich, ein feiner liebenswürdiger Mann. Viel besprochen; ich werde mitarbeiten an seinem Journal. Die Zeiten sind trostlos, — vor der Hand Nichts zu hoffen: „Jetzt muß man nur dafür sorgen, daß nicht Alles wegfault, — es fault schon Vieles weg."

Besuch bei der Gräfin Beust, die mir Hugo's „Napoléon le petit" geschickt hat. Unheil droht von allen Seiten, der König durchaus unpopulär in den Rheinlanden. Der Prinz von Preußen gefällt ihnen besser, „das ist eine ritterliche Erscheinung," die sagt ihnen zu, doch nicht so, daß sie sich um ihn schaaren. Die vornehmen westphälischen Familien sehen sich gar nicht als Preußen an, lassen ihre

Söhne in österreichischen Dienst treten und wissen es gar nicht anders. (Das ist nicht ganz unbedingt richtig, doch ist mehr Wahres daran, als man wünschen möchte.)

Die Jesuiten und der von ihnen beeinflußte Klerus wühlen direkt gegen Preußen. Welcher Wahnsinn der Regierung bei so gestalteten Sachen die Jesuiten zu begünstigen! — Gräfin Beust klagt bitterlich über Rußland, das Oesterreich in allen seinen Uebergriffen unterstütze; daß Rußland Deutschland zerstückelt und schwach haben wolle, sei ganz natürlich und in der Ordnung — aber solches Treiben, das sei denn doch auch unter dieser Voraussetzung zu arg! —

Von Weimar ging Bernhardi zunächst nach Berlin, wo er seinen Onkel Tieck „leiblich" wohlauf fand.

24. September. Politisch ist er gut unterrichtet, da er mancherlei bedeutende Menschen, namentlich Alexander Humboldt sieht. Wie wenig man dem constitutionellen Wesen Leben und Wahrheit zugestehen will; sonst wäre es wohl natürlich sich in diesem kritischen Augenblick (Zollverein!) mit den Kammern zu umgeben, um auf die Majestät der öffentlichen Meinung gestützt dazustehen. L. T. Aha! das will man nicht — es soll alles auf Commando gehen. Die Kreuzzeitungspartei geht darauf aus, den Zollverein zu sprengen, um unter der Firma „Freihandel" eine mecklenburgische Wirthschaft einzurichten i. e. Zollfreiheit für das Land, Accise für die Städte! Vor allen Dingen hofft die Partei davon den Ruin der einheimischen Industrie, den Bankbruch aller Fabrikanten. Herr von Bismarck-Schönhausen hat ja in der Kammer gesagt, das wahre preußische Volk wolle die großen Städte vernichten. Die Herren würden auf diese Weise ihre natürlichen politischen Gegner los und herrschten allein. Der König, der in den ersten Jahren jede Kleinigkeit selbst abarbeiten wollte, kümmert sich nur wenig um die Geschäfte.

Heimfahrt in den Gasthof. Ein Mann in einer Kalesche läßt halten, springt heraus, will mit offenen Armen auf mich zu: es ist Fürst Nikolas Wittgenstein, ich muß ihn nach dem Hôtel de Rome begleiten. Da er die Wittwe Rosens, geb. Bistram heirathen will, macht er als künftiger Vetter unser verwandtschaftliches Verhältniß geltend. Erzählt viel von Weimar. Tout est arrangé, und auf's Beste; er hat sich so benommen, que Madame chante partout ses louanges. Er hat die ersten Schritte gethan, verabredeter Weise Caroline Wittgenstein in der Fremdenloge im Theater aufgesucht, und ihr in conspectu omnium die Hand geboten, er thut Alles, um alle Schwierigkeiten zu ebnen; hat aber verlangt, daß ihm Liszt aus dem Wege geht, pour éviter un rencontre qui pourrait devenir funeste plutôt pour lui que pour moi. J'ai exigé qu'on se marie, je ne veux pas qu'on porte mon nom. Dann hat er verlangt, daß die Tochter nicht auf der Altenburg bei der Mutter bleibt; da sie demoiselle d'honneur ist, soll sie im Schloß wohnen unter der Aegide der Gräfin Fritsch (das mußte ich billigen), denn die Gesellschaft auf der Altenburg passe nicht für eine junge Dame: „c'est de la drogue." —

Nachher Premier-Lieutenant Flotow (den Sohn meines Nachbars des Majors) wieder besucht. Parade der Cadetten gesehen; wie gesund und tüchtig sehen die Knaben aus; wie rein von den Lastern, die in Rußland in solchen Anstalten im Schwange sind und die Jugend vergiften! — Wie einfach und anspruchslos die Speisesäle und die ganze äußere Ausstattung! — Unter den Cadetten viele Moldauaner; das mag den Kaiser Nikolaus gar sehr verdrossen haben. — In der neuesten Zeit werden die Adelsansprüche der Cadetten wieder strenger untersucht und einige gestrichen werden. — Es blühen hier einige nicht ganz zeitgemäße Anstalten: — Zur Erweiterung des Studienplanes ist über Prima eine neue Classe: Selecta gebildet worden; die adeligen Selectaner sind Pagen, die Nichtadeligen nicht; das könnte hingehn — wer wird demjenigen Theil des Adels, dem darum zu thun ist, sein Lakayenthum beneiden? wenn nur nicht mit dem Pagenthum verbunden wäre, daß die jungen Leute bei ihrer Beförderung zum Offizier auf Kosten der Regierung ausgerüstet werden! Adelsvorrechte, die auf Geldgewinn hinauslaufen, passen gewiß nicht zu noblesse oblige! —

Zu Frl. v. Manteuffel, die mir sehr zusagt, und die mit Offenheit spricht, was um so interessanter wird, da, wie man leicht sieht, ihr Vetter, der Minister-Präsident, oft gegen sie sein Herz ausschüttet. Langes, gutes Gespräch, in dem ich eine überraschend klare Einsicht in das Wesen des gegenwärtigen Zustandes gewinne.

Sie fragt nach meiner Betheiligung bei den Wahlen; ich bin
noch nicht einmal Wähler, und erst nach drei Jahren wählbar —
„O dann freilich! — bis Sie Wähler oder wählbar sind, haben wir
vielleicht keine Kammern und keine Wahlen mehr!" — Dahin wird
es schwerlich kommen! — „Warum nicht? — sie habe doch vielfach den
Wunsch aussprechen hören, die Constitution möge abgeschafft werden."
— Gewiß! aber in welchem gesellschaftlichen Kreise? In dem der
Rittergutsbesitzer ohne Zweifel; da herrscht solches Verlangen; und
auch mit den Bauern würde man zur Noth fertig; anders aber ist
die Gesinnung in den Städten; und nun denke man wieviel Intelligenz
und Reichthum, wieviel Elemente der Macht in den Städten vereinigt sind! — Ihr Vetter meint im Grunde auch, man müsse die
Constitution bestehen lassen. — Sie beurtheilt natürlich die Dinge ganz
in weiblicher Weise; sowie der Frau eines Arztes ihr Mann ein un-
fehlbares Orakel ist, und andere Aerzte sich auf dem rechten Wege
befinden oder irren je nachdem sie mit ihm übereinstimmen oder nicht:
so ist für Frl. Manteuffel das, was ihr Vetter sagt, das Echte und
Wahre. Es ist eine Spaltung da und zwar eine tiefgehende. Manteuffel ist lediglich Beamter, dem entsprechend seine Ansicht vom
Staat; ein bureaukratisch regierter Staat — das ist sein Ideal.
Die Verfassung ist einmal da, also muß sie bestehen und muß man
sie fortschleppen, so gut es gehen will, aber sie ist ein Hinderniß,
etwas Beschwerliches. Westphalen und Raumer wollen dagegen
ein Adelsregiment aufrichten, Regierung und Land dem Ritterstande
unterwerfen. Sehr einleuchtend ist bei dem gegenwärtigen Zustande der
Dinge, daß diese Partei fortwährend an Boden gewinnen muß. Denn
erstens faßt Manteuffel seine Aufgabe nicht als Staatsmann, der
seine Amtsführung von der Befolgung eines bestimmten Systems
abhängig machen will, sondern als Beamter, als königlicher Diener,
der zwar seine Meinung hat und äußert, — Einwendungen macht
u. s. w. aber zuletzt nachgiebt. So stimmt er auf Befehl auch in der
Kammer für Anträge, die seiner Ueberzeugung geradezu widerstreiten
und von der ihm feindlichen Partei eingegeben sind. So für den
Vorschlag Fürstenberg-Stammheim in Beziehung auf die erste
Kammer. Aus Pflichtgefühl tritt er dann nicht zurück. Aber bei der

erwähnten Gelegenheit hat Frl. v. Manteuffel gemeint, er sei das seiner Ehre schuldig. Er antwortet dann durch die Frage: Soll ich den König verlassen in diesem kritischen Augenblick? Westphalen betrachtet sich dagegen zwar auch nicht als Staatsmann, aber als Parteihaupt und handelt rücksichtslos in diesem Sinne.

Zweitens ist Manteuffel kein Weltmann, und gehört nicht zur Gesellschaft des Königs, verliert also um so mehr an Einfluß, da, wie mir nun auch Frl. Manteuffel bitterlich klagt, der König in der heitersten Laune nur an Unterhaltung denkt, von Geschäften nichts hören will, — „er wünscht meinen Vetter in's Pfefferland!" — Manteuffel muß sechs-, achtmal vergebens zum König fahren, ehe er dahin kommen kann einen Vortrag zu halten. — Westphalen und die Seinigen haben an Gerlach und anderen ein Paar gute Freunde in der täglichen Gesellschaft des Königs, die diesen entre la poire et le fromage zu vielerlei beschwatzen. Die Kreuzritter verstehen sich auf das Intriguiren ganz vortrefflich — noblesse oblige!

Frl. Manteuffel klagt sehr über die Pietisten der Kreuzzeitungs-Partei: „Dadurch, daß er Westphalen in's Ministerium gebracht hat, hat er sich selbst eine schlimme Zuchtruthe gebunden!" — Ich solle aber ja nicht glauben, daß es der Glanz seiner Stellung sei der ihn trotz aller Unannehmlichkeiten im Amt erhalte: nein! es sei lediglich Pflichtgefühl; der Gedanke, was denn werden soll, wenn er austritt. — Ich habe von verständigen Männern den Wunsch aussprechen hören, er möge einmal zurücktreten, und die Partei Gerlach-Stahl an das Ruder kommen lassen. Die gänzliche Unfähigkeit dieser Partei würde sich dann bald genug offenbaren und sie würde einmal und für immer fallen. Dagegen wird die Partei, gerade wenn sie nicht auf eigene Verantwortung am Ruder ist, immer einen sehr großen und schädlichen Einfluß üben. — Frl. Manteuffel: „Nein! das geht nicht, die Aufregung im ganzen Lande würde zu groß sein!" Das weiß also Herr von Manteuffel und bildet sich doch ein, die Verfassung sei etwas gleichgültiges, das man auch wohl, nach Befinden, aufheben könne! — in was für Halbheiten und Widersprüchen doch die Menschen stecken bleiben! —

Klagen über die unglückliche Schwäche des Königs. — Ich
äußere: Rußlands Einfluß sei immerdar unheilvoll gewesen — Frl.
Manteuffel: „Glauben Sie? — mein Vetter wünscht doch
diesen Einfluß, um den König auf dem rechten Wege zu
erhalten." — Frage nach Radowitz; den fürchtet Manteuffel jetzt
nicht, seine „Schwindeleien" sind abgenützt. Auch hat sich Manteuffel
ausbedungen, daß Radowitz keinen Vortrag beim König halten darf,
anders als in Manteuffels Gegenwart. Er hat das durch den
Kaiser von Rußland vermitteln lassen. So mengt er diesen
in die eigensten inneren Angelegenheiten Preußens und fühlt nicht,
wie würdelos das ist! — Uebrigens beweist Manteuffel auch hier
wieder, wie wenig er die Welt kennt; die Vorsicht ist illusorisch. Er
kann dem König doch nicht verwehren Radowitz als Gast bei sich zu
sehen, und da können sie doch wohl besprechen was sie wollen.

Ich sage, daß davon die Rede ist, der König werde abdanken.
„Mein Gott nein!" — ruft Frl. Manteuffel aus, — „dann wird es
noch schlimmer! dann kömmt ja der Prinz von Preußen an
die Regierung! . . . . — Die Prinzessin
sagt den Leuten am Rhein, sie werde ein Ministerium Hansemann
an das Ruder bringen — in der That aber werde sie erst recht
ein russisches Regiment einführen!"

Nachmittags vor der Abreise bei meinem Onkel Tieck. Eisenbahnen
sind ihm ein Gräuel, so zwar, daß er sich nie hat entschließen können,
von hier nach Potsdam auf der Eisenbahn zu fahren. „Ich komme mir
da vor wie ein Paquet, das abgegeben wird." Er sieht das abenteuer-
lichste Unglück infolge des Daseins der Eisenbahnen ab. Sein Ideal von
Reisen ist zu Pferde, d. h. auf einem Miethklepper, wie das wohl in seiner
Jugend vorkam.

Das Buch über Toll. Russischer Besuch. Weitere Studien.

Im Oktober nach Kunnersdorf zurückgekehrt, wandte Bernhardi sich
während des folgenden Winters ausschließlich der Fortsetzung des Buches
über Toll zu. Der erste Band lag abgeschlossen in seinem Schreibtisch,

der zweite wurde jetzt so nachdrücklich gefördert, daß die auf den Feldzug von 1812 bezüglichen Abschnitte Ende Januar druckfertig vorlagen. — Es wird zweckmäßig sein auf dieses für die gesammte Zukunft des Ver= fassers entscheidend gewordene Buch in Kürze einzugehen.

„Diese Denkwürdigkeiten", so heißt es in der Vorbemerkung zum ersten Bande, „sind in doppelter Absicht geschrieben. Zuerst um dem An= denken eines bedeutenden Mannes gerecht zu werden, der als Mensch wie als Krieger ausgezeichnet war. Dann auch um der Geschichte eine Reihe von Thatsachen zu sichern, die bisher wenig oder gar nicht bekannt waren." Vervollständigt wird diese Ankündigung durch eine dem zweiten Bande vorausgeschickte Notiz darüber, daß der Titel „Denkwürdigkeiten" auf die Vorstellung führen könnte, es sei hier eine Lebensgeschichte zu er= warten, „die sich darauf beschränkt ein vorgefundenes Material zu ordnen," — daß diese Voraussetzung vorliegenden Falls indessen nicht zutreffe. „Der Verfasser ist es, der in eigenem Namen und von seinem Stand= punkte aus Tolls Leben erzählt. . . . Wo die Meinungen und das Urtheil der handelnden Personen mitgetheilt sind, ist dies immer aus= drücklich angedeutet."

Als Lebensbeschreibung Tolls ist das Bernhardi'sche Werk überhaupt nicht anzusehen. Auf die persönlichen Geschicke des Generals wird nur bei= läufig eingegangen. Der vierte und letzte Band wird mit dem Bericht über die erste Einsetzung der Bourbonen beschlossen, ohne daß der ferneren Geschicke Tolls Erwähnung geschehe. Der Schwerpunkt lag auf der von dem Verfasser angekündigten Absicht, „der Geschichte eine Reihe von Thatsachen zu sichern, die bisher wenig oder gar nicht bekannt waren", d. h. an die Stelle der russischen officiellen Legende über die Ereignisse der Jahre 1812 bis 1814 eine der Wahrheit ent= sprechende, im höchsten Sinne geschichtliche Darstellung zu setzen. Der Inhalt der russischen „Legende" kann als bekannt vorausgesetzt werden: Kutusow sollte der Retter Rußlands, der Rückzug auf Moskau das Werk eines tiefdurchdachten Planes gewesen sein, — und Deutschland dem russischen Schwerte so gut wie ausschließlich die Befreiung vom Napo= leonischen Joche zu danken gehabt haben. Mit einer Schärfe und Ueber= legenheit, die den historischen Sachverhalt ein für alle Male klar gestellt und weiterer Discussion überhoben hat, führte Bernhardi den Beweis des Gegentheils, indem er das von der russischen höfischen Geschichts= schreibung, insbesondere von dem General Danilewski, gesponnene künstliche Gewebe Stück für Stück zerriß. An der Hand meisterhaft

zusammengestellter actenmäßiger Zeugnisse bewies er, daß Kutusows
bei Borodino erfochtener großer Sieg ebenso in's Fabelreich gehöre, wie
das diesem Manne zugeschriebene Verdienst planmäßiger Vernichtung des
französischen Heeres. Die Leistungen der gepriesenen Nationalhelden —
Kutusow, Jermolow, Milorabowitsch, Platow u. s. w. — werden auf
ihren wahren Werth zurückgeführt, die Ungerechtigkeiten nachgewiesen,
deren die Schmeichler Nikolaus' I. sich absichtlich schuldig gemacht, indem sie
Barclay de Tolly, Prinz Eugen von Württemberg, Toll u. s. w. den
wohlerworbenen Ruhm verkürzten. Weiter werden die politischen wie die
militärischen Thatsachen in den Zusammenhang gebracht, in welchem sie
gestanden, als das gänzlich zerrüttete russische Heer zu Anfang des Jahres
1813 die preußisch-deutsche Grenze überschritt, um durch preußisch-deutsche
Unterstützung die Durchführung seiner erst zur Hälfte gelösten Aufgabe
zu ermöglichen. Nach den nämlichen Gesichtspunkten strenger Sachlich-
keit wird die Kriegsgeschichte der Jahre 1813 und 1814 einer Revision
unterzogen, welche jeder der betheiligten Mächte die ihr zukommende
Stellung anweist, ungezählte französische und russische fables convenues
widerlegt und die wechselseitige Einwirkung politisch-diplomatischer und
militärischer Vorgänge gewissenhaft abwägt und im Einzelnen bestimmt.
Die Darstellung ist von einer knappen Gedrungenheit und sachlichen Kälte,
die auch da überzeugend wirken mußte, wo man mit gegentheiligen Voraussetzungen an sie herantrat. Der Verfasser hält sich streng an den
Gegenstand und läßt sich auf Ausführungen allgemeinerer Natur nur
soweit ein, als dazu direkte Veranlassung geboten ist. Wo das geschieht,
wie z. B. bei Charakteristik der in den Lebenskreis Tolls getretenen
russischen Verhältnisse und Menschen, weiß er dafür den Hintergrund,
auf welchem die Darstellung sich bewegt, so charakteristisch zu beleben, daß
der Leser den Eindruck erhält Einsicht in eine neue Welt gewonnen zu
haben. Für die Leser der 50er Jahre waren gerade diese kurzen, zuweilen mit wenigen Worten eröffneten Perspectiven von höchstem Werth.
Was man damals von Rußland — dem Rußland der beiden Schwäger
Friedrich Wilhelms IV. — wußte, beschränkte sich in der Regel auf ein
knapp gemessenes Maß unrichtig verstandener oder tendenziös gefärbter
Thatsachen. Louis Schneiders „Soldatenfreund", Wageners „Kreuzzeitung"
und diesen verwandte Organe waren die Orakel, von denen Beamtenthum, Militär und Philisterium des deutschen Nordens während der
Reactionsjahre ihre Kunde über das zeitgenössische Rußland bezogen, —
Kosakenreminiscenzen aus den Zeiten der Freiheitskriege bildeten die

Quellen, aus denen das Volksthum sein Bedürfniß nach Orientirung über den „großen" Nachbarn im Osten bestritt. Indem das Bernhardi'sche Buch angab, wie es bei dem Feldzuge von 1812 wirklich zugegangen war und welche Ziele von der russischen Politik der Jahre 1813 und 1814 verfolgt worden waren, brach dasselbe für eine neue Auffassung russischer Dinge und russischer Einwirkungen auf Preußen und Deutsch= land Bahn, — für eine Auffassung, die wenige Jahre später reichliche thatsächliche Bestätigung erhielt.

Aber noch in anderer Rücksicht hat das dem Andenken Tolls gewidmete Buch bleibende Bedeutung errungen. Zugleich mit der russischen ist die französische Legende zerstört worden, welche die in den Jahren 1813 und 1814 erfolgte Niederwerfung Napoleons allein auf das numerische Uebergewicht der gegen Frankreich verbündeten Mächte zurückzuführen suchte. Bernhardi war der erste deutsche Militärschriftsteller, der überzeugend und an der Hand sorgfältig gesichteter Materialien den Nachweis führte, daß die Machtverhältnisse der beiden ringenden Parteien einander die Waage hielten und daß die Niederlage Napoleons zum einen Theil auf schwer wiegende militärische und politische Fehler des Imperators, zum anderen und größeren Theil aber auf den unwiderstehlichen Aufschwung des preußischen Patriotismus, die Thatkraft und Energie der preußischen Heeresleitung zurückzuführen sei. Weiter wird in überzeugender Weise ausgeführt, daß die Katastrophe von 1814 vornehmlich durch Napoleon selbst und durch dessen Unfähigkeit verschuldet worden, sich rücksichtlich seiner politischen Ziele zu bescheiden und dieselben auf das Maß des unter den gegebenen Ver= hältnissen Erreichbaren zu beschränken. Schritt für Schritt wird nachge= wiesen, daß während der ersten Hälfte der Campagne von 1814 die Stimmungen Kaiser Franz' I. von Oesterreich und die Aengstlichkeit des großen Hauptquartiers einen Friedensschluß auf Grundlage der Wieder= herstellung der Grenzen von 1792 jeden Augenblick möglich gemacht hätten. Diesem an der Hand eingehender Erörterungen der Friedens= verhandlungen geführten Nachweise folgt eine wegen des schlichten Ernstes der Darstellung doppelt wirksame Ausführung darüber, daß Friedrich der Große eben durch seine Fähigkeit zu unbefangener Beurtheilung der in Betracht kommenden Factoren, zu weiser Selbstbeschränkung und objec= tiver Abwägung des Verhältnisses zwischen seinen Zwecken und den ihm zur Verfügung stehenden Machtmitteln, die Ueberlegenheit seines mili= tärischen und staatsmännischen Genies bewiesen habe. — Für die ge= sammte Folgezeit es ist ein entscheidender, wesentlich durch das Bern=

harbi'sche Buch erzielter Gewinn gewesen, daß Preußen sich seines ruhm=
reichen und entscheidenden Antheils an der Niederwerfung Napoleons
voll und deutlich bewußt geworden und daß die falsche Vorstellung, als
sei der mächtige Aufschwung unseres nationalen Geistes lediglich ein
Factor unter vielen, ein in militärischer Rücksicht nur beiläufig in
Betracht kommender Umstand gewesen — daß diese Vorstellung ein für
alle Male beseitigt worden ist. Einem Geschlecht, das gewohnt gewesen
war, in Napoleon den größten Staatsmann und Feldherrn der neueren
Zeit zu verehren, war an der Hand von Thatsachen zum Bewußtsein
gebracht worden, daß der zweite Begründer der preußischen Monarchie
dem großen französischen Soldatenkaiser nicht nur ebenbürtig, sondern
im entscheidenden Punkte überlegen gewesen sei! — Diese Ergebnisse der
Bernhardi'schen Arbeit erklären ausreichend, warum bereits die ersten
Leser derselben den Eindruck empfingen, daß ein Historiker vor sie ge=
treten sei, der das politische und das militärische Material des wichtigsten
Abschnittes neuerer Geschichte und die auf denselben bezüglichen deutschen
und russischen Staatsverhältnisse gleich vollständig beherrsche. Es darf
ohne Uebertreibung behauptet werden, daß dieses Buch in der Geschichts=
schreibung der Freiheitskriege ebenso Epoche gemacht hat, wie in dem
Leben seines Verfassers.

Noch verlief dieses Leben viele Jahre lang in enggezogenen, von
den großen Schauplätzen der Zeitgeschichte fernabliegenden Gleisen. Es
macht einen eigenthümlichen und melancholischen Eindruck, den von den
Geschicken seines Vaterlandes leidenschaftlich bewegten, mit den wichtigsten
Problemen der Zeit beschäftigten Mann fast ausschließlich auf den Verkehr
mit zwei Frauen und auf gelegentliche Berührungen mit einigen Nachbarn
beschränkt zu sehen, die gleich ihm in der Verborgenheit lebten. Was
von Außen herantrat, war immer wieder peinlicher Natur. Je mehr
der Besitzer von Kunnersdorf und seine Gefährtinnen sich in dem Hirsch=
berger Kreise einbürgerten, desto deutlicher mußten sie gewahr werden, daß
der Druck der Reactionszeit auf den kleinen Gemeinschaften staatlichen
Lebens ebenso bleiern lastete, wie auf den geistigen Centren desselben.
Als Bernhardi — zum ersten Male im Leben — eine sogenannte
Wahlbewegung mitmachte (Oktober 1852), wurde er alsbald gewahr,
daß das Wesen derselben in absoluter Wahl= und Bewegungslosig=
keit bestehe. „Der Landrath wird kommen, Reden halten und die Ur=
wähler mit Versprechungen und Drohungen bearbeiten" gab der erste,
nach den Wahlaussichten befragte Nachbar zur Antwort. „Nicht für

ben Landrath zu stimmen möchte ich keinem Bauern rathen" äußerte der zweite. „Die Bauern wählen überhaupt nicht nach politischen Ansichten" meinte ein dritter. — „Was der Landrath thut, ist wohl gethan" hieß es aber nicht bloß in politischen, sondern ebenso in rein communalen Angelegenheiten. Je nach seinem Ermessen stellte der Landrath Kartoffelwächter an, nach welchen die Eingesessenen niemals verlangt hatten und die sie nach einer ihnen octroyirten Taxe bezahlen mußten — schrieb er eine Armensteuer aus, die gesetzlich nicht vorgesehen war, deren Betrag er allein bestimmte — und die er erforderlichen Falls executorisch beitreiben ließ; ein anderes Mal ordnete er „freiwillige Beiträge" für ein neu zu erbauendes Krankenhaus an, welche von den Gemeindebeamten mit dem Bemerken eingeholt wurden, „daß der Herr Landrath nicht mit sich spaßen lasse." Auch wenn der Landrath von sich aus eine Wegebausteuer einführte, „die das 8fache der jährlichen Grundsteuer betrug", so war dagegen Nichts auszurichten. — Vollends deprimirend klang, was die Zeitungen aus Berlin berichteten, wo die Partei Gerlach-Stahl schrankenlos waltete, wo jede Aussicht auf einen Umschwung zum Besseren zu schwinden schien, und was Bernhardi's zum Besuch eingetroffener Schwager, der Geheimrath Julius von Krusenstern (diplomatischer Ablatus des Statthalters von Polen) aus Paris und St. Petersburg, den eigentlichen Mittelpunkten der damaligen europäischen Politik, erzählte:

5. März (1853). Während wir bei Tisch sitzen trifft Julius ein. Er hat die meiste Zeit zu Paris im Hause der Fürstin Lieven (geb. Benckendorff) zugebracht, — Vormittags daselbst die Napoleonischen Größen, Abends die alten Freunde der Fürstin, die Herren Guizot, Molé, Duchâtel u. A. gesehen. Er kündigt sich sehr bald als Bewunderer Napoleons III. an, schildert die Napoleoniden aber nichtsdestoweniger als Lumpenpack. Mr. de Morny ist bekanntlich Napoleons Halbbruder, nämlich der Sohn der Hortense und des Grafen Flahault, und Scham und Scheu sind so gänzlich gewichen, daß Flahault und Morny ganz unbefangen als Vater und Sohn mit einander umgehen und leben! — Die sogenannte Princesse Mathilde, ehemals Frau Demidow, lebt öffentlich mit dem Baron de Nieuwekerke, dem Bildhauer und Museendirektor. Die Kaiserin Eugenie war bis zu ihrer Verheirathung eine sehr ausgezeichnete lionne, pas très répandue dans le grand monde, mais très connue avec les jeunes gens,

sehr familiär mit einer Menge von ihnen; namentlich mit Kuratin von der russischen Gesandtschaft und mit dem General-Konsul Fölker-sahm. — Ihre Stellung als Kaiserin, allen den jungen Leuten gegen-über, mit denen sie noch vor kurzem sehr familiär war, ist eine sehr schwierige. Auch weiß sie sich durchaus nicht zu benehmen — verstößt gegen die Etiquette — macht z. B. den Herren Verbeugungen u. s. w. Napoleons Anhang, seine Minister, sind ebenfalls ein Pöbel, wie man sich kaum denken kann. — Der Ministre de cabinet Foulb, der am meisten zu bedeuten hat, ist ein blonder Börsen-Jude, — der soge-nannte Maréchal be St. Arnaud ein Abenteurer, der eigentlich Le Roy heißt, eine Zeit lang Schauspieler bei dem Ambigu comique war und schon vielerlei schlechte Streiche begangen hat, er sieht aus wie vom Galgen gefallen. Alle diese sogenannten Minister sind eigentlich nur Commis, die unbedingt thun was Napoleon III. befiehlt.

Gelingen konnte der sogenannte Staatsstreich, weil die Armee von der assemblée nationale vielfach gekränkt und beleidigt worden, und deshalb dem parlementarisme sehr abhold war — (die Republikaner in Frankreich haben also denselben Fehler begangen, den sich hier in Preußen unsere Demokraten haben zu Schulden kommen lassen). Den Ausdruck parlementarisme hat sich auch Julius angewöhnt, und braucht ihn mit der gehörigen Geringschätzung. — Napoleon III. warb, wie bekannt, in der Armee — versprach gol-bene Berge und wie dann alle Unbilden sollten gehoben und vergütet werden, sobald er unbeschränkt zu befehlen habe.

Alle die gegen den Staatsstreich etwas einzuwenden hatten, fertigt Julius mit unglaublicher Geringschätzung ab; namentlich auch Victor Hugo mit seinem Napoléon le petit. „Sans doute, qu'il y a eu de la turpitude, mais il faut regarder les suites."

Napoleon III. hat doch die Gesellschaft gerettet, den parlemen-tarisme besiegt und Ordnung hergestellt!

Und in welchem Zustand befindet sich denn nun die gerettete Gesell-schaft? welcher Art ist denn nun die hergestellte Ordnung? „C'est le règne de la dépravation!" sagt Julius. Die Käuflichkeit aller Menschen und besonders der Behörden übersteigt alle Begriffe, „es ist ärger

als bei uns in Rußland" — denn in Rußland beschränkt sich
doch die Sache darauf, daß man einem Beamten Geld in die Hand
schiebt; in Frankreich wird die Sache sans pudeur öffentlich betrieben;
es wird förmlich unterhandelt und gehandelt, Verabredungen, ja Kon-
trakte geschlossen. — Im Börsenspiel kommen alle Augenblicke des
turpitudes vor; der Kriegsminister St. Arnaud hat z. B. 500,000 Fr.
mit einem coup verloren, und diese Schuld abgeleugnet.
Als der agent de change zu ihm kam und ihm den Ausfall des
Geschäftes meldete, sagte dieser Maréchal de France: mais j'ai plai-
santé, er habe nur im Scherz, nicht wirklich Auftrag gegeben die
betreffenden Papiere zu kaufen! — Der agent de change, dessen
Ehre und Vermögen preisgegeben war durch diese Erklärung, wurde
krank vor Schrecken, Napoleon aber zahlte für Arnaud. — In ge-
sellschaftlicher Beziehung bildet jetzt le règne des femmes entretenues die Regel; die glänzendsten Equipagen im bois de Boulogne,
die ersten Logen in den Theatern sind von den femmes entretenues
eingenommen, die sich überall vordrängen ohne Scham und Scheu;
und dabei ein unglaubliches Raffinement in der débauche und Ver-
worfenheit.

Kein Mensch in Frankreich glaubt an die Dauer des
gegenwärtigen Zustandes der Dinge. Wo man auch anfragt,
bei welcher politischen Partei, in welchen gesellschaftlichen Kreisen es
auch sei, überall heißt es: Mais cela ne durera pas.

Auch die Heirathsgeschichte Napoleons hat einen Beweis geliefert, wie wenig Vertrauen man zu den Dingen hegt. Der bejahrte
Herzog von Ossuna hatte ein paar Jahre früher um die Hand der
Gräfin Eugenie Montijo angehalten, war aber abgewiesen worden.
Als jetzt Napoleon III. um sie warb, erbat sich die Mutter
vierundzwanzig Stunden Bedenkzeit, — ließ den Herzog
von Ossuna wissen was geschehen war, und ihm dabei sagen, wenn
er noch eben so gesinnt sei wie früher, werde sie ihm jetzt den
Vorzug geben vor dem Kaiser der Franzosen! Der Herzog trat aber nun zurück!!

Julius meint aber doch, Napoleon werde sich halten: „Die Anderen rechneten immer auf die guten Eigenschaften der

Menſchen — und darüber gingen ſie zu Grunde —: er
aber rechne auf die ſchlechten Eigenſchaften der Menſchen, und auf die Demoraliſation, und damit kömmt
man weiter." — „C'est un homme qui payera de sa personne
au besoin." — Ein Legitimiſt, der bekannte Graf St. Prieſt, ſagte
zu Julius: „On ne le renverra pas en fiacre celui-là." Auch
iſt die Disciplin in der franzöſiſchen Armee der Art und hält ſo feſt
zuſammen, daß ſie unter Führern, die ihm ergeben ſind, den Kaiſer
halten wird, und wenn auch alle einzelnen Soldaten und Offiziere
gegen ihn empört wären.

Nebenher aber unterläßt Napoleon III. nicht auch den Socialiſten
und den Anhängern der rothen Republik ſchön zu thun. Mme.
George Sand gilt ſehr viel und vermag viel bei ihm. Alle Forderungen, die ſie unterſtützt, werden gewährt. — Die Miniſter meinten,
man müſſe der Nachricht von dem Aufſtand in Mailand einige Worte
der Mißbilligung beifügen: darin hat aber Napoleon um keinen
Preis gewilligt.

Uebrigens iſt Napoleon III. ſo ſehr an eine vie de conspirateur
gewöhnt, daß er auch jetzt, nachdem er ſeinen Zweck erreicht hat, immerfort conspirirt, und alles und jedes vermöge einer Art von Conſpi-
ration herbeizuführen ſucht — „les voies détournées" ſind ihm
die natürlichen. Es giebt jetzt eine doppelte und dreifache geheime
Polizei in Frankreich, von denen die eine die andere controlirt und
überwacht; alle Präfecten, alle Beamten überhaupt ſind von geheimen
Spionen umgeben. Daß alle Briefe geöffnet werden, verſteht ſich
von ſelbſt. (In dieſem Zuſtande beſteht nun die vollendete Rettung
der Geſellſchaft! — Das iſt der Zuſtand, den die Fürſtin Lieben,
der Kaiſer von Rußland und natürlich auch Julius as in duty bound
für den beſtmöglichen erklären, den ſie protegiren und erhalten
wiſſen wollen; dieſem Zuſtand gegenüber wird nicht nur
die Revolution, ſondern auch der parlementarisme
verwerflich genannt.)

Julius geſteht, daß zwei Dinge dem Napoleon III. Schaden gethan haben: der Marſchall St. Arnaud in der Armee — und dann
ſeine Heirath. Wenn er nicht eine Prinzeſſin bekommen konnte, mußte

er die Prinzessin von Wagram (Mlle. be Berthier) heirathen, das
ist die ziemlich allgemeine Ansicht. Die Kaiserin Eugenie hat, wie
die Fürstin Lieven sagt, le coeur sec, und wenig oder gar keine guten
Eigenschaften. —

Anerkennung Napoleons von Seiten der Großmächte.

Man hatte schon früher darüber berathen, was zu thun sei, im Fall
der Präsident sich zum Kaiser erkläre, und dem Kaiser Nikolaus galt
es für ausgemacht, daß die Landesherren von Gottes Gnaden den
Kaiser der Franzosen nicht Monsieur mon frère, sondern mit Mon
bon ami anreden würden: als es zur Sache kam, schrieb unerwartet
unser König (in Folge einer stürmischen Sitzung des Ministerraths)
nach Wien: aus einem Gefühl von Pietät habe er Napoleon III.
Monsieur mon frère genannt, weil sein in Gott ruhender Vater
Louis Philipp so angeredet habe! — Der Kaiser Nikolaus war natürlich entrüstet — und Julius zeigte bei dieser Gelegenheit pflichtschuldigermaßen die größte Mißachtung für
den König von Preußen. Denn die Ansichten des Kaisers Nikolaus sind natürlich normgebend für ihn; man hat Recht oder Unrecht je nachdem man sich des Kaisers Ansichten nähert, oder von
ihnen abweicht.

Der Kaiser Nikolaus schickte also Anerkennungsschreiben und
Creditive nach Paris, in denen Napoleon III. „Mon bon ami" angeredet war. — Die französische Regierung wollte sie anfangs gar
nicht annehmen, Napoleon III. war wüthend; Drouyn de l'Huys
äußerte gegen den russischen Gesandten Kisselew, von der Annahme
dieser Zuschriften könne gar nicht die Rede sein; es sei eine gar nicht
aufzuwerfende Frage, und Kisselew machte sich auf seine baldige Abreise gefaßt. — Auch im Ministerrath sprach Drouyn de l'Huys in
diesem Sinne. — Diejenigen Minister aber, die in Börsenspeculationen
verwickelt waren — und das war die überwiegende Mehrheit — votirten
für die Annahme, und dafür entschied sich Napoleon III., zum Theil
aus Furcht vor Börsenzerrüttung, zum Theil aus anderen Gründen.

Der Kaiser Nikolaus meint, er könne einen Regenten, der nicht
von Gottes Gnaden ist, „qui est régent en vertu d'un autre principe
que lui" — nicht Monsieur mon frère nennen — bei alledem

aber hat er eine sehr entschiedene Sympathie für Napoleon III. Napoleon III. weiß das so bestimmt, daß er daran
denkt diesen Sommer nach Warschau zu gehen, und
dort mit dem Kaiser Nikolaus zusammen zu treffen.

Julius' Vorstellung bei Hofe in den Tuilerien; Abends bei einer
Soirée, wo ein Schauspieler aus dem Théâtre français komische Scenen
spielte; zwei Lehnstühle für das Kaiserliche Paar, dahinter Stühle en
fer à cheval, für etwa 50 Personen. — Bei der Vorstellung sagte
Napoleon III., der wußte, daß Julius bei dem Feldmarschall Pasle-
witsch angestellt ist: „Vous appartenez à un homme qui a rendu
de grands services à l'Europe." Julius gab zur Antwort: „Sire,
c'est une gloire qu'il a le bonheur de partager avec Votre Ma-
jesté." Zum Abschied sagte dann Napoleon III. wieder: „Saluez le
Maréchal de ma part, assurez-le de mon haut estime. Je sais
qu'il s'est exprimé toujours sur mon compte dans des termes
qui ne peuvent que m'être flatteurs, venant d'un homme éminent"
(diese Worte hat sich Julius gleich darauf niedergeschrieben, er kann,
sagt er, für die Buchstäblichkeit bürgen). — Julius antwortete ungefähr: der Feldmarschall wisse wahres Verdienst zu schätzen — und
spreche immer offen seine wirkliche Meinung aus.

Man will am französischen Kaiserhof die strengste Etiquette einführen, weiß aber nicht recht damit umzugehen; es soll dieselbe sein,
wie bei Napoléon l'oncle, und der Graf Flahault ist nun das
Oracle, an das man sich in allen Verlegenheiten wendet. Napoleons III. Umgebung zittert vor dem Kaiser, und manquirt ihm doch
jeden Augenblick, bloß weil die Leute schlecht erzogen sind, und sich
nicht zu betragen wissen. So stand in den Entreactes der Vorstellung
das Kaiserliche Paar auf, die Gesellschaft blieb aber sitzen, bis die
Russen Kisselew, Kuralin und Julius aufstanden, und so gewissermaßen das Signal gaben, da erhoben sich dann die übrigen auch.
Persigny kam während der Vorstellung. Napoleon III. gab ihm hinter
dem Rücken der Kaiserin Eugenie die Hand en lui demandant des
nouvelles de sa femme. Persigny setzte sich darauf hinter die Russen
und sagte ganz laut zu seinen Nachbarn: „Je ne serais pas venu,
j'ai du monde, mais il m'a fait appeler pour affaires. Singu-

lière manière de faire les affaires!" und ging gleich darauf wieder
weg. Im nächsten Entreacte erhob sich Napoleon III., der ihm wirklich etwas zu sagen hatte, und fragte nach dem ministre de l'intérieur
— der war aber nicht mehr da!

Ueber die russischen Anerkennungsschreiben mit Mon bon ami
tröstet man sich in dem napoleonischen Kreise mit einem Witzworte,
das die Lage der Dinge ziemlich genau ausspricht: Un bon ami
vaut mieux que deux faux frères.

Julius hält es für sehr möglich, daß Napoleon III. in diesem
Sommer nach Warschau kommt und vom Kaiser Nikolaus dort empfangen wird. „Mais l'Empereur n'a pas voulu recevoir le duc
d'Orléans, le duc de Nemours," wende ich ein. „C'était autre chose",
fällt Julius ein, „parcequ'ils étaient révolutionnaires. Celui-ci,
c'est un homme qui n'a pris la place de personne. Il n'excite
pas des troubles en Pologne, comme faisait Louis-Philippe."

6. März. St. Arnaud war als Oberster schon einmal auf
dem Punkt für malversation kassirt zu werden, aber der General
Le Flô unterschlug die Sache und rettete ihn, weil er ein sehr brauch-
barer Offizier ist. Das erste was St. Arnaud als Kriegsminister
that, war die Verhaftung des Generals Le Flô.

Die Fürstin Lieven schreibt der Kaiserin von Rußland zwei
Mal wöchentlich — der Himmel mag wissen was für elende Klatschereien
— natürlich re vera für den Kaiser Nikolaus. Wie alle Briefe
in Frankreich werden aber auch die ihrigen auf der Post gelesen.
Sie benutzt daher alle Gelegenheiten von Couriren u. s. w. —
auch Julius hat sie einen Brief an die Kaiserin mitgegeben, zur
Uebergabe an die erste deutsche Post (En Allemagne Vous la je-
terez dans la première boîte que Vous trouverez). Julius kommt
immer auf die dépravation zurück, die in Paris herrscht, die schmäh-
lichsten Orgien fanden bei Napoleon III. statt, bis zu seiner Verheirathung.

Höchster Unwille über den König von Preußen. Nachdem der
Kaiser Nikolaus „so gnädig und freundschaftlich gewesen war", nimmt
er doch wieder den „elenden" Rabowitz zu sich! — Ist das nicht
abscheulich? — Der Kaiser hat in seiner „gerechten" Entrüstung

von seinem Schwager zu dem Flügeladjutanten Grafen Münster gesagt: „o'est un . . . . . ."

In Venedig ist Julius auch dem Grafen von Chambord vorgestellt worden und hat bei ihm zu Mittag gespeist. Von dem ist aber wie es scheint gar Nichts zu erzählen. Er gehört zu der besten Gesellschaft, „die zum kleinsten Gedicht keine Veranlassung giebt".

In Verona sah Julius zunächst den General Benedek, den er von 1846 von Krakau her kannte und als einen sehr tüchtigen Mann beschreibt. — Dann besuchte er auch Radetzky. Die eigentlichen Aufschlüsse über das innere Treiben des Hauptquartiers gab ihm aber der elende Abenteurer Fürst Trubetzkoy*), der lange Zeit mit der berühmten Tänzerin Marie Taglioni gelebt, einen Sohn mit ihr erzeugt und jetzt zum Schluß ihre Tochter geheirathet hat. Der ist, nicht wegen seines früheren Lebens auf Marie Taglioni's Kosten, sondern seiner Heirath wegen sehr in Mißachtung verfallen, — da er aber die Feldzüge 1848 und 1849 als volontaire in der österreichischen Armee mitgemacht hat, hält ihn Radetzky und gewährt er ihm sein Vertrauen.

Dieser erzählt: Im Hauptquartier ist eine Partei, die Radetzky gern verdrängen möchte, zu dessen Nachfolger der unbedeutende Graf Gyulay bestimmt ist. Diese Partei hat einen starken Rückhalt im Ministerium in Wien. Der Hauptagent im Hauptquartier ist ein General Baron Eynatten.**) Da man Radetzky nicht wegschicken kann, sucht man ihn wegzuärgern, ihm so vielfache Possen anzuthun als möglich, damit er sich am Ende entschließe zu gehen. Man hat ihm die Offiziere weggenommen, denen er vorzugsweise sein Vertrauen schenkte, und sendet ihm dafür andere, die ihm unangenehm sind u. s. w. — Zuletzt wurde sein Sohn, der allerdings kein Genie ist, ohne darum gebeten zu haben und ohne Veranlassung, verabschiedet, wenn auch, um die Beleidigung nicht allzu auffallend

---

*) Ueber diesen (als russischer General-Konsul in Marseille verstorbenen) Fürsten Trubetzkoy und seinen Sohn vgl. V. Hehn, De moribus Ruthenorum. S. 241 ff.

**) Gyulay und Eynatten wurden wenige Jahre später als Haupturheber der österreichischen Niederlagen von 1859 weltkundige Persönlichkeiten.

zu machen, als General-Major. — Das traf den alten Herrn sehr schwer. Ein Adjutant (Gehringer, der ihm sehr ergeben ist, und der hinter den eigentlichen Zusammenhang der Dinge gekommen war) öffnete dem Feldmarschall die Augen über das, was vorging, und dessen geheime Gründe. — Radetzky schrieb nun an den Kaiser Franz Joseph, daß er recht gut sehe was vorgehe, recht gut einsehe daß man ihn los werden wolle, daß er dem Kaiser aber auch noch den letzten und höchsten Beweis seiner Treue und Ergebenheit dadurch geben wolle, daß er nicht gehe, damit nicht auf die Dankbarkeit des hohen Erzhauses Oesterreich ein neuer Schatten falle. — Darauf bekam er natürlich eine überaus gnädige Antwort, seine Vollmacht wurde erweitert u. s. w.

7. **März. Feldmarschall Paskewitsch.** Im Jahre 1849 wurde in Warschau so allgemein und so laut über ihn geschimpft, daß seine Frau beständig in Thränen schwamm und lamentirte, und jeden Augenblick seinen „Sturz", wie man das nennt, erwartete. — Eines schönen Tages faßte Paskewitsch Julius bei beiden Schultern, sah ihm lange fest in die Augen und sagte dann in dem Ton milden Vorwurfs: „Du hast mir nichts davon gesagt, daß hier, während ich in Ungarn war, Nesselrode und Schwarzenberg gegen mich intriguirt haben! — ein Adjutant hat es mir gesagt und Du nicht!" — Julius erwiderte darauf mit einer berechneten Heftigkeit: „Wenn Sie glauben, daß Nesselrode und Schwarzenberg gegen Sie intriguirt haben, dann kann ich nicht länger bei Ihnen dienen; dann muß ich Sie verlassen." Da hatte Paskewitsch un mouvement de retour, die Augen wurden ihm feucht und er sprach begütigende Worte. — Julius aber, der seinen Mann kennt, warnte, man möge ja nicht an ein wirkliches, echtes mouvement de retour glauben. Paskewitsch fürchtete bloß, Julius werde wirklich seine Canzlei verlassen, sich ganz dem Reichskanzler Grafen Nesselrode anschließen und diesem allerhand Verdrießliches hinterbringen. Von Paskewitsch sagt Julius immer wieder: „Vous savez — c'est un homme qui n'a ni foi, ni loi."

Den Abend muß ich den Anfang von Tolls Leben vorlesen. Julius hat von Alexander Abelung wichtige Papiere eines oft als geheimen ruſſiſchen Agenten gebrauchten Mannes, eines Italieners Cavaliere Maglia bekommen. Sie ſind, als Maglia in Wien ſtarb, wo er bei der Geſandtſchaft angeſtellt war, von dem Geſandtſchafts-Secretär Rubråwski, der Maglia's Papiere verſiegeln ſollte, unterſchlagen worden und ſeitdem in dieſer Weiſe von Hand zu Hand gegangen. — Julius verſpricht ſie mir. Ich ſoll ſie aus Warſchau abholen. — Sie beziehen ſich auf die Kataſtrophe des Kaiſers Paul — und beſonders auf Suworows Feldzüge. Das kann vom höchſten Werth für mich ſein. —

8. März. Nachleſe aus der Converſation J. R.'s mit Radetzky. Der zeigte ſich ſehr beſorgt, des ſchlechten Geiſtes wegen, der in den päpſtlichen Staaten herrſcht, hatte aber keine Ahnung davon, daß zwei Tage darauf ein Aufſtand in Mailand ausbrechen könne.

Nach der Abreiſe ſeines Schwagers, für den er — auf deſſen Wunſch — eine dem Kaiſer Nikolaus beſtimmte Denkſchrift über die von Napoleon III. gegründeten Creditanſtalten ausgearbeitet hatte, nahm Bernhardi die zu Anfang des Winters begonnenen Studien über die Kriegsgeſchichte der Jahre 1840 bis 1850 wieder auf. Das Tagebuch bemerkt darüber:

Klapka's Nationalkrieg in Ungarn und Siebenbürgen 1848/49 zu Ende geleſen. Ein großes Schriftſteller-Talent iſt Klapka nicht. Bems Feldzug in Siebenbürgen iſt bewundernswürdig und in hohem Grade lehrreich und zu bewundern. So viel von den Truppen fordern, große Leiſtungen verlangen, ſich gelegentlich ungebärdig ſtellen, frapper du pied etc. —: das könnte am Ende jeder; aber thatſächlich erlangen, daß ſo Ungewöhnliches wirklich geleiſtet wird, dazu gehört eine Herrſcherſeele! — Der Feldzug hat eine gewiſſe geiſtige Analogie mit dem Napoleons 1796 — zu bemerken: man kann in dieſem Geiſt nur an der Spitze einer kleinen Armee Krieg führen, die nur einen geringen Theil der Nationalmacht bildet; denn in der Natur dieſer Art Kriegführung liegt, daß man die eigene Armee ſehr ſchnell verbraucht, ſo daß ſie im Lauf eines ſolchen Feldzuges wohl ein paarmal neu geſchaffen werden muß, was nicht geht, wenn von der geſammten Nationalmacht oder einem großen Theil derſelben die Rede iſt. — Napoleon hat ſich auch anders geſtellten Aufgaben gewachſen gezeigt; ob auch Bem ſie hätte lösen können, bleibt die Frage. — Mitunter scheint es, als hätte er besonnener sein und handeln müssen; aber jede Individualität ist doch am Ende ein Ganzes, in der Alles organisch zusammenhängt und bedingt ist, und so läßt sich in gewissem Sinn mit dem Individuum, was den allgemeinen Charakter seines Thuns und Handelns anbetrifft, nicht rechten. Ein Mann, der in den bestimmten Fällen der wünschenswerthen Besonnenheit fähig war, hätte wohl überhaupt Bems strebende Energie nicht besessen, und wäre nicht im Stande gewesen, das Unglaubliche zu leisten, das wir ihn leisten sahen. — Im Kriege vor Allem ist es wahr, daß den versäumten Augenblick keine Ewigkeit zurückbringt. Daß Perczel den Augenblick versäumte, wo es möglich war sich des Plateaus von Titel zu bemächtigen, mußte sich jedenfalls bestrafen.

Ramming, Geschichte (anonyme) des Feldzugs Haynau's 1849 in Ungarn; bis zur sogenannten Schlacht bei Pered gekommen. Der große Augenblick, wo die Ungarn entscheidend siegen konnten, — war versäumt; sie waren Anfang Mai 1849 nicht nach Wien gegangen, wie sie konnten und mußten. Mitte Juni war vernünftiger Weise nichts Anderes zu thun als sich auf die Vertheidigung einzurichten, und sich zu diesem Ende an der unteren Theiß und Maros ein réduit anzulegen, auf das man langsam fechtend zurückging, und dann zuletzt die Sumpf-Fieber zu Hülfe zu nehmen. Daß man das Plateau von Titel nicht besaß, würde man immer sehr schmerzlich empfunden haben, — indessen konnte doch noch viel geleistet werden, wenn die Ungarn alles aufboten, anstatt des Ofener Schlosses Temesvar, und womöglich auch Karlsburg zu erobern und Szegedin in ein großes, vollkommen sturmfrei verschanztes Lager zu verwandeln. — Wollte man Mitte Juni noch eine Offensive versuchen, so war freilich die vorgeschriebene Richtung die auf Preßburg, um die österreichische Armee in sich zu trennen, und dann von Preßburg aus auf das linke Donau-Ufer und auf Wien zu gehen. Aber was konnte selbst im glücklichsten Falle dabei herauskommen? Die vorhandenen Mittel reichten nicht aus — wurde die Sache so lahm und mit halbem Willen angefangen, wie Görgey sie wirklich anfing, so ergab sich gar nichts daraus; wurde sie mit der energischen Thätigfeit ausgeführt, mit der sie Bem z. B. ausgeführt hätte, so wurde dabei die eben nicht zahlreiche ungarische Oberdonau-Armee ohne Zweifel sehr schnell verbraucht — und sie war nicht zu ersetzen innerhalb einer angemessenen Zeit. — Den Aufstand nach Wien oder nach Böhmen zu tragen — das war in dem Augenblick eine phantastische Hoffnung: dergleichen darf man hoffen am Schluß eines glücklichen Feldzuges, nicht am Anfang eines zweifelhaften, der noch weit von der Entscheidung entfernt ist. Es wäre im Mai möglich gewesen — und konnte im Herbst wieder möglich werden, wenn etwa Oesterreicher und Russen in trauriger Verfassung aus den Sümpfen an der Theiß wiederkehrten. Görgey war aller Wahrscheinlichkeit nach nicht nach Wien gegangen, weil er einen vollständigen Erfolg gar nicht wollte. Selten hat wohl ein Mensch so viel zu dem Verderben seines Vaterlandes beigetragen als Görgey. —

Ramming weiter gelesen. Wollten die Ungarn — was im Juni 1849 ein verkehrtes Unternehmen blieb — den Angriffskrieg versuchen, so mußten sie suchen die österreichische Armee in der Mitte zu durchbrechen. Bei näherer Betrachtung aber ergiebt sich, daß es wohl am zweckmäßigsten gewesen wäre dies auf dem rechten Donau-Ufer zu versuchen; erstens weil Wien auf dem rechten Ufer liegt, dann weil hier die ungarische Armee ihre natürliche Basis — die Linie Ofen-Szegedin, gerade hinter sich behielt. Alle Verkehrtheiten in den Operationen der Ungarn rühren daher, daß Görgey in der Idee befangen war, die österreichische Armee werde auf dem linken Donau-Ufer operiren, um die unmittelbare Verbindung mit den Russen zu suchen. Die Oesterreicher bilden sich etwas ein auf die Concentrirung auf dem rechten Ufer, und meinen, sie hätten Görgey getäuscht! — Keineswegs, — der Mann täuschte sich selber! — Treffen bei Raab. — Görgey's Benehmen zu dieser Zeit ist geradezu elend zu nennen; warum ließ er sein erstes Armee-Corps so lange noch in Neuhäusel? — Die Oertlichkeit bei Raab war zur nachdrücklichsten Vertheidigung gar sehr geeignet, besonders unter den damaligen, den Ungarn günstigen Umständen — das Weingebirge von anhaltenden Regen unwegsam, die Rabnitz nur an wenigen Punkten zu überschreiten — diese Gegend mußte vernünftiger

Weise sehr gründlich zur Vertheidigung eingerichtet sein und nachdrücklich behauptet werden; denn man mußte nur fechtend, langsam, und nachdem man dem Feinde schwere Verluste zugefügt hatte, in das Innere des Landes weichen.

Ramming. Man muß gestehen, es ist ein seltsamer Sieg, den die Oesterreicher am 2. Juli 1849 vor Komorn erfochten haben, beneiden wird sie Niemand darum! — Ueber ihre Uneinigkeit hatten die Ungarn eine schöne Gelegenheit versäumt, einen in jeder Hinsicht ganz ansehnlichen Vortheil zu erkämpfen. Die zwei Brigaden, mit denen Colloredo in der kleinen Schütte stand, konnten leicht bis zur Vernichtung geschlagen werden; denn sie mußten des Brückenbaues wegen einigermaßen Stand halten. —

Görgey's Absicht bei Komorn auszuharren und auf der Lauer zu liegen, ist ganz verkehrt zu nennen; die Machtverhältnisse mußten ganz andere, den Ungarn weit weniger nachtheilige sein, und dann am 4. oder 5. Rückzug an die Theiß, war nach dem Gefecht am 2. wohl das Zweckmäßigste. —

Ramming. Schlacht vor Komorn 11. Juli 1849. Görgey's Dispositionen sind nicht zu loben; Verzettelung der Kräfte; wenn Alexander Esterhazy's Division gegen Almas Mocsa demonstrirte, das war vollkommen genug; das erste ungarische Armee-Corps, auf Pußta Farkaly gerichtet, konnte vielleicht der Sache eine günstige Wendung geben; doch blieb die Sache sehr problematisch, und ein einigermaßen entscheidender Vortheil wurde schwerlich erfochten. — Besser war es vielleicht erst Colloredo anzugreifen (ehe der Brückenkopf fertig war), denn der konnte bis zur Vernichtung geschlagen werden, was die Oesterreicher wahrscheinlich zu neuen Entsendungen nach der Schütte bewog; — dann gegen den Acser Wald hin zu demonstriren und mit gesammter Macht auf Mocsa zu fallen, wo dann der Erfolg kaum zweifelhaft sein konnte. Selbst wenn Görgey nicht an das gewagte Unternehmen dachte, die nach Ofen vorausgesendeten Oesterreicher in eine bedenkliche Lage zu bringen, wenn er nur nach Stuhlweißenburg wollte: dahin führte ihn der so eingeleitete Angriff, ohne daß ein vollständiger Sieg über die Austro-Russen vorherzugehen brauchte. — Die Hauptsache war immer, sich durch einen tüchtigen vorläufigen Schlag gegen Colloredo erst in Respekt zu setzen, und den Gegner zu Entsendungen auch nach der Seite hin zu zwingen. — Auf Mocsa konnte vielleicht ein nächtlicher Ueberfall verbunden mit Allarmirung der ganzen Linie ausgeführt werden. —

Ramming. Bei näherer Betrachtung muß man gestehen, daß ein Abmarsch des ungarischen Heeres gegen Stuhlweißenburg nur möglich wurde, wenn es gelang die Oesterreicher über den Czanczo-Bach zurückzuwerfen; denn es handelte sich hier nicht um ein Durchschlagen wie das der Garnison von Menin 1794 — sondern um den Abmarsch eines Heeres das in Stellung bleiben muß, bis seine Artillerie-Parks u. s. w. einen Vorsprung gewonnen haben.

Ramming. Schlacht bei Szöreg. Dembinski ist ein Feldherr, der sogar dem Ban Jellacic die Palme militärischer Armseligkeit streitig machen kann. Daß er von Szöreg nicht mehr auf Arad zurückzugehen wagt, weil Schlick bei Mako, ohne Brücke jenseits der Maros steht —: das ist bezeichnend! — Als Hauptfehler muß bezeichnet werden, daß die Ungarn sich so spät erst bemühten, Temesvar zu erobern. Wenn sie es auch Ende Juli eroberten, mit beschädigten Werken und vernichteten Wohnräumen, mit inficirten Casematten, in denen die neue Besatzung sogleich wieder mancherlei Seuchen verfiel, folglich in einem Zustande, in dem die Festung nicht alsogleich wieder gegen eine Belagerung vertheidigt werden konnte, was half ihnen das? — sehr wenig! — Besonders wenn nicht Szegedin, wie die Linien von Torres Vedras ein sturmfreies verschanztes Lager war. — Seltsam! das ganze Buch ist — abgesehen von der Verherrlichung Haynau's — geschrieben um die Welt zu überzeugen, daß Oesterreich auch allein und ohne russische Hülfe mit den Ungarn fertig werden konnte, und sehr bestimmt geht grade das Gegentheil daraus hervor. —

Von Waitzen bis Vilagos ist Görgey wohl schwerlich etwas vorzuwerfen, im Gegentheil, seine Operationen verdienen Anerkennung und Studium, und die Stimme die ihn des Verraths anklagen will, findet hier keinen Anhaltspunkt. Die früheren Versäumnisse sind freilich unmöglich zu entschuldigen.

Auf die kriegsgeschichtlichen Studien folgte die Lectüre eines Buches,

11*

welches damals die Runde um die Welt machte und das Auftauchen einer
Frage ankündigte, die sieben Jahre später die Theilnahme der gesammten
Menschheit in Anspruch nehmen sollte.

Ende März „Onkel Toms Hütte" zu Ende gelesen. Ein
sehr großes, ein sehr überwältigendes Talent in der Darstellung der
unseligsten und verwerflichsten Zustände. Eine Intensität und
Energie der Kenntniß und Darstellung des Lebens, wie sie von
Seiten einer Frau gar sehr überrascht. Hier ist die Versöhnung
von der Macht christlicher Liebe ausgehend, in einem hohen Sinn
aufgefaßt. Doch ist das Talent der Verfasserin nicht ein künstlerisch
abgerundetes. Ende schwach, huddled up. — Schon Legree ist un-
nöthiger Weise in's Abenteuerliche gesteigert; was dem Eindruck des
Buches schadet — und ein so zur Thierheit herabgesunkener Mensch
wird dann auch nicht so von Gewissensbissen gequält. — Daß aber
am Ende Alle gerettet werden und sich zusammenfinden, ist schlecht
angelegt; Cassy vor Allem durfte nicht gerettet werden; das Schicksal
einer Frau, die das Spielwerk so vieler Männer gewesen ist, und die
die Geliebte Legree's hat sein müssen, kann und darf würdiger Weise
nicht anders als tragisch enden. Auch läuft der schwache Trost, der
in solcher Rettung liegt, gegen den Zweck des Buches. Es soll und
will uns ja schonungslos zeigen, wie solch ein Dasein sich regelmäßiger Weise verläuft, wenn ihm kein poetisches Wunder zu Hülfe
kommt.

4. Mai. Nach langer Zeit macht mir wieder einmal etwas
in der Zeitung Freude, nämlich die Worte, die der Prinz von
Preußen zu den pommerschen Deputirten gesprochen hat, über Ge-
meindeverfassung und die Zeitläufte überhaupt. — Wie die jetzt
herrschende reaktionäre Partei mit Gewalt darauf hinarbeitet das
religiöse Gefühl und jeden sittlichen Halt im Volk zu vernichten!
Die Religion hat ihre Macht über die Gemüther verloren, weil sie so lange Zeit als Mittel der Polizei und
Regierung mißbraucht worden ist — und das geschieht
jetzt mehr als je, und die Leute sehen es besser als je. — Gensdarmen schleichen im Lande herum, Sonntags, um jeden zu verhaften
der arbeitet, das heißt Heiligung des Sonntags! — Die Folge

ist, daß die Leute in der Erbitterung ihres Herzens auf die Kirche und ihre Gensdarmen schimpfen, und sich die Arbeit an abgelegenen versteckten Orten auf den Sonntag versparen. —

Ludwig Tiecks Tod. Reise nach Berlin und Prag.

Inzwischen war Ludwig Tieck den Leiden des Alters erlegen und Bernhardi dadurch zu einer Reise nach Berlin bestimmt worden, wo er am Morgen des 10. Mai (1853) eintraf.

Zu meines Onkels Wohnung mit eigenthümlicher Beklemmung die Friedrichsstraße hingewandelt! — Die Dienstboten allein zu Hause; Agnes (des Verstorbenen überlebende Tochter) nicht daheim. Erzählung von des Onkels Ende; er hatte wieder einen Anfall wie schon zweimal früher: Brustkrämpfe u. s. w., schien sich aber dazwischen zu erholen; der Arzt glaubte, er würde noch einmal davonkommen, wie schon früher, und untersagte deshalb jede Meldung an Agnes oder an mich; unser plötzliches und unmotivirtes Erscheinen könne dem alten Herrn eine Gemüthsbewegung verursachen, die man ihm ersparen müsse. So schwankten die Leute zwischen Furcht und Hoffnung. Am Ende, als es ganz schlecht ging, machte Raumer dem Diener Johann bange, und forderte ihn auf zu schreiben, damit nicht die Gerichte in's Haus kämen und Alles versiegelten, wenn keiner der Angehörigen bei Ludwig Tiecks Tod anwesend sei. Da benachrichtigte Johann Agnes durch telegraphische Depesche; mir schrieb er nicht, weil er ganz den Kopf verloren hatte. — Als Agnes ankam, war es dem Onkel gar nicht recht: „Du bist viel zu früh gekommen!" zu seinem Geburtstag nämlich, zu dem sie immer nach Berlin kam. Später fand er sich in ihre Anwesenheit und war liebevoll; hat aber kein Verlangen nach mir ausgesprochen; er glaubte sein Ende keineswegs nahe. Seine letzten Worte waren zu Agnes: „Schlaf wohl; laß Dir etwas Angenehmes träumen!" (Abends) bald darauf ward er besinnungslos, gegen Morgen verschied er. — Seine Bibliothek hat er noch bei seinem Leben an den Grafen York verkauft für 6000 Thaler.

Agnes kommt nach Hause, erzählt von des Vaters letzten Stunden und giebt mir die Briefe meiner Mutter an ihn und Friedr. Tieck mit anderen Papieren zurück. Sie hat des Vaters Papiere durchgesehen und meint, es sei besser über manche Verhältnisse nicht aufgeklärt zu werden — eine Bemerkung, die mir sehr auffällt.

12. Mai. Paul Rennenkampff (von der russischen Gesandtschaft) aufgesucht: Politik!; der Besuch des Kaisers von Oesterreich hat hier einen sehr guten Eindruck gemacht, der junge Mann hat persönlich gefallen; man war sehr aufmerksam und höflich gegen ihn; nur der junge Prinz Friedrich Wilhelm (Sohn des Prinzen von Preußen) vernachlässigte ihn mit Berechnung und Absicht: „dazu hatte ihn die Mutter veranlaßt." — NB. Paul Rennenkampff ist ein Liberaler, kann aber die Prinzessin von Preußen nicht leiden, und schimpft über sie gerade wie die Demokraten. Die wissen warum; ob er das mit derselben Klarheit weiß, ist die Frage. — Die Aufwartung der pommerschen Deputirten bei dem Prinzen von Preußen hat einen vollständigen Bruch zwischen dem Prinzen und der Partei der Rechten herbeigeführt. Auf die Worte des Prinzen: „Man soll es keinem Preußen nachsagen, daß er nichts gelernt und nichts vergessen habe!" — trat einer von den pommerschen Junkern vor und erklärte: Euer K. H.! ein Pommer wird es nie vergessen, daß auf diesem Hause (i. e. dem Palast des Prinzen) gestanden hat: National-Eigenthum! —

Diner mit Paul Rennenkampff und Herrn von Plüskow im Café Royal.

Der Prinz von Preußen am Rhein ist der Partei Gerlach-Stahl ein Dorn im Auge; er gewinnt da eine Popularität, die ihr sehr unbequem ist; deshalb wurde auch sehr eifrig an einem Plan gearbeitet ihn von da wegzubringen; er sollte Gouverneur in den Marken werden, und der alte Wrangel an seiner Stelle Gouverneur am Rhein. Papa Wrangel am Vater Rhein! — der könnte da schwerlich etwas anders als sich selbst, und was schlimmer ist, Preußen, lächerlich machen. Der Prinz hat sich mit

Händen und Füßen dagegen gewehrt, und es wird auch
nichts daraus. —

20. Mai. Früh bei Etzel, dem ich zum Oberstlieutenant gratulire. Ich finde ihn sehr freundschaftlich, aber zurückhaltender, vorsichtiger als sonst, plus boutonné; dem Anschein nach mehr mit Oesterreich und Rußland versöhnt. Er bemerkt, indem er einen gewissermaßen prüfenden Blick auf mich heftet, daß viele Liberale, selbst die consequentesten, in der neuesten Zeit von ihren Theorien zurückgekommen sind. — Ich war von jeher der Ansicht, daß weniger darauf ankömmt in welcher Form, als in welchem Geist regiert wird. — Welchen Eindruck hat der Kaiser Nikolaus hier gemacht? „Einen guten — er verlangt nicht zu viel" (d. h. er sieht ein, daß der nackte formlose Despotismus hier nicht wieder eingeführt werden kann, und verlangt das nicht). —

Radetzky's Hauptquartier in Verona. Da hat Etzel besser und tiefer gesehen als der elende Fürst Trubetzkoy, Julius' Orakel! — Die österreichische Armee war immer erbittert gegen die Aristokratie, für die sie bei jeder Gelegenheit die Kastanien aus dem Feuer ziehen mußte und der alle guten Dinge dieser Erde zufielen, soweit Oesterreich sie zu vergeben hatte. Nun sagt mir Etzel: es hat sich in der Armee eine Partei gebildet, die der Aristokratie sehr entschieden Feind ist. — An der Spitze dieser Partei steht wenigstens dem Namen nach der alte Radetzky; die Seele der Partei ist General Benedek, ein Mann, der durch sich selbst emporgekommen ist: ein eminenter Mensch. — Die Aristokratie will sich um jeden Preis der Armee wieder bemächtigen; darum werden die Emporkömmlinge so viel als möglich entfernt; — namentlich aber bemüht man sich Radetzky zu verdrängen und einen Mann wie Ghulay, der zur hohen Aristokratie gehört, an seine Stelle zu bringen. — Unsere Garde du Corps wird Gröben bekommen. Der König hält ihn nun einmal für etwas Großes (wozu Gröbens Frömmigkeit, verbunden mit höfischer Fügsamkeit wohl das meiste beiträgt). — Gewisse Persönlichkeiten — von denen der König einmal eingenommen ist — die hält er für große Männer. Man muß doch nicht glauben, daß der König sich leiten läßt, oder gar leicht zu leiten sei; nur wenn man ganz und gar auf seine Ansichten eingeht, kann man ihn beeinflussen. Die Scene zwischen dem Prinzen von Preußen und den Pommern sei nicht so schlimm gewesen als sie gemacht wird, meint Etzel, „obgleich der Prinz dem Herrn von Kleist-Retzow sehr diente." Ein unmittelbarer Zeuge hat ihm versichert, daß sich doch Alles mehr gesprächsweise verlaufen hat.

23. Mai 1853. Besuch bei Jacob Grimm; sehr angenehm. — Bei Etzel, den ich wieder ganz freundschaftlich, offen, zutraulich finde. — Wir besprechen die unselige hessische Heirath; er bedauert die liebenswürdige junge Prinzessin, die diesem Prinzen von Hessen geopfert wird. — Was will Preußen damit? frage ich, will Preußen die Verpflichtung übernehmen diesen Mann auf dem Throne zu erhalten und das jetzt in Hessen herrschende System zu conserviren? — Etzel zuckt die Achseln und meint zum Trost: „die Dinge sind stärker als die Menschen" — freilich müsse man von der Zukunft nicht zu viel erwarten, denn die Dinge gehen und werden langsam; wir werden nicht mehr viel besseres erleben, doch: der nächste Ruck befreit uns von allen den Kleinen! — Das glaube ich, und hoffe ich auch. — Stimmung der Armee; die jüngeren Offiziere haben gar keine politische Ueberzeugung —: die alten sind hoffnungslos festgefahren „in den Ideen von der heiligen Allianz, womit es nach ihrer Meinung ganz vortrefflich gegangen ist unter dem hochseligen König". — Wie geschickt man in Oesterreich zu operiren weiß! Der König ist nach Wien gereist — zu seiner Reise haben die Oesterreicher eigens einen besonderen Wagen bauen lassen, an dem ist vorne ein großer goldener Schild mit den beiden Adlern, dem preußischen und dem österreichischen; die schweben nebeneinander, reichen sich die inneren Klauen, in den äußeren halten sie, der eine das Reichsschwert, der andere den Scepter. Wie vortrefflich auf die Persönlichkeit des Königs berechnet! bemerkt Etzel. — Dünkel der österreichischen Offiziere, sie wissen sich etwas damit, daß sie den Staat gerettet haben und haben eine ganz ungeheuere Meinung von sich selbst. Von den Russen wollen sie nicht viel Gutes sagen und den geleisteten Beistand machen sie so

llein wie möglich: **Die Russen haben nur marschirt; sie haben nirgends „angebissen"** und die ganze Welt muß Oesterreich zufallen, wenn es dessen Gebieter genehm ist — Rußland, Frankreich — Alles muß sich vor der österreichischen Armee beugen — von Preußen vollends braucht das kaum erst noch gesagt zu werden!!! — Um ½ 2 Uhr Abreise nach Dresden. Ein Husarenoffizier Walther mein ganz angenehmer Gefährte. Mancherlei Gespräche auf der Fahrt durch die trübselige Gegend nach Röderau. Walther giebt sich als einen Mann der Rechten zu erkennen, der an einen König von Gottes Gnaden, Besitzer von Preußen, glaubt; er hat mit nicht geringem Mißfallen wahrgenommen, daß der Prinz von Preußen ein Gothaer ist; die Scene mit den pommerschen Deputirten hat das offenkundig gemacht. Der Prinz hat zum Entsetzen der Herren nie gesagt: „Unterthanen des Königs" — sondern immer: „Bewohner des preußischen Staats". — Diese Ansichten seien ihm sehr zuwider, erklärt Walther, — „und so geht es den meisten meiner Kameraden." — Wir hatten nun geglaubt, der Prinz von Preußen sei unser Hort, der die Herrschaft solcher Ansichten fern von uns halten werde; — „das war eine bittere Enttäuschung!"

Ein Mal in Dresden, beschloß Bernhardi ein längst gegebenes Versprechen einzulösen und einen in Prag lebenden Freund der Mailänder Zeit, Baron Puteani, zu besuchen. Am Morgen des 26. Mai in der Hauptstadt Böhmens angelangt, fühlte er sich in eine völlig undeutsche Welt versetzt.

Man hört in den Straßen fast nur czechisch reden. Da noch Belagerungszustand besteht, wimmelt Alles von Soldaten — außerdem von Pfaffen. Frohnleichnams-Procession und Parade auf dem Hratschin. Ich fahre hin: am Fenster des Palais der alte „pensionirte" Kaiser Ferdinand — wenig bemerkt, — ein paar Bürgerfrauen freuen sich in der loyalsten Weise darüber, daß er so gut aussieht. Dann zur Parade:

Der Commandirende, Graf Clam, und eine Gruppe Generale stellen sich, nachdem Gensdarmen den Platz freigemacht haben, unter das Fenster, an dem Kaiser Ferdinand, jetzt mit seiner Gemahlin, sitzt,

und der Vorbeimarsch beginnt, so daß die Truppen gleich den Berg
hinunter fortmarschiren. Die Generale sind, wie die Stabs-
offiziere an der Spitze der Regimenter, rüstige Leute,
theils jung, theils in den besten Mannesjahren; da thut
mir die Erinnerung an die vielen alten Generale, die ich in Berlin
gesehen habe, sehr weh! — Die Garnison, sehr stark, besteht aus
Italienern und Ungarn; Infanterie: Reg. Geppert No. 43, Italiener;
— Reg. E. H. Albrecht No. 44, Italiener; — Reg. Wasa No. 62,
Ungarn; — Depot-Bat. Reg. Benedek No. 28, Böhmen; — ein Jäger-
bataillon — eine Pionier - Abtheilung — eine Abtheilung Husaren
(hellblond, weiße Tschakos, gelbe Knöpfe) — und sehr viel Artillerie.
— In ihrem Aeußeren hat die österreichische Armee durch ihre Um-
kleidung in weiße Waffenröcke und blaue Pantalons gar sehr gewonnen. Der österreichische Soldat war sonst eine lächerliche Figur;
jetzt sehen die Leute gut aus. — Doch sieht der preußische Soldat
im Allgemeinen civilisirter aus als der österreichische und dieser ist
zwar nicht so schmierig wie der sächsische, aber auch nicht so sauber
und nett wie der preußische. — Die Grenabiere sehen freilich nicht
mehr so gut aus wie sonst. Die 20 Compagnien des Regiments,
die sonst 3 Bat. à 6 Comp. und 2 Grenadier-Comp. bildeten, sind
jetzt in 5 Bat. à 4 Companien geordnet (wie 1805 auf Macks Betreiben) — 1 Bat. davon sind Grenabiere — die Zahl ist also ver-
doppelt; es sind aber nicht mehr so schöne Leute wie früher. Auch vermißt man die Bärenmütze, die der Truppe ein imposantes Ansehen
gab. Der kleine österreichische Tschako ersetzt sie als Schmuck sehr
schlecht. — Nur 2 Messing-Granaten auf dem Lederzeug zeichnen jetzt
den etwas kleinen Grenabier aus. — Der jetzige ungarische Soldat
ist von dem früheren altgedienten, kriegerischen, tüchtigen himmelweit verschieden! Die jetzigen sind eingestellte
Honved; blasse Bürschchen, denen man Heimweh und Kummer auf
den ersten Blick ansieht. — Die Parade besteht aus 1 Bat. Benedek
und 3 Bat. Geppert; Parademarsch wird eben so nonchalant ausgeführt wie in Preußen und macht durch einige Kleinigkeiten noch
mehr den Eindruck der Vernachlässigung. So tragen die Oesterreicher
das Gewehr immer „Gewehr über" auf der linken Schulter. Mit

einiger Aufmerksamkeit wäre es dahin zu bringen, daß die Flinten alle dabei ungefähr in dieselbe Lage kämen —: aber die Leute tragen sie, wie es der Zufall fügt, einer steil, einer fast horizontal u. s. w. Ein Wachtmeister der Savoye-Dragoner und ein Ulanen-Unteroffizier, beide auf Depot-Commando hier, schimpfen ganz gewaltig über den Dienst. Das will wenig sagen, denn das Schimpfen gehörte in der österreichischen Armee von jeher zur Sache. — Gänge durch die Stadt. An den Schaufenstern der Buch- und Kunsthandlungen allegorische Kupfer: Franz Joseph von schützenden Engeln umschwebt, daneben ein Dämon mit dem Dolch, der knirschend in den Abgrund sinkt — (Corollar der Haussuchungen und Verhaftungen), dann Bücher wie: „der Montenegriner, oder Christenleiden in der Türkei" (dürften verschwinden, wenn es zwischen Rußland und der Pforte zum Kriege kommt). — Böhmisches National-Museum im Nostitzischen Palast, Kolowratstraße besucht. Mich wundert, daß man dies „narodny" in der Inschrift duldet. — Naturalien — Massen von Urkunden mit schönen und merkwürdigen Siegeln — Johann Huß' Handschrift gehört zu den Dingen, welche die Besucher, meist Nordböhmen aus dem Mittelstande, ganz besonders anziehen und beschäftigen. Ein sehr scharf ausgeprägtes National-Gefühl und aufstrebender Nationalsinn sind sehr leicht zu bemerken. — Ein etwas schmieriger Aufseher macht sich mit mir zu schaffen — eine Art von Gelehrten; ich spreche russisch mit ihm, er antwortet czechisch; wenn man mit einem Unterrichteten zu thun hat, versteht man sich wohl soweit, daß eine Art von Gespräch entstehen kann. Eine sehr entschiedene National-Gesinnung zeigt sich auch bei ihm. Die Teinkirche, als Hussitenkirche auch mir ehrwürdig, in- und auswendig betrachtet. Man spricht so viel von der Armuth des protestantischen Gottesdienstes, der der Phantasie nichts bietet, und von dem ästhetisch bildenden Schmuck des katholischen Cultus: Sophismen! wie barbarisch sind diese Kirchen gewöhnlich herausgeputzt! mit den geschnörkelten Altären, gewundenen Säulen, Vergoldungen, ekelhaften Knochen und Reliquien, scheußlichen Altarbildern, schlecht geschnitzten Heiligen-Standbildern und ganz abgeschmackten Madonnen-Puppen! — „Nichts Schlimmeres kann

der Menschheit geschehen, als das Absurde verkörpert
zu sehen." —

Mittag bei Puteani. Da ist Baron Bianchi, Sohn des alten
Feldzeugmeisters, er hat eine Kinsky, Puteani's Nichte zur Frau;
auf der Durchreise nach Carlsbad hier. — Er hat erst vor kurzem
den Abschied genommen und erzählt manches Interessante von dem
Kriege in Italien. — Das Werk von Schönhals; Bianchi empört,
daß Heß darin nicht ein einziges Mal genannt ist und es sei doch
sehr confus hergegangen „bis der Heß die Zügel ergriffen hat. — Das weiß die ganze Welt, daß wir den
Feldmarschall (Radetzky) bei uns gehabt haben bei der
Armee, wie die Juden die Bundeslade; er hat Nichts
wissen dürfen, denn er hat immer Alles gleich dem
Kutscher und dem Bedienten gesagt!" (Ist wohl nicht buchstäblich zu verstehen; der F. Z. M. Bianchi, der in seinem ganzen Leben
mit Niemand hat auskommen können, ist, wie ich von Puteani erfahren,
von alten Zeiten her verfeindet mit Radetzky und jetzt vollends neidisch
auf ihn.) Schönhals und Heß sind aber auch Feinde. — D'Aspre,
ein tüchtiger Soldat, aber ein wahrer Landsknecht, von dem sehr viel
Schmutziges berichtet wird. Was Schönhals andeutet, daß er bei Goito
sein Corps nicht vorrücken ließ, weil er sich an dem Tage gichtisch
fühlte und nicht zu Pferde steigen konnte, ist ganz wahr. Bianchi stand
damals bei d'Aspre's Corps, das auf der Landstraße bivouaquirte.
Als man den Kanonendonner von Goito her vernahm, griff Alles zu
den Waffen, die Reiterei zäumte auf; da kam d'Aspre in seinem Coupé
angefahren, die Füße in „Kotzen" (Pferdedecken) eingewickelt, zeigte sich
sehr ungehalten: „Das ist ein dummes Vorpostengefecht" — man
müsse Leute und Pferde nicht unnütz ermüden; ließ die Gewehre wieder
zusammenstellen, die Pferde abzäumen u. s. w. — An der Spitze des
Bivouals machten ihn Stabsoffiziere wiederholt darauf aufmerksam,
daß man ja bedeutendes Kanonenfeuer höre; da wurde er ungeduldig
und war unvorsichtig genug zu sagen: „Ach was! der Wratislaw
kann sich auch einmal die Nase verbrennen." Als aber nun
bekannte und beliebte Stabsoffiziere von Wratislaws Corps schwer
verwundet zurück- und an d'Aspre's Truppen vorbeigebracht wurden,

verwandelte sich die Befremdung in Unwillen und b'Aspre wurde, wie er zurückfuhr, von seinen eigenen Truppen (von den 5 Brigaden, die hintereinander an der Landstraße standen) förmlich ausgepfiffen. Er aber zog die „store" seiner Wagenfenster herunter und machte sich weiter nichts daraus. — Pabua war gar nicht sehr begeistert national gesinnt; neutral, nicht für, nicht gegen Oesterreich. Als die Oesterreicher abziehen mußten, verloren einige Offiziere, wie das in der Unordnung zu geschehen pflegt, ihre Bagage. Die Pabuaner errichteten zu eigenem Schutz eine Bürgerwehr, stellten Vorposten aus sich zu decken, nahmen aber gar keinen Antheil an dem Kriege. So wenig, daß Bianchi, der seinen Bruder jenseit Pabua wußte und ihn besuchen wollte, an die pabuanischen Vorposten heran ritt, dort einige ihm bekannte Kavaliere traf, von ihnen ohne die mindeste Schwierigkeit die Erlaubniß erhielt durch die Stadt durch zu reiten und das auch that, ohne sich irgend gefährdet zu sehen. — Nun erschien b'Aspre vor der Stadt, erklärte, Pabua müsse sich augenblicklich unterwerfen und 20,000 Gulden Ersatz für die verlorene Offizier-Equipage und für jede Stunde Zögerung noch eine Poena von 10,000 Gulden bezahlen! — Das Geld mußte in Zwanzigern erlegt werden, die waren nicht leicht herbeizuschaffen — darüber vergingen einige Stunden — so daß die Stadt im Ganzen 50,000 Gulden zahlen mußte. Davon bekamen die betreffenden Offiziere 20,000. — Was aus den übrigen 30,000 geworden ist, „hat nie ein Mensch erfahren." — Was wollte denn b'Aspre, der keine Familie hatte, mit Geld? und was hat er denn damit gemacht? — Bianchi: Seine letzte Geliebte, die Strozzi N. N. (also eine Italienerin), die hat Alles bekommen. —

In Mailand nahm b'Aspre, als man wieder einrückte, die Casa Litta in Besitz; aus Freundschaft wie er sagte, damit da kein Unfug getrieben würde, nichts wegkäme, „ich bin so oft in dem Hause gewesen" u. s. w. — Der Erfolg war, daß b'Aspre die besten Bilder der Litta'schen Gallerie einpacken ließ, und listenweise fortschickte. Beim Abmarsch nahm er den ganzen Stall des Duca Litta, die berühmten schönen Schimmel, auch noch mit! — Graf Pachta war General-

Intendant der Armee in Italien und hat sich bei der Gelegenheit
„rangirt", wie mir Puteani schon gestern mit Lachen erzählte: „Er
hat die Italiener gerupft" — dabei war er dem Feldmarschall
Radetzky sehr genehm; ganz natürlich, meint Puteani, beide leichtsinnige
Verschwender, immer in den Brüchen mit ihren Finanzen, hoffnungslos
verschuldet und vivant d'expédients. Heute erzählt Bianchi mehr
von Pachta. Er schloß sich dem Rückzug aus Mailand an, und
rettete weiter nichts als den Anzug, den er eben trug, sprach sehr
witzig über sich selbst: „ich werde den Mailändern unvergeßlich bleiben"
u. s. w. Später war er als Intendant in einer ungemein glänzenden
Phantasie-Uniform von eigener Erfindung zu sehen — sorgte gut
für die Armee, noch besser für sich selbst. Er forderte z. B. von
den italienischen Städten die ausgeschriebenen Contributionen in
Zwanzigern, die nicht aufzutreiben waren, und wenn dann endlich
in Gold gezahlt werden mußte, nahm er dies zu einem sehr schlechten
Curs an: den Napoléond'or zu 7½ Gulden — die Offiziere verlangten dagegen ihren Sold gerade in Gold, und nahmen es recht
gerne zu einem hohen Curs, zu 8 Gulden. Schon allein auf diese eine
Operation gewann er sehr viel. Als man nach dem Treffen bei
Volta gegen Mailand marschirte, wurden viele, die dort bedeutende
Schulden zurückgelassen hatten, genedt: es sei ihnen wohl nicht recht,
daß man wieder nach Mailand komme; Pachta natürlich unter den vor-
nehmsten: „Nein! erwiderte der: nein! — ich bin heraus!" — Stimmung des Landvolkes in Italien; 1848 war das Landvolk in der
Lombardei durchaus für Oesterreich gestimmt, — „jetzt nicht
mehr, schaltete Bianchi ein: das ist jetzt anders!" — Nach der
Niederlage der Brigade Simbschen war Bianchi mit einer Recogno-
scirung beordert und machte ohne Gefecht über sechzig piemontesische
Nachzügler zu Gefangenen. Da er sein Commando nicht durch Entsendungen schwächen wollte, übergab er seine Gefangenen den Bauern
der Gegend zum Weitertransport, und sie wurden richtig in Verona
abgeliefert. — Piemontesische Armee; sie hat sich bei der
österreichischen, trotz ihres Mißlingens 1848 und 49
gar sehr in Respect gesetzt. Der erste Angriff der Piemontesen
ist sehr heftig und kühn; doch hat man in der Regel gewonnenes

Spiel, wenn man den glücklich ausgehalten hat, denn die nachhaltige
Ausdauer der Teutschen haben die Piemontesen nicht. Die piemon-
tesischen Offiziere waren in der Schlacht immer in Parade-Anzug;
in neuen Röcken, ganz neuen sehr blanken Epaulettes und lackirten
Stiefeln — kurz gekleidet wie zu einem Hoffest; so fand man die
Leichen der Gebliebenen! (Das spricht allerdings für den Geist der
Armee.) — Aus Allem, was ich sehe und höre, wird mir die Ueberzeugung, daß im Fall eines Krieges F. Z. M. Heß das österreichische
Heer befehligen wird. — Ich erfahre, daß der F. Z. M. Bianchi
Memoiren geschrieben hat, die der Sohn nach dessen Ableben
„draußen" — d. h. in Teutschland will drucken lassen. Interessant
werden sie jedenfalls sein; ob streng wahrhaftig ist bei dem herben,
hämischen Charakter des alten Herrn und bei der großen Bedeutung,
die er der eigenen Persönlichkeit beilegt, allerdings eine andere Frage.

28. Mai. Abend mit Puteani verplaudert. Er ist in seinem
österreichisch-patriotischen Eifer sehr erzürnt darüber, daß Oesterreichs
Finanzen in einem so schlechten Credit stehen, und sieht darin nur
eine Wirkung revolutionärer Schlechtigkeit und schnöder Umtriebe.
An sich sei die Lage sehr gut; ein Dritttheil der Monarchie, Ungarn,
habe bis jetzt zu den Staatslasten gar nichts beigetragen, jetzt werde
es ebenmäßig beitragen. (Das Recht, Ungarn für die Zwecke des
Erzhauses willkürlich zu besteuern, versteht sich nach seiner Meinung
von selbst.) — Daturch werde die Lage des Ganzen gar sehr verbessert; schon die Aussicht, daß Ungarn beitragen werde,
müßte von rechtswegen den Curs des Papiergeldes u. s. w.
heben — das geschieht nicht, offenbar nur als Folge
entschiedenen bösen Willens! Wenn dem auch ganz so wäre,
müßte doch aus dem Vorhandensein dieses bösen Willens innerhalb
des österreichischen Staates ein und das andere für die Haltbarkeit
des ganzen Zustandes gefolgert werden. — Kaiser Ferdinand bedauert
jetzt sehr, daß er abdicirt hat; trommelt an den Fensterscheiben und
sagt: „Ja! ja! — wenn wir nur nicht abdicirt hätten!" — und
dann wieder unter anderen Aussprüchen: „Ja! glücklich haben wir
unsere Völker gemacht, das ist wahr! aber es war ein verfluchtes
Stück Arbeit!" —

In Kunnersdorf bis zum Frühjahr 1854. Innere Zustände Deutschlands. Beginn des Krimkrieges.

Ueber Leipzig in seine schlesische Landeinsamkeit zurückgekehrt (2. Juni), verbrachte Bernhardi den Herbst und Winter des Jahres 1853 unent=
wegt unter dem heimischen Dache. Die diesem Zeitabschnitte ange=
hörenden Tagebuchaufzeichnungen haben fast ausschließlich häusliche Erleb=
nisse, wissenschaftliche Arbeiten und kleine Ereignisse der Tagespolitik zum
Gegenstande: wo über diese hinausgegangen wird, spiegeln sie den Jammer
einer Zeit wieder, wie Deutschland sie seit den Tagen des Rheinbundes
und der Erfurter Kaiserbegegnung nicht wieder erlebt hatte. Der Druck,
der seit dem kläglichen Ausgang der europäischen und der deutschen Be=
wegung auf dem Welttheile lastete, hatte am Vorabende des orientalischen
Krieges seinen Höhepunkt erreicht und eine Stickluft geschaffen, deren
Wirkungen auch die gesundesten politischen Nerven nicht mehr zu wider=
stehen vermochten. Andere als kleinliche und banale Privatinteressen
schien es seit dem Scheitern des preußischen Unionsprojectes, der Auslieferung
Schleswig = Holsteins an Dänemark und dem Zustandekommen des be=
rüchtigten Londoner Protokolls in Deutschland nicht mehr geben zu dürfen.
Mit den revolutionären und liberalen waren die nationalen Ideen auf die
Proscriptionsliste gesetzt worden, welche die sogenannten maßgebenden Kreise
ausgegeben hatten: ob diese Kreise, wie in Preußen und Oesterreich, von
rachsüchtigen Junkern und Pfaffen oder, wie in den Kleinstaaten, von neu
zu Courage gekommenen Höflingen und Actenreitern des Particularismus
beherrscht wurden, machte im Grunde keinen Unterschied. Losung des
Tages war, daß Jedermann nur vor der eigenen Thüre zu fegen, d. h.
seinen nächsten und brutalsten Vortheil wahrzunehmen habe und daß,
was darüber hinausgehe, auf bedenkliche Ideologie hinauslaufe. Im
Grunde genommen wußten Sieger, Besiegte und Zuschauer des beendeten
Kampfes gleich genau, daß der frühere Zustand naiver Beschränkung auf
geschäftliche und gesellschaftliche Tagesvorkommnisse, neue Romane, Theater=
stücke und Theaterprinzessinnen sich nicht mehr wiederherstellen lasse und
daß die Wirkungen des in Preußen aufgerichteten Repräsentativ=Systems
sich auf die Dauer ebenso wenig würden verläugnen lassen, wie diejenigen
der — mindestens in thesi — allenthalben anerkannten Preßfreiheit: bis
auf Weiteres thaten die Einen aus Selbstsucht, — die Anderen aus

Feigheit, die Dritten aus Gedankenlosigkeit, als glaubten sie an die Lebensfähigkeit von Zuständen, deren innere Unwahrheit allein durch ihre Dürftigkeit übertroffen wurde.

Armuth, Dürftigkeit und Würdelosigkeit dessen, was in dem Teutsch= land von 1853 den Inhalt des nationalen Lebens bedeuten sollte, spiegeln sich in den vereinzelten Bemerkungen, welche das Bernhardi'sche Tagebuch äußeren Ereignissen widmet, deutlich wieder. Es ist, als faßte uns der „Menschheit ganzer Jammer an", wenn wir diese kurzen aber charak= teristischen Aufzeichnungen über die Jämmerlichkeit reactionär=feudaler Regierungskünste, hechelkramischer Hofchroniken und aufgebauschter Literar= Ereignisse durchlaufen und dabei immer wieder die Wahrnehmung machen, daß von der Stellung und den Interessen Teutschlands bei Entscheidung der großen Zeitfragen höchstens beiläufig die Rede ist. In der nächsten Umgebung des Tagebuchschreibers kommt es immer und überall nur darauf an, wie der Herr Landrath denkt, — an wen er das Jagdrecht zu ver= pachten beabsichtigt, — ob er damit durchbringt, „daß die projectirte Anlage einer Eisenbahn nach Hirschberg, wegen der damit verbundenen Gefahr für die Religiosität des Volkes widerrathen wird" und wie er die willkürlich ausgeschriebenen Gemeinde=Steuern umzulegen gedenkt — denn „der Landrath behält immer Recht". Wenn die Weimarer Freunde ein Mal von sich hören lassen, so bilden die durch den Tod Karl Friedrichs herbeigeführten Veränderungen im Weimarer höheren Beamtenthum und die verschiedenen Phasen der Liszt=Wittgenstein'schen Scheidungs= und Heirathsangelegenheiten die Angelpunkte der Berichterstattung. Die Großherzogin=Wittwe — die jetzt nur noch „Großherzogin=Großfürstin" heißt — hat nach dem Erscheinen des Fürsten Wittgenstein in der Loge seiner Frau das große Wort gesprochen „La voilà réhabilitée, — puis- que le mari ne la désapprouve pas, personne n'a plus le mot à dire" und damit eine „neue Lage" geschaffen. — Der neue Großherzog hat die Entscheidung getroffen, „que la cour sera modernisée et qu'on dînera à six heures". — Dazu lauten die Mittheilungen aus Berlin trübseliger denn je. „Auch von Männern, die dem Minister Manteuffel nichts weniger als günstig sind, wird die Bedrohung der Stellung dieses Staatsmannes als schwere Gefahr angesehen, denn als einzige mögliche Erben desselben gelten die Herren Westphalen und von Gerlach. Manteuffel ist dem Kaiser von Rußland durchaus nicht genehm, er ist der einzige Staats= mann, der bei dem vorigjährigen Besuche des Kaisers keine Auszeichnung erhielt, und die Kaiserin ist gegen Frau von Manteuffel auserlesen

unhöflich gewesen" heißt es in einem Berichte aus Berlin und in
einem andern werden an einen Gutslauf des von den Junkern ver=
folgten Ministers Glossen der böswilligsten Art geheftet. — Der Tod
des Generals von Radowitz (December 1853) wird in liberalen Kreisen
als nationales Unglück angesehen, „denn nun ist in der Umgebung des
Königs Niemand mehr, der nicht der Partei frömmelnder Kreuzritter und
unbedingter Russenanbeter angehörte." Obgleich die in den Kammern ge=
führten Verhandlungen über Wiederherstellung der vormärzlichen Gemeinde=
Verfassung, des Jagdrechts auf fremdem Grund und Boden u. s. w. allent=
halben verstimmend und verbitternd wirken, wagt Niemand der herrschenden
Strömung entgegenzutreten und macht der vom Hof protegirte Russen=
kultus so unaufhaltsame Fortschritte, als ob die Oberherrschaft des Mannes
„dem die Vorsehung die Geschicke unseres Welttheils anvertraut hat" be=
reits in aller Form anerkannt worden sei. Ueber einen besonders mar=
kanten Eindruck dieser Art berichtet das Tagebuch vom 4. November:

Der neue Bürgermeister von Hirschberg besucht mich, ein ele=
ganter und parfümirter junger Mann in hellen Handschuhen. Bürger=
meister werden zwar von den Städten gewählt, von der Regierung
aber bestätigt, re vera also von der Regierung ernannt! —
Diesem jungen Manne sieht man auf den ersten Blick an, daß er
gebildet ist wie jemand, der eine deutsche Universität mit Ernst be=
sucht hat. Aber welche Ansichten? — Ich thue einige Fragen die
Städteordnung betreffend, das führt ihn darauf seine Ansichten von
Gegenwart und Zukunft auszusprechen. — Man sieht, es ist ein
Liberaler, der seiner Zeit von 1848 die abenteuerlichsten Wunder
erwartet hatte. Das ist nun schlecht abgelaufen, da hat er den Muth
verloren und sich eine philosophische Weltanschauung zurecht gestellt,
welche die Resignation rechtfertigen soll: Rußland verhält sich zu
Deutschland wie Macedonien zu Griechenland; — deutsche Bildung
wird und muß in Rußland herrschend werden. — Dagegen
wird Deutschland aufhören als Staat fortzubestehen; Rußland wird,
— selbst unter der Herrschaft deutscher Bildung und deutscher Ideen
stehend — die thatsächlichste Herrschaft in dem altersschwachen
Deutschland erlangen; in fünfzig Jahren wird der Kaiser
von Rußland Präsident des deutschen Bundes sein —
aber die deutsche Nationalität wird fortleben in ihrer für die all=

gemeine Weltbildung maßgebenden Literatur. — Sie, die deutsche
Nation wird sogar durch die Ideen herrschen, die sie der Nachwelt
hinterläßt, und durch die aus ihrer Mitte hervorgegangenen in der
ganzen Welt verbreiteten Lehrer, Rußland aber ist das Reich Saturns!
— Da herrscht die größte Ordnung — die allgemeinste Glückseligkeit
— in allen Ständen begeisterte Liebe für das allerhöchste Kaiserhaus
— da sind Volk und Regierung einig! — Von dort her muß das
Heil der Welt kommen! — Sehr viel liegt dem jungen Manne daran,
daß die Russen so schnell als möglich Constantinopel erobern; er wollte
wissen, ob das nicht vielleicht noch diesen Herbst könnte bewerkstelligt
werden? — Er meinte, es sei immer Rußlands Politik gewesen seine
Macht zu verheimlichen und für kleiner auszugeben als
sie ist, um dann zu rechter Zeit überraschend damit hervorzutreten;
so sei es auch jetzt mit der russischen Flotte, die sich hoffentlich der
englischen und französischen überlegen erweisen werde.

Sah es so in den Kreisen der Höchstgebildeten aus, so war nicht
zu verwundern, daß der Cultus des russischen Zarenthums in den tiefer
belegenen Stockwerken der Gesellschaft die denkbar thörichtesten Formen
annahm.

Es kömmt wohl nicht oft vor (heißt es in einer Notiz vom Anfang
des Jahres 1854), daß der Bote aus dem Riesengebirge einen
Artikel aus Reval enthält; heute ist es der Fall, vielleicht zum ersten
Mal; es werden da drei Strophen eines Gedichtes mitgetheilt, das
am Geburtstage des Kaisers Nikolaus in vielen Exemplaren in Reval
vertheilt worden ist — z. B.:

„Ich trete zagend heut' in diese Mitte,
Denn Dir, o Kaiser, gilt mein schwaches Lied!
Dir, dem kein Sterblicher das Recht bestritte
Des größten Mannes, den die Erde sieht!
Der eitele Franzos, der stolze Britte,
Sie beugen sich vor Dir, im Neid erglüht
Und huldigend liegt Dir die Welt zu Füßen,
Dich Herr und Kaiser heute zu begrüßen.

12*

O, dies Geschlecht erbärmlicher Pygmäen (die Engländer?),
Den Mund voll Worten und vor Furcht so bleich!
                                        (die Engländer?)
Die Krämerseelen, die nur Eins verstehen,
Und Eins nur denken können: arm und reich!
Wie mußt ihr kleinlich Treiben Du verschmähen
Und stolz beseligt fühlen Dich zugleich,
Als einz'ger Mann in dieser Zeit der Memmen,
Die Sinn hat nur für Weiber, Geld und Schlemmen.

Sie schaut zu Dir, zu ihrem Rettungsorte,
Die Christenheit in Todesangst und Pein.
Nicht hört der Feind auf Deine Friedensworte,
So soll denn Krieg die blut'ge Losung sein.
O ja, bei Gott! die ottoman'sche Pforte
Wird eine Ehrenpforte, Herr, Dir sein,
Durch die Du glorreich ziehst auf Ruhmesschwingen,
Den lecken Feind zur Demuth selbst zu zwingen."

Der orientalischen Verwickelung, auf welche die vorstehend wieder=
gegebene Reimerei anspielt, hatte Bernhardi seit ihrem ersten Auftauchen
volle Aufmerksamkeit zugewendet, die Richtigkeit seiner Auffassung bereits
in der ersten auf die Orienthändel bezüglichen Notiz documentirt und
an die bekannte Mission des Fürsten Mentschikow am 1. Juni 1853
die nachstehende Bemerkung geknüpft:

Ich glaube nicht, daß Rußland bei seinem jetzigen Auftreten
Händel oder Krieg suchte: vielmehr wollte es durch Brutalität und
Drohen die Pforte zur Ernennung eines Rußland völlig ergebenen
Ministeriums zwingen und allen Einfluß der westlichen Mächte be=
seitigen. Jetzt sind die Dinge so verwickelt, daß nicht abzusehen ist,
wie sie sich ohne Krieg entwickeln sollen.

Daß Rußland sich auf ein Unternehmen eingelassen habe, dem seine
Kräfte nicht gewachsen seien, stand unserem Tagebuchschreiber von vornherein
fest und wurde durch den Ausgang des Donaufeldzuges von 1853 so un=
widersprechlich bescheinigt, daß die von Russen und preußischen Russen=
freunden zur Schau getragene Zuversicht für ihn nur noch als Symptom

der in den maßgebenden Kreisen herrschend gewordenen Urtheilslosigkeit in Betracht kam. Den damals modisch gewordenen Vergleichungen zwischen der Weltlage von „1828 und von jetzt" setzte er die einfache Bemerkung entgegen, daß die Aehnlichkeit sich darauf beschränke, daß Rußland jetzt wie damals wegen der inneren Gebundenheit der übrigen Mächte freie Hand zu haben scheine, — daß seine damaligen Unternehmungen aber die gesammte gebildete und liberale Welt für sich, die Reaktionäre gegen sich gehabt habe — während jetzt gerade das umgekehrte Verhältniß bestehe (Dezember 1853). Die blinde Parteinahme der Kreuzzeitungs-Partei schien ihm nicht nur an und für sich, sondern ganz besonders wegen der maßlosen Ansprüche bedenklich zu sein, die sie in Rußland großziehen half. — Er schreibt u. A.:

Ein Schrei des Unwillens wird durch ganz Rußland gehen, wenn kund wird, daß Preußen keine Lust habe sich für Rußlands Pläne zu verbluten. Unbekannt mit der Wahrheit glauben diese Leute, Rußland habe ein Recht auf Preußens Freundschaft — und zwar dieselben Leute, die von jeher ihre Abneigung gegen Preußen höchst geflissentlich zur Schau trugen, — dieselben Leute, die Rußlands feindselige Politik gegen Preußen in der schleswig-holsteinischen Frage — in Sachen der deutschen Union — beifällig besprachen, und naiv genug die Gründe angaben: „Wenn Kiel unter preußischem Einfluß steht, dann ist es vorbei mit unserer ausschließlichen Herrschaft in der Ostsee! — Wenn Deutschland einig ist, was wird dann aus unserem Einfluß in Deutschland und in Europa?" (Februar 1854.)

Dafür, daß die Unbelehrbarkeit derer, die in Berlin das große Wort führten, unheilbar sei, wurden Bernhardi durch seine kreuzritterlichen Nachbarn täglich neue Beweise zugetragen:

Die alten Herren (schreibt er Ende Februar), zu denen General Scheliha gehört, tragen sich mit gar seltsamen Vorstellungen. Daß von nur 50,000 Franzosen die Rede ist, die nach der Türkei sollen, erregt ihm großes Mißtrauen. Er meint, Frankreich wolle den Krieg lässig führen. Es werde suchen, Oesterreich und Preußen auf Rußland zu hetzen und den Krieg hauptsächlich durch sie ausfechten zu lassen, um dann, wenn sie erschöpft sind, über die Rheinlande herzufallen. Ich suchte ihn vergeblich zu überzeugen, daß die russische

Armee im Frühjahr zur Eröffnung des Feldzuges schwerlich viel mehr
als 150,000 Mann in Reih und Glied zählen wird, daß also 75,000
Anglo-Franzosen, mit den Türken vereinigt, wahrscheinlich vollkommen
hinreichen, einen für Rußland glücklichen Feldzug ganz unmöglich zu
machen. — Zu der russischen Partei in Berlin gehört vor
Allen der alte Wrangel.

1. März.   Besuch unseres Nachbars des Kreisgerichtsraths R.
Natürlich ist er durchaus russisch gesinnt und hat eine romanhafte
Vorstellung von Rußlands Macht. Sehr charakteristisch, daß
ihm Recht und Unrecht vollkommen gleichgültig sind. —
Daß die Stellung Rußlands schwierig geworden ist, kann er sich nicht
verhehlen, aber er sieht doch Alles im „rosigsten Licht". — Der Kaiser
Nikolaus ist ein Herr von großem Geist und hat gewiß alle Schwierig-
keiten reiflich erwogen und wäre nicht so weit gegangen, ohne seiner
Sache gewiß zu sein. War ja doch Alles vorbereitet zu diesem
großen Unternehmen, das nicht sowohl ein Angriff auf die Türkei,
als ein Angriff auf England ist! Um dazu freie Hand zu
haben, hat Rußland mit England 1850 intriguirt, Preußen zum
Nachgeben gezwungen, den Frieden in Schleswig, die Auflösung der
Union erzwungen. Rußlands damalige Intriguen gegen
Preußen (Schritte sagt Herr R.) sind aber ebenfalls sehr
zu loben; denn sie gereichten zu Preußens wahrem
Besten. — Dazu, um für diesen Zweck über beide verfügen zu
können, hat Rußland auch die Annäherung zwischen Oesterreich und
Preußen vermittelt. — Höchst wahrscheinlich ist also der Kaiser Nikolaus beider Höfe, des österreichischen und des preußischen, im Stillen
doch gewiß — mag auch für den Augenblick der Schein dagegen
sprechen. — Daß Orlows Mission mißglückt ist, wollen die Herren
nicht glauben, sie hoffen, Preußen und Oesterreich werden
sich nächster Tage Rußland zum Krieg gegen die Westmächte anschließen! — Und wieviel Mittel stehen Rußland sonst
noch gegen seine Feinde zu Gebote! — Der unter den Griechen glücklich angezettelte Aufstand beweist was es vermag — ebenso die be-
vorstehende Revolution in Spanien, welche ohnehin Napoleon III.
viel zu schaffen machen werde. Gewiß werde es Rußland gelingen,

einen Aufstand in Irland anzuzetteln — ja höchst wahrscheinlich auch eine socialistisch-communistische Revolution
in England selbst. Dann geht England unter für immer; das
liberale Prinzip ist auf ewig besiegt in Europa (und unter Rußlands
Schutz herrschen in der ganzen Welt die Prinzipien der Kreuzzeitung,
darauf kömmt es eigentlich an). — Mit der größten Unbefangenheit
spricht der Mann diese schönen Sachen. — Die Moralität der vorgeschlagenen Mittel kommt für diese Leute, die beständig Religion
und Moral im Munde führen, gar nicht in Frage, wo es ihre Zwecke
zu fördern gilt.

Nachrichten aus Berlin und aus St. Petersburg sorgten dafür, daß
Bernhardi sich mehr und mehr von der Bedrohlichkeit der Lage überzeugte.

Das „Bürgerthum" — so faßt er die aus der preußischen Hauptstadt
eingegangenen Meldungen in einer Anfang März niedergeschriebenen
Bemerkung zusammen — will von einem Vorgehen zu Gunsten Rußlands nichts wissen. Ein Bündniß mit Rußland wäre eine sehr starke
Inconsequenz, es hieße für die Ansprüche Rußlands, die man selber als
unstatthaft verworfen hat, die Waffen ergreifen! — Dennoch hat
der König im Herzen die größte Lust dazu. Seine Schwester,
die Kaiserin, schreibt bewegliche larmoyante Briefe und
nach jedem solchen Brief schwankt er von Neuem. — Die Kreuzritter-Partei drängt natürlich mit aller Macht auf einen solchen Entschluß. Manteuffel, der sehr abgearbeitet und angegriffen aussieht,
ist in der vergangenen Woche zweimal in dem Fall gewesen, seine
Entlassung einzureichen. — Täglich entstehen und verbreiten sich
zwanzig und mehr Gerüchte mitunter der abenteuerlichsten Art. —
Man erzählt selbst in gut unterrichteten Kreisen von einem Cabinetsrath, den der König zusammengerufen, nachdem er einen Brief von
der Kaiserin erhalten hatte und in dem er die Frage vorlegte: was
nun zu thun sei? — General Wrangel meinte, wie immer: „Wir
können nicht anders, wir müssen mit Rußland gehen"
— wie immer ohne Gründe anzuführen, denn wenn Gründe auch
so wohlfeil wie Brombeeren wären, so würde doch von dem allgemeinen Reichthum schwerlich etwas auf Wrangel kommen. Manteuffel erklärte, daß er im Fall eines Bündnisses mit Rußland seinen

Abschied nehmen werde — der Prinz von Preußen, daß er in einem solchen Kriege keinerlei Commando übernehme, und sich für die Dauer des Krieges nach England zurückziehen werde. Der König schloß den Cabinetsrath mit den Worten: „Ja! wie Gott will!" — Das war der Beschluß, zu dem man kam!! — Wrangel ist in der allgemeinen Achtung gesunken. Den Prinzen von Preußen dagegen erkennt jetzt ein jeder für einen durchaus verwandelten Mann seit 1848. —

13. März 1851. Der Mobilmachungsplan der preußischen Armee ist Rußland verrathen, dem Kaiser Nikolaus mitgetheilt worden — und die Kreuzzeitung hat die Taktlosigkeit begangen, diesen Verrath in Schutz zu nehmen und zu erklären, dergleichen sei gar nicht vom Uebel! — Wie es damit zugegangen, darüber sind mehrere Gerüchte im Umlauf. —

Um dieselbe Zeit schrieb ein Freund aus St. Petersburg:

Der Krieg soll kommen, aber ich denke immer der Sturm geht vorüber. Die Engländer und Franzosen werden es bereuen den nordischen Bären aufgerüttelt zu haben. Der Enthusiasmus ist groß, und Rußland wird den Krieg aushalten, wenn er auch 20 Jahre dauert. Man wird sehen, wer den längeren Athem hat. Die großen Flotten werden uns nicht in die Pumpe jagen — für Rußland war dieser Impuls nothwendig. Die Kräfte werden geweckt. Was uns fehlt, Schraubenschiffe werden hier gebaut — und England verliert einen guten Kunden. — Dazu bemerkt Bernhardi:

Jetzt mit dem Bau von Schraubenschiffen anzufangen ist etwas spät! Uebrigens glaube ich allerdings, daß dieser Krieg einen entscheidenden Abschnitt in der russischen Geschichte machen muß. Im Fall des Gelingens erweitert sich der Horizont dergestalt, daß das gegenwärtige System nicht mehr auskömmlich bleibt. In dem wahrscheinlicheren Falle des Mißlingens wird man entdecken, was Rußland fehlt. Ob der russische Enthusiasmus dann noch so nachhaltig sein wird, muß sich zeigen.

Sehr klar ist, daß die Dinge dem Kaiser vollkommen über den Kopf gewachsen sind, und daß er ihrer durchaus nicht mehr Herr ist. Er ist nicht mehr der Treibende, sondern der Getriebene, und kann weder stillstehen noch umkehren, er muß vorwärts! — Die allgemeine Begeisterung verbunden mit der eben so allgemeinen Unwissenheit und Verblendung macht den Frieden unmöglich; in Folge dieser Stimmungen und Zustände ist überhaupt gar kein Ende des Krieges abzusehen. Der Kaiser ist jetzt, da man ihn auf dem rechten Wege hat, bei allen Parteien populär wie nie zuvor: — wollte er aber einen Frieden schließen, der nicht Rußlands ausschweifendste Hoffnungen und Forderungen erfüllte, so würde bei der allgemeinen Unwissenheit, bei der ziemlich verkehrten Vorstellung von dem Machtverhältniß beider Parteien, **kein Mensch im weiten Rußland begreifen wollen warum.** Wie ein Verräther an der Sache des heiligen Vaterlandes und der griechischen Kirche würde der Kaiser bastehen, und wie schnell, wieviel allgemeiner, mit welchem vielfach gesteigerten Gewicht würde dann die Erinnerung wiederkehren, daß er ein Fremder ist, ein Deutscher, ein Prinz von Holstein-Gottorp! — Daran ist also nicht zu denken. Sollte der Krieg schlecht gehen, so wird der Hochmuth sich sobald nicht in eine Demüthigung fügen! — **Geht es schlecht, so gestaltet sich diese Begeisterung zu einem wüthenden zügellosen Haß gegen die Deutschen im Lande;** die werden dann als Verräther bezeichnet, wenigstens als Leute, die kein Herz haben für die Sache der Slaven habe und nicht würdig sind deren Geschicke zu lenken. Alle Deutsche werden dann aus dem Heer, aus dem Rath des Kaisers verdrängt, durch Slawanophilen ersetzt, und um die Selbstherrschaft möchte es dann bis auf weiteres geschehen sein! — Es beginnt eine Reihe von ganz unberechenbaren Weltereignissen, die uns Allen schwere Opfer auferlegen wird.

Um die beunruhigenden Eindrücke des Tages nicht vollständig zur Herrschaft gelangen zu lassen, griff Bernhardi wiederholt zu historischer Lectüre, u. A. zu Hans von Gagern's „Antheil an der Politik". Er hatte den alten Herrn seiner Zeit (im J. 1820) häufig genug gesehen, um an dessen wunderlichen Bekenntnissen noch stärkeren Anstoß zu nehmen, als andere Leute.

Lachen muß ich darüber, wenn er sich als séducteur und gewandten homme de bel air darstellt — ich erinnere mich seiner

von Herrnsheim her. „Ein rascher und mitunter leidenschaftlicher Tänzer". Gnade Gott, — mit der langen dürren Gestalt, den
knöcherigen Beinen und weitausgreifenden, schlenkernden Manieren.
Die Nähe dieses leidenschaftlichen Tänzers mag gefährlich gewesen
sein. „Ich spielte gern und gut Whist." Kann sein, — er
hatte nur die etwas wunderliche Gewohnheit, jedes Mal, ehe er aus-
spielte, den Daumen mit der Zunge zu netzen.

Reise nach Warschau 1854.

Noch war der März nicht zu Ende, als Bernhardi zu einer Reise
veranlaßt wurde, die ihm ungeahnte Gelegenheit zu genauer Informa-
tion über Lage und Machtverhältnisse Rußlands bieten sollte. Auf
dringendes Ersuchen seines Schwagers, des an die Donau berufenen
Chefs der diplomatischen Kanzlei in Warschau, Geheimrath von
Krusenstern, begleitete er Frau und Schwägerin zu einem Besuch in
die ehemalige polnische Hauptstadt. Am 24. März in Warschau angelangt, schreibt er vom folgenden Tage:

Julius wiederholt, daß die Armee wahrscheinlich heute über die
Donau geht. Seine eigene Stimmung ist eine nichts weniger als
exaltirte. Dieser Krieg ist in seinen Augen ein großes
Unglück. Der F. M. Paskewitsch war immer für den
Frieden. Die Slawänophilen haben den Krieg wesentlich herbeigeführt. Fürst Mentschikow hat viel verschuldet, er hat von Hause
aus seine Instruktion überschritten und die Dinge auf den Kopf gestellt, und zwar „uniquement pour ne pas compromettre sa popu-
larité avec ce parti." Mentschikow ist nun freilich in Ungnade,
und das ist ein Trost; denn dieser Mann war zum Nachfolger
des Kanzlers Nesselrode als Minister der auswärtigen
Angelegenheiten ausersehen; damit ist es nun Gott sei Dank
vorbei, „il s'est rendu impossible". Diesem Trost folgt leider bald
wieder der einschränkende Nachsatz: es sei mit der Beseitigung dieses
Mannes wenig gewonnen, denn nun sei der Justiz-Minister Graf Panin,

auch ein Slawänophile, der wahrscheinliche Nachfolger Nesselrodes. — Ein Ende des Krieges sei garnicht abzusehen. — Ich: Das ist mir auf der kurzen Fahrt schon einleuchtend geworden. Es ist mir nur zu klar geworden, daß die Dinge dem Kaiser vollkommen über den Kopf gewachsen sind, daß er gar nicht mehr Herr der Ereignisse ist (Julius nickt mit dem Kopf). Er ist nicht mehr der Treibende sondern der Getriebene, und die herrschende Exaltation schließt jede Möglichkeit eines Friedens aus (wiederholtes Kopfnicken). — Julius: Diese Exaltation sei allerdings ein Unglück; es werde am Ende der russischen Regierung nichts anderes übrig bleiben als sich ganz unbedingt der exaltirten Partei in die Arme zu werfen, man werde diese Partei und ihre Begeisterung immer entschiedener zu Hülfe nehmen müssen; das sei aber ein großes Unglück besonders für diejenigen in Rußland, die deutsche Namen tragen (er vermeidet „Deutsche in Rußland" zu sagen). — Mit einer leidenschaftlichen Verfolgung der Deutschbenannten in Rußland werde die Sache enden. — Ich: Die Chancen des Krieges sind sehr ungewiß. — Julius: Eben darum sei vor der Hand nichts zu thun, als den Krieg in die Länge zu ziehen, und die Dinge abzuwarten. Und das könne Rußland; es könne einen verlängerten Krieg ohne großes Ungemach aushalten. England nicht. — Ich: Eine solche Verlängerung des Krieges ins Blaue hinein mache aber die Chancen ganz unberechenbar; es lasse sich gar nicht vorausfehen was die Zukunft bringen könne. — Julius zuckt die Achseln. — Ich: „L'armée autrichienne par exemple a grande envie de Vous faire la guerre." Julius sehr schnell einfallend: „Pas les généraux, nous sommes très bien renseignés à cet égard." Die feindselige Stimmung der übrigen Armee gab er somit zu. Oesterreich sei übrigens in einer sehr schlimmen, gefährlichen Lage. Ueberall im Reiche herrsche die drohendste Unzufriedenheit. Höchste Spannung der Italiener, die für einen etwaigen Aufstand sehr gut mit Waffen versehen sind. „Il n'y a pas un seul, qui ne soit armé jusqu'aux dents." Daß die Ungarn nur eines Winkes warten, versteht sich von selbst. Als ein ungarisches Infanterie-Regiment (Fürst Paskewitsch No. 37), zur Armee an der türkischen Grenze bestimmt, in Szegedin einrückte,

rief die Bevölkerung: „Eljen Kossuth!" — Das Regiment hat man aus
Ungarn zurückziehen müssen und 4 Mann erschießen lassen. Julius
sagt am Ende: „Je ne sais pas si la Turquie périra à la suite
de cette guerre, mais l'Autriche doit nécessairement périr."
26. März. Nach Tisch längere Unterhaltung mit Julius. Paskewitsch, der 72 Jahre eingesteht und wohl noch älter ist, macht die
äußersten Anstrengungen das Alter nicht an sich kommen zu lassen, sich
die körperliche Jugend zu erhalten. Des Morgens, ehe er aufsteht, läßt
er sich von zwei Kammerdienern und zwei Kosaken am ganzen Leibe
reiben; dann nimmt er zwei Stunden Fechtübungen vor, mit einem
Fechtmeister — und während ihm Vortrag gehalten wird, macht er
mit einem Säbel in der Scheide gymnastische Uebungen. — Er
nimmt seltsamer Weise gar kein vollständig organisirtes Hauptquartier
mit. Nur 4 Personen und zwar Frolow als General-Quartiermeister,
Pogodin als Generalintendanten (brauchbar aber ein Erzspitzbube),
Julius als Diplomaten und den Staatsrath Otschkin. Keiner dieser
Herren nimmt ein organisirtes Bureau mit, Julius nur einen Beamten. Daraus leuchtet von Seiten Paskewitschs nicht gerade die
Absicht hervor, den Befehl des Heeres unmittelbar und wirklich zu
übernehmen. „Le maréchal est calme, comme s'il allait au bal,
— l'Empereur aussi.'
In den höchsten Kreisen, in der „Gesellschaft" schlechtweg, ist
man überhaupt nicht sehr begeistert für den Krieg. Operationsplan:
Hat Gortschakow Befehl, über die Donau zu gehen? — Ja! — Ich
begreife, daß man etwas thun und wagen muß, wenn man, wie
Rußland in diesem Kriege, einen positiven Zweck erlangen will. Sonst
walten dabei mancherlei Bedenken, an sich wäre es vortheilhafter d'at-
tendre l'ennemi sur la rive gauche. Ce serait le parti le plus
sage. Aussi bien je crois qu'on ne poussera pas les opérations
avec beaucoup de vigueur vers le Balcan. Mais les places qui
commandent le passage du Danube, il nous les faut. Autrement
nous ne pouvons pas nous maintenir dans les principautés. (Ich
sehe man berechnet, wie wir alle können, daß die anglo-französische
Armee nicht vor Ende März wird thätig eingreifen können; eröffnet
man den Feldzug jetzt, so hat man zwei kostbare Monate voraus

und die will man benutzen, um die kleinen Donau-Plätze und Silistria, wenn das Glück besonders günstig ist, auch wohl Rustschuk,
zu erobern, um sich dann in sehr fester Stellung auf der Defensive
zu erhalten. Daß man, um ganz sicher zu sein, auch Kalafat haben
müßte, wird mit Stillschweigen übergangen.)

Charlotte fragt, was der Ostseeflotte bevorstehe? Julius: Sie
wird sich ganz ruhig verhalten, auf der Rhede von Kronstadt vor Anker
bleiben und hofft, dort angegriffen zu werden, wo sie dann alle Vortheile für sich hätte. — Ich: Abgesehen von der Gefahr, die man
nach dem Urtheil aller Seemänner bei solchem ganz passiven Verhalten von Brandern zu besorgen hat - : bleibt die Flotte ruhig
auf der Rhede, läßt sie die Feinde ruhig gewähren, läßt sie England
sogar ohne Kampf den Zweck erreichen, den man in jedem Seekrieg
im Auge hat, nämlich den Handel des Gegners zu vernichten —:
dann ist es so gut als gäbe es gar keine russische Flotte, oder als
wäre sie im Monde! Man könnte dann wohl fragen, wozu sie da
ist? — wozu Jahr aus Jahr ein so viele Millionen, und im See-
dienst so viele Menschenleben darauf verwendet worden sind? —
Für ein bloßes Spielzeug des Kaisers war das etwas zu viel! —
Julius schweigt.

Ich: Warum glaubten Sie vor einigen Wochen, daß Ihre Frau
nicht werde in Venedig bleiben können, um dort die Seebäder zu gebrauchen? — Julius: Weil damals ein Bruch mit Oesterreich ganz
unvermeidlich schien. Am 20. Februar war in Wien bei dem Fürsten
Schwarzenberg ein Ball, auf dem auch Julius war. Der Kaiser
Franz Joseph hatte da mit dem Botschafter Baron
Meyendorff ein sehr heftiges Gespräch und zwar feierte
Meyendorff einen der Triumphe, auf welche sich Diplomaten etwas
einzubilden pflegen. Franz Joseph vermochte nicht sogleich nach solcher
gewaltsamen Aufregung seine Züge und sein Betragen wieder in die
Falten gewöhnlicher Alltäglichkeit zu bringen und fand es wohl zum
Theil deshalb angemessen, sich unmittelbar nach dieser heftigen Scene
zurückzuziehen. Meyendorff blieb bis gegen Ende des Balles, be-
hauptete also das Feld. — „C'est une conversation dont le jeune
Empereur se souviendra longtemps."

Ich: Wodurch ist denn der Bruch dennoch verhindert worden? —
Julius: Durch das plötzliche Revirement in der Politik
Preußens. Das Revirement, welches die Sendungen Gröbens
und Hohenzollerns nach London und Paris herbeiführte! — wo-
durch dies Revirement herbeigeführt wurde? — darüber ist auch
durch Fragen keine Auskunft zu erhalten. (Sehr klar! ein Sieg der
Kreuz-Zeitungs-Partei; das bedeutsame Schweigen beweist, daß von
Petersburg aus bedeutend nachgeholfen worden ist, der Himmel mag
wissen auf welchem Wege! — Daß die Kaiserin ihrem Bruder zwei
Mal wöchentlich bewegliche Briefe schreibt, das ist bekannt. — Preußen
kehrte nicht allein selbst um auf der schon betretenen Bahn: es riß auch
Oesterreich mit sich zurück und hinderte es, sich den Westmächten anzuschließen! — Der Dienst, den es der russischen Regierung
dadurch erwiesen hat, ist unermeßlich groß und man wünscht
sich auf das Freudigste Glück dazu. Wie sicher man jetzt Preußens
zu sein glaubt, geht schon daraus hervor, daß auch das 2. Infanterie-
Corps, Paniutin, aus Polen weggesendet und nach Wolhynien, Podolien und Bessarabien verlegt wird. In Polen bleiben nur zwei
Divisionen des 1. Corps, die aus Litthauen kommen, und zwei
des Grenadier-Corps.) — Wie man jetzt Preußen zu locken
gedenkt, das geht aus Julius' Reden sehr deutlich hervor.
Er sagt: Die Westmächte können Deutschland gar nichts anhaben,
wenn Deutschland sich nur einige, was allerdings sehr nöthig sei;
denn die Macht des einigen Deutschlands sei eine ganz ungeheuere;
Frankreich werde es nicht antasten, elle n'osera pas. Durch Drohungen der Westmächte brauche man sich also durchaus nicht zu übereilten Schritten verleiten zu lassen! — Et Vous serez toujours à
temps d'intervenir quand effectivement nous prendrons Constan-
tinople, (d. h. wenn Rußland die türkische Streitmacht vernichtet,
die anglo-französische von dem türkischen Kriegstheater vertrieben und
folglich die Hände frei hätte, seine gesammte, oder doch seine Hauptmacht an der Westgrenze gegen Preußen zu verwenden!!!) — Denn,
sagt Julius, sollte Oesterreich in diesen Krieg verwickelt werden, so
geht es ganz gewiß darin zu Trümmern. Er verweist von Neuem
auf die revolutionären Massen, die Rußland gegen Oesterreich zu

Gebote stehen, auf Italien, Ungarn u. s. w., Kroatien nicht zu vergessen. Der Haß, den sie gegen Oesterreich im Herzen tragen, ist
auch eigentlich nicht zu tabeln: „wenn man bedenkt, wie die
österreichische Regierung mit ihnen (den Italienern und Ungarn) umgeht, kann man es ihnen nicht verdenken." NB.
Genau vor einem Jahr ereiferte sich Julius ganz gewaltig, mündlich
und schriftlich, über die unseligen halben Maßregeln Oesterreichs in
Italien; über die Rücksichten, die man dort noch immer unnützer Weise
nähme aus Schwäche und Halbheit. Er tabelte es mit Bitterkeit,
daß man die Güter der Ausgewanderten nicht ohne Weiteres unbedingt confiscirt habe und zwar schon viel früher, ohne auf eine
besondere Veranlassung zu warten. An den rücksichtslosen Maßregeln der russischen Regierung in Polen solle sich Oesterreich ein
Beispiel nehmen, meinte er; da könne es lernen, wie man Ruhe und
Ordnung schafft in einem schwierigen Lande und der scheußlichen
Hydra der Revolution den Kopf zertritt! — Und nun wird eine ganz
andere Ansicht der Dinge geltend gemacht! — Ist Oesterreich gefallen,
dann steht Preußen ganz von selbst als die erste, als die herrschende
Macht in Deutschland da! — Die Hegemonie kann ihm gar nicht
entgehen, ja noch viel mehr steht in Aussicht! — und hat Preußen
seine Neutralität treu und redlich bewahrt, so kann es
unbedingt auf Rußlands Unterstützung rechnen pour devenir la première puissance de l'Allemagne! Freilich! Des blauen
Buches darf dabei nicht gedacht werden! Das wird so vollständig igno-
rirt, als gebe es so etwas garnicht in rerum natura! — Und die Politik
Rußlands in der schleswig-holsteinischen Angelegenheit — sein Verhalten der preußisch-deutschen Union gegenüber — die schnöde Weise,
in der Graf Brandenburg in Warschau empfangen — die Brutalität,
mit der Preußen geboten wurde sich Oesterreichs Forderungen zu
unterwerfen —: das sind Dinge, die man angemessen findet, der
vollkommensten Vergessenheit anheim zu geben; da soll sich der gute
deutsche Michel ihrer auch nicht weiter erinnern! — Er soll sich dadurch nicht stören lassen in dem Glauben an die jetzigen Versprechungen. —

27. März. Der F. M. Paskewitsch hat die Bildung einer

permanenten Commission angeordnet; sie soll aus Gen. Frolow, Pogobin, Otschkin und Julius bestehen. Die sollen immer in einem bestimmten Saale im Schloß anwesend sein, damit der F. M. sich jeden Augenblick dahin begeben und seine Befehle geben kann. Ist den Herren sehr ungelegen und wird eben nicht ausgeführt.

Flotte im schwarzen Meer. Sie soll vom besten Geist beseelt sein. Bei einem Festmahl haben sämmtliche Capitäne dieser Flotte sich feierlich gegen einander verpflichtet, unter keiner Bedingung die Flagge zu streichen und sich vorkommenden Falls in die Luft zu sprengen. Sie werden auf die Probe gestellt werden, denn die Flotte im schwarzen Meere kann nicht wie die in der Ostsee dem Kampfe ganz ausweichen. —

27. März. Julius erwähnt, daß die christlichen Bevölkerungen der Türkei sich zwar gern durch Rußland gegen die Tyrannei der Pforte beschützen lassen, aber keine Lust haben, russische Unterthanen zu werden, und daß auf sie daher nicht zu rechnen ist. —

Spaziergang durch die Stadt: Schmutz und Luxus, trauriger Eindruck. Elegante Damen in kostbaren leichten Pelzen, darunter viele theils mongolische, theils jüdische Physiognomien, — zahlreiche schmutzige Trunkenbolde, Juden in schmutzigen Talaren, eine Unzahl von Bettlern und Bettlerinnen, ekelhafte Gebrechen zur Schau tragend: Das Alles drängt und stößt sich auf den Trottoirs mit der eleganten Welt.

Der allertraurigste Anblick von Allem aber sind die russischen Soldaten! — Hat man sich seit einigen Jahren dieses Anblicks entwöhnt, da setzen diese Jammergestalten wahrhaft in Erstaunen. Höchste Magerkeit, hohle Wangen, erloschener Blick, ungesunde, theils gelbliche, theils aschgraue Hautfarbe, Ausdruck von Leiden. Man ist jedesmal überrascht wenn die Bewegung anschaulich macht, wie mager der Arm ist, der im Aermel steckt. Schlaffer, kraftloser Gang. —

Gespräche mit Julius. Es kommt nur darauf an, den Krieg in die Länge zu ziehen, Rußland kann den verlängerten Krieg aushalten, England nicht. Il y aura là des banqueroutes, des révolutions . . . . Rußland kann échecs, même humiliations aushalten

— das Ende wird doch zu ſeinen Gunſten ausſchlagen, à moins que l'Allemagne ne nous fasse la guerre et cela ne sera pas. Nachricht von der Ermordung des Herzogs von Parma. Dann Depeſche: „Die Armee iſt über die Donau gegangen, — mit geringem Verluſt."

Charakteriſtik des Generals Fürſten Gortſchakow. Der iſt ein Mann von ganz ungewöhnlich kleinlichem Charakter. In den Geſchäften Pedant, kleinlich und peinlich, Kleinigkeitskrämer. Man iſt aber auch ungerecht gegen ihn. Julius hat in dieſem Winter ihn oft ſeiner Operationen wegen vertheidigt. — Das war alſo nöthig! — Wie es ſcheint verſteht Gortſchakow aber nicht ſich in Reſpekt zu ſetzen und Gehorſam zu verſchaffen. Julius erzählt naiv genug, das ganze Hauptquartier lebe in Zwiſt und Hader; es ſei hohe Zeit, daß jemand hinkomme, vor dem ſich Alle beugen. — Bagage; Pedanterei in Beziehung auf dieſe — aber bloßer Schein, bloße Quälerei. Nur beim Ausmarſch wird ſie unterſucht, nachher kümmert ſich kein Menſch weiter darum. — Julius meint, man ſolle ſie lieber bei der Rückkehr der Truppen aus dem Felde unterſuchen. Die Bagage der Truppen, die aus Ungarn kamen, war hoch aufgethürmt mit dem Ergebniß der Plünderungen.

29. März. Julius lieſt uns Verſe des bekannten Chomäkow vor, eines Slawänophilen, der als unabhängiger Gutsbeſitzer in Rußland lebt. „Das weſtliche Slawenland, eine Viſion": der Dichter ſieht Prag als eine ruſſiſche Stadt, Elbe, Donau, Drau und Sawa als ruſſiſche Ströme. Nie geahnte Pracht der ruſſiſchen Sprache; Erhabenheit der Vorſtellung und Bilder! — Man hat aber Tact genug zu wiſſen, daß dieſe panſlaviſtiſchen Gedichte ſich nicht zur Ausfuhr eignen. Sie ſind nicht gedruckt und ich habe Gelegenheit zu bemerken, daß auch die Handſchriften ſorgfältig gehütet werden. Daß das Blatt nicht zum zweiten Male in meine Hand kommen würde, konnte ich mir wohl ſagen — und doch wäre es wohl nützlich, wenn dergleichen in Deutſchland bekannt würde. Ich mache daher augenblicklich Anſtalten die Verſe abzuſchreiben; Julius fährt ſogleich dazwiſchen: Écoutez, ou m'a

envoyé ceci de St. Pétersbourg à condition que je ne le montrerai à personne. Ich werfe die Feder weg: „Ah! oui, je conçois que se sont des vers pour être lus en famille."

1. April. Besuch von General Tulubjew, einfacher Russe von der guten Sorte, einfach, anspruchslos, voll Achtung vor wirklicher Bildung. — Von der herrschenden Exaltation ist er wenig ergriffen; der Gedanke an einen möglichen Krieg mit Deutschland ist ihm nicht erwünscht. Er sagt mir ganz ehrlich und offen, wie es um den Geist der Armee steht. Die Armee nimmt durchaus nicht Antheil an der allgemeinen Begeisterung: das Leben des russischen Soldaten ist auch nicht darnach angethan ihn sehr empfänglich zu machen für Begeisterung. — Nicht daß den Soldaten der Krieg nicht willkommen wäre, — im Gegentheil jeder Krieg ist ihnen willkommen, aber aus sehr prosaischen, naheliegenden Gründen, die mit Slaventhum, Doppelkreuz und Begeisterung gar nichts zu thun haben. Der Exercir- und Parade-Dienst hört auf; die Peinlichkeit, die auf den Anzug verwendet wird, das Kasernenleben, die beschwerliche Schein-Ordnung und Schein-Reinlichkeit die dort gehandhabt werden, desgleichen die Prügel und körperlichen Mißhandlungen fallen weg — und der Soldat wird besser genährt im Felde. — Tulubjew sagt: „Unsere Leute sind faul und schmutzig und im Felde können sie sich gehen lassen." — Der Krieg ist daher dem Soldaten willkommen. Frage: Ob denn die Offiziere nicht etwa mehr für den Krieg begeistert sind als die Soldaten? — Antwort: Nein! die sind viel zu arm, fühlen sich gedrückt; haben auch wohl im Felde, bei dem herrschenden Protectionswesen, zu wenig Aussicht auf Beförderung und Gewinn — um sehr begeistert zu sein. So ziemlich ohne Ausnahme alle Infanterie-Offiziere haben gar kein Vermögen und leben lediglich von ihrem Hungersold. Große Drangsal entsteht für sie daraus, daß man die Regimenter hier in Polen (wahrscheinlich damit Soldaten und Offiziere sich nicht mit den Landeseingeborenen befreunden) sehr häufig die Garnisonen wechseln läßt. Tulubjews Brigade hat z. B. in einem Jahre sieben Mal Garnisonen gewechselt. Den Offizieren geht dabei in der Regel jedesmal etwas verloren, das sie anschaffen mußten und nicht mitnehmen

können — und wenn es auch nur ein Paar irdene Töpfe wären, ſo
ſind auch die für ſie ein ſchwerer Verluſt. — Jetzt läßt man die
Truppen, ganz gegen das große Dienſtreglement, nach der Donau
aufbrechen, **ohne daß die Offiziere Mobilmachungsgelder
erhielten!** — Sie ziehen aus, ohne ſich auch nur das Aller-
nothwendigſte anſchaffen zu können. — Auch das 2. Inf.-Corps,
das ſchon ſeit längerer Zeit auf dem Kriegsfuß ſteht, und nun nach
Podolien marſchirt, hätte Anſpruch auf Mobilmachungsgelder, und
ſchon ſeit lange —: man hat aber berechnet, daß ſie für das ganze
Corps 15,000 R. S. betragen würden, und findet, das ſei zu viel.
Mme. Tulubjew ſagt: „doch könnten die Offiziere ſie eigentlich geradezu
fordern.“ — Ich: Das möchte ich ihnen nicht rathen! — Tulubjew
lacht, und meint, ſie thäten allerdings ſehr wohl es zu unterlaſſen.

　　**Geſundheitszuſtand der Armee. Unter den Rekruten iſt
die Sterblichkeit ſehr groß. Ebenſo unter den jungen
Soldaten während ihrer erſten 3 oder 4 Dienſtjahre.**
Hat der Soldat die erſten 4 Jahre überſtanden und ſich eingelebt,
dann geht es, und er dauert dann wohl ſeine Zeit aus. Viel trägt
zu dem ſchlechten Geſundheitszuſtand bei, daß die Rekruten meiſt
zu jung ſind, Knaben von 18 bis 19 Jahren, deren Geſundheit
ſich in dieſem rauhen nordiſchen Klima noch nicht feſtgeſetzt haben
kann. — Tulubjew erklärt mir das ganze Verpflegungsweſen; die
Verpflegung iſt höchſt ärmlich! eine unſelige Hungerleiderei! — Der
Soldat, der auf dem Lande, in den Dörfern liegt, bekömmt monatlich
nur 32½ Pfd. Mehl, weiter nichts. Im übrigen mag ihn der arme
polniſche Bauer ernähren wie er kann und weiß! — Dennoch fahren
die ſo auf dem Lande liegenden Regimenter am beſten, der Kranken-
beſtand iſt bei ihnen immer geringer als bei den in den Städten in
Kaſernen untergebrachten Truppen, welche die volle Verpflegung erhalten (d. h. 32 Pfd. Mehl; und zu Salz, Fleiſch und Gemüſe den
Geldwerth von 7½ Pfd. Mehl monatlich; wozu dann noch kommen:
wöchentlich 2½pfündige Fleiſchportionen, und 2 Gläſer Branntwein,
die nie in natura verabreicht, immer in Geld berechnet werden). Tulubjew hat eines ſeiner Regimenter auf dem Lande, eines in Warſchau;
bei dem erſteren beträgt der permanente Krankenſtand, auf 3000 Mann,

115 bis 120, bei dem letzteren 220 Mann, also nicht weniger als 7%.
Der schwerere Dienst in Warschau trägt das Seinige dazu bei. — (Jetzt
sind übrigens die Regimenter wirklich 4000 Mann stark.)

Im Lande selbst ist übrigens die Begeisterung sehr groß, das erzählt auch Tulubjew; es werden große Opfer gebracht. Er erklärt,
wie sie für diesmal mit verhältnißmäßiger Leichtigkeit
gebracht werden können, ohne die eigentlichen Kapitalien anzugreifen. In Folge der Kriegsrüstungen haben Gutsbesitzer und Kaufleute Getreide und Ausrüstungsgegenstände ungewöhnlich vortheilhaft
verkauft, und demnach zur Zeit mehr als gewöhnlich baares Geld in
Händen (das könnte sich ändern). —

Mittag und Abend tristement daheim, wie gewöhnlich. Julius
bekömmt 3600 R. S. Mobilmachungsgelder (die armen Teufel
die Lieutenants aber nichts) — und außer sämmtlichen Gehalten, die
er behält, 4 Dukaten täglich Diäten. — Hier ist ein Graf Rzewuski;
nicht im Dienst, hat aber freiwillig als Amateur das Amt eines Hof-
narren bei dem F. M. übernommen; erzählt nach Tisch Anecdoten,
respective Zoten. Den nimmt Paskewitsch mit; Rzewuski bekömmt
3300 R. S. Mobilmachungsgelder, und täglich 3 Dukaten Diäten!!!

4. April 1854. Julius' schwankende Stimmung fördert wunderbare Widersprüche zu Tage. Er sagt: es kommt nur darauf an den
Krieg in die Länge zu ziehen; Rußland kann ihn 10—20 Jahre lang
aushalten, England nicht. Im Widerspruch damit bricht er heute
beim Kaffee in verzweiflungsvolle Klagen darüber aus, daß man
Tengoborski's Rath nicht bei Zeiten befolgt hat. Tengoborski ist
allerdings unter den russischen Staatsmännern der einzige, der wirklich
etwas vom Finanzwesen versteht. Der hat nun längst gerathen, für
alle Fälle, bei Zeiten so lange Friede war und alles günstig, eine
Anleihe in Holland zu machen, die man wohl noch im vorigen Jahre
zu leidlichen Bedingungen hätte abschließen können — man hat ihn
nicht gehört — nichts zu rechter Zeit gethan — nun sitzt man da!
— Im Auslande ist jetzt keine Anleihe zu machen — und die Gelder
die jetzt aus der (Petersburger) Reichsleihbank gezogen werden, sind
die letzten finanziellen Hülfsmittel Rußlands, die müssen schon jetzt
verbraucht werden. —

8. April. Tulubjew fährt mit mir zur Citadelle ohne irgend jemand um Erlaubniß gefragt zu haben. Seltsame Anlage. Die Citadelle wurde hier angelegt, weil die großen Kasernen schon da waren, die man nicht aufgeben wollte. Sie beherrscht aber nicht eigentlich die Stadt; denn sie liegt zwar auf dem hohen Thalrande der Weichsel, der steigt aber gegen Süden, Belvedere ist der höchste Punkt, und so liegt der Bauhorizont der Stadt höher als der Bauhorizont der Citadelle. — Nach der Landseite bastionirte Fronten: „il y a du Montalembert": die Bekleidungsmauern der Escarpe freistehend, vor den Facen und Courtinen crenelirt, vor den Flanken bilden sie die Stirnwand hinten offener Casematten. Außenwerke: keine; nur in den eingehenden Waffenplätzen des bedeckten Weges gemauerte Caponnières in Fleschenform. Unter dem Glacis scheint ein Minen-System zu liegen. — Das Erdreich sandig und schlecht, die Böschungen daher stark, die Rasendecke schlecht. Das Mauerwerk von vorzüglicher Arbeit. — Nach der Wasserseite ist der Thalrand nur durch eine crenelirte Mauer gekrönt; ein Vorsprung von crenelirten Mauern schützt den Eingang, und aus dem Vorsprung senkt sich eine hufeisenförmige, für Geschütz casemattirte Caponnière ganz herab und sperrt den Thalweg am Fluß — Casernen im Innern — Gebäude für Staatsgefangene. — „Sind viele darin?" — O ja! genug! es wird nie leer! —

In neuerer Zeit hat man sich nun überzeugt, daß die Citadelle die Stadt nicht ausreichend beherrscht. Um diese, nöthigen Falls, vertilgen zu können, hat man nun jenseits der Esplanade, am Rande der Stadt, ja schon zwischen den Häusern, 3 Thürme von eigenthümlicher Bauart angelegt; sie sind rund, schließen einen runden Hof ein; Casematten in 2 Stockwerken und Wallgang; der Graben vertheidigt durch 3 gemauerte Coffres, das Mauerwerk geschützt durch ein sehr hohes Glacis ohne bedeckten Weg; keine gedeckte Verbindung der Thürme unter sich oder mit der Citadelle. — Die Casematten als Casernen benützt; wir gehen hinein: welch' eine grauenhafte Unreinlichkeit bei einer peinlich gehandhabten Schein-Ordnung und Schein-Reinlichkeit! — Die Luft schlecht — die Leute zu gedrängt — in Hemdärmeln — die von Hause aus weißen Hemden von allen möglichen Schattirungen von Isabel bis Violet. —

Abends Rudolf Zepelin auf der Durchreise von Petersburg nach Wien. Die durch den Prinzen Georg von Mecklenburg überbrachten Friedensanerbietungen machen ihm Sorgen. Er fürchtet, sie könnten in Berlin angenommen werden. Er weiß durch seinen Bruder, den Gesandten, daß es über diese Vorschläge zu heftigen Auftritten zwischen dem Könige und dem Prinzen von Preußen gekommen ist. Der König wollte umkehren, der Prinz widersprach lebhaft; um die Sache wieder gut zu machen, ist er zum General-Obristen der Infanterie ernannt worden. Württemberg hat in Wien erklärt, mit Preußen gehen zu wollen. Auf Oesterreich ist man, wie Zepelin erzählt, in St. Petersburg sehr schlecht zu sprechen, — Preußen wird der Hof gemacht.

9. April. Die Russen haben bei Oltenitza 4000 Mann, fast die Hälfte der verwendeten Mannschaft verloren. Julius kam sehr erregt von einem Diner bei Paskewitsch zurück und erzählt sehr entrüstet über den Fürsten Gortschakow, der dieses Gefecht in ganz thörichter Weise angefangen habe.

Am Abende des nämlichen Tages reisten Bernhardi und seine Frau in die Heimath zurück. Unmittelbar nach der Heimkehr nahm er eine zusammenhängende Verarbeitung der in Warschau empfangenen militärischen und politischen Eindrücke so nachdrücklich in Angriff, daß er 14 Tage später das Nachstehende notiren konnte:

Den in Warschau begonnenen Aufsatz „Rußland im März und April 1854" beendet, — habe aber wenig Freude daran. Es ist vergebliche Mühe; ich kann ihn nicht drucken lassen. Constantin Benckendorff brächte sofort heraus, daß die Schrift von mir ist — besonders aber erriethe Paul Rennenkampff das augenblicklich. — Die Schrift enthält zu viele wirkliche Aufklärungen um in der Masse von Flugschriften, mit denen Deutschland jetzt überschwemmt ist, zu verschwinden. — Doch ist mir der Gedanke unleidlich, daß ich die Arbeit ganz umsonst gemacht haben soll, — daß ich gar keinen Theil nehmen soll an den großen Ereignissen der Gegenwart. —

Ergebnisse der polnischen Reise.

Zu vorsichtiger Zurückhaltung hatte Bernhardi, der auf die Verhältnisse seiner nächsten Verwandten Rücksicht nehmen mußte, um so reich-
licheren Grund, als Denunciationssucht und Gesinnungsriecherei auch außerhalb Berlins eine ungewöhnliche Höhe erreicht hatten und als es nicht
an Leuten fehlte, die zwischen preußisch-gouvernementalen und russischen
Interessen nicht nur keinen Unterschied machten, sondern Dinge, die in
St. Petersburg „interessiren" konnten, ohne Weiteres dorthin weiter gaben.
Daß der preußische Mobilmachungs-Plan nach Rußland
mitgetheilt worden, war seit Wochen ein öffentliches und, wie wir gesehen haben, auch Bernhardi längst bekannt gewordenes Geheimniß. So
weit war das Gefühl der Unsicherheit und des Mißtrauens verbreitet, daß
ihm alsbald nach der Rückkehr aus Warschau von einer befreundeten, den
conservativ gouvernementalen Kreisen angehörigen Dame der Rath ertheilt
worden war, „in hiesiger Gegend ja kein freisinniges Wort in religiöser
oder politischer Beziehung verlauten zu lassen". Gleichzeitig erfuhr er,
daß die Untersuchung über die angeblich durch den Fürsten Croy erfolgte
Mittheilung des preußischen Mobilmachungs-Planes an den russischen
Militär-Agenten Grafen Constantin Benckendorff (Croy's Schwiegersohn)
auf höheren Befehl niedergeschlagen worden sei!

Seine in Warschau gewonnenen, durch umfangreiche Materialsammlungen vertieften Eindrücke hatte Bernhardi in zwei ausführliche Ab-
handlungen niedergelegt. Die erste derselben „Das russische Heer
im Frühjahr 1854" (vierundzwanzig Jahre später im ersten Bande
der „Vermischten Schriften" S. 337 ff. abgedruckt), bezeugt eine Kenntniß des Gegenstandes, die als geradezu unbegreiflich zu bezeichnen ist.
Auf eine detaillirte Auseinandersetzung über die Heeresstärke (Feldarmee,
Grenadier-Corps, Garde-Corps, erstes und zweites Cavallerie-Corps,
Combattantenzahl — 526,323 Mann mit 1328 Geschützen) folgt
eine Reihe allgemeiner Bemerkungen über „Beschaffenheit der Leute"
(physische und moralische Qualität der verschiedenen Rassen, Sterblichkeit,
Gesundheitszustand, Aushebungsmethode, Ernährung, Sanitätswesen
u. s. w.), die zu dem Gründlichsten gehört, was über diesen Gegenstand
jemals geschrieben worden ist und durch die folgenden Ereignisse in allen
Stücken bestätigt wurde. Dann folgen ebenso eingehende Berichte über

das Offiziercorps, die Ausbildung der Truppen, die Disciplin, den
Geist der Führung, die herrschende Routine — endlich Prüfung der
Beschaffenheit aller einzelnen Waffengattungen und des t a k t i s c h e n
Systems, an welche dann die Schlußfolgerung geknüpft wird, „daß die
russische Armee, wenn sie ihre Truppen im Geist d i e s e r Taktik in das
Gefecht führt, vielfache Mißerfolge zu verzeichnen haben wird und daß
ihr in diesem Falle (trotz der unzweifelhaften Tapferkeit der Mannschaft)
selbst die Ueberlegenheit der Zahl auf dem Schlachtfelde kaum etwas
helfen, kaum zu etwas Anderem dienen wird, als ihre Verluste in das
Maßlose zu steigern."

Ihre Ergänzung erhielten diese technisch-militärischen Ausführungen
durch eine zweite „R u ß l a n d i m M ä r z u n d A p r i l 1 8 5 4" über-
schriebene (bisher unveröffentlichte) p o l i t i s c h e Denkschrift, deren Interesse
gegenwärtig noch erheblicher erscheint, als zur Zeit ihrer Abfassung, weil
die in derselben enthaltenen Vorhersagungen sich zu einem erheblichen Theil
erst im Laufe der folgenden Jahrzehnte verwirklicht haben. Davon ausgehend, daß der Kaiser Nikolaus keinen Krieg gewollt, die Mission des
Fürsten Mentschikow vielmehr in der Absicht angeordnet habe, durch Drohungen und Einschüchterungen das Ziel der Vernichtung des englischen
Orienteinflusses zu erreichen und sich zum alleinigen Schutzherrn der Pforte
und anerkannten Worthalter der Christen des Morgenlandes zu machen,
führt der Verfasser den Nachweis, daß das Scheitern dieses Planes eine
nationale Bewegung in Rußland hervorgerufen habe, durch welche der
vom Kaiser nicht gewollte, von Nesselrode und Paskewitsch widerrathene
und entschieden mißbilligte Krieg erzwungen worden. Nikolaus habe
dieser Bewegung nachgeben m ü s s e n, weil anderen Falls die im Laufe
der Jahre angesammelte Mißstimmung über die der Regierung zur Last
gelegten wirthschaftlichen Schwierigkeiten und über die angebliche Begünstigung des deutschen Elements einen bedrohlichen Umfang gewonnen
hätte. In den nationalen Schichten der Nation herrsche lebhafte bis
zum Fanatismus gesteigerte Begeisterung für den Krieg: Hand in Hand
mit derselben aber gehe eine auf krasse Unkenntniß des Westens und
kaum glaubliche Unbildung gegründete Ueberschätzung der eigenen Leistungs-
fähigkeit, die für die Regierung außerordentlich kritisch werden könne,
wenn diese den auf sie gesetzten überschwänglichen Erwartungen nicht zu
entsprechen vermöge. Von den ungeheueren Hilfsmitteln Englands, der
militärischen Bedeutung Frankreichs und Oesterreichs hätten auch die sogenannten Gebildeten so wenig eine Vorstellung, daß sie von der Regierung

Uebermenschliches erwarteten und daß sie derselben jedes Nachgeben, jedes Einlenken zu Friedensverhandlungen moralisch unmöglich machten. — Mit außerordentlicher Anschaulichkeit wird sodann über Treiben und beständig zunehmenden Einfluß der (damals neu erstandenen) Slawophilenpartei berichtet, die künftige Vorherrschaft derselben vorausgesagt und ein Bild der weitgehenden nationalen Kriegshoffnungen derselben entworfen. Ausgenommen von dem allgemeinen Kriegseifer seien nur zwei Gesellschaftsklassen: die Armee und das höhere Beamtenthum, die aus guten Gründen kein übertriebenes Selbstvertrauen hegten. Eine erhebliche Rolle spiele dabei die kritische Finanzlage des Staates, der (nach dem Geständniß Tengoborski's — des sachverständigsten aller russischen Staatsmänner) seit Zurückziehung der bei der Bank deponirten Gelder keine Hilfsmittel mehr besitze und den Zeitpunkt für Aufnahme einer ausländischen Anleihe hoffnungslos verpaßt habe. Zum Schluß werden die Einzelheiten der finanziellen, militärischen und diplomatischen Lage erörtert und die Widersprüche nachgewiesen, welche die preußischen Russenfreunde sich rücksichtlich der Beurtheilung des Nachbarstaates schuldig machten. Daß jeder den russischen Wünschen zuwiderlaufende Gang der Dinge den Einfluß des (mit den sogenannten Altrussen verbündeten) Slawophilenthums erhöhen und dem russischen Fremden- und Deutschenhasse neue Nahrung zuführen werde, wird als ein für alle Male feststehend bezeichnet.

Zu dem kindlichen Optimismus, der in den konservativen und gouvernementalen Kreisen des damaligen Preußen rücksichtlich russischer Zustände und Menschen sein Wesen trieb, stand diese nüchterne, aus wirklicher Sach- und Personenkenntniß geschöpfte Darstellung in so ausgesprochenem Gegensatz, daß durchaus begreiflich erscheint, wenn der Verfasser für gerathen hielt von einer Drucklegung derselben abzusehen. Ungleich zweckmäßiger als eine solche erschien die private Mittheilung der Denkschrift an eine beschränkte Zahl politisch in Betracht kommender und belehrbarer Leser. Von dem Eindruck, welchen diesen die Bekanntschaft mit den Bernhardi'schen Aufsätzen machte, wird in diesen Blättern wiederholt und eingehend gehandelt werden.

Im Sommer 1854.

Der Sommer 1854 war so ausschließlich der Arbeit gewidmet, daß die während derselben geführten Tagebücher eine nur bescheidene Ausbeute liefern. Immerhin sind gewisse Mittheilungen bemerkenswerth, die damals eingegangenen Briefen aus St. Petersburg, Warschau und Berlin entnommen sind und lesenswerthe Beiträge zur Charakteristik der Menschen und der Auffassungen jener für Rußland und Deutschland gleich wichtigen und folgenreichen Zeit liefern.

5. Juni. Brief aus Warschau. Wenig über Julius (von Krusensterns) Ergehen im Hauptquartier, sehr viel dagegen über Bubbergs (des russischen Commissars für die occupirten Donaufürstenthümer) Heirath mit Annette, çi-devant Fuhrmann. Ueberall in der Wallachei waren für die junge Frau Triumph-Pforten errichtet, — die Glocken wurden bei ihrer Ankunft geläutet und in Bukarest kam ihr der Erzbischof mit dem Kreuz und in Procession entgegen: „Voilà des honneurs." Der Hospodaren-Palast in der Vorstadt steht zu Verfügung der jungen Frau u. s. w. — Der Brief mißfällt uns allen höchlich. Da sieht man die Früchte solcher Erziehung und des Geistes, der im Hause herrscht! — Ich bin empört über Bubberg, der ganz verwandelt sein muß. Ist seine Stellung in Bukarest, die jedenfalls als eine abnorme angesehen werden muß, die gewaltsame Zustände voraussetzt, wohl dazu angethan solche Demonstrationen von den Leuten zu verlangen? — Paßt dergleichen überhaupt für einen Gouverneur und seine Frau? — Und nun vollends in Mitten des Elends, das in den Fürstenthümern herrscht, des unsäglichen Unglücks, das sich täglich begiebt, solche Narrensspossen zu treiben! — Das ist unwürdig. Man sagte uns in Warschau, daß Bubberg durch das Tischrücken verrückt gemacht worden sei.

11. Juni. Julius (von Krusenstern) schreibt aus dem russischen Hauptquartier, am 20. Mai, in etwa 14 Tagen hoffe man Silistria zu erobern. Man könnte sich verrechnet haben. — Die Belagerung von Silistria fange ich an einigermaßen zu verstehen. Auf der Seite, von der die Stadt 1829 belagert wurde, ist seitdem auf

dem beherrschenden hohen Thalrande ein abgesondertes Fort erbaut worden; man hätte also zwei Belagerungen zu machen, wenn man dieselbe Seite zum Angriff wählen wollte. Um das zu vermeiden, greift man Silistria von Osten her, an der am Ufer tiefliegenden Front an. Sollte man nun auch sich des Forts Abbul-Medschid auf der Höhe ebenfalls bemächtigen müssen, so könnten doch beide Belagerungen gleichzeitig betrieben werden, und man gewönne jedenfalls an Zeit. Der Gedanke scheint ein guter. —

21. Juni. Brief von Julius aus Kalarasch. Der Ton gegen früher etwas herabgestimmt; von einer baldigen Eroberung von Silistria ist nicht mehr die Rede; im Gegentheil. Er berichtet, daß die Türken seit dem letzten Kriege sehr große Fortschritte gemacht haben und sich vortrefflich wehren. Mussa Pascha ist geblieben, aber nicht, wie die Zeitungen berichten, durch eine Stückkugel getroffen; er wurde von einem russischen Scharfschützen erschossen in dem Augenblick, wo er sein Fernglas auf die Tranchéen richtete. Die Vertheidigung von Silistria leitet ein ehemaliger preußischer Offizier Namens Kraft; — um Silistria seit 1829 viele Außenwerke errichtet; namentlich ein Fort auf der Höhe, das die ganze Gegend beherrscht. Erbitterung gegen die Engländer, vielmehr als gegen die Franzosen. Julius schreibt, es sei eine schöne Eigenschaft des russischen Soldaten, daß er den Feind nicht geringschätzt! Ich glaube daraus lesen zu dürfen, daß die Stimmung vor Silistria eine gedrückte ist.

22. Juni. Silistria entsetzt, von den Türken allein entsetzt, darauf war ich nicht gefaßt, da muß Rußlands Ansehen gar sehr sinken. Dem armen alten Schilder ein Bein abgenommen, — es thut mir sehr leid!

26. Juni. Mein Warschauer Memoire ist auf Harkorts Veranstaltung dem Prinzen von Preußen durch seinen Adjutanten (Goltz oder Boyen?) in Berlin überreicht worden; der Prinz hat nach dem Namen des Verfassers gefragt, Harkort aber abgelehnt Auskunft zu geben. ..... Langer Brief von Maltitz aus Weimar. Er ist in Verzweiflung über die in Deutschland herrschende, russenfeindliche Stimmung — und zwar um

Deutschlands Willen. Denn er sieht natürlich die Politik Rußlands aus redlichster Seele in einem durchaus idealen Licht, wie denn überhaupt das Ideale sein Element ist. Dann kommt diesmal auch die Bavaromanie seiner Frau hinzu: „Ein edler (?) deutscher Fürst auf dem Thron der Hellenen facht in Deutschland keine Begeisterung an! — Aller Enthusiasmus ist in Deutschland geschwunden — es ist das Deutschland, das Heine und Börne träumten." — Was im Orient vorgeht scheint mir bedeutend, entscheidend für die Wurzeln, die das Christenthum dort noch hat. Mehr noch ist es die Art, wie man diesen Krieg in Deutschland beurtheilt. —

19. Juli. Der junge Flotow für die Zeit der Ferien hergekommen. Er sagt, daß die russische Partei in Berlin, namentlich in der Garde sehr stark ist. Die Garde-Offiziere haben dazu keinen Grund als den Eindruck, den der Kaiser Nikolaus durch sein persönliches Schönthun auf sie gemacht hat. Diese Leute sind sehr betroffen über den Gang des Feldzugs, suchen sich mit der Vorstellung zu trösten, die Nachrichten seien übertrieben, die Schlappen der Russen nicht so arg. Siege freilich lassen sich nicht herausdeuten. Abends Gesellschaft bei uns. Der alte General v. Scheliha sehr betrübt über die neue Verordnung, daß fortan „zu mehrerer Heiligung des Sonntags" die Controlversammlungen nur an Wochentagen stattfinden sollen. Wer wird den Leuten den Arbeitstag bezahlen?

1. August. Aus Berlin: Zu Anfang des Jahres schien Bethmann-Hollweg bei dem Könige einen Sieg über seine Gegner von der Kreuzzeitungs-Partei erfochten zu haben. Alsbald sprengte diese aus, B.-H. habe alle seine Hoffnungen in dem Grabe auf den Prinzen von Preußen gerichtet, daß er wohl eine Demonstration begünstigen würde, um den König zur Abdankung zu bewegen. Bethmann habe bei dem gleichgesinnten Grafen v. Pourtalès geheime Zusammenkünfte mit den Gesandten von Frankreich und England. Manteuffel erhielt den Auftrag den Grafen Pourtalès zu fragen, was die geheimen Zusammenkünfte in seinem Hause zu bedeuten hätten; Pourtalès berieth sich mit dem ihm sehr befreundeten Gr. Zieten

und antwortete auf den Rath dieses letzteren ganz kurz, daß er dem König selbst die verlangte Auskunft geben werde — erbat eine Audienz, erhielt sie und erklärte dem König, daß geheime Zusammenkünfte in seinem Hause durchaus nicht stattgefunden hätten, nur kleinere Gesellschaften, an denen allerdings die beiden Gesandten Antheil genommen und auch Bethmann-Hollweg — aber auch andere Diplomaten u. s. w. und von Politik sei da nicht die Rede gewesen. Die Wahrheit dieser Aussage anlangend verwies er den König an den Gr. Zieten, in dessen vollkommene Redlichkeit der König mit Recht ein unbedingtes Vertrauen setzt. — Zieten wurde am 17. Januar zum König beschieden, bestätigte die Aussage seines Freundes Pourtalès, fügte hinzu, was die Kreuzritter dem König hinterbracht hätten, sei eitle Verleumdung; ihn, Zieten selbst, verleumdeten sie ebenfalls, weil er sich der katholischen Partei angeschlossen habe, und das habe er gethan, weil man nothwendig zu einer Partei gehören müsse, er aber mit der Kreuzritter-Partei nicht gehen könne. — Warum nicht? fragte der König etwas erstaunt. — Zieten sagte seine Gründe — der König stimmte ein und ereiferte sich dermaßen gegen die Kreuzritter, die durch ihr widersinniges Treiben eine Revolution herbeiführen würden, daß er im Eifer die Stimme gewaltig erhob, so daß der dienstleistende Adjutant im fernen Vorzimmer die Stimme des Monarchen vernahm und zusammt einigen andern Vorzimmlern der Ueberzeugung lebte, Seine Majestät geruhten den Gr. Zieten in dieser Weise zu belehren. Die Herren erwarteten wohl Zieten ganz zerschmettert aus dem königlichen Cabinet kommen zu sehen — und waren verwundert, als er mit sehr befriedigter Miene unter ihnen erschien. Der Adjutant war so taktlos zu fragen, was denn der König mit ihm gesprochen habe? — Wurde aber sehr derb zurecht gewiesen, wie das Zieten wohl kann. — Und doch war es wenige Wochen später den Kreuzrittern gelungen, einen Bruch zwischen dem Könige und dem Prinzen von Preußen herbeizuführen.

3. August. Ueber den Prinzen Friedrich Karl ist jetzt ein Theil des schlesischen Adels ungehalten und nennt ihn „schroff". — Er hat nämlich einen jungen Grafen Henckel, der seine militärische Lauf-

bahn als Gemeiner im 1. Garde-Ulanen-Regiment beginnt, als dieser
dem Prinzen begegnete, militärisch grüßte und weiter ging, nachträglich
mit „Ulan" angerufen, um ihm etwas zu sagen. Graf Henckel blieb
erst auf den dritten oder vierten Ruf des Prinzen stehen; der
Prinz fragte, ob er denn nicht gehört habe? — Henckel erwiderte, er
habe nicht glauben können, daß der Ruf ihm gelte. — Der Prinz
meinte: „Das ist der schlesische Hochmuthsteufel" — Militärs aber werde er schon an militärische Disciplin zu gewöhnen
wissen. Henckel ist zu einem anderen Regiment und einer anderen
Brigade versetzt worden. Es giebt Leute, besonders in Oberschlesien,
die sich noch immer nicht an das durch Friedrich Wilhelm I. und
Friedrich II. in Preußen eingeführte System gewöhnen wollen, dem zu
Folge die Bedeutung eines jeden nicht sowohl von seiner
Geburt abhängt, als von dem was er im Staate ist. —

8. August. Die Königsmanöver des 5. und 6. Armee-
corps sind durch heute hier eingetroffene Cabinetsordre
abbestellt: — ein Zeichen, daß Oesterreich losschlägt. Die Vorbereitungen sind vergeblich gewesen, — man hatte geglaubt, Kaiser und
Kaiserin von Oesterreich würden hinkommen. Der jetzige Commandeur
des hiesigen Landwehr-Bat. Major Dresler von Scharfenstein, ein
leidenschaftlicher Freund Rußlands, ist außer sich. Es giebt ihrer
genug, sagt man mir, die glauben und behaupten, Rußlands Mißgeschick im Kriege sei eitel Verstellung. Rußland verberge und
verheimliche noch immer seine Macht; mit einem Mal werde
es sie überraschend entfalten, und alles vor sich zerschmettern und zu
Boden treten! — Das Publikum, welches seine gegenwärtigen Feinde
bilden, ist ihm gleichsam noch nicht zahlreich genug, noch nicht der
Mühe werth; es will die Gelegenheit absehen sie alle mit einem
Schlage zu vernichten! —

10. August. Wichtig war mir dann auch zu vernehmen, daß
die russischen Garden auf dem Marsch sind nach Polen! — wovon
bis jetzt nichts in den Zeitungen steht. — Das geschieht gewiß nicht
ohne Noth, und ist mir ein Beweis, daß der Bruch mit Oesterreich
und Rußland nahe bevorsteht. Die Kreuzzeitung und die Augsburger
Allgemeine verkünden, nun gehe Rußland auf Oesterreichs Begehren

ein, räume die Moldau, stelle den Status quo ante her; mit Rußland
seien also die deutschen Mächte vollkommen im Reinen, und es käme
für sie nur noch darauf an die Westmächte zum Frieden zu zwingen.
Die Russenfreunde verkünden das so laut wie möglich, damit es wirklich dahin komme — die Börse aber scheint für's Erste noch nicht
daran zu glauben, denn die Staatspapiere gehen in die Höhe. —

12. August. Sehr einleuchtend mußte es schon im vorigen
Herbst jedem Verständigen sein, daß der Kaiser Nikolaus eine viel zu
geringe Heeresmacht an die Donau vorgeschoben hatte, wie sie zu so
weit ausgreifenden Plänen des Ehrgeizes gar nicht stimmte; dieser
erste Fehler hat fort und fort wirkend, indem er andere nach sich zog,
die ersten unglücklichen Gefechte, die übereilten Märsche in schlimmer
Jahreszeit, die wachsende Entmuthigung der Truppen herbeiführte,
die Unfälle der Russen veranlaßt. — Daran soll, wie Ungern-
Sternberg (russischer Gesandter in Kopenhagen) sagt, Paskewitsch
schuld sein; der widerrieth mehr Truppen marschiren zu
lassen, aus Besorgniß, Gortschakow könnte zu viel Ruhm
und Ansehen gewinnen! —

18. August. Brief aus Warschau: Der Feldzug an
der Donau ist besonders in Folge beständig einander
widersprechender Befehle und Gegenbefehle aus Petersburg sehr schlecht gegangen: 'alle Generale sind in Verzweiflung' über die Gängelei von Petersburg aus; der Kaiser hat
durchaus keine militairische Einsicht, — das war längst meine stille
Ueberzeugung. —

Aufenthalt in Berlin. Herbst 1854.

Mitte Oktober ging Bernhardi auf einige Tage nach Berlin, wo
er zunächst den (mehrerwähnten) Finanz-Attaché der russischen Gesandtschaft, Herrn von Rennenkampff, aufsuchte:

Vielerlei besprochen: — die Verhältnisse in Rußland sehr un-
glücklich; daß der Kaiser diesen Krieg nicht gewollt, die Partei der

Slawinophilen ihn gegen deſſen Willen herbeigeführt hat, giebt auch
R. zu; — die Verblendung in Rußland ſehr groß; noch vor kurzem
reiſte der Fürſt Waſſiltſchikow hier durch, der äußerte ſehr entſchieden:
Rußland könne nicht anders Frieden ſchließen als in
Conſtantinopel!!! — Solange ſolche Anſichten herrſchen, ſind
wir ſehr weit vom Frieden. — Die Armee an der Donau iſt ruinirt
und entmuthigt.

Die Krim. Da ſcheint man ſehr ſchlecht vorbereitet den Feind
zu empfangen. Mentſchikow hat 50,000 Mann (auf dem Papier).
— Er hat 2½ Diviſionen Infanterie = 40 Bat.; 1 Diviſion vom
5. Inf.-Corps; 1½ vom 6.; an Kavallerie außer einem Huſaren-
Regiment nur Koſaken. — Von der Infanterie ſind noch dazu
2 Brigaden = 16 Bat. in der größten Hitze in Gewaltmärſchen von
Moskau durch die baumloſe Steppe nach der Krim geſendet worden,
und ruinirt dort angelangt. — Aus Rennenkampffs Reden
geht hervor, daß man in thörichter Verblendung die Landung bei
Balaclava erwartet. Ich erkläre ihm, daß eine Landung bei Balaclava eine arge Thorheit wäre, und eben darum garnicht zu erwarten iſt.

Bezeichne die Gegend von Eupatoria, aus ſtrate-
giſchen Gründen, als diejenige, wo die Landung wahr-
ſcheinlich ſtattfinden wird: „Bei Balaclava nimmermehr.“
— Solcher Verblendung, ſo ſchlechten Anſtalten gegenüber gewinnt
die Expedition nach der Krim, die tollkühn ausſieht — und auch
wirklich mißlingen müßte, wenn ſich die Ruſſen nur halbwegs wie
tüchtige Männer benehmen, — eine große Wahrſcheinlichkeit des
Gelingens. —

Gruſien. Da ſtehen die Dinge noch bedrohlicher für Rußland.
Rennenkampff lieſt mir Stellen aus einem Brief von dort vor. Es
geht alles drunter und drüber. Gen. Read hat durchaus keine
Autorität, man gehorcht ihm nicht, die Dinge wachſen ihm über den
Kopf. — Beſonders jetzt hat er keine Autorität, da Woronzow bereits
angekündigt hat, daß er nächſtens zurückkehren werde. — Schamyl
hat die ruſſiſchen Generale, wie früher ſchon oft, zu täuſchen gewußt,
und brach an einem Punkte in die Ebene, während man ihn auf einem

ganz anderen erwartete. — „Bebutow's Sieg bei Kars ist so
theuer erkauft, daß er dadurch allen Werth verliert;
Bebutow's eigene Armee ist dabei in dem Grabe zu Grunde gegangen,
daß er gelähmt ist, und nichts weiter unternehmen kann." — Ich:
Der Sieg hat immer den Werth, daß dadurch Grusien sichergestellt
ist für die Zeit, welche die Türken bedürfen ihre Armee wiederher-
zustellen. — Paul Rennenkampff: „Bebutow's Armee ist aber
in einem Zustande, daß sie einem neuen Angriff der Türken nicht
widerstehen kann."

Ueber den Rückzug aus den Fürstenthümern hat der General
Graf Anrep seiner Frau geschrieben: „De voir une aussi belle
armée reculer devant un ennemi misérable, c'est quelque chose
d'inconcevable".. Mehr inconcevable ist jedenfalls, daß die belle
armée von dem „miserablen" Feind fortwährend geschlagen wird.
Graf Nesselrode hat drei Mal seine Demission gegeben,
weil er es bedenklich fand dem Kaiser auf seinen jetzigen Bahnen zu
folgen.

Rennenkampff kommt auf die Angelegenheit Zieten-Pourtalès, die
auch ihm längst bekannt ist. Er sagte mir schon neulich, daß Zieten
erstens den eigentlichen Zusammenhang selbst nicht weiß, und zweitens
nicht ganz zuverlässig ist. — Bethmann-Hollweg hatte sich im vergangenen Winter Einfluß beim Könige zu verschaffen gewußt, und es bis
dahin gebracht, daß die Bearbeitung der orientalischen Angelegenheiten im Ministerium der auswärtigen Angelegenheiten seinem
Schwiegersohn, dem Grafen Pourtalès übertragen wurde,
und daß dieser, mit Umgehung des Minister-Präsidenten
Manteuffel, unmittelbar Vortrag bei dem Könige hatte.
Pourtalès zog Robert Goltz zu Rathe; was zu thun und zu lassen
sei, wurde allerdings in den kleinen Abendgesellschaften bei Pourtalès
verhandelt; Graf Zieten wurde „als Friedenstaube" zugezogen, um
nöthigenfalls von der Unschuld des Treibens, dessen eigentliches Wesen
ihm indessen Geheimniß blieb, Zeugniß ablegen zu können. — Die Absicht war, Preußen Schritt für Schritt in den Krieg gegen Rußland
zu führen; die Leute arbeiteten angeblich mit Wissen und Zustimmung
des Prinzen von Preußen, in Coblenz wurde gleichzeitig durch

den Commandanten, den seither verstorbenen General-Major von Griesheim, der Feldzugsplan gegen Rußland ausgearbeitet (?). — Der russische Gesandte Budberg war von der Sache unterrichtet; es gelang ihm die Coterie zu stürzen, vermöge des Einflusses, den er auf Gerlach, dieser auf den König übt. — Dem Minister Manteuffel war unheimlich zu Muthe bei diesem Treiben. Die preußische Politik nahm einen viel entschiedeneren Charakter an, als ihm lieb war, aber er wußte sich nicht zu helfen, den Dingen nicht zu steuern; sie wuchsen ihm eben über den Kopf! Der arme Mann! — Auf welche Weise gelang es nun den gewünschten Umschwung herbeizuführen? — Das sagt Rennenkampff nicht; sehr möglich, daß Gerlach auf Budberg's Geheiß dem König einreden mußte, es werde in jener Coterie eine Volks-bewegung vorbereitet, die ihn zur Abdankung zwingen solle. — Pour-talès wurde eines schönen Tages, als er sich zum Vortrage beim König meldete, sehr schnöde abgefertigt. Was er denn wolle? der König habe nichts mit ihm zu sprechen! Die Bearbei-tung der orientalischen Angelegenheiten wurde einem Anderen an-vertraut — und Pourtalès ist ganz von den Geschäften entfernt. Möglich, daß er eine Anfrage von Manteuffel erhielt, jener Abend-gesellschaften wegen; Paul Rennenkampff sagt davon nichts. Dann wurde, sobald man die 30 Millionen hatte, Bonin's Verabschiedung ebenfalls durch Budberg, via Gerlach, veranlaßt. Sie kam sehr überraschend, dem Kriegsminister Bonin selbst am überraschendsten. Sein Ausspruch in der Kammercommission, daß ein Bündniß Preußens mit Rußland „vatermörderisch" wäre, suchen Höflinge und Russen-freunde lächerlich zu machen.

19. Sept. Nach Bellevue gefahren, die Gallerie zeitgenössischer Meister zu sehen. Ein Bild, General Wrangel bei Schleswig. Es kämen, erzählt der Custode, viele Leute her (Kreuz-ritter), die sich sehr darüber ereiferten, daß dies Bild, diese revolutionäre Schmach, noch immer hier geduldet werde; es müsse weggeschafft, wenigstens verhängt werden u. s. w.

Mittagessen mit Paul Rennenkampff und Graf Schaffgotsch im Hôtel de Rome. Wir sprechen davon, wie sicher die Kreuzzeitungs-

Partei ihrer Sache geworden ist und wie herrisch sie in Folge dessen auftritt. Franz Schaffgotsch ist bekannt als Liberaler, Paul Rennenkampff sehr intim mit ihm, die russische Gesandtschaft hat nichts dagegen — ein höherer preußischer Beamter aber, der jener Partei angehört, fühlte sich berufen, ihm eine Vorlesung darüber zu halten, wie unpassend diese Intimität für einen russischen Beamten sei. Da Paul Rennenkampff sich dadurch nicht sonderlich bewegt zeigte, wurde ihm förmlich mit einem Artikel in der Kreuzzeitung gedroht —: er dürfe sich nicht wundern, dies unpassende Verhältniß in einem Artikel der Kreuzzeitung besprochen zu sehen; gewarnt sei er! — Antwort: Seinen ehrlichen Namen gerade in der Zeitung zu sehen, werde ihm allerdings sehr schmerzlich sein, da es aber doch, nach allem was man ihm sage, nicht wohl mit Lob sein könne, werde er sich darüber trösten. — Der angedrohte Artikel ist übrigens nicht erschienen.

22. Sept. Die Landung in der Krim hat stattgefunden und zwar in Eupatoria. — Rennenkampff bei mir, wir besprechen die Ereignisse in der Krim. Eupatoria war der angemessenste Punkt zur Landung, erstens der Oertlichkeit wegen, dann aus strategischen Gründen; die Landung dort zwingt den Fürsten Mentschikow sogleich, entweder Sewastopol seinem Schicksal zu überlassen — oder seine Verbindungen mit Rußland aufzugeben (ich vermuthe, er wird das Letztere thun). — Dagegen eignet sich Eupatoria gar nicht zum bleibenden, etwa verschanzten Stützpunkt für die Verbündeten; schon deßhalb nicht, weil ein Rückzug zur Wiedereinschiffung, im Fall es nöthig werden sollte, unmöglich dorthin gehen könnte.

Was weiter geschehen wird? — hängt davon ab, ob Mentschikow das freie Feld halten will, oder bei Sewastopol Stellung nimmt; die Verbündeten haben sich dann zunächst zwischen ihn und Sewastopol hineinzuschieben. — Stellt sich Mentschikow vor der Festung auf, so sind die Verbündeten vielleicht veranlaßt, ihrerseits eine Abtheilung zur Beobachtung bei Simpheropol aufzustellen und Streif-Corps gegen Perekop vorzusenden; ich würde dann jedenfalls den Fürsten Mentschikow in der Fronte nur beobachten, die Hauptmasse der Verbündeten nach Baktschisarai führen, und Mentschikow von

14*

dort her ganz in die Festung hineinwerfen. Jedenfalls ist die nächste Aufgabe der Verbündeten, die Bucht von Sewastopol im Osten zu umgehen und sich Balaclava's zu bemächtigen, um auf dem bequemsten und sichersten Wege die Verbindung mit der Flotte herzustellen, und auch für den Fall eines Rückzugs sichergestellt zu sein.

An Mentschikows Stelle würde ich Reiterei und leichte Truppen meist in Flanke und Rücken des Feindes entsenden und mit dem Rest meiner Leute Schritt für Schritt, langsam, fechtend nach Sewastopol zurückweichen — NB. aber jedes Gefecht bei Zeiten abbrechen, wie man bei Nachhutgefechten mit Berechnung thut. — Die Chancen stehen dann garnicht schlecht für ihn; 30,000 Mann Infanterie muß er denn doch haben; daß er ein sturmfreies verschanztes Lager, wie die Linien von Torres Vedras, gebaut hat, setze ich voraus, da er den ganzen Sommer Zeit dazu gehabt hat — von höchstens 60,000 Mann Infanterie kann er belagert werden: da müßte es doch mit dem Teufel zugehen, wenn er sich nicht mehrere Wochen halten könnte — und wie schlecht müßten die Kriegsanstalten, die Oekonomie der Streitkräfte im Allgemeinen sein, wenn Rußland nicht in diesen Wochen ein Heer zum Entsatz herbeischaffen könnte. Nur muß Mentschikow keine Schlacht, kein entscheidendes Gefecht, im freien Felde annehmen, — denn geschlagen würde er gewiß — und wenn er nicht mit einer intakten, sondern mit einer selbstflüchtig gewordenen Infanterie in Sewastopol anlangt, möchte ich ihm die Möglichkeit, sich mehrere Wochen zu halten, nicht verbürgen.

Rennenkampff findet das Alles sehr einleuchtend, geht von mir zu Constantin Benckendorff, und erzählt mir bei Tisch, was der sagt. In Rußland beurtheilt man die Dinge ganz anders. Man schließt: die Invasions-Armee hat wenig Geschütze und gar keine Reiterei (glaube ich nicht recht, wäre jedenfalls bei der Masse der Transportmittel, die zu Gebote standen, ein Fehler, da ein paar tausend Mann Fußvolk weniger keinen Unterschied machen würden) — sie wird nicht wagen die Küste zu verlassen — (wäre sie so schüchtern, so wäre sie wohl garnicht nach der Krim gegangen). Mentschikow wird ihr an der Meeresküste entgegen gehen und eine Schlacht

im freien Felde liefern und ist überzeugt, fest überzeugt, daß
er sie ohne Mühe in das Meer wirft. Uebermüthige Redensarten:
„Vous verrez comme nous jeterons cette canaille dans la mer.“
Welcher dummdreiste Dünkel, welche Verblendung! — Da man ihnen
so den Sieg entgegenbringt, werden die Verbündeten natürlich nichts
entsenden, sondern wahrscheinlich auf dem kürzesten Wege auf die
Russen losgehen und dazu alle ihre Kräfte zusammennehmen. — Ich
frage, wie solche Thorheit möglich sei? — Paul Rennenkampff zuckt die
Achseln und meint: „Selbstvertrauen, das auf nichts gegründet ist.“

Der Gesandte Budberg und C. Benckendorff haben nicht die
mindeste Besorgniß, und erwarten mit der größten Zuversicht Sieges-
nachrichten — Rennenkampff versichert, daß eben Beide
nicht viel Verstand haben. Wie wird die Nachricht von der
unfehlbaren Niederlage sie überraschen! — Mentschikow läuft dumm-
dreist einem Feinde entgegen, der ihm schon an Zahl überlegen ist
— mehr noch an taktischer Ausbildung und Kriegstüchtigkeit der
Truppen — noch mehr an Bewaffnung und technischer Ausrüstung
— und am allermeisten an Intelligenz und Gewandtheit der Führer. —

1. October. Abermaliges Diner mit Rennenkampff und Fr.
Schaffgotsch, loco solito. — Der Wirth obenan, fragte einen Gast:
„Nun, was sagen Sie zu Sewastopol?“ — Ich frage meinerseits;
Antwort: „Sewastopol ist genommen!“ — „Dummes Zeug!“
erwidere ich unwillkürlich, „das geht nicht so schnell!“ — „Es sind drei
telegraphische Depeschen angekommen.“ — „Börsenschwindel, davon
bin ich überzeugt.“ — Der Wirth schweigt, aber nur Rennenkampff's
wegen, das sehe ich ihm an. —

2. October. Besuch bei Frl. Ernestine Manteuffel. — Viel
von Politik gesprochen, von der gegenwärtigen Lage Preußens, die
uns beiden ungemein trostlos vorkommt, und dem
Minister Manteuffel auch. — Sie sagt, es sei ihr seltsam,
wenn sie jetzt daran denke, mit welcher Ehrfurcht sie ehemals an die
Regierung gedacht, welche erhabene Weisheit sie da vorausgesetzt
habe — jetzt, da sie gesehen hat „wie das hin- und hergeschoben
wird“ — da alle Schwächen selbst ihrem „blöden Auge“ offenbar
geworden sind.

Minister Manteuffel ist der Ansicht, daß Preußen so lange als möglich neutral bleiben muß, wenn es aber thätig eingreifen muß, die Waffen nur gegen Rußland ergreifen kann. — Daß die Kreuzzeitungs-Partei — „die fromme Gesellschaft" wie er sie nennt — gerade das Entgegengesetzte will, daß ihm diese Gesellschaft über den Kopf wächst, das weiß er auch, aber er weiß sich nicht zu helfen und dem Dinge nicht zu steuern (gerade wie voriges Jahr Albert Pourtales gegenüber).

Für den Augenblick ist Manteuffel dadurch sehr verletzt, daß sein Bruder, bisher Unter-Staats-Sekretär im Ministerium des Innern, aus dieser Stellung verdrängt worden ist. — Der Polizei-Präsident Hinckeldey ist der große Mann des Tages; von mehreren Seiten wurde er gehoben, auch die Kreuzzeitungs-Partei und der Minister Westphalen trugen dazu bei; er hatte das Vertrauen des Königs gewonnen — um für ihn Raum zu gewinnen, mußte der Unter-Staats-Sekretär Manteuffel verdrängt werden. — Dem Minister Westphalen ging aber in Mitten der Sache ein Licht auf, daß er sich damit selbst „eine Ruthe gebunden habe" — er theilte dem Minister Manteuffel die hinter dessen Rücken gesponnenen Dinge mit, erklärte sich für dessen Freund und „mit ihm stehen oder fallen" zu wollen u. s. w. — Dann aber lenkte er doch wieder ein und willigte nach der anderen Seite hin in die Entfernung des Unter-Staats-Sekretärs Manteuffel; um dies mit einigem Anstand thun zu können und ohne daß er dabei den Manteuffel's in das Gesicht zu sehen brauchte, ging er auf Urlaub nach Homburg!

Uebrigens wird es mit Westphalens „Ministerei" bald aus sein; Hinckeldey wird an seine Stelle treten. Dieser gehört gar keiner Partei an und sorgt nur für seine persönlichen Interessen.

Es scheint, daß auch Manteuffel nicht mehr lange an seiner Stelle zu bleiben hofft. Er hat zu Frl. Ernestine gesagt: „Der einzige Gewinn, den ich aus dem Schiffbruch retten werde, ist eine gründliche Verachtung der Menschen."

Klagen über den verstorbenen General Rochow, der als Gesandter in Petersburg hinter Manteuffel's Rücken geradezu mit den Russen conspirirte. (Das würde jeder Kreuzritter thun.)

Ich frage, warum Manteuffel die Entlassung des Kriegsministers Bonin zugegeben hat? — Manteuffel und Bonin haben sich nie vertragen und waren nicht eines Sinnes; Bonin nicht selbständig, wurde geleitet; auch die Redensart wegen des Vatermordes war ihm eingegeben. Ich sage dennoch und mit Absicht, daß unter den obwaltenden Umständen seine Entlassung im Lande einen sehr schlimmen Eindruck gemacht hat.

Darüber tritt der Unter-Staats-Sekretär Manteuffel, jüngerer Bruder des Ministers, ein kleiner, etwas corpulenter, scharfgezüngter, bissiger und sehr indiscreter Mann, ein. — Von dem Fall von Sewastopol spricht er zu meiner großen Ueberraschung als von einer ausgemachten, unzweifelhaften Sache. — Eine russisch-beruhigende telegraphische Depesche, welche die Kreuzzeitung heute vermittelst eines Extra-Blättchens verbreitet hat und der zu Folge Mentschikow am 26. bei Baktschisarai stand und daß gegen Sewastopol bis dahin Nichts unternommen sei, besprach er mit Spott und Hohn als eine alberne Lüge. — Die Thatsache war ihm ausgemacht, er machte mich dadurch irre, ich weiß nicht was ich davon denken soll! — „Der Fall von Sewastopol kommt unseren Staatsmännern sehr ungelegen. Wir kommen dadurch in eine sehr schwierige Lage," sagt Manteuffel; „die Westmächte werden jetzt sehr peremptorisch werden! — und alle die kleinen deutschen Staaten, die sich bisher auf Rußland gestützt haben, die werden nun merken, daß das keine Stütze ist — die werden nun ihre Stütze in Frankreich suchen." Darin könnte er Recht haben! viele deutsche Fürsten sind danach. — „Jetzt erst ist das europäische Gleichgewicht gefährdet." — Manteuffel ereifert sich über die Sorglosigkeit der russischen Regierung: „Wir wußten seit dem Juni mit Bestimmtheit, daß die Expedition stattfinden würde; wir haben die russische Regierung wiederholt gewarnt und auf die Nothwendigkeit aufmerksam gemacht in der Krim eine hinreichende Truppenmacht zu haben." — Wie passen solche Warnungen zur Neutralität? — ein seltsames Geständniß! — wie kann ein Staatsmann so indiscret sein!

Auch die Kreuzritter glauben den Fall Sewastopols.

Es ist ein gewaltiger Schrecken über sie gekommen; sie sind mit einem Male versöhnlich geworden und suchen sich dem Minister Manteuffel zu nähern. Heute hat Herr v. Gerlach dem Unter-Staats-Sekretär Manteuffel gesagt: **nach diesem großen Unglück sei es mehr als je Pflicht aller conservativ Gesinnten fest zusammen zu halten.** Manteuffel antwortet: „Allerdings! wenn nur gewisse Leute nicht Anspruch darauf machten, das Monopol conservativer Gesinnung haben zu wollen." Ich: „Wenn ihr Treiben nur conservativ wäre! aber ich fürchte sehr, es könnte sich destructiv erweisen, wenn man die Herren gewähren läßt." — Manteuffel schon im Fortgehen, kneift sein Gesicht zu einer wunderbaren Grimasse zusammen und sagt nach einigem Zögern: „**ja, die bringen uns Revolutionen herauf.**"

8. October. Die Zeitungen bringen endlich bestimmte Aufklärungen. Sewastopol ist nicht genommen, — die Verbündeten aber haben sich Balaclava's bemächtigt! Die Ereignisse werden allmählich klar. Die Verbündeten hatten nicht von Anfang die Absicht sich auf Balaclava zu stützen — sie sahen sich erst im Verlauf der Begebenheit, durch die Macht der Verhältnisse, die man, wie mir scheinen will, wohl im voraus so beurtheilen konnte, darauf geführt. — Die strategischen Verhältnisse sind sehr interessant. Mentschikow zog am 26. nach Baktschisarai, die Verbündeten umgingen an demselben Tage die Bucht von Sewastopol: ihre Bewegungen kreuzten sich. — Mir scheint Mentschikow's Marsch eine arge Thorheit, unternommen in der Voraussetzung, die Verbündeten könnten und würden Sewastopol nur von Norden her angreifen; da hoffte er, ihnen bei Baktschisarai in Flanke und Rücken zu sein. Er hätte müssen Balaclava befestigen, zwischen diesem Ort, Inkerman und Cap Chersones ein verschanztes Lager einrichten und da die Dinge abwarten. Dann wäre Sewastopol wohl schwerlich in diesem Herbst genommen worden. — Die Verbündeten dürfen ihn, wie mir scheint, nicht bei Baktschisarai dulden, müssen ihn weiter zurückwerfen. Bliebe er in der Nähe und in ungestörter Verbindung mit Sewastopol, so daß er die Besatzung ablösen könnte u. s. w. —: das würde den Widerstand des Platzes gar sehr steigern. —

Winter 1854—55 in Kunnersdorf. Der Tod Nikolaus' I.

Die diesen Blättern gesteckte Grenze müßte erheblich überschritten
werden, wenn wir die politisch=militärischen Kommentare, mit denen das
Bernhardi'sche Tagebuch die Ereignisse des Winters 1854/55 begleitete,
im Einzelnen wiedergeben und dabei nachweisen wollten, daß dieselben
beinahe regelmäßig durch den weiteren Gang der Dinge bestätigt wurden.
Beispielsweise sei einer Bemerkung vom November Erwähnung ge=
than, die den feinen historischen Sinn und das politische Witterungs=
vermögen des Verfassers in besonders schlagender Weise bescheinigt:

Gespräch mit Justizrath Robe über die Dinge, die in Rom vor=
gehen. Er lachte darüber, daß man sich im 19. Jahrh. so gravitätisch
mit der unbefleckten Empfängniß Mariä beschäftigt. Ich erinnerte
daran, daß der Marien=Cultus von jeher das Steckenpferd der Je=
suiten war; daß in ihm der entschiedenste Widerspruch gegen die
Gnaden= und Heilslehre der protestantischen Kirche liegt; vor Allem
aber ist das gegenwärtige Schauspiel in Rom in gewisser
Hinsicht der erste Versuch den Satz des Tridentiner
Conciliums: der Papst stehe über dem Concilium, zu
thatsächlicher Geltung zu bringen. In der früheren römisch=
katholischen Kirche würde wohl ein Concilium über das Dogma zu ent=
scheiden gehabt haben. Das Ganze geht aus dem entschie=
densten Sieg der Jesuiten und ihres Systems innerhalb
der katholischen Kirche hervor.

Unter den Nachbarn, mit denen der Besitzer von Kunnersdorf ver=
kehrte, war Justizrath Robe nahezu der einzige, mit dem er in politischer
Beziehung übereinstimmte, der den Zeitereignissen vollen Antheil und volles
Verständniß entgegenbrachte. Seines Namens geschieht in den Tagebüchern
um so häufiger Erwähnung, als der Tagebuchschreiber häufig in den Fall
kam, sich bei dem gewiegten Juristen und erfahrenen Parlamentarier
Rath zu holen. Von den Hirschberger Bekannten Bernhardi's scheint
derselbe überdies der einzige gewesen zu sein, der eine richtige Schätzung
der Bedeutung des neuen Nachbars besaß und auf dessen Interessen ein=
zugehen wußte. Auf Robe's Veranlassung und durch seine Vermittelung
waren z. B. die beiden Warschauer Denkschriften von 1554 an den Abg.

Harkort und durch diesen an den Prinzen von Preußen gebracht worden.
— Robe's Stimmungen und Meinungen über die damalige Lage haben
eine allgemeine Bedeutung: sie bezeichnen in geradezu typischer Weise
den Pessimismus, mit welchem gebildete und freisinnige Patrioten die
Zukunft Preußens und Deutschlands um die Mitte der 50er Jahre be-
urtheilten. Einzelner dieser Aeußerungen ist bereits Erwähnung geschehen, — andere mögen wenigsten beiläufig erwähnt werden:

5. Januar (1855). Besuch bei Robe, Gespräch über die innere
Politik. Ich mache auf die Nothwendigkeit aufmerksam, den nächsten
Kammerwahlen nicht so unthätig zuzusehen wie den letzten; Westphalen
hat eine Gemeinde-Ordnung und ein Wahlgesetz in petto, die er der
gegenwärtigen zweiten Kammer gar nicht vorzulegen wagt und für die
nächste aufspart; man sieht, was er sich von der nächsten Kammer verspricht und was für Leute er da zusammen zu bringen hofft. — Robe
rechnet mir vor, wie die freisinnige Partei entmuthigt ist; die bedeutendsten Männer ziehen sich zurück — das Agitiren hilft gar nichts,
denn die Bauern, erbittert und eingeschüchtert zugleich, wählen unbedingt
den, den der Landrath bezeichnet; „nichts kann uns helfen als eine
Calamität!" — Der Krieg könnte einen bedeutenden Abschnitt machen
und die Ermüdung der freisinnigen Herren ist nicht zu loben. —

Auch rücksichtlich der Fragen der auswärtigen Politik war Robe nahezu der einzige Nachbar Bernhardi's, mit dem sich ernsthaft reden ließ. Der
Landrath des Hirschberger Kreises war ein so eingefleischter Kreuzzeitungs-
mann, daß er das Leibblatt der Feudalpartei beständig „an seiner Brust
trug" und Einwürfe gegen die russische Berichterstattung desselben mit
Hinweisen auf diese Quelle seiner Weisheit zu beantworten pflegte, „indem er die Augen schwärmerisch zum Himmel" richtete. Die abligen
Gutsbesitzer der Umgegend setzten Bernhardi immer wieder durch die
Naivität und Kindlichkeit ihres Russenkultus in Erstaunen und preßten ihm
immer wieder den Stoßseufzer ab, daß auf eine bessere Zukunft erst zu
rechnen sein werde, „wenn der russische Einfluß auf Europa und Deutschland gebrochen werde". Typisch erschienen ihm in dieser Rücksicht die
Anschauungen, denen er bei der befreundeten und liebenswürdigen Familie
des Grafen Zedlitz*) begegnete und die mitunter selbst den — keineswegs
unrussisch gesinnten — Bernhardi'schen Damen unbegreiflich dünkten:

---

*) Graf Oswald Zedlitz, Kgl. Preuß. Gerichts-Assessor und Kreisrichter in

20. Februar. Abend bei Zedlitz. Julia (von Krusenstern) äußert, sie würde die preußischen Sympathien für Rußland durchaus gut und natürlich finden, wenn sie irgend erwiedert würden. Das sei ja aber nicht der Fall. — Diese einfachen, selbst etwas naiv ausgesprochenen Worte wirkten wie ein elektrischer Schlag; Osw. Zedlitz und seine Frau, sehr verwundert durch diese, ihnen ganz neue Kunde, wurden augenblicklich sehr ernst und hörten mit größter Spannung zu und der Ernst steigerte sich, als sich im weiteren Gespräch ergab, daß in Rußland, namentlich in den Hofkreisen und in der Armee von Preußen nie anders die Rede sei, als mit Abneigung und Spott und einer gemachten Geringschätzung. — Graf Zedlitz meint etwas gereizt: bei Zorndorf hatten wir Preußen den Russen doch gezeigt, daß wir nicht gering zu achten sind.

Die Gräfin meint: ein Krieg Preußens mit Rußland würde jedenfalls der Kaiserin das Leben kosten! — Solche sensibleries gelten in den aristokratischen Kreisen noch für maßgebend. — Zedlitz erzählt, zwei Vettern von ihm sollen eben jetzt in Dienste treten, der Vater hält sie aber zurück und will sie nicht eher eintreten lassen als bis sich die Dinge aufgeklärt haben, und es entschieden ist, daß Preußen nicht gegen Rußland geht. —

Es ist weiter davon die Rede, daß die Deutschen in Rußland die lebhaftesten Sympathien für Schleswig-Holstein hegten; Julia fragt, ob man hier zu Lande auch solche Sympathien hätte? — „Bei uns gar nicht!" sagte die Gräfin sehr unbefangen. — So hält jeder seine Standesgenossen, seinen gesellschaftlichen Kreis für die Welt. Gr. Osw. Zedlitz fühlt die Nothwendigkeit, diesen Mangel an Theilnahme für so wesentlich deutsche Interessen zu entschuldigen: die so schmählich aus Berlin zurückgezogenen Garden seien nach Schleswig geschickt worden, das habe verstimmt — man habe damals irrthümlich „alle Volksbewegungen über einen Kamm geschoren". —

Hirschberg, ein Mann von edlem und reinem Charakter, den Bernhardi auf's Höchste schätzte, war der älteste Sohn des Chef-Präsidenten der Regierung in Liegnitz, Grafen Eduard Zedlitz (gest. 26. Dez. 1850) und Bruder des nachmaligen preußischen Cultus-Ministers Grafen Robert Zedlitz.

Er ist aber sichtlich verlegen bei dieser Entschuldigung — und glaubt denn doch hinzufügen zu müssen: nachher freilich sei nur eine Stimme darüber im Lande gewesen, daß man die Schleswig-Holsteiner nicht habe verlassen dürfen.

„Alle Deutschen in Rußland hatten die lebhaftesten Sympathien für Schleswig-Holstein, und die Russen schwärmten für die Ungarn." — Neues Erstaunen, das sich zum höchsten Ernst steigert, als nun erzählt wird, wie besonders die russische Armee, die nach Ungarn geschickt war, für die Ungarn schwärmte und mit ihnen fraternisirte, wie dagegen die Oesterreicher von den Russen sehr schnöde mißhandelt worden sind. — Mir hat dieses Gespräch um so größeren Eindruck gemacht, als die Zedlitz' vortreffliche, in jeder Rücksicht achtungswerthe Freunde sind, deren Gesinnung mir niemals zweifelhaft gewesen. Ihre Irrthümer spiegeln eben die Anschauungen wieder, die in manchen Kreisen vorherrschen und von Personen, die es besser wissen könnten und sollten, absichtlich gepflegt werden.

Der Krieg in der Krim nahm inzwischen seinen Fortgang. Während Rußlands Lage täglich schwieriger wurde, hörte Bernhardi seine schlesischen Freunde immer wieder versichern, der Krieg müsse zum Vortheil Rußlands enden, die Alliirten würden in's Meer geworfen werden, sie würden selbst einsehen, daß sie Nichts auszurichten vermöchten u. s. w. — Bernhardi selbst interessirte neben der politischen, besonders die technisch-militärische Seite der Belagerung von Sewastopol.

Es scheint (schreibt er am 28. Febr.), daß die Verbündeten, da ihre Artillerie des Platzes nicht Herr werden kann, ihre Zuflucht zum Minenkriege genommen haben. So ist denn in diesem Kriege alles neu, alles eigenthümlich — und höchst merkwürdig — denn ihre Minen werden nicht gegen ein Minensystem der Festung geführt, sondern als Angriffsmittel gegen die Werke. — Mit großer Verwunderung habe ich gesehen, daß die Russen der Befestigung von Eupatoria gar keine Hindernisse in den Weg legen. — Entweder sie sind nicht im Stande etwas zu unternehmen, oder es mangelt ihnen gar sehr an militärischer Einsicht! — Jetzt, am 18., haben sie einen Versuch gemacht — einen überaus verspäteten! — Trotz aller Zei-

tungs-Nachrichten kann ich nicht glauben, daß das Gefecht, das sie
da gehabt haben, etwas anderes war als ein Rekognoscirungs-Gefecht.

Während diese Zeilen geschrieben wurden, bereitete sich ein Ereigniß
vor, das der Welt eine ungeahnte Ueberraschung bereiten und in der
That den Anfang des Endes der Reaktionsperiode bedeuten sollte. Am
Nachmittage des dritten März erhielt Bernhardi ein Billet des Fräu=
lein von Schelißa (Tochter seines Nachbarn und Freundes, des Generals):

„Der Vater wünscht Ihnen eine soeben erhaltene erschütternde
Nachricht mitzutheilen. Heute Mittag hat man die sichere telegra=
phische Nachricht von dem gestern Nachmittag erfolgten Tode des
Kaisers von Rußland erhalten. Nach zweitägigem Unwohlsein
hat ein Lungenschlag seinem Leben ein Ziel gesetzt. Vielleicht hören
Sie selbst bald etwas Näheres von diesem gewiß folgenschweren Ereigniß.“ Charlotte und Julia brechen in Thränen aus, das konnte
ich nicht. Für Europa, für Deutschland, für Preußen ist dieser
Todesfall kein Unglück!

.... Der Kaiser Nikolaus ist auch gerade zur rechten Zeit
für seinen Ruhm gestorben! — Ereignisse, unheilvoll für Rußland,
stehen unmittelbar bevor — die erlebt er nicht mehr — die hinterläßt er seinem Nachfolger, und treten sie jetzt ein, so wird ganz
Europa wie ganz Rußland sagen: da sieht man, wie Alles zusammen-
bricht, sowie der Mann von großem Charakter fehlt.

Die Stellung Alexander's II. ist unendlich schwierig; denn die
Partei der Slawänophilen mißtraut ihm, weil sie weiß, daß er ihr
nicht gewogen ist — neben ihm der ehrgeizige Bruder Constantin an
der Spitze der Slawänophilen — und wahrscheinlich wird seine
Stellung dadurch noch schwieriger, daß gleich in den Anfang seiner
Regierung unglückliche Ereignisse Rußland treffen! — Ob er nicht
in gewaltsamer Weise beseitigt wird? — Er hat Verstand
und Einsicht genug, die ganze Schwierigkeit seiner Lage zu begreifen
— könnte aber wohl dadurch entmuthigt werden — und hat schwerlich die Macht des Geistes sie zu beherrschen!

Ist uns der Frieden durch diesen Todesfall näher gerückt? —
schwerlich! — Zu dem Kaiser Nikolaus hatte die Slawänophilen-
Partei in der letzten Zeit Vertrauen gefaßt; sie betrachtete ihn halb

und halb als einen der Ihrigen; von ihm hätten sie sich allenfalls
die Opfer gefallen laffen, die gebracht werden müffen, um den Frieden
zu erkaufen: Alexander II. darf sie schwerlich bringen! — Er ist
ohne Zweifel noch weniger Herr in Rußland als es der Kaiser Nikolaus in der letzten Zeit war. —

Preußen ist durch diesen Todesfall von seinem
schlimmsten und gefährlichsten Feind befreit. Die tiefe,
ungeheuchelte Trauer der Kreuzritter wird es genugsam bezeugen. —

Der Eindruck, den der Tod des Kaisers Nikolaus in Preußen machte
und die eigenthümlichen Befürchtungen, die derselbe wachrief, sind in dem
heutigen Deutschland so vollständig vergessen, daß die nachstehenden Aufzeich=
nungen darüber auf einige Aufmerksamkeit Anspruch erheben dürften:

4. März. Allenthalben ist man verwundert, daß
Alexander II. bereits proklamirt ist, daß es dabei ganz
ruhig und ohne Kampf abgelaufen ist, daß der Großfürst
Constantin nicht gleich jetzt einen Versuch gemacht hat,
sich des Thrones zu bemächtigen. —

Zu Gr. Osw. Zeblitz, wo ich, sehr freundlich aufgefordert, den
Abend bleibe. Zeblitz fragt ebenfalls, ob wohl der Kaiser
Nikolaus natürlichen Todes gestorben sei? — und hat
Mühe es mir zu glauben. — Ist sehr betrübt. — Sieht auch ein, daß
der Friede schwieriger geworden ist — und daß Alexander II. in einer
schlimmen Lage ist. Ebenfalls Verwunderung, daß er ohne
Widerstand hat ausgerufen werden können, Zweifel daran, daß ihm
gelingen werde, sich zu behaupten — und das bei Kreuzrittern!

8. März. Meine Damen fahren nach Tisch zur Gräfin Zeblitz. Begeisterung für den Kaiser Nikolaus, die ihre Theilnahme
für ihn weit übertrifft. Die „Kreuzzeitung" ist mit schwarzem Rande
erschienen, als sie den Tod des Kaisers Nikolaus zu melden
hatte! — So ganz unverhohlen feiert sie in diesem Kaiser ihren
eigentlichen Herrn! — Der Regierungs=Präsident Gr. Zeblitz hat,
wie die Nachricht anlangte, von seiner Frau verlangt, sie solle
Trauer anlegen, noch ehe die Vorschriften der Hoftrauer
wegen da waren! — Die Leute haben ganz fabelhafte — romantische Vorstellungen sowohl von Nikolaus I. als von den Zuständen

in Rußland. Nikolaus I. denken sie sich als erhaben, von einer
fleckenlosen Reinheit der Absichten — und Rußland beseeligt im Genuß eines goldenen Zeitalters und verloren in der Anbetung seines
Kaisers. — Seine Absichten in Beziehung auf Preußen sind immer
die edelsten, auf Preußens Bestes gerichtet gewesen!!! Weit verbreitet
ist die Meinung, der Kaiser sei nicht natürlichen Todes gestorben
(Pastor Heß, Gräfin Valérie u. s. w.). Aus Breslau wird das alles
frühere übertreffende alberne Märchen geschrieben, der Kaiser sei
während seiner Krankheit von Dolchstichen verwundet worden, habe
das aber erheimlicht.

.... Mentschikow ist abgerufen. Pastor Heß sagte mir
das schon gestern, die Meinigen erfuhren es bei Zeblitz — noch von
Nikolaus I. verfügt, also keine Demonstration. Wer ist schuld als der
Zuschnitt der russischen Armee im Allgemeinen? Unter dem elenden
Confusionsrath Gortschakow, den man von der Donau zur Genüge
kennen gelernt hat, und dem armseligen Paul Kotzebue könnten die
Dinge leicht noch schlechter gehen. Daß Mentschikow unter den Russen
immer noch einer der capabelsten ist, wird ihm selbst von seinen persönlichen Feinden nie streitig gemacht werden.

11. März. „Dites à Fritz de rester toujours le même
pour la Russie, et de ne pas oublier les dernières paroles
de Papa." Das sollen die letzten Worte des Kaisers Nikolaus gewesen sein. Daß er sie gesprochen hat ist sehr natürlich — taktlos
aber ist es, daß sie im preußischen Staatsanzeiger gedruckt sind. Kann
man sich auf schlimmere Weise compromittiren! — Jene Worte sind
ungemein klug auf unseren König berechnet, der ohnehin die Regierung und Politik Preußens als eine persönliche und familiäre Angelegenheit betrachtet. Es ist wahrscheinlich, daß Nikolaus I. die Worte
wirklich gesprochen hat: — sollten sie erfunden sein, so läge dabei
eine sehr kluge Berechnung zu Grunde.

12. März. Brief aus St. Petersburg von Paul Krusenstern
(Bernhardi's Schwager, Capitän der russ. Marine). Es zeigt sich
immer entschiedener, daß Nikolaus nicht plötzlich gestorben ist; er war
seit längerer Zeit krank, hatte aber verboten, Bülletins auszugeben
— wohl aus Rücksicht auf die ohnehin gedrückte Stimmung in Ruß-

land? — Es wußten selbst in Petersburg die allerwenigsten Menschen, daß der Kaiser krank sei, als plötzlich die Kunde von seinem Tode erscholl! — Paul erhielt das erste Bülletin, das noch gar nicht gefährlich klang, am Morgen des 2., fuhr bald darauf nach dem Ministerium der Domainen, und erfuhr dort, daß der Kaiser todt sei! — Mentschikow ist auf sein Verlangen aus der Krim zurückberufen; wohl deshalb, weil er nicht will, daß Sewastopol unter seinen Auspicien fällt — (danach zu schließen müßte der Fall von Sewastopol nahe sein). — Der Kaiser Nikolaus hat sich über dies Verlangen dermaßen geärgert — daß er Mentschikow einfach zurückgerufen hat, so daß dieser nun fortan weder Seeminister ist, noch Gouverneur von Finland, sondern einfach General-Adjutant und Mitglied des Reichsrathes. — Ohne eine eklatante Naivität geht es in diesem Brief übrigens nicht ab. Alexander ist friedliebend, da könnte es jetzt wohl zum Frieden kommen, meint Paul: wenn die Westmächte ihre Forderungen herabstimmen!!

22. März. Bei Zeblitz kam gestern zur Sprache, daß sein Vater Unterschriften sammelt zu einer großen Beileids-adresse an die Kaiserin von Rußland, so vollständig haben die Leute sich gewöhnt in dem Kaiser von Rußland ihren eigentlichen Herrn und Gebieter zu verehren! . . . .

. . . . Aus den Zeitungen ersehe ich, daß der Pastor Krummacher zu Potsdam an dem Begräbnißtage des Kaisers Nikolaus über den Text gepredigt hat: „Der Kaiser ist todt!" — Der Kaiser! der Kaiser par excellence — welcher Preuße müßte dabei nicht schamroth werden.

. . . . . . Gerlach sagt in der Kammer, der Tod des Kaisers Nikolaus habe in ganz Preußen den Eindruck gemacht als ob ein Vater gestorben sei! —

24. März. Daß es den Russen bei Sewastopol gelungen ist Contre-Approchen von bedeutendem Umfang und mit geschlossenen Werken anzulegen — dadurch die Verbindung mit Inkerman am Südrande der Bucht zu sichern, — daß es den Franzosen am 23. bis 24. Februar nicht gelungen ist diese neuen Werke zu nehmen und zu zerstören, könnte wichtig werden. Es scheint, als sei dadurch ein

Versuch Sewastopol zu entsetzen, von neuem möglich geworden. Denn ein Angriff auf die Stellung der Verbündeten von der Feldseite her hätte wenig Aussicht auf Erfolg; nur von der Stadt aus ist er vernünftiger Weise möglich —: und da ist dann für einen Angriff eine breitere Front gewonnen. Es sieht also aus, als müßte man sich auf eine neue Auflage der Schlacht von Inkerman gefaßt machen. Doch haben die Russen vom 24. Februar bis zum 6. März nichts unternommen; es geht von ihrer Seite wieder wie im vorigen Jahre sehr lahm zu! — Wenn sie nicht die Zeit benutzen, ehe die Witterung ganz sommerlich wird und die Verbündeten alle ihre Mittel zu dem neuen Feldzug beisammen haben, werden sie es büßen.

Gräfin Zeblitz liest uns Abends vor, was Graf Beust aus Weimar schreibt: Kaiser Nikolaus hat seiner Schwester in Weimar alle zwei Tage geschrieben, so lange er Kaiser war — und jedesmal Briefe von mehreren Bogen! — General Grünewald — ein sehr erleuchteter Gewährsmann!!! — hat in Weimar geäußert, Alexander II. werde zwar seinen großen Vater nicht ersetzen, habe aber doch treffliche Eigenschaften, und die Absicht in die Fußtapfen seines Vaters zu treten. Vielerlei ungemein rührende Züge berichtet Graf Beust, und meint: „das ganze Pack der Westmächte sei nicht eines der Mitglieder dieser herrlichen kaiserlichen Familie werth!!" — Als ob da von Persönlichkeiten die Rede wäre! — So sind Hofleute! immerdar betrachten sie Alles was die Geschicke der Staaten und Völker betrifft als Privatangelegenheit der „höchsten Herrschaften". —

4. April. Zur Post. Herwarth begegnet. Der ist einige Tage in Berlin gewesen. Dort treiben Garde-Offiziere und Aristokratie einen förmlichen „Kaiser"-Cultus. Man trägt Trauer-Medaillen mit dem Bildniß des Kaisers Nikolaus an einem schwarzen Bande. Die Herren Garde-Offiziere tragen sie an der Uhr, die Damen an den Bracelets. —

Z. zeigt mir eine solche silberne Trauer-Medaille; er trägt sie natürlich auch an der Uhr. — „Der Kaiser" tout court ist immer der Kaiser von Rußland.

Mit großer Feindschaft ist in diesen Kreisen vom Prinzen von Preußen die Rede. Er soll im Juni nach Erdmannsdorf kommen.

Abermals in Berlin. Russische und deutsche Zustände
im Frühjahr 1855.

Berlin 14. Mai. Ankunft in der Frühe, Besuche bei den
Verwandten — allenhalben in den Militärkreisen „Kaiser"-Cultus
und keine Ende! Wenn man die Gardelieutenants-Verblendung
bedenkt — man kömmt mit dem Erstaunen darüber gar nicht zu Ende.
— Der Kaiser Nikolaus, für den unsere Lieutenants
schwärmen, ist ein ganz imaginaires Wesen, das nie und
nirgends existirt hat; der wirkliche Kaiser sah ihm nicht entfernt
ähnlich.

Den Abend bei Paul Rennenkampff. Russische Zustände, besonders die finanziellen beginnen trostlos zu werden; Silber ist sehr
selten geworden, Gold ganz verschwunden aus dem Verkehr — so
sehr, daß in Mitau 100 Rubel in Gold, die eine Dame gern gehabt
hätte, nicht aufzutreiben waren. Man zahlt bereits ein bedeutendes Agio um Silber-Rubel zu bekommen. (Ich
wollte, ich hätte nicht mehr dabei zu verlieren als die Kreuzritter,
und könnte mich so gut wie die beruhigen bei phantastischen Vorstellungen von den unermeßlichen Reichthümern Rußlands.) Das
südliche Rußland geht einer Hungersnoth entgegen. Man
hat den ganzen Herbst, Winter und Frühjahr Verstärkungen nach der
Krim befördert, theils zu Wagen; immer wenigstens das Gepäck zu
Wagen. Alles Zugvieh des dünnbevölkerten Landes war dazu in
Anspruch genommen, und darüber sind die Felder unbestellt
geblieben. — Noch dazu hat man die Transporte immer dieselben
Wege nehmen lassen, das Zugvieh war auf die Weide angewiesen,
die zuletzt natürlich längs dieses Weges fehlte, und ist meist gefallen.
(Welch ein Ruin des Landes.) —

Geringer Verstand des Kaisers Nikolaus I. Fürst Gortschakow klagte über die gänzliche Unbrauchbarkeit der russischen Offiziere; die jungen Leute, welche aus den Universitäten
hervorgingen, seien noch die besten. Gortschakow wußte keine andere

Form dem Kaiser zu eröffnen, daß die Cadetten-Corps und die militärische Erziehung in den Cadetten-Corps nichts taugen. Nikolaus I.
verstand die Sache anders: die Cadetten-Corps blieben in seinen Augen
immer unübertrefflich; er freute sich nur, zu vernehmen, daß die Universitäten auch eine gute Pflanzschule für die Armee zu werden ver-
sprächen, und um die Sache vollständig zu machen befahl er, daß
in der „mathematischen Abtheilung der philosophischen Fakultät"
fortan auch die Kriegswissenschaften vorgetragen würden — besonders aber befahl er, eine Anzahl Unteroffiziere von der
inneren Wache zu den Universitäten abzukommandiren,
die sollten die Studenten exerciren lehren.

In der letzten Zeit war das Geistes- und Gemüthsleben des
Kaisers Nikolaus ganz zerrüttet; er war in tiefe Melancholie ver-
sunken, sehr alt geworden, man erkannte ihn nicht mehr. Dmitry
Nesselrode, Sohn des Kanzlers, an mehrere Höfe gesendet, die Thronbesteigung anzuzeigen, kömmt nach Deutschland; die jüngeren Russen
drängen sich hier in Berlin um ihn, zu erfahren, wie es nun in
Rußland steht; er sagt: „der Kaiser Nikolaus sei in den
letzten Monaten seines Daseins nicht mehr zurechnungs-
fähig gewesen." (Es ist das um so merkwürdiger weil Dmitry Nesselrode ein ganz nichtiger Mensch ist, der gewiß keine eigene Meinung
hat, und nur die Ansicht wiedergiebt, die im Kreise seines Vaters
herrschend ist.)

Alexander II. Frage: wie macht er sich? was denkt man in Rußland von ihm? — Die Antwort ist der Art, daß sie unsere Russenfreunde höchlich in Erstaunen setzen würde: man hofft in Rußland auf bessere Zeiten; man sieht zwar mit Besorgniß,
daß er aus Pietät das meiste, was sein Vater angeordnet
hat, unberührt läßt, aber man hofft, daß er sich mit
der Zeit mehr emancipiren, von dieser Pietät losmachen,
und andere Wege einschlagen wird.

In Einigem zeigt sich freilich das Holstein-Gottorp'sche Blut;
zu den ersten Dingen, die er angeordnet hat, gehört eine veränderte
Uniformirung der russischen Armee. Die Generalität wird dabei seltsamer Weise in rothe Hosen gesteckt.

15*

Anderes bedeutet mehr; so hat Alexander II. vor allen
Dingen die Verfolgung der altgläubigen Sectirer ein-
gestellt. — Unter den Ministern sind zwei, Kleinmichel und Bibi-
kow (des Innern; Fanatiker und Verfolger), von ihm schlecht empfangen worden. Günstling ist Rostomzow, bisher Chef des Generalstabs der Militär-Erziehungs-Anstalten.

Der Zustand in der Krim, über den unsere Russenfreunde froh-
locken, ist eben auch ein vollkommen imaginärer; in der Wirklichkeit
steht die Sache dort durchaus nicht glänzend für Rußland.

Paskewitsch's fingirte Verwundung vor Silistria. General Uschakow that dem alten Herrn den Gefallen, sie zuerst zu bemerken. Er rief mit einem Mal: „Durchlaucht! Sie sind verwundet!" — Paskewitsch schien im ersten Augenblick sehr verwundert,
besann sich aber alsogleich, sagte: „ja, ja! ich bin verwundet," und
ritt von dannen.

15. Mai. Besuch bei Fräulein Ernestine Manteuffel; herzliche
Aufnahme; vielerlei besprochen. — Politik: Preußens Lage traurig;
ich sehe bald, daß Manteuffel auch nicht einmal eine Ver-
muthung hat, was nun weiter werden, welchen Weg
Preußen einschlagen wird! — Der König lebt in unklaren
Vorstellungen und weiß das eben so wenig, fühlt aber auch gar kein
Bedürfniß das zu wissen und ist ganz guter Dinge. Es wird aber
auch mehr und mehr klar, daß der Minister-Präsident
Manteuffel, so seltsam das klingen mag, so gut wie gar
keinen Einfluß hat, oder vielmehr geradezu gar keinen.
Der König regiert mit seiner persönlichen Umgebung, die Minister
sind nur expedirende Beamte. Außerdem hat Manteuffel im Ministerium selbst mit Westphalen, Raumer und Hinckeldey zu kämpfen,
die eine wachsende Ueberlegenheit gewinnen.

Oesterreich zieht sich zurück in ziemlich schmählicher Weise. Ich:
„Ich fürchte aber, die Westmächte werden sich dafür an uns rächen,
nicht an Oesterreich." Sie meint, der Minister-Präsident
theile diese Besorgniß. Der König ist guter Dinge. — Manteuffel sehr betrübt; theils fühlt er die unglückliche, durchaus verbor-
bene Stellung Preußens, theils empfindet er das Unwürdige der eigenen

verantwortlichen und ohnmächtigen Lage sehr drückend — er sieht ein, daß er schon vor ein Paar Jahren hätte weichen müssen, daß er sich in einem sehr ungünstigen Licht zeigt, indem er eine solche Stellung nicht aufgiebt; daß er einen Schatten auf seine Ehre wirft. — Neulich, da die Rede davon war bei dem König, daß Manteuffel mit, ich weiß nicht was, nicht einverstanden sei, rief der König: „Ach was Manteuffel! — Manteuffel ist mein Schuhputzer!" Manteuffel weiß, daß der König das gesagt hat — kein Wunder, daß er keine Bedeutung mehr hat! — Sein Bleiben unter solchen Bedingungen rechtfertigt er Fräulein Ernestine gegenüber, indem er sagt: „Ja! ich sehe es ein, daß ich gehen müßte — aber wenn ich meinen Herrn in dieser Krisis verlasse, bin ich dann ein treuer Diener meines Königs?" — so stellt er die Frage, nicht: „bin ich dann ein ehrenwerther Staatsmann?" —

Feier in Brandenburg; die Uniform des Kaisers Niko-laus ist in Prozession in die Kirche zu Brandenburg ge-tragen worden, zur höchsten Entrüstung aller Verständigen. Man-teuffel, der dabei sein mußte, gesteht, daß er innerlich empört war. Einer der Führer der katholischen Partei in der Kammer äußerte laut: da hätten die Protestanten einen großen Lärm gemacht über den heiligen Rock, und nun trieben sie selber Abgötterei mit den Kleidern des Kaisers Nikolaus.

18. Mai. Abends bei Oberst Etzel. Er fragt viel, erzählt viel. Ich gestehe, daß ich mir die Zustände daheim weit weniger schlimm gedacht habe, als ich sie in Berlin finde; man denkt es sich aus der Entfernung nie arg genug; der Anblick ist entmuthigend; kein Mensch weiß was werden soll — und am beunruhigendsten ist die schlaffe Muthlosigkeit, die man bei den vernünftigeren unserer Staatsmänner bemerkt.

Etzel: Während alle Verständigen darüber verzweifeln, daß Preußen beseitigt, unbedeutend, in die politische Rumpelkammer gestellt ist, glaubt der König der Schiedsrichter von Europa zu sein, glaubt er, Alles buhlt um seine Gunst, alle Mächte rufen ihn als Schiedsrichter an und legen die Entscheidung der weltgeschicht-lichen Fragen in seine Hand. — „Was die Leute Alles von mir verlangen, das geht zu weit," sagt er gelegentlich: „was ich alles für Ansprüche ausgleichen soll!" — in solchen wunderlichen Irrthümern lebt er.

Unduldsamkeit der Kreuzzeitungs-Partei; sie sucht jeden zu unterdrücken, der nicht unbedingt mit ihr geht. Sie hat Spione in allen Regimentern und sucht jedem Offizier zu schaden, dessen Ansichten sie nicht vollkommen korrekt findet. Die höchste Vorsicht wird dadurch nothwendig für alle nicht unbedingt kreuzritterlich gesinnten Offiziere „und die Charaktere leiden darunter!" — Das läßt sich denken; Verstecktheit und Heuchelei sind an der Tagesordnung, die alte, unbedingte Ehrenhaftigkeit des preußischen Offiziers geht verloren. In dem pommerschen Armee-Corps herrscht übrigens keine große Meinungsverschiedenheit; die Offiziere sind so ziemlich alle kreuzritterlich und russisch gesinnt, und behelfen sich in Ermangelung der Ideen mit gewissen Schlagworten: „Ich höre lieber die russische National-Hymne als die Marseillaise" u. s. w. — Eßel hat ihnen schon gelegentlich eingewendet, daß wir uns von Rechts wegen wohl beides verbitten und bei „Heil Dir im Siegerkranz" stehen bleiben müßten . . . . Wir gehen die Rangliste durch. „Die wandelnden Leichen" d. h. die Corps-Commandanten bleiben unangetastet. Man steht um so mehr an, sie zu entfernen, als die Divisions-Generale, die an ihre Stelle treten müßten, nicht jünger oder rüstiger sind. Der König hat übrigens angeordnet, daß bei Besetzung der vacant werdenden Divisionen und Brigaden mit höchster Auswahl und Umsicht zu Werke gegangen werden muß.

Frau von Ungern-Sternberg, Gemahlin des Gesandten aus Kopenhagen, hier, um Charlotte zu sehen. Zwingt mich Politik zu sprechen. Gestern war es affreux wie die Dinge in der Krim gehen, heute soll die Lage der Verbündeten eine verzweifelte sein. Im Sommer würden Krankheiten ausbrechen: „Ils s'en iront alors." Preußen verspricht sie Wunderdinge von der Dankbarkeit Rußlands, — Rußland wird Preußen an die Spitze Deutschlands stellen, „en dix ans la Prusse sera à la tête de l'Allemagne." . . . . Feindschaft gegen den Prinzen von Preußen und dessen Gemahlin.

. . . .

Vom Kanzler Nesselrode wußte man, daß er von Anfang an gegen den Krieg stimmte; er war in Folge dessen so mißliebig geworden, daß er nicht auszugehen, sich nicht in den Straßen zu zeigen wagte, aus Furcht insultirt zu werden! — Der Sohn, Dmitry Nesselrode, wurde, um den Vater zu strafen, aus dem adeligen Club in Petersburg ausgeschlossen. — (Daß man das ungestraft wagen und thun darf!) — — — —

Abends Major von Schweinitz bei uns. Viel über Politik und unsere Armee gesprochen. Schweinitz hat etwas wunderliche Manieren — ist bei alledem ein gebildeter Mann. Als Ingenieur neigt er wohl eher, wie der Geist des Corps, etwas auf die liberale Seite; aber er hat gelernt, im Sinn der Kreuzzeitung zu sprechen.

Die Regiments-Commandeure machen Schwierigkeiten, Bürgerliche als Fähnriche anzunehmen; sie sind dahin instruirt! — Man will, wie in der guten alten Zeit, so viel als möglich nur Edelleute zu Offizieren haben. Schweinitz führt dafür unpolitische Gründe an. Man will bemerkt haben, daß bürgerliche Offiziere die leichtsinnigsten Schuldenmacher sind — Edelleute, d. h. arme Offiziers-Söhne, sind von Kindheit an an Entbehrungen gewöhnt. — Es ist im Werk, die Cadetten-Corps zu erweitern, um womöglich das Offizier-Corps ganz aus Cadetten zu ergänzen — (das beste Mittel, das Heer dem Lande ganz zu entfremden; das will man auch — obgleich man wissen müßte, daß es das Heer auch wieder verhaßt machen würde im Lande, wie vor 1806 — und in solchen unseligen, kranken Zuständen sucht man Stützen des Thrones). — Die Bürgerlichen, die Militärs werden wollen, drängen sich zur Artillerie und zum Ingenieur-Corps, weil sie anderswo kein Unterkommen finden. Das ist Leuten, wie Schweinitz, sehr unangenehm — denn die Folge ist, daß nach wie vor Artillerie und Ingenieure nicht für voll angesehen, und geringer geachtet werden als die übrige Armee. — Das geht so weit, daß Prinz Karl, als er zum Feldzeugmeister ernannt war, von der Königin und den Prinzessinnen in der liebenswürdigsten Weise genecht wurde über diesen tiefen Fall zur Artillerie!

Runnersdorf. Anfang Juni, Mittheilungen von Julius (von Krusenstern) aus Warschau. Kaiser Nikolaus I. — Julius giebt nun zu, daß der verstorbene Kaiser in Rußland ver= haßt war. Namentlich durch die Verfolgung der Altgläubigen hatte er einen furchtbaren Haß gegen die Regierung und gegen seine eigene Per= son im weitesten Bereich heraufbeschworen. — Nikolaus ist an ge= brochenem Herzen gestorben; namentlich liebte er den Kaiser Franz Joseph, hatte sich gewöhnt ihn als seinen Zögling, fast als einen Sohn zu betrachten — und war auf das schmerzlichste verwundet durch dessen Undank! —: denn als persönliche Angelegenheit der Herrscher erschienen ihm nun einmal die Interessen der Politik. — Er mißtraute in der letzten Zeit dem Großfürsten Con= stantin gar sehr. — Julius meint, er hatte hauptsächlich zwei Fehler: er war allzu herrschsüchtig, und er konnte keinen Widerspruch ertragen; es war unmöglich geworden, ihm über irgend etwas die Wahrheit zu sagen, wenn sie nicht so lautete, wie er die Dinge haben wollte; er duldete das nicht.

Alexander II. sieht sehr angegriffen aus; man muß seine Einsicht anerkennen — er faßt Alles beim rechten Ende an. — Aber Julius fürchtet, es könnte ein Günstlingswesen ein= reißen; Rostowzow und Adlerberg scheinen sich schon jetzt einiger= maßen als Günstlinge zu gehaben. Dann hat Alexander II. eine gewisse Neigung für joyeuse compagnie — und man fürchtet, er könnte sich zu sehr diesen Freuden hingeben und darin erschlaffen. — Ob es ihm gelingen wird, Alles zusammenzuhalten, ist die Frage; der Russe achtet nur den, den er fürchtet, der Schrecken um sich her verbreitet — und dazu macht dieser Kaiser keine Anstalten. — Ein höherer Beamter äußerte sich in Petersburg sehr laut und heftig darüber, daß man in einer so ernsten Zeit nichts wichtigeres zu thun habe, als an Veränderungen der Uniformen zu denken und sich bei der Thronbesteigung gleich zu allererst damit zu beschäftigen. Die geheime Polizei war natürlich gleich unterrichtet — und nach gutem alten Brauch wurde der Beamte noch an demselben Abend verhaftet. — Alexander II. war sehr böse, wie ihm darüber berichtet wurde, und befahl nicht allein den Verhafteten sogleich in Freiheit zu setzen, er schickte auch einen (Flügel-?) Adjutanten zu ihm, die Verhaftung förmlich zu entschuldigen. Dabei ließ er ihm noch sagen, was die Veränderung der Uniform anbetreffe, so wisse er, der Verhaftete, wohl nicht, daß diese Veränderungen noch von dem Kaiser Nikolaus verfügt worden sind. Das ist zwar sehr gentlemanlike, es frägt sich aber, ob es die rechte Art ist, mit Russen umzugehen.

Der Enthusiasmus für den gegenwärtigen Krieg ist großentheils künstlich. Den Slawänophilen ist dieser Krieg die Handhabe für ihre Pläne im Innern Rußlands — für das Streben, der kaiserlichen Macht Herr zu werden und sie unter den Fuß zu bringen — deßhalb ist er ihr wichtig — deßhalb will sie keinen Frieden — das hat also nun nachgerade auch Julius eingesehen. —

Im Lande zeigt sich nun ein großer Ingrimm gegen die Engländer, die man als den eigentlichen Feind betrachtet. — Der Deutschenhaß entwickelt sich in furchtbar grimmiger Weise, so zwar, daß es den Russen unerträglich ist, wenn ein Deutscher sich im Dienst der russischen Sache auszeichnet. Als Todtlebens, des tapferen Vertheidigers von Sewastopol, mit Lob gedacht wurde, machte die junge Fürstin Mentschikow dem Gespräch damit ein Ende, daß sie sagte: „schade, daß er ein Deutscher ist!" — Zu Woldemar Löwenstern — der mit den Obreskows verwandt, mit aller Welt intim ist, gegen den Niemand ein Blatt vor den Mund nimmt, — sagte einer von den fanatischen Alt-Russen: „Wißt ihr, warum wir Euch Deutsche — i. e. Livländer — nicht leiden können? — Weil wir voraussehen, daß ihr einmal die Rolle der Vendéer in Rußland spielen werdet!"

Dieser Deutschenhaß findet denn auch natürlich seine Anwendung auf Oesterreich; der Haß gegen Oesterreich ist auf den höchsten Grad fanatischer Wuth gestiegen; ein Krieg gegen Oesterreich würde noch ganz anders wie der in der Türkei ein Nationalkrieg werden.

Dagegen regt sich trotz des Krieges und während des Krieges in Rußland durchaus kein feindseliges Gefühl gegen Frankreich; die Russen sehen in den Fran-

zosen ihre natürlichen Alliirten — ihre künftigen Ver-
bündeten, in dem Kriege einen vorübergehenden Ausnahmezustand.
Die Russen erkennen, nicht im romanischen, sondern mit richtigem
Takt, im germanischen Element den eigentlichen Gegner des Slawen-
thums in Europa — des Krieges ungeachtet bleibt nach wie vor ein
inniges Bündniß mit Frankreich, um vereint England zu bekämpfen,
Deutschland zu berauben und zu knechten und gemeinschaftlich die
Welt zu beherrschen, — der Lieblingsgedanke der Russen.

Paskewitsch vor Silistria, zeigte sich kleinmüthiger als je
zuvor — geradezu als kindischer Greis. Er wollte nichts, befahl nichts,
ordnete nichts an — er wollte Silistria nicht nehmen — er wollte
auch sonst nichts, die Sache ging gar nicht. Es kam dahin, daß
diejenigen, welche die nächste Umgebung des Feldmarschalls bildeten,
wiederholt zusammentraten, um zu berathen, wie wohl der alte
Herr in anständiger Weise ganz zu beseitigen sei. Der
junge Paskewitsch nahm Antheil an diesen Berathungen und war
mit den Uebrigen einverstanden. Die Verwundung des alten
Herrn war fingirt; Julius sagt jetzt auch von seinem verehrten
Chef: „Das war nicht das erste Mal, daß dies Stück aufgeführt
wurde!" — Ich kann mir nun den Zusammenhang erklären: Uschalow
fingirte eine Verwundung des alten Herrn zu sehen, als Mittel ihn
zu beseitigen; Paskewitsch, im Anfang verwundert, ging auf die Sache
ein, weil er am Ende auch froh war loszukommen.

Charakteristisch ist folgendes: Jeder Mensch in Petersburg
wußte, wie es mit Paskewitsch stand, den Kaiser Nikolaus
allein ausgenommen; dem wagte es Niemand zu sagen, weil
man mit solchen Wahrheiten bei ihm sehr übel ankam. — Andrè
Rosen, mein trefflicher Freund, drang in Wilhelm Lieven, der sollte
dem Kaiser die Augen öffnen in Beziehung auf diese Dinge, die nur
für ihn ein Geheimniß waren — er, Lieven, sehe den Kaiser täglich,
habe dessen Vertrauen u. s. w. — Lieven antwortete: „Ich soll dem
Kaiser das sagen? — daß ich ein Narr wäre! — Wenn ich ihm
die Wahrheit sagen wollte, würde er mich zur Thür
hinauswerfen, weiter käme garnichts dabei heraus!" — Lieven
könnte vielleicht weniger sprechen als ein anderer; er hatte sich schon

während des Feldzugs in Ungarn gegen Paskewitsch erklärt. — Wollte er jetzt wieder gegen ihn auftreten, so hätte der Kaiser Nikolaus darin wohl nur vielle rancune gesehen und erneuerte Intriguen den Feldmarschall zu stürzen. —

Unter dem jetzigen Kaiser ist Paskewitsch alsogleich in anständiger Form neutralisirt worden; man hat ihm zwar sein Commando gelassen — aber alle Truppen genommen. Aus den in Polen stehenden Truppen sind ganz in der Stille drei Armeen gebildet worden: West-, Central- und Süd-Armee, deren Hauptquartiere man nach Witebsk, Wilna und Kiew verlegt hat. — Paskewitsch ist jetzt vollkommen ohne Einfluß und unbedeutend.

Mentschikow in der Krim. Die Schlacht an der Alma hat er aus albernem Dünkel verloren. Nach dieser Schlacht hätten die Verbündeten Sewastopol sehr leicht durch einen Handstreich erobern können, denn bei dem russischen Heere war ein Augenblick großer Demoralisation eingetreten. — Auch den Verlust der Schlacht von Inkerman hat Mentschikow persönlich verschuldet. Er hat nämlich die Art, Alles, was von seinen Untergebenen ausgeht, mit sarkastischer, geringschätzender nonchalance aufzunehmen und zu beseitigen. Er erhielt von einem Unterbefehlshaber (etwa von Gortschakow II., der Balaclava gegenüberstand) — einen Bericht, daß dieser sich genöthigt sehe, von der Disposition abzuweichen — schob aber mit verächtlichem Lächeln das Papier nachlässig in die Brusttasche, ohne es zu entsiegeln, und erfuhr somit gar nicht was darin stand.

Jetzt ist der Fürst Mentschikow in Petersburg, er ist eine der Hauptpersonen der alt-russischen Partei, die sich vielfach in seinen Salons versammelt, spottet und schmäht über Alles, was die Regierung thut, und hat ein zahlreiches Publikum.

Wenn alle Uebel zum Ausbruch kommen, wird nicht bloß eine Partei hervortreten, um sich entschieden der Regierung zu bemächtigen, meint Julius, sondern viele verschiedene Parteien werden sich gegenseitig bekämpfen. Die Partei der Geistlichkeit ist eine von den Alt-Russen und den Slawänophilen ganz verschiedene.

Darüber sind aber alle Parteien in Rußland einig, daß sie nicht

einen für Rußland bemüthigenden Frieden wollen. Auch die Gemäßigten, die den ganzen Krieg mißbilligen, stimmen bei; wovon man
eigentlich eine günstige Wendung der Angelegenheiten erwartet, weiß
freilich Niemand zu sagen. Nur ein Mann will den Frieden um
jeden Preis: das ist der alte Paskewitsch.

Kaiserliches Familienleben. Die Großfürstin Marie will wieder
einen Gemahl en titre haben; die Wahl schwankte zwischen drei jungen
Leuten, deren Verdienste sie sehr genau kannte und die alle dieselben
Ansprüche auf ihre Person hatten: Strogonow, Albedinsky und einem
dritten, Naryschkin oder Apraxin. Dieser Dritte hatte eine Zeitlang
die meiste Aussicht. Die Großfürstin hatte ihm erlaubt, den Abend
familièrement im Ueberrock zu ihr zu kommen und seine Cigarre
in ihrem Cabinet zu rauchen. — Der Kaiser Nikolaus wollte aber
von einer solchen Heirath nichts wissen. Er kam eines Abends zu
seiner Tochter, man wollte ihn eilig melden, er verbot es, trat un-
angemeldet in das Cabinet der Großfürstin und fand da den jungen
Mann, den Dritten, im Ueberrock, eine Cigarre rauchend. Der Kaiser
ergreift den jungen Mann beim Ohr, schleppt ihn am Ohr durch
alle Vorzimmer, die Treppe hinunter bis an die Hausthür, da stößt
er ihn mit einem Fußtritt auf die Straße.

Jetzt ist die Großfürstin Marie seit etwa einem Jahr mit Strogonow verheirathet. Die alte Klosterfrau, Gräfin Anna Wladimi-
rowna Orlow hat das vermittelt. Unter dem jetzigen Kaiser erwartet
man, daß die Ehe öffentlich bekannt gemacht werden wird.

Die Russen werfen den Deutschen (Livländern) vor, sie
seien nicht Diener Rußlands, sondern nur Diener des
Kaisers.

Napoleon III. hat im Anfang, wie Julius berichtet, um die
Gunst des Kaisers Nikolaus und um ein Bündniß mit ihm gebuhlt.
— Nikolaus I. hatte ihn nicht nach Warschau eingeladen — vielmehr
wäre er von sich aus dorthin gegangen, wenn man ihn nur hätte haben
wollen. — Nikolaus I. empfand zwar eine entschiedene Sympathie
für den Mann, der in Frankreich Ordnung gemacht hatte — aber
er mißhandelte ihn doch gelegentlich — ließ ihn fühlen, daß er ihn
nicht als einen vollbürtigen Souverain betrachte — und dachte nicht

viel darüber nach, daß er ihn sich auf diese Weise zum Feinde mache. — Die Russen, deren Lieblingsgedanke ein Bündniß mit Frankreich ist, rechnen das dem Kaiser Nikolaus zum großen Fehler an. Ein Refrain, den Julius jetzt bei jeder Gelegenheit wiederholt, ist: der Kaiser Nikolaus habe in jeder Beziehung den Bogen zu hoch gespannt.

Unter den bedeutenden Personen des russischen Hofes und Reiches hat Preußen eigentlich nur einen Freund, das ist der alte Paskewitsch; der hat es in den Jahren 1848—50 immer mit Preußen gegen Oesterreich gehalten. Die Kaiserin war ihm dafür sehr dankbar; auf einem Ball bei Nesselrode ging sie einst mit einem gewissen éclat auf ihn zu, gab ihm die Hand und sprach ihre Anerkennung sehr bestimmt aus. — Als Paskewitsch nach dem erbärmlichen Feldzug vor Silistria im vorigen Winter 1854—55 nach Petersburg kam, glaubte alle Welt er sei in Ungnade; Nikolaus I. empfing ihn auch etwas kalt — aber schon beim zweiten Zusammentreffen hatte er den Kaiser wieder beschwatzt und stand in solchem Ansehen, daß der Kaiser immer zu ihm in seine, des Feldmarschalls, Wohnung kam, sich mit ihm zu besprechen. Paskewitsch bestand darauf, das Nothwendigste sei, eine möglichst große Macht in Polen zu concentriren, um Oesterreich im Schach zu halten. (Hatte nicht ganz Unrecht.) Erst Alexander II. hat den Entschluß gefaßt, dem alten Herrn den Oberbefehl in anständiger Form zu entziehen.

Während die an den Küsten des Schwarzen und des Asow'schen Meeres geführten Kämpfe die politische Welt in zwei Heerlager theilten, war die kleine Welt, welche Bernhardi's nächste Umgebung bildete, mit zwei Ereignissen beschäftigt, die gleichfalls zu Parteiungen Veranlassung gaben: den Besuchen, welche der Prinz von Preußen und wenig später der König dem benachbarten Erdmannsdorf machten. Den Monarchen hatten Alle, die ihm begegnet waren, verändert und so gealtert gefunden, daß der Eindruck, seine Tage seien gezählt, vorherrschend geblieben war. Zu einem der in Erdmannsdorf Anwesenden hatte Friedrich Wilhelm IV. geäußert, daß er mit besonderer Spannung auf gewisse Nachrichten aus Sewastopol warte und daß es (nach den Briefen der Kaiserin) dort nicht gut stehe: wenig später wurde indessen bekannt, daß der Sturmversuch, den die Verbündeten am 18. Juli unternommen hatten, abgeschlagen worden sei — eine Nachricht, welche die kleinlaut gewordene Partei der Russen= freunde mit erneutem Selbstgefühl erfüllte. — Der Besuch des Prinzen von Preußen war in anderer Rücksicht bemerkenswerth gewesen: die Reise war über Hirschberg gegangen, das sich dazu festlich geschmückt hatte: nur die Fenster einiger bekannter Mitglieder der Kreuz= zeitungs=Partei waren unerhellt geblieben. Bei dem Em= pfang einer Deputation der Stadt hatte der Prinz eine Bemerkung ge= macht, die das größte Aufsehen erregte und die Zukunftshoffnungen der liberalen Partei neu befestigte.

Da des Jahres 1848 erwähnt wurde, sagte der Prinz: „Man kann es nicht leugnen, im Jahre 1848 sind von allen Seiten große Fehler begangen worden. Ich bin kein Frömmler, kein Pietist, meine Herrn, aber ich habe einen frommen Glauben, und in diesem frommen Glauben habe ich die Ueberzeugung, daß auch das Jahr 48 göttliche Fügung war; von Gott gesendet, damit wir Alle klüger würden.“ Der Landrath war dabei. Der Prinz ist Gegenstand der allgemeinen Hoffnung. Es ist wohl nöthig, daß es bald anders werde, denn wenn man das stupide reaktionäre Treiben auf der einen Seite sieht und dem gegenüber das flache revolutionäre Wesen in der Literatur, könnte man wohl muthlos werden ... Die Kreuzritter scheinen übrigens zu fühlen, daß ihre Zeit dem Ende zu= neigt, und man bemerkt, daß sie in Bezug auf den Prinzen von Preußen einzulenken beginnen.

<hr />

Sommerreise nach Belgien.

Ende Juli mußte Bernhardi zu einer größeren Reise aufbrechen; er begleitete seine Frau nach Ostende, wo die Leidende auf dringenden Rath des Arztes das Seebad brauchen sollte. Der dortige Aufenthalt nahm mehrere Wochen in Anspruch, die Bernhardi zu Ausflügen in die benachbarten flandrischen Städte und zu eingehendem Studium von Land und Leuten benutzte. Ostende selbst gab zu militärischen Bekanntschaften Gelegenheit, die von Interesse waren.

Ostende den 25. Juli. Mittagessen im Hôtel Marion, Bekanntschaft mit Oberst Gerwien von unserem Generalstabe, den ich als Schriftsteller schon kannte. Gescheiter, liebenswürdiger, etwas hypochondrischer Mann. Gespräch über die Lage in der Krim, über welche unser Generalstab sehr genau unterrichtet ist. Für Geld ist in Rußland Alles zu haben, und so ist man im Besitz detaillirter Nachrichten, die streng geheim gehalten werden. Versäumnisse der Russen in Bezug auf den Entsatz von Sewastopol. Im Winter nach der Schlacht bei Inkerman waren die Russen den Verbündeten um 80,000 Mann überlegen, noch vor vier Wochen, als sie sich die Außenwerke nehmen ließen, um 40,000 Mann.

Gerwien hat keine hohe Vorstellung von dem ehemaligen Kriegsminister Bonin; der ist zwar ein guter Verwalter und hatte zum Beweise dessen die schleswig-holsteinische Armee auf einen vortrefflichen Fuß gebracht. Als Krieger dagegen ist er unbedeutend, und hat sich bei Fridericia sogar Versäumnisse zu Schulden kommen lassen. Man sah täglich Schiffe mit dänischen Truppen landen; die Offiziere des Generalstabs, Delius und Fransecky warnten: vergebens! — Bonin glaubte nicht recht an einen Angriff, ordnete nichts an, und man wurde überfallen. — Bonins Mangel an Takt. Als Gen. Lindheim nach Petersburg gesendet wurde, sagte ihm Bonin: „Sagen Sie dem Kaiser Nikolaus, solange ich Kriegsminister bin, wird Preußen nicht in ein Bündniß mit Rußland willigen." Lindheim, Bonins persönlicher Feind, hinterbrachte die Worte natürlich dem Könige, und das gab den Ausschlag zu Bonins Entlassung.

Voriges Jahr wurde eine Generalstabs-Reise (fingirter Krieg) unter General Reyers Leitung unternommen, um die beiden jungen Prinzen Friedrich Wilhelm und Fritz Carl zu unterrichten. — Beim Mittagstisch in einem Städtchen der Lausitz war von Alexander v. Humboldt die Rede. General Reyer, der präsidirte, bedauerte, daß der berühmte Mann so alt sei; man könne nicht hoffen, daß er noch lange lebt, und wer kann ihn ersetzen? — auch nur in der Umgebung des Königs, um da das Interesse für die Wissenschaft immer rege zu halten; wer kann ihn auch nur da ersetzen? — Oberst

Moltke antwortete: „Louis Schneider!" — Man erschral, es erfolgte eine allgemeine Stille; nach einigen Secunden aber brach Alles in ein lautes Gelächter aus, in das die beiden Prinzen einstimmten.

Die Einführung der Minié-Gewehre in der preußischen Armee hat der Flügel-Adjutant Schöler, jetzige General, durchgesetzt, der überhaupt der eigentliche Faiseur in militärischen Dingen ist. Es soll dabei eine Geldspeculation des Erfinders der Zündnadelgewehre mit unterlaufen, der nun auch die Umwandelung der glatten Gewehre in Miniés übernommen hat. — Das Schlimme dabei ist, daß die Sache unnütz Geld kostet, und die vollständige Ausrüstung der Armee mit Zündnadelgewehren verspätet wird, denn die Anfertigung derselben muß unterbrochen werden, um jene Umarbeitung vorzunehmen. In der Commission, die den Vorschlag begutachten sollte, ging er nur mit 2 Stimmen durch; der Prinz von Preußen stimmte dagegen. — Dem Könige hat Schöler vorgeredet, die Minié-Flinten seien eine ganz neue Erfindung, die allerneueste auf diesem Gebiet.

Nach Tisch macht Gerwien mich mit dem Oberstlieutenant von Zalesly vom 35. Regiment bekannt. Ein guter, angenehmer Mann; über die mittleren Jahre hinaus. Steht in Luxemburg. — Ist von dort aus mit mehreren Offizieren nach Metz gereist um den Präsidenten Louis Napoleon zu begrüßen, als der seine Rundreise durch die Provinzen machte. Beschreibt dessen Empfang in Metz sehr interessant, wie er eigentlich dem Lande den Puls fühlen wollte und alle republikanischen Aeußerungen zurückwies, während die Republikaner nicht die gehörige Macht hatten, bonapartische Manifestationen zu unterdrücken. In der Maison de ville wurden unmittelbar vor den preußischen Offizieren die Offiziere der Nationalgarde von Metz vorgestellt, d. h. sie gingen nach einer Anrede ihres Befehlshabers, und einer officiellen Antwort Louis Napoleons, schweigend, mit einer Verbeugung an diesem vorüber durch das Zimmer; einer dieser Offiziere, ein Bierbrauer, rief dabei: „Vive la République et rien que la République." „Arrêtez!" rief Napoleon; der Zug stand: „Vous n'avez pas le droit de me parler ici. Si c'est un conseil, Vous n'avez pas le droit de m'en donner. Si c'est une leçon, je ne l'accepte pas. Allez!" Ein Beifallssturm folgte diesen Worten Napoleons. — Den preußischen Offizieren sagte er artige Dinge über die preußische Armee. — Bei der Revue der Besatzung, dem Vorbeimarsch, riefen manche Bataillone: „Vive la République!" — doch war der Ruf: „Vive le Président!" überwiegend. — Die Reiterei dagegen zog ganz stumm vorüber, so sehr auch die Offiziere bemüht waren die Leute zu dem Ruf: „Vive le Président!" zu bringen. Unmittelbar hinter Louis Napoleon war ein total betrunkener Kerl aus dem Volke auf einen Baum geklettert, und rief mit kurzen Unterbrechungen immer von Neuem: „Vive le neveu du grand homme!" — Louis Napoleon that, als hörte er das nicht, aber man sah ihm an, daß es ihm sehr angenehm war. Ein General in der Nähe ärgerte sich über den Kerl ganz gewaltig, und befahl ihm wiederholt zu schweigen —, der kehrte sich aber nicht daran; endlich befahl der General der Gendarmerie, den Mann zu verhaften: es geschah aber nicht! —

Militärische Verhältnisse. Der König wollte eigentlich ein „Armee-Ober-Commando" einführen, wie es in Oesterreich besteht, von dem die eigentliche Gestaltung des Heeres ausgehen sollte. Daneben sollte das Kriegsministerium als bloß expedirende Verwaltungsbehörde ohne jeden höheren Einfluß fortbestehen. Zum Stellvertreter des Königs, als Höchstcommandirenden, also zum eigentlichen Armee-Ober-Commandanten, hatte er den Grafen v. d. Gröben ausersehen. Glücklicher Weise traute sich Gröben selbst so viel nicht zu und lehnte ab. Nun ist aber General Schöler, der zu der persönlichen Umgebung des Kaisers gehört, die eigentlich entscheidende Person geworden und dieser bestimmt den König, an dem Kriegsminister vorbei, und ohne den Kriegsminister zu fragen, in die Armee hinein zu befehlen.

Ich sage: Preußens Befestigungs-System ist nicht vollendet, so lange Breslau nicht wieder eine Festung ersten Ranges ist. Gerwien theilt diese Ueberzeugung, die überhaupt unter allen Leuten von Einsicht verbreitet ist; er sagt: auch die Kreuzzeitungs-Partei theilt sie, und weiß eben deßhalb die Befestigung Breslaus zu hinter-

treiben. Auch daß Königsberg befestigt wird ist ihr ein Dorn im
Auge. Sie weiß es durch Intriguen, durch ihren Einfluß beim König
dahin zu bringen, daß die für den Bau von Königsberg bewilligten Gelder nicht einmal verwendet werden, von den
bewilligten 500,000 Reichsthalern werden nur etwa 300,000 verwendet: — so wird der Bau lässig betrieben, und Königsberg bleibt
offen. Preußen soll eben, den Plänen dieser Partei zu
Folge, Rußland gegenüber wehrlos bleiben, damit, wenn
einmal eine andere Partei in den Besitz der Macht gelangen sollte,
sogleich ein russisches Heer ungehindert bis in das Herz
der Monarchie, bis Berlin, vordringen kann, um die Partei wieder
in Besitz der Regierungsgewalt zu setzen!(?)
     Auch in Beziehung der dreißig Millionen (Anleihe),
die zu Rüstungen bewilligt sind und nicht verbraucht werden, wenn
es nicht zum Kriege kommt, hat die Partei bereits ihren Plan
fertig: Berlin soll für dies Geld befestigt werden, und
zwar gegen die Bevölkerung, nicht gegen einen äußeren
Feind! — Der Minister-Präsident Manteuffel hat davon keine
Ahnung; der bildet sich ein, das Geld solle auf Eisenbahnen verwendet werden, und hat das unter der Hand den Betheiligten versichert. — General Prittwitz ist schon beauftragt gewesen, einen Plan
zur Befestigung von Berlin zu entwerfen. Der stellte sich, als verstehe er nichts, als sei ehrlicher Weise von einer Befestigung gegen
einen äußeren Feind die Rede, und bewies in einer trefflichen Denkschrift, die eigentliche Vertheidigungslinie Berlins sei an der Nuthe
und Notte; es komme darauf an, die Uebergänge über diese Gewässer
durch doppelte Brückenköpfe zu decken, und Luckenwalde zu einer
Festung ersten Ranges zu machen. Bei Berlin selbst sei nichts weiter
nöthig als ein verschanztes Lager vorzubereiten, wo die Reserve aufgestellt werden könne, um jene Vertheidigungslinie zu unterstützen.
Einige gemauerte Reduits genügten dazu. — Der Plan mißfiel
höchlich und wurde ohne alle Bemerkungen zu den Akten gelegt.
Jetzt ist der General-Lieutenant Brese beauftragt, einen anderen
zu machen. Brese ist ein guter Ingenieur, er wird machen was
man haben will. Was den König persönlich anbetrifft, so wünscht

er, daß eine Redoute in den Friedrichshain gelegt werde. Die Gräber der Märzhelden würden dann dem Boden gleichgemacht.

7. August. Gerwien sagt viel Gutes von Geist und Charakter der Prinzessin von Preußen (er kennt sie, denn er hat dem Sohne, dem jungen Prinzen, Stunden gegeben). Lehrer der Geschichte war Professor Heimann. Zu diesem sagte die Prinzessin einst in Gegenwart der sämmtlichen Lehrer: „Ich danke Ihnen, daß Sie meinem Sohne eine Geschichte der Völker vorgetragen haben, nicht nur eine Geschichte der Höfe." Sie hat im Jahre 1848 die Flucht ihres Gemahls mitgemacht, hat die Gefahren dieser Reise miterlebt und alle Unbilden der Zeit, hat ungerechten Haß und schnöde Verfolgung erfahren: daß das Alles sie in ihren politischen Ueberzeugungen nicht irre gemacht hat, spricht für ihren Verstand, meint Gerwien. (Es spricht auch für ihren Charakter.)

Dem jungen Prinzen Friedrich Wilhelm hat er selbst Unterricht gegeben; der Prinz hat keine außergewöhnlich glänzenden Fähigkeiten, giebt sich aber viele Mühe. So war es auch auf den Generalstabsreisen, die er mitgemacht hat. Er hat ein durchaus edles Gemüth — ganz wie Friedrich Wilhelm III. — Es kommt nur darauf an, ob er Charakter hat. Daß er sich Mühe giebt, ist schon Charakter! —

Nach Tisch mit Gerwien und Zalesky auf dem Damm. Hier ist ein junger v. b. Gröben aus Ostpreußen, Lieutenant im 3. Küraffier-Regiment. Er ist ein Erz-Aristokrat. Dennoch klagt er bitterlich über den General Plehwe (Divisionär in Königsberg) — der verfolgt die Leute mit „Gesinnungstüchtigkeit" — und seinem „Preußenverein", daß es nicht zu ertragen ist. Gröben will deshalb seinen Abschied nehmen.

In der Rheinprovinz hat der Ober-Präsident, Kleist-Retzow, seine Civil-Beamten beauftragt, die Offiziere der Armee zu beaufsichtigen, und über ihre „Gesinnungstüchtigkeit" geheime Berichte einzusenden, die natürlich weiter gehen, an Schöler, Neumann, und die sonstige militärische Umgebung des Königs. Wer in diesen geheimen Partei-Berichten keine gute Nummer hat, dem geht es schlecht; Beweis Oberst v. b. Mülbe, Commandant von Minden, einer der ausgezeichnetsten Stabs-Offiziere der Armee, früher im ersten Garde-Regiment, aber nicht kreuzritterlich gesinnt. Er ist im Avancement mehrere Male übergangen worden, und hat nun endlich, nicht ein Garde-Regiment bekommen, wie ihm zukam, sondern ein Linien-Regiment! —

Zalesky sagt, daß in den Kreisen der Kreuzritter der Prinz von Preußen, die Prinzessin und der junge Prinz „die Demokraten-Familie" genannt werden.

9. August. Diner bei Marion. Gerwien erzählt: Oriolla, königlicher Flügel-Adjutant, bekehrte sich 1848 zur liberalen Seite, zu dem Streben nach einem einheitlichen Deutschland — und wurde bei der Armee in Schleswig dem Hauptquartier Wrangels beigegeben. — Wrangel beobachtete ein eigenthümliches Verfahren; er mag seine Unzulänglichkeit einigermaßen gefühlt haben, und war eben deshalb sehr besorgt; um seine Selbständigkeit zu wahren, wählte er unter den secundären Offizieren des Hauptquartiers einen Vertrauten, ein Orakel. Dazu hatte er Oriolla ausersehen. — Oriolla widerrieth dem König entschieden, den Waffenstillstand von Malmö zu ratificiren „und schrieb deshalb dem König die heftigsten Briefe, die dieser wohl jemals erhalten hat." — Der Waffenstillstand wurde ratificirt, Oriolla, in das Regiment zurückversetzt, verlor seine Stellung in einer Art von Ungnade. — Er ließ sich dadurch aber nicht irre machen, stiftete in Berlin einen Bürgerverein, und hielt Vorträge darin, ohne abzulassen, so sehr ihn auch der seichte Spott des Hofes verfolgte. Als er das 7. Husaren-Regiment bekam (schwarz-gelbe Schnüre, rothe Schärpen) und sich als Neubeförderter beim König meldete, sagte der König: „Freut mich! — freut mich, daß Sie ein Regiment bekommen haben; nun sind Sie ja schwarz-roth-gold, von Dienst wegen." — (Oriolla's Briefe an den König kennt Gerwien, weil sie in das Archiv des Generalstabs gekommen sind.) —

22. August. L'enseignement est libre — der Unterricht ist frei in Belgien, folglich kann wer will und Vertrauen findet, Unterrichts-Anstalten anlegen; bei alledem aber giebt es eine Anzahl Schulen, die dem Staat gehören, von ihm erhalten, und einem mit den Kammern vereinbarten Gesetz gemäß geleitet werden. In diese Kategorie gehören die beiden Staats-Universitäten: Gent und Lüttich, und eine Anzahl Athénées = Gymnasien. — Neben diesen Staats-Schulen stehen nun die vom Staat unabhängigen Schulen, die écoles libres. Zu diesen gehören vor Allem die vom Klerus angelegten, und auf seine Kosten erhaltenen Schulen; an ihrer Spitze die Universität Löwen, die von alten Zeiten her der Kirche gehört und von einem eigenen ansehnlichen Vermögen unter Leitung der Kirche erhalten wird. — Den Athénées der Regierung machen besonders die von den Jesuiten angelegten und geleiteten petits séminaires für Laien eine heftige Concurrenz. Zu den écoles libres gehören ferner die von den Gemeinden erhaltenen und unter ihrer unabhängigen Leitung stehenden Schulen, meist untergeordneten Ranges. Es steht bei den Stadträthen, ob sie die Schulen unter eigener Leitung behalten, und dann etwa einen Lehrplan annehmen wollen, der zu dem Lehrplan der Athénées und Universitäten paßt, und darauf vorbereitet —: oder ob es ihnen genehm ist, die Schule der Kirche zu überantworten. Dann haben sie sich weiter nicht darum zu kümmern, was darin vorgeht. — Zu den écoles libres gehören die entweder von Privaten für eigene Rechnung, oder von freiwilligen Vereinen angelegten, und von freiwilligen Beiträgen erhaltenen Schulen. Unter den von Vereinen gegründeten Anstalten steht die Universität von Brüssel obenan.

Sehr bemerkenswerth und charakteristisch ist aber, daß die Bevölkerung mit richtigem Takt eine ganz andere Eintheilung macht, bei der die Entstehungsweise und die äußeren Verhältnisse der Anstalten ganz unberücksichtigt bleiben, und nur der Geist, der in ihnen herrscht, als Maßstab gilt. So werden im Gespräch und gewöhnlichen Leben die Schulen in écoles catholiques und écoles libres eingetheilt; die letztere Klasse umfaßt in der allgemein herrschenden Vorstellung alle vom Staat gegründeten Lehranstalten — also gerade die von der Regierung nicht unabhängigen — und alle von Privaten und Vereinen gegründeten, in welchen nicht der Klerus und sein Geist herrschen. Der freiere, dem kirchlichen unabhängig gegenüberstehende Geist, ist das ihnen gemeinschaftliche, das sie in dem all-

gemeinen Bewußtsein verbindet und in dieselbe Kategorie bringt. —
Sehr richtig bilden dann die gerade vom Staat unabhängigen cleri-
calen Schulen, als geistig unfreie, den Gegensatz zu den écoles
libres. ·

Man sieht, mit welcher Ausdauer der Klerus auf günstige Con-
juncturen zu warten weiß, und wie rasch und geschickt er dann günstige
Umstände zu nützen versteht, wo sie sich zeigen, um die Unterrichts-
Anstalten in seine Gewalt zu bringen. So haben sie in Ostende
den Augenblick benutzt, wo sie einige klerikal gesinnte Freunde im
Stadtrath wußten, und ein altersschwacher Bürgermeister an der
Spitze stand. Da ist der Vorschlag, die Stadtschule dem Klerus zu
überlassen, mit einer Majorität von einer Stimme im Stadtrath
durchgegangen. Das ist nun nicht wieder ungeschehen zu machen;
die Kleriker sind Herren der Schule, und kein Mensch hat ein Recht
zu fragen, was sie da treiben. — Auch bietet die Geistlichkeit große
Vortheile, um die Schulen zu gewinnen. Wer einmal in ihren
Schulen ist, den nehmen sie unter ihren Schutz; sie vermitteln den
Uebergang aus den Stadtschulen in die Gymnasien der Jesuiten,
und von da auf die Universität Löwen; das geht Alles wie von selbst,
ohne den mindesten Anstoß — ja ihre Protektion begleitet den Schüler
ihrer Anstalten als schützende Macht in das Leben. — Wer dagegen
in die écoles libres d. h. die des Staats eintritt, hat ganz für sich
selbst zu sorgen, mit unendlichen Schwierigkeiten zu kämpfen, hat
überall die mächtigen Geistlichen zu Feinden, sieht sich überall gehemmt,
und kommt schwer fort im Leben. — Dann wissen sie auch, vermöge
der ungeheuren Geldmittel, die ihnen zu Gebote stehen, ihren Anstalten, besonders in Beziehung auf die sogenannten Brodwissen-
schaften, eine entschiedene Ueberlegenheit über die andern zu sichern.
Sie wissen immer die ausgezeichnetsten Professoren für sich zu gewinnen.

In der Stadtschule zu Ostende ist nun natürlich der Unterricht klerikal beschränkt, nur von Priestern entworfene Compendien
werden zum Grunde gelegt.

Die Geistlichen, in diesem Theil von Belgien meist selbst Flä-
minge, pflegen allerdings in ihren Anstalten die flämische Sprache;

aus diesem Umstand, wie aus solchen Aeußerungen könnte man leicht folgern, der Gegensatz zwischen liberaler und klerikaler Gesinnung schlösse sich auf's Engste an die beiden Nationalitäten, die im Lande einander gegenüberstehen; die liberale Gesinnung sei die des wallonischen Elementes, das Belgien ganz zu französiren, die flämische Sprache und Nationalität erst von allem Einfluß zu verdrängen, dann zu vernichten sucht; — klerikale Gesinnung sei dagegen mit flämischer Nationalität identisch. Aus mancherlei Journal-Artikeln und Broschüren geht auch hervor, daß man außerhalb Belgiens vielfach glaubt, es sei dem wirklich so. Doch verhalten sich die Dinge eigentlich anders; die Interessen und Ansichten kreuzen sich in viel complicirterer Weise, und die Bevölkerung läßt sich nicht auf eine Weise, die alle Elemente des Daseins umfaßte, schlechtweg in zwei Hälften theilen. — Der Adel z. B. — insofern er noch erkennbar besteht — d. h. der hohe Adel, befleißigt sich durchaus französischer Bildung, und ist doch dabei in einem kaum glaublichen Grade beschränkt, und natürlich klerikal gesinnt. Gent dagegen ist der Mittelpunkt der flämischen Bestrebungen; der Ort, wo man in den Clubs nur flämisch reden darf, der einzige Ort, wo es ein flämisches Theater giebt — und zugleich der freisinnigste Ort der Niederlande. — Die überwiegende Mehrzahl der französischen Zeitungen ist im klerikalen Sinn redigirt, und athmet einen Fanatismus, eine Wuth, einen Unverstand, den man im 19. Jahrhundert kaum für möglich halten sollte. —

.... Der Unterschied der Stände ist hier verwischt, der kleine belgische Adel ist seit der Revolution verschwunden; der große, reiche Adel unterscheidet sich auch nur als fashion — ist nicht zahlreich genug, um sich ganz exclusive abzuschließen — und auch durch die Verfassung genöthigt, sich von den anderen Ständen nicht unbedingt zu trennen; sowie er aber den engen Kreis der eigenen Standesgenossen verläßt, findet er auch keine bestimmte Grenze mehr für seine Verbindungen — eben weil der ihm sonst zunächststehende, kleine Adel verschwunden ist, und Alles ohne weitere Scheidewand in einander geht.

Diner bei Marion. Gerwien macht die Bemerkung, daß viele

von unseren Russenfreunden in dem Kaiser Nikolaus den
eigentlichen höchsten Dienstherrn des Heeres sahen. Er erzählt: Graf
Schlippenbach, früher Garbe-Ulan, dann Commandeur des 7. und
darauf des 6. Kürassier-Regiments (Kaiser Nikolaus) — fand, als
er dies letztere übernahm, daß es im Avancement gegen andere
zurück war, und schrieb an den erhabenen Chef — den Kaiser Nikolaus —, der möge doch ein Einsehen haben, und dem Regiment
ein besseres Avancement verschaffen! — Nikolaus war auch in dem
Grade taktlos, daß er dies Schreiben unserem Könige zusendete —
(wenn auch ohne Commentar). — Das fand Friedrich Wilhelm IV.
denn doch zu arg; Schlippenbach bekam einen starken Verweis, und
wurde eigens nach Berlin beordert, um ihn persönlich in Empfang
zu nehmen. — Der alte Wrangel, der nie in der Garde gedient
und wenig usage du monde hat, wird von Offizieren wie Schlippenbach nicht recht für voll angesehen; Schlippenbach kam daher auch
ziemlich nonchalant zu Wrangel herein, und fragte, wozu er nach
Berlin bestellt sei? — Das bekam ihm schlecht; Wrangel versteht
keinen Spaß, wo seine Person im Spiel ist; er sagte daher: „Wenn
der commandirende General in Dienstangelegenheiten mit Ihnen
sprechen soll, Graf Schlippenbach, dann müssen Sie vor allen Dingen
erst eine dienstliche Haltung annehmen; stehen Sie gerade, Herr
Schlippenbach!" — Das fuhr dem Obersten in die Glieder, er richtete sich gerade auf; Wrangel aber meinte: „Nein, nein! — Sie
stehen noch nicht, wie Sie müssen — nehmen Sie man die Hacken
noch mehr zusammen. — So! nun habe ich Ihnen zu sagen u. s. w."

An den Aufenthalt in Ostende schlossen sich Ausflüge nach Brügge,
Gent, Antwerpen und Brüssel, die zu tiefgehenden kunst- und sitten=
geschichtlichen Beobachtungen Gelegenheit boten. Bei der Lectüre der be=
züglichen Tagebuch=Aufzeichnungen wird man unwillkürlich an das Wort
Goethe's erinnert, nach welchem ein bedeutender Mensch auf der Fahrt
von Weimar nach Jena mehr sieht und beobachtet, als ein Flachkopf,
wenn er die Reise um die Welt macht. Auf den engen Raum weniger
Bogen ist eine Fülle von Betrachtungen über die wirthschaftliche, geschicht=
liche und künstlerische Bedeutung des Gesehenen zusammengedrängt, mit
welchen der Bedarf eines dicken Bandes moderner „Reiseeindrücke" oder

„Reisebilder" bestritten werden könnte. Kein Bauwerk, kein Bild von einiger Bedeutung, kein alter, im Abmarsch begriffener Volksbrauch, an den der Beschauer nicht Ausführungen knüpfte, die neue und überraschende Gesichtspunkte der Betrachtung eröffnen und Hinweise auf verloren gegangene Bildungsmomente enthalten. Wegen der aphoristischen Form dieser Aufzeichnungen und wegen des Umstandes, daß es sich zunächst um Gegenstände handelt, die inzwischen veränderte Gestalt angenomen haben und die in unserem Zeitalter gewerbsmäßigen Reisens von jedem Reisehandbuch so weit abgehandelt werden, als das landläufige Touristenbedürfniß erheischt, muß von der Wiedergabe der in den flandrischen Städten geführten Tagebücher Abstand genommen werden. Hätte sich der Verfasser der Mühe der Ausarbeitung unterziehen wollen, wie er das fünfzehn Jahre später bei Gelegenheit einer Reise durch Spanien gethan, so wäre unsere Literatur in den Besitz eines Buches über Belgien getreten, das Freunden vergangener Dinge ebenso reiche Ausbeute geboten hätte, wie solchen, die sich über die belgischen Städte unserer Tage zu unterrichten wünschen. Am deutlichsten wird das bescheinigt, wenn wir aus einem Antwerpen gewidmeten Abschnitte einige Seiten abschreiben:

Platz am Rathhause. Das Rathhaus selbst groß, schwer und mächtig, im italienischen Styl des 16. Jahrhunderts in fünf Stockwerken, die Erker mitgerechnet. Eine Rustica und vier Säulenreihen übereinander, mit den Rathhäusern von Gent und Brügge gar nicht zu vergleichen. So ungereimt es wäre, dergleichen jetzt zu bauen, haben solche Gebäude doch einen Werth, in sofern sie aus einer Zeit herrühren, der sie entsprechen. Und wie man sich eben Fremdes schwer zu eigen macht, würde Alles, was man etwa jetzt in diesem Styl baute, gewiß ohne allen Vergleich schlechter ausfallen, als die wirklichen Denkmale aus jener Zeit. Schöne alte gothische Gildehäuser an der Nordseite des Platzes; besonders das Haus der Schützengilde, mit reich durch Skulpturen verziertem Giebel, und ebenso reicher Stirnseite. Die Armbrust zeigt sich wiederholt in den Skulpturen der Gilde. —

Der Dom; ohne allen Vergleich die schönste, edelste Kirche der Niederlande. Sie ist aus Quadersteinen erbaut, und schon das unterscheidet sie sehr wesentlich von den Backstein-Bauten des flandrischen Tieflandes. Auch ruht sie nicht auf einer Krypta wie

St. Bavo in Gent, und in Folge dessen erhebt sie sich auch nicht
so burgartig vom Boden hoch in den Raum. Zudem ist der eine
der beiden Thürme vollendet; mit dem vergleicht man unwillkürlich,
und so erscheint der Bau niedrig, schmal und lang gestreckt. Der
Thurm: der obere Theil zierlich durchbrochen; Karl V. pflegte zu
sagen, er verdiene unter eine Glasglocke gestellt zu werden; und er
ist schön; mir geht es aber damit wie Goethe in seiner Jugend mit
dem Thurme des Straßburger Münsters: es scheint mir, daß
der Bau nicht unbedingt dem ursprünglichen Plan gemäß ausgeführt worden; die Vergrößerung des oberen, achteckigen Baus erfolgt zu rasch, es scheint ein Glied am Stockwerk
weggelassen zu sein und zu fehlen. — Der ganze Bau ist übrigens
in echt mittelalterlicher Weise von kleinen — ja besonders kleinen
Bürgerhäusern umgeben; man gewinnt nirgend eine nur einigermaßen
reine Ansicht der Kirche. Nur die Stirnseite mit dem Haupt-Portal läßt
sich übersehen, und selbst hier sind an dem Fuße der beiden Thürme,
des vollendeten und des unvollendeten, kleine Häuschen angeklebt.

Aber die Ehre muß man den Belgiern lassen, daß sie die
Denkmale ihres Landes zu achten und zu ehren wissen.

Alles wird auf das Sorgfältigste erhalten und hergestellt, jeder
Baufälligkeit wird soviel als möglich vorgebeugt, wo es nöthig ist,
wird erneuert. So wird in Gent an dem Belfried gearbeitet, hier
an dem Thurm der Cathedrale.

Auf dem Platz vor dem Dom merkwürdiger Ziehbrunnen, mit
einem kleinen, gothischen Pavillon von Schmiedeeisen überbaut; auf
leichten Säulen ruht ein durchbrochenes Dach von vielfach verschlun-
genem Laubwerk, oben darauf die kleine Gestalt eines mit der Pike
bewaffneten Bürgers oder Landsknechts, der einen gewaltigen Handschuh, größer als der kleine Mann, in die Luft hält. — Im Ganzen
das Zierlichste was man sehen kann. — Die Sage erzählt: Quyntin
Mathys habe diesen Brunnen gefertigt, als Hufschmied, ehe
er Maler geworden. — Natürlich ist das nicht wahr, denn der Brunnen
ist kunstreiche Schlosserarbeit, die gewiß kein Hufschmied gemacht hat.
— Ohne Zweifel ist der Brunnen eine Stiftung der Handschuh-
macher-Gilde.

Auf den Thurm gestiegen bis zur Gallerie unter der Uhr. Er hat auch ein Glockenspiel, wenn es auch nicht ein ganz so großartiges und schönes ist, wie das zu Brügge. Es gehört der Stadt, daher bestimmt der Magistrat, welche Melodien es spielen soll (jeden Monat eine andere) — und was hat der Magistrat für jetzt festgesetzt? Es spielt zur Zeit die Melodie eines wallonischen Liedchens, dessen Text lautet:

„En plats vers, mes bons amis,
Il faut chanter la bière du pays."

Die Aussicht ist gar schön; bei weitem mehr, als von den Thürmen zu Ostende, Brügge oder Gent — denn hier ist das Häusermeer nicht weniger groß, alterthümlich und stattlich, wie dort — und außerdem schwingt sich hier der gewaltige Strom in großartigen Bogen durch das grüne Land. Schiffe, Segel gleiten hinab, dem Meere zu. Am südlichen Horizont, blaßblau, die Hügel jenseits Brüssel.

Antwerpen ist auf Größe angelegt; die Natur der Dinge bestimmt es zu einem großen Brennpunkt des Handels, und damit menschlicher Thätigkeit — der große Strom, der leichte Weg zum Meer, der sichere Ankergrund bei einer Lage tief im Lande, Alles weist darauf hin. — Und dennoch ist Antwerpen erst spät emporgekommen, zuerst waren Brügge und Gent groß, reich und mächtig geworden, obgleich beide ohne allen Vergleich weniger günstig gelegen sind, und im Vergleich mit dieser Stadt, eine sehr dürftige Verbindung mit dem Meere haben. — Erst als Brügge und Gent zu sinken begannen, weil dort fortwährende Unruhen Gewerbe und Verkehr störten, als Bürger von Gent nach Antwerpen übersiedelten hob sich dieser Ort. — Der Fall, daß die socialen Verhältnisse, welche das Gedeihen der Städte voraussetzt, sich von selbst verstehen, wie in Nordamerika, daß daher die natürlichen, materiellen Verhältnisse allein entscheiden, ist eben ein seltener, gewissermaßen eine Ausnahme; erst die neue Zeit sucht sich Zuständen zu nähern, welche die natürlichen Bedingungen des Daseins und Gedeihens gleichsam vollständig in ihre Rechte einsetzen (insofern das möglich ist). Mehr als je waren im Mittelalter die geschichtlich gegebenen socialen Verhältnisse die überwiegend wichtigen geworden — weil eben die allgemeinen Verhältnisse sich seltsam verwickelt

und von dem, was naturgemäß scheint, gar sehr entfernt hatten. —
Auf Viehzucht und Ackerbau war das Dasein der deutschen Völker
begründet, Handel und Gewerbe waren gering geachtet, — der Feu-
dalstaat schloß sie von aller Ehre aus und beschränkte sie demnach
auf das dürftigste Maß. — Bei dem Wiederaufleben des städtischen
Lebens hing das Schicksal der einzelnen Orte nicht ausschließlich von
ihrer günstigen Lage ab, sondern sogar vorzugsweise davon, welcher
Ort zunächst städtische Freiheiten erlangte, und diejenigen gesellschaftlichen und Rechts-Verhältnisse, die bürgerliches Gedeihen verschaffen
konnten. Wir sehen zunächst günstig gelegene Orte unterdrückt, und
minder günstig gelegene blühend; so wird Frankfurt a/M. blühend
neben dem viel günstiger gelegenen Mainz — und welche Gunst ört-
licher Lage erklärte wohl die Blüthe Leipzigs, während z. B. Witten-
berg nie bedeutend werden wollte?

Die Festungswerke, besonders die kleinen Forts an der Schelde,
sehen schon aus dieser, doch nicht bedeutenden Höhe und Entfernung sehr winzig aus, wie Kinderspielzeug. Und doch —
wenn man sie erobern wollte, wie viel Blut, wie viel Anstrengungen
würde das kosten, welchen Aufwand von Heroismus und Todes-
verachtung! — Wie groß und wie klein der Mensch zu gleicher Zeit
ist; wie weit geht sein geistiges Dasein über das materielle hinaus
— wie groß ist überall in Kämpfen und Ringen der geistige Ein-
satz — außer allem Verhältniß mit dem materiellen Verhältniß des
Kampfes!

Lange, seit dem westphälischen Frieden, war Antwerpen durch
Verträge von seinen natürlichen Lebensquellen, vom Meer abgeschnitten
— es sank natürlich, aber wie Brügge und Gent verarmte es nicht
eigentlich, wenigstens nicht ganz; die früher erworbenen Reichthümer
genügten, ein immerhin stattliches Dasein aufrecht zu erhalten. Eine
neue glänzendere Blüthe ergab sich unter holländischer Herrschaft, und
da zeigte sich denn das eigenthümliche Phänomen, daß gerade diese
fanatisch erzkatholische Stadt Antwerpen durchaus
oranisch gesinnt war.

Auf der place verte neben dem Dom Rubens' Standbild in
Erz, an dem nichts zu tadeln und wenig zu loben ist.

Das Innere des herrlichen Doms; es macht der lange, verhältnißmäßig schmale Bau einen wohlthuenden Eindruck. — Die Pfeiler
ohne Capitäle eigenthümlich. — Der Schmuck aber, mit dem man
den schönen, reinlichen Bau dem Fest zu Ehren geziert hat, ist der
eigenthümlichsten Art! Im Kreuzpunkt hängt von der Kuppel ein
langer Carton herab, der fast bis auf den Fußboden reicht; darauf
ist in grellen Farben die heilige Jungfrau gemalt, wie sie, wahrscheinlich zu den Fenstern der Kuppel hinaus, gen Himmel fährt;
Wolken umher, grau; der Carton ist auch am Rande wellenförmig
ausgeschnitten, wie die Gestalt der Wolken erfordert! — Papier-Engel
schweben malerisch oben. — An jedem Pfeiler hängt eine Papptafel,
mit einer Inschrift in goldenen Lettern, von Blumenkränzen umgeben.
Alle diese Inschriften verherrlichen theils in lateinischer, theils, und
zwar vorzugsweise, in flämischer Sprache das neue Dogma der unbefleckten Empfängniß.

Eine Eigenthümlichkeit der belgischen Kirchen ist die Kanzel, die
eine durchaus andere Architektur hat, als in anderen Landstrichen.
Sonst überall schwebt die Kanzel an einem Pfeiler, und an diesem
windet sich auch die Treppe herum, die hinauf führt —: in Belgien
ist sie ein Bau für sich, der frei zwischen zwei Pfeilern dasteht und
füglich zur Kirche hinausgetragen werden könnte, so wenig hängt
er mit dem übrigen Bau zusammen. Eine Doppeltreppe führt gewöhnlich hinauf — und häufig ist er ein reich gearbeitetes Kunstwerk
der Holzschnitzkunst. — Hier hörte ich einen jüngeren Geistlichen mit
großem Pathos und weit ausholender Gestikulation in flämischer
Sprache predigen, die Sache dauerte aber nicht lange. — Nur ausnahmsweise, wo zu kämpfen ist, bei Missionen u. s. w. sucht die
katholische Kirche durch Predigten zu wirken; eine Bevölkerung, deren
sie gewiß ist, gewöhnt sie lieber an Messe, Rosenkranz und zumal
an den Beichtstuhl.

Nach der Dominikaner-Kirche St. Paul, um eine der Merk-
würdigkeiten Belgiens zu sehen, „le Calvaire", in einem verschlosse-
nen, von Mauern umgebenen, von der regen, lebendigen Welt umher
abgeschlossenen, stillen Hof, neben der Kirche. Gegen die Wand der
Kirche ist ein kleiner Erdhügel angeschüttet; in diagonaler Richtung

ben Hof durchschneidend steigt vom Eingangsthor an ein breiter Weg hinauf, theils Stufen, theils gepflasterter Plan, von einem sehr schwerfälligen steinernen Geländer eingefaßt, wunderliche Felsklippen von künstlichem Tufstein erheben sich zu beiden Seiten, dazwischen Gruppen von weißem Marmor: Heilige, besonders solche, die aus der Kirche hervorgegangen sind, in geistlichem Ornat, Propheten, Engel und Patriarchen, theils plump, theils manierirt. —

Oben, mit der Rückseite an die Kirchenwand gelehnt, ein größerer Felsen aus Schlacken und allerhand Zeug von dunkler Farbe zusammengesetzt. — Auf dem Gipfel die Kreuzigung von weißem Marmor; im Innern eine dreifache Grotte; in der mittleren sieht man durch ein Gitter einen hölzernen Leichnam Christi, in baumwollene und seidene durchsichtige Stoffe eingewickelt, in die Wände der beiden Seitengrotten sind hölzerne Reliefs eingemauert: geängstete Gesichter zwischen den Flammen des Fegefeuers, die man durch ein Gitter sieht; Alles nach dem Leben bunt angemalt. — Eindruck macht dies gar seltsame, höchst geschmacklose Ganze in seiner plumpen Größe unfehlbar auf jedermann. — Das Innere der Kirche auch merkwürdig; sie ist reich an Bildern nämlich, besonders aber an Holzschnitzarbeiten —: um das ganze Schiff, an beiden Langseiten, und die anstoßenden Wände der Kreuzes-Flügel bis zu etwa ⅓ der Wandhöhe eine fortlaufende Boiserie, die Beichtstuhl an Beichtstuhl bildet, mit Reliefs und in Holz geschnitzten Statuen von Engeln, Heiligen u. s. w.

In der allgemeinen Anlage hat Antwerpen eine gewisse Aehnlichkeit mit Cöln; nahe am Strom ist die Bevölkerung besonders gedrängt, da ist ein krauses Gewirr von sehr schmalen, gewundenen kleinen Straßen, von sehr alten Häusern eingefaßt; weiter in dem ein wenig höher liegenden Stadttheile öffnen sich Plätze, die Straßen dehnen sich grader und regelmäßiger in die Länge, Alles wird breiter, lichter, bequemer. Nur ist Antwerpen viel stattlicher als Cöln; es zeigen sich nirgend Spuren von Vernachläsigung oder Verfall. — Jener eng gebaute Theil der Stadt ist in gewissem Sinne viel alterthümlicher als irgend ein Theil von Brügge oder Gent — er macht es anschaulich, wie eng das bürgerliche Leben sich im Mittelalter zu-

fammenbrängte. — Es finden sich da noch sehr alte und merkwürdige Häuser von Holz; so ein Eckhaus an dem mit Bäumen bepflanzten
kleinen Platz am Werf. — Die alte Fleischhalle — jetzt Getreide-
Magazin — gothisch, mit Thürmchen an den vier Ecken, steckt wie
ein altes Castell in diesem engen Häuser-Gewirr, das sie nahe heran-
gedrängt umgiebt. —

Belgien hat in seinen Kirmsen noch wirkliche,
wahre, lebensvolle Volksfeste; in Deutschland hat leider die
Verfolgung, die von der „Aufklärung" des vorigen Jahrhunderts
ausging, dann von dem Mißtrauen der reaktionären Regierungen,
alles derartige ziemlich vernichtet. Die Volkstheater, die sonst in
Bretterbuden extemporirte Stücke spielten, sind verschwunden —
nur in den „Vogelschießen" der Schützengilden ist etwas ziemlich mattes
und farbloses an Volksfesten übrig geblieben — und außerdem läßt
sich nur noch etwa der Stralauer Fischzug nennen, der von Jahr zu
Jahr mehr in Verfall geräth, — das Naumburger Kirschenfest —
kurz sehr weniges! — Im Allgemeinen schließt das Volk in seinen
Belustigungen sich den sogenannten gebildeten Ständen an und
bringt so ziemlich dieselbe Blasirtheit dazu. — Die officiellen Volksfeste auf dem Theresienfelde in München wollen wenig bedeuten,
denn am allerwenigsten können Volksfeste als Treibhauspflanze gedeihen.

Nicht weit vom Quai die Fischhalle, ein Hof, reinlich erhalten,
offene, überdachte Gallerien, Leinwand über den offenen Raum gezogen, Alles reinlich und frisch. Die Sorgfalt, die überall auf die
Fischmärkte verwendet ist, beweist anschaulich, wie wichtig in Belgien
der Fischfang als Gewerbe ist, und wie wichtig für die Ernährung
des Volkes.

Die Fischhalle lehnt sich an die Mauern der alten Börse, eines
alten festen Castells mit einer runden Warte, das wie die Fleischhalle, und mehr noch als diese kriegerisch gestaltet, in dem dicht ge-
drängten Häusermeer steckt.

Die Quais hinabwandelnd sieht man von der Schelde aus sich
Canäle in die Stadt hinein erstrecken — Zugbrücken führen bei ihrer
Mündung, am Quai, hinüber. — Kleine Seeschiffe und Flußschiffe

fahren in diese Canäle hinein und laden theils auf schmalen Quais
an diesen Canälen ihre Waaren ab, theils unmittelbar in die
Häuser, die mit ihren Hintergebäuden das Wasser erreichen.
Endlich erreicht man die Bassins, beide viereckig, ausgemauert,
groß und weit, das kleine näher am Strom, das große tiefer land-
einwärts, beide unter sich, das kleine mit der Schelde durch mächtige Schleusen verbunden, zwischen beiden auf einer viereckigen Halb-
insel das stattliche alte Haus der Hansa, mit seinen gewölbten
Waarenlagern einen viereckigen Hof einschließend — „Sacri Romani
Imperii Domus Hansae Teutonicae 1564" und die Wappen von
Lübeck, Hamburg und Bremen mit des deutschen Reichs Adler über
dem Thor. In den Bassins, an dem Rande herum, dicht gedrängt,
hin und wieder in zwei und selbst drei Reihen, stattliche Kauffarthei-
Schiffe, unter denen ich mit Vergnügen manches preußische wahrnahm.
— Auf den Quais liegen Waaren, die eben ausgeladen sind, oder
geladen werden — nahe an der Schelde ein gewaltiger Vorrath von
Bauholz und Brettern — weiterhin Berge von Baumwolle-Säcken
u. s. w. — In den Häusern Waarenlager und Kaffeehäuser für die
Matrosen, eine Küche mit großem Rost für die Mannschaften der
Schiffe — und im Hintergrund wahrhaft riesige moderne Gebäude,
die „entrepôts" zur Ablage der Waaren. Wer nur die wenigen
Schiffe auf der Schelde gesehen hat, nicht die Bassins, muß sich von
der Handelsthätigkeit Antwerpens und ihrer Bedeutung eine sehr
falsche Vorstellung machen.
Wenn man den gegenwärtigen Zustand mit älteren Plänen der
Stadt vergleicht, erstaunt man darüber, was hier Napoleon
Großes ausgerichtet hat. Vor seiner Zeit hatte Antwerpen
keine Quais; Hintergebäude der Häuser und Speicher reichten überall
bis an die Schelde. Die großartigen Bassins gab es nicht; da wo
sie jetzt Hunderte von Schiffen aufnehmen, standen Hunderte kleiner
Häuser der „Neustadt", von engen Straßen durchschnitten, nur zwei
schmale Canäle reichten bis zu den beiden Seiten des Lagerhauses
der Hansa hinauf. — Was mußte Alles abgerissen, niedergeworfen,
umgestaltet werden, um den gegenwärtigen Zustand zu schaffen! —
Und wie riesenhaft sind die neuen Entrepôts im Vergleich mit dem

doch auch schon stattlichen Lagerhaus der Hansa! Eine gewaltige, ganz auf äußere, äußerlich schaffende Thätigkeit angewiesene Energie, das angeborene Bedürfniß, Alles umzugestalten, ist eben Napoleons Eigenthümlichkeit!

Dann aber ist es auch gar merkwürdig zu beachten, mit welchen engen Räumlichkeiten sich in früheren Jahrhunderten selbst der blühendste Handel zu behelfen wußte. — Hier in Antwerpen genügten selbst zur Zeit der höchsten Blüthe einige schmale Canäle, die sich zwischen die Häuser hineinwinden. Man könnte freilich sagen, es wurde damals auch viel unmittelbar vom Strom und am Strom verladen —: aber man muß denn doch erwägen, daß zwei schmale Canäle dem gesammten Verkehr der Hansestädte in Antwerpen genügten — und man vergleiche das Lagerhaus der Hansa mit den neuen Entrepôts — oder vollends mit den Docks zu London und zu Liverpool! — Und doch fand Guicciardini jenes Lagerhaus zu seiner Zeit ungemein groß, stattlich und bequem gelegen! Der Handel war eben im Mittelalter und selbst im 16. Jahrh. noch vielfach dem Handel des Alterthums ähnlich; er transportirte bei Weitem weniger massenhafte Gegenstände, beschränkte sich mehr auf das Kostbare — der Umsatz im Ganzen war geringer als jetzt, aber der kaufmännische Gewinn daran größer, sodaß ein weit geringerer Verkehr genügte, Handelsstädte reich zu machen.

Museum, in der Minderbroederstraet. Auch Antwerpen hat, wie Gent und Brügge, eine Kunst-Akademie, eine Maler-Schule — die Akademie des heil. Lukas; diese ist sogar die älteste von den dreien — und unterscheidet sich noch auf eine andere Weise: schon von Philipp dem Guten gestiftet, wird sie vom Staat erhalten — die Akademie zu Gent ist, wie man sich ausdrückt, Eigenthum der Stadt — die zu Brügge aus einer freien Association hervorgegangen.

Das Minoriten-Kloster ist mit dem Eingang von der rue de Vénus zur Kunstschule eingerichtet, die Kirche mit dem Eingang von der rue des Récollets zu einer Gallerie mit hohen, von oben erleuchteten Sälen, die an Anzahl der Bilder die Sammlungen zu Brügge und zu Gent bei Weitem übertrifft. In der Vorhalle das Grab der Gemahlin Karls des Kühnen, Isabella's von Bourbon: liegende Figur

in Erz; sie hat in den Zügen so viele Aehnlichkeit mit der Tochter
Karls, Maria von Burgund, daß man das Ganze auf den ersten Blick
für eine Copie des Grabdenkmals zu Brügge halten kann.

Die Sammlung ist als eine Provinzial=Sammlung sehr bedeutend und reich zu nennen. Schöne Bilder aus der alten flämischen Schule, namentlich ein Duplicat des schönen Bildes, das die
Brügger Akademie besitzt: Jungfrau mit dem Kinde, dem heil. Georg
und Donat, nebst dem Stifter, Canonicus van der Paelen, von
Jan van Eyk. Auch lernt man den unmittelbaren Schüler der
van Eyk, den Lehrer des Hans Memling, den Rogier van der
Weyden (oder von Brügge) eigentlich erst hier kennen und gehörig würdigen, wo sein Hauptbild bewahrt wird (die Sakramente);
was man anderswo von ihm sieht, ist im Verhältniß unbedeutend
zu nennen. — Besonders aber läßt sich hier der Gang der Bra-
banter Schule, von Quintin Massys (Mettys) an, sehr gut verfolgen — wie sie von einem, dem alt=deutschen und flämischen nahe
verwandten Styl ausgeht, dann mit Bernhardin von Orley, Johann
Mabuse, Franz Floris (de Briendt) sich den italienischen Schulen
anzuschließen sucht, und endlich mit Rubens wieder auf eine nationale Grundlage zurückkehrt, und erst da wieder wahrhaft Bemerkenswerthes leistet. — Auch Quintin Massys lernt man hier in seinem
Hauptbilde (Christi Bestattung, ehemals Altarbild im Dom) von
einer neuen Seite in seinem eigentlichen Werthe kennen. Er reiht
sich hier den van Eyk und ihrer Schule würdig an; davon geben
seine Geldwechsler u. s. w. einen Begriff. — Ferner merkwürdige
Bilder aus der italienisirenden Periode, namentlich der Sturz der
Engel von Franz Floris; die Sage setzt dies Bild um 100 Jahre
zurück, verwechselt diesen Floris mit dem älteren de Briendt und
berichtet: Quintin Massys habe die Hummel auf dem Schenkel der
einen stürzenden Gestalt heimlich in das Bild hineingemalt und so sein
Maler=Talent zuerst kundgegeben. — Die Bilder von Rubens sind
nicht allein zahlreich, sondern auch zum Theil von koloffaler Größe, so
daß sie einen gewaltigen Raum einnehmen. — Sie gehören zu seinen
berühmtesten Werken —: der Christ à la paille Nr. 215 — die Anbetung der Könige Nr. 213 — der Coup de lance Nr. 212. — Mir ist

besonders das letztere Bild merkwürdig (Christus am Kreuz, Longinus), ich lerne viel aus diesen Bildern. Es wird mir klar, was Rubens eigentlich beabsichtigte, und in welchem Sinn er seinen Styl ausbildete. Man kann sagen: Rubens' Styl verhält sich zu der eigentlichen Historienmalerei, wie Decorationsmalerei zur Landschaftsmalerei — womit aber garnicht etwa wegwerfend abgesprochen, oder auch nur ein Tadel ausgesprochen werden soll — denn jede geniale Eigenthümlichkeit hat ihr Recht und bringt es mit auf die Welt. Seine Bilder sind wie Theater-Decorationen auf einen ganz bestimmten Effekt unter ganz bestimmten Bedingungen berechnet; leicht, kühn und großartig mit vollem Pinsel hingeworfen. Dann aber auch, wenn man die Bilder betrachtet, die er nach seinem Aufenthalt in Italien gemalt hat, gewinnt man die Einsicht, daß dort vor Allen zwei Meister Einfluß auf ihn geübt haben: Giulio Romano und Michel Angelo Buonarotti. Vieles erinnert an den Ersteren, besonders aber strebt Rubens dem Michel Angelo nach; die manierirte Uebertreibung in seinen späteren Bildern fließt aus dieser Quelle.

Die großen Rubens des Doms, das Altarblatt, „die Himmelfahrt Mariä" sind nicht gut zu sehen — die beiden anderen kolossalen Bilder: die Aufrichtung des Kreuzes und die Kreuz-Abnahme befinden sich, behufs ihrer Restaurirung, in einer Halle unter dem unvollendeten Thurm. Sie sind wahrscheinlich das Schönste, was Rubens überhaupt gemalt hat.

Die Börse ist ein gar merkwürdiger und sehr schöner Bau. Eigenthümliche Anlage: das Gebäude ist auf einem Kreuzwege in vier Häuser-Inseln hineingebaut; vier Straßen (die sich ehemals in Mitten dieser vier Häuser-Inseln kreuzten) führen demnach auf das Gebäude zu — auf dessen vier Eingänge, deren jeder in der Mitte einer Seite des Baues liegt; aber da das Gebäude in den vier Häuser-Inseln steckt, hat es nirgend eine äußere Ansicht; in jeder der vier Straßen sieht man nur das Thor, auf das sie zuführt. Wunderbar schön aber ist der große viereckige Hof; im 16. Jahrh. erbaut, Renaissance-Styl, der jedoch in der zierlichsten Weise an maurische Bauten erinnert. Im unteren Stock ein offener Bogengang, der auf leichten, eisernen Säulen ruht, darüber reich verzierte Fenster, und nun hat man in neuester Zeit den Bau in so glücklicher Weise ergänzt, daß das Neue moderner Zweckmäßigkeit dient, ohne irgend die Harmonie des Alten zu stören; es scheint durchaus dazu zu gehören. In regelmäßigen Zwischenräumen steigen, an die Wände gelehnt, neue, dünne, eiserne Säulen empor, ganz den alten ähnlich, nur daß sie zur ganzen Höhe des Gebäudes hinaufreichen; sie tragen eine von eisernem Gerippe durchzogene Glaskuppel, welche den ganzen Hofraum bedeckt und in einen ungeheuren Saal verwandelt. — Beleuchtung, Luft selbst, alles ist eigenthümlich in diesem Raume, wo man weder im Freien ist, noch in einem Zimmer. —

Place de Meir, auf einem überwölbten Canale, bürgerlich — weit und stattlich — in der anstoßenden Rubens-Straße des großen Rubens Haus; der Garten mit beschnittenen Hecken, kleinen Statuen und besonders einer offenen Gartenhalle von Stein, in dem manierirt dorischen Styl der Italiener, ist noch ganz so wie er zu des Meisters Zeit war; Alles ist solid, fest, stattlich, ohne großartig zu sein, schwerfällig und nicht frei von Manier — doch aber nicht ohne Styl und Geschmack; es erinnert eben auch an Giulio Romano und seine Zeit. Man kann sich eine bürgerliche, reiche Künstler-Existenz hier sehr wohl denken. Auch verfehlt ein solcher abgeschlossener, stiller Raum in einer großen Stadt nie einen wohlthätigen Eindruck zu machen.

Auf der place de Meir, wie auf der place verte sehen wir noch sehr reich verzierte reposoirs, die für die Kirmes-Prozession erbaut waren. Der Pavillon des reposoir auf der place verte hat denn auch dem Wettkampf mehrerer Gesangvereine zum Schauplatz gedient.

Rubens' Grabstein in St. Jacques. Man muß den Belgiern Gerechtigkeit widerfahren lassen: die Geschichte des Landes ist in ihren großen Zügen lebendig im Andenken des Volkes, und sie hängen mit Liebe an ihren Erinnerungen; sie wissen nicht nur die Denkmäler, sondern auch die großen Namen ihres Landes in Ehren zu halten. — Hier in Antwerpen treten Karl der Kühne und Karl der fünfte, Marie v. Burgund — Alles tritt in den Schatten gegen Rubens, die besondere Erinnerung dieser Stadt. —

Brüssel; Museum. — Die Gemälde-Sammlung fesselt nicht

sehr. Man sieht eine Anzahl Bilder von belgischen Meistern, ohne daß man über irgend einen von ihnen neuen Aufschluß gewönne.

Eins aber ist doch merkwürdig und belehrend: eine Anzahl Bilder belgischer Maler aus der französischen und französirenden Periode zu Anfang dieses Jahrhunderts, wo man glaubte, sich nach David bilden zu müssen. — Sie sind ein neuer Beweis dafür, daß die bildende Kunst nur auf dem festen Boden der Nationalität gedeiht; daß nur die-jenigen Werke der Kunst einen Werth haben, in denen eine Nation ihr eigenstes Wesen in einer gegebenen Zeit — ihre Anschauung der Natur und Wirklichkeit wiedergiebt. Alles was Ergebniß einer Theorie ist, die den Anspruch macht, eine kosmopolitische ganz allgemeine Geltung zu haben, und lediglich abstrakten Prinzipien genügen will, wird immer bis zum vollkommen Inhaltslosen verallgemeinert — und bis zum vollkommen Albernen abstrakt schön.

Rubens hatte die belgische Kunst wieder auf eine nationale Basis zurückgeführt — diese hatte man abermals verlassen, um Davids Spuren folgend sich zu einem abstrakt Idealen zu erheben. Diese Ver-irrung war in der That schlimmer als die frühere. Gemälde von Johann Mabuse u. s. w. sind immerhin viel mehr werth, als diese Nachahmungen der David'schen Schule.

Ohne Uebertreibung: Maneke Piß ist mehr werth als dieser ganze Kram von Dianes chasseresses und dünnbeinigen Nymphen in leichten Gewändern und kurzen Taillen.

Goethe hat sich auch damit abgequält, das abstrakte Ideal in der Kunst zur Geltung zu bringen, und die deutsche Kunst in die Bahnen der „Aldobrandinischen Hochzeit" zu führen. Wenn man so sieht, was dabei herauskommt, ist man versucht dem Himmel zu danken, daß seine Bemühungen ganz ohne alles und jedes Ergebniß geblieben sind.

Wappers, der Stifter der heutigen Schule, hat die belgische Kunst zum dritten Male auf das Gebiet der wirklichen lebendigen Interessen, der nationalen Anschauungen, der Realität zurückgeführt; seitdem ist sie wieder etwas und das ist des Meisters großes Ver-dienst.

Im Vorsaal der Bibliothek die Bildnisse der Beherrscher Belgiens bis auf Maria Theresia und Joseph II. — Eine Sibylle von Guido Reni, die ich als Student sehr schön fand, kann ich dieses Mal nicht entdecken.

Im Ganzen steht diese Sammlung gegen andere in Belgien, namentlich gegen die Antwerpener, sehr zurück.

Place royale, mit den stattlichen Gasthöfen für Comfort und hohe Preise eingerichtet. — Die Kirche St. Jacques sur Coudenberg mit ihrer unbedeutenden Architektur; sie sah ehemals ganz aus wie ein bloßes Portal der Häuserreihe, in die sie eingefügt ist, nicht wie ein selbständiges Gebäude — am wenigsten wie eine Kirche. — Man hat durch einige Malereien auf Goldgrund im Giebel nachzuhelfen gesucht, aber ohne daß das Gebäude dadurch Styl und Bedeutung gewonnen hätte.

Statue des Gottfried von Bouillon, den die Belgier mit mehr Recht als Frankreich für sich in Anspruch nehmen. — Das Reiterbild von Simonis gefällt mir nicht. Der Held sitzt auf einem schwerfälligen, flandrischen Gaul. — Hier an dieser Stelle wurde, aller Wahrscheinlichkeit nach, der erste Kreuzzug endgültig beschlossen —: welch' ein Ereigniß! — und doch bleibt es in dieser charakterlos eleganten, modernen Umgebung ein leeres Wort ohne alle Macht, wenn man sich das wiederholt.

St. Gudula; wie seltsam, daß auch sie unter den schönen Kirchen Belgiens genannt wird! Sie ist stückweise — nach stets wechselndem Plan erbaut worden, gleich den allermeisten Kirchen des Mittelalters —: aber die Zeiten, denen die einzelnen Theile angehören, vom 13. bis zum 16. Jahrhundert liegen weniger auseinander, als bei manchem anderem verwandtem Bau der Fall ist: darin liegt also nicht der Grund der hier mehr als anderswo fehlenden Einheit. Aber der Bau ist ohne Sinn und Verstand erweitert und verändert worden, nach und nach — und so zu einem wirklich formlosen, ohne inneren Zusammenhang geworden. Gar seltsam angefügt ist namentlich ein Ausbau an der Stirnwand, der neben dem Haupteingang vorspringt. —

Zu dem Palais de justice, wo in dem großen Saal, der ein neu aufgeführtes, mitten im Hof freistehendes Gebäude bildet, zwei berühmte kolossale Bilder der jetzigen belgischen Schule zum nationalen Schmuck dienen.

Die beiden Bilder sind: der Compromiß der niederländischen Edelleute von unserem Bekannten de Bievre, schön durch die Trefflichkeit der Technik und die plastische Tüchtigkeit der einzelnen Gestalten. — Viel höher aber, ohne allen Vergleich steht das andere Bild von Gallait: die Abdankung Karls V. — man ist allerdings sehr leicht geneigt, die Erzeugnisse der Gegenwart zu überschätzen, eben weil sie uns homogen sind und durchaus nahe stehen — und man hat eben deshalb eine gewisse Scheu sich über dergleichen unbedingt auszusprechen — man fürchtet zu weit zu gehen — doch aber möchte ich von diesem Bilde sagen, es ist ein Werk, auf das die „Schilderei" unserer Tage stolz sein darf; ein Meisterwerk in Composition und Ausführung! — Wie schön ist die Hinfälligkeit Karls V. — sehr charakteristisch der knieende blonde Philipp II., dessen Aehnlichkeit mit seinem Vater, wie den Ausdruck beschränkter Härte in seinen Zügen, man erräth, obgleich man ihn beinahe von rückwärts sieht. — Sehr bemerkenswerth ist der Oranier, der als Mittelpunkt der reichen Composition hervortritt; man sieht die Augen nicht, denn er blickt abwärts auf den knieenden Philipp — und doch spielt in seinen Zügen der Ausdruck der Ueberlegenheit und des zweifelnden Mißtrauens, mit denen er den neuen Landesherrn und dessen Gewicht zu schätzen sucht; es ist, als ob sich fern- und tiefliegende Pläne an diese Betrachtung knüpften. — Und welche Virtuosität und welcher Geschmack in der Ausführung! —

Unter den Cavalieren, die den Thron umgeben, hat Gallait sein eignes Bildniß angebracht; er erscheint da als ein junger Mann, der einer reizenden Dame the old old story zuflüstert. Das allerliebste Wesen, das ihm williges Gehör schenkt, ist seine jetzige Frau. Er hat das Bild als Bräutigam gemalt.

Wie seltsam doch dem Deutschen auf allen diesen Bildern der rothhaarige Kopf des Grafen Egmont entgegentritt. —

Augustiner-Kirche, die zur holländischen Zeit als temple des Augustins dem evangelischen Gottesdienst gewidmet war. Nach der „glorreichen" Revolution 1830 wollten die Pfaffen keine temples, keine Ketzerei dulden — seitdem diente diese Kirche zu Ausstellungen, Concerten u. dgl. und ist jetzt wie es scheint zu einer Mädchenschule benutzt — denn wir fanden sie durch einen Zwischenboden in einen unteren und einen oberen Stock getheilt; den oberen Raum, wo die Bilder hängen, fanden wir voll niedriger Bänke — und eine Anzahl kleiner Mädchen verließen ihn eben unter der Obhut einiger alter Frauen. —

Die Bilder, die hier aufgehängt sind, zwei an der Zahl, sind ebenfalls von sehr großen Dimensionen. — Das eine von Wappers, der Aufstand zu Brüssel 1830, hat keine rechte Einheit und beweist, daß Wappers nicht der größte Meister der Schule war, die er gestiftet hat, und dann auch, daß ihn das große nationale Ereigniß von 1830 vielleicht politisch, gewiß aber nicht künstlerisch begeistert hat. — Das andere, die Schlacht bei Worringen 1288, von seinem Schüler de Keyzer, ist ein in mancher Beziehung sehr werthvolles Gemälde. Der gefangene Erzbischof von Köln erscheint eben zu Fuß vor dem Sieger, dem Herzog von Brabant, der zu Roß heran reitet. — Sehr glücklich ist der Moment veranschaulicht, wo die gewaltige Bewegung der Schlacht noch nicht in Ruhe übergegangen ist — aber eben übergehen wird. Noch ist keine Ruhe; — aber es ist der letzte Wogenschlag der Bewegung, den man sieht. —

Zu Beobachtungen über das belgische Heerwesen hatte Bernhardi während seines Aufenthaltes in Ostende nur ausnahmsweise Gelegenheit gehabt, eingehendere Aufmerksamkeit allein der Artillerie widmen können, die ihm wegen „sehr guten Materials" und der Vorzüglichkeit der Bespannung als tüchtigster Theil der belgischen Armee erschienen war. Besonders willkommen mußte ihm darum sein, auf der Rückreise in Berlin einem gründlichen Sachkenner, dem Obersten (späteren General) von Fransecky zu begegnen:

Fransecky kennt die belgische Armee sehr genau; denn er ist hingeschickt worden um sie kennen zu lernen — und hält im Ganzen mehr von ihr als ich — daß die Leute in der Infanterie nicht sehr kräftig sind muß er zugeben, ebenso daß die taktische Ausbildung sehr viel zu wünschen übrig läßt. Die Bekleidung aber ist viel zweckmäßiger als die unsrige, namentlich der längere Waffenrock mit zwei Reihen Knöpfen, der weit übergeknöpft wird. Auch die ganze

Ausrüstung des Soldaten ist besser und reichlicher als die der unsrigen, und von besserem Material.

Franseky nimmt auch die Kavallerie in Schutz, obgleich er zugeben muß, daß die schwere Kavallerie auf ihren flandrischen Pferden schlecht beritten ist; denn man hat natürlich die leichtesten Thiere dieser schwerfälligen Art gewählt; diejenigen, die allenfalls noch vorn in die Höhe kommen und galoppiren können. Das sind aber nicht die besten Exemplare. — Er gesteht auch, daß die leichte Reiterei sehr ungleich beritten ist. Bei alledem aber seien die Guides ein sehr schönes leichtes Reiter-Regiment.

Vorzüglich aber sei das Material der Artillerie — dem englischen nachgebildet. Z. B. giebt es in der ganzen Artillerie nur ein Modell von Rad; — jedes Rad paßt an jede Achse und zwar an jede Vorderachse wie an jede Hinterachse. — Und das Ganze ist so leicht zu handhaben, daß ein Mann einen Zwölf-Pfünder aufprotzen kann.

Franseky erklärt mir auch, wie der kluge König Leopold sich die Landes-Vertheidigung denkt und berechnet hat. — Nur von Seiten Frankreichs ist ein Angriff auf Belgien zu befürchten; dieser würde natürlich mit solcher Uebermacht erfolgen, daß Belgien nicht hoffen darf, sich durch seine eigenen Mittel dagegen zu behaupten; — auf der anderen Seite aber darf Belgien mit Bestimmtheit darauf rechnen, von Europa, namentlich von England und Preußen unterstützt zu werden. Es kommt also Alles darauf an, sich halten zu können bis die Hülfe zur Stelle sein kann. Zu diesem Ende ist Antwerpen zum Haupt-Waffenplatz des Landes gemacht worden, der auf das Aeußerste gehalten werden soll, um die Verbindung mit England offen zu erhalten. — Im Uebrigen sind die Einleitungen getroffen, um alle Truppen, die nach Besetzung der Städte, namentlich Antwerpens, übrig bleiben, ohne daß man im Lande einen vergeblichen, und wahrscheinlich verderblichen Widerstand versucht, in dem verschanzten Lager bei Beverloo zu vereinigen. Dies liegt mitten in der Campine, im öden, wasserarmen Haideland — nahe von der holländischen wie von der preußischen Grenze, wo man von der preußischen Hülfe nicht abgeschnitten werden kann, es ist

durch permanente, sturmfreie Verschanzungen geschützt, die nur vermöge einer regelmäßigen Belagerung genommen werden können. —
Für den Feind aber ist die Aufstellung in der öden Gegend auf längere
Zeit sehr schwierig. Dort hofft man die fremde Hülfe ungefährdet
abwarten zu können — und von dort aus dann das einstweilen preis-
gegebene Land wieder zu erobern.

Im Frieden ist dies Lager, das jedes Jahr auf mehrere
Monate von einer Anzahl Bataillone und Schwadronen bezogen wird,
eine treffliche Soldaten-Schule; eben weil der Soldat dort,
fern von allen größeren Ortschaften und ihren Hülfsquellen, ganz
auf sich selbst angewiesen ist — allein selbst für sich sorgen — kochen
und waschen muß u. s. w. — und sich abhärtet.

Das Gespräch geht auf den Krieg in der Krim über. Mit der
russischen Anleihe geht es nicht besonders, indessen schafft das Haus
Mendelssohn hier doch immer unter der Hand einiges Geld. — Die
preußische Neutralität wird durch den Einfluß der Kreuzzeitungs-Partei
zu einer für Rußland sehr wohlwollenden gemacht. — So legt man
den Waffentransporten von Lüttich nach Rußland durchaus keine
Schwierigkeiten in den Weg. Die Collis werden als Baumwolle
expedirt, und nirgend untersucht. — In diesem Augenblick
liegen 10,000 Lütticher Gewehre hier auf der russischen
Gesandtschaft, um demnächst weiter fortgeschafft zu werden. (NB.
Dies Verhalten unserer Regierung freut mich eigentlich nicht!)

Das große Ereigniß des Tages ist natürlich, daß der Mala-
kow-Thurm erobert ist, wodurch wohl ohne Zweifel der sofortige
Fall von Sewastopol entschieden sein wird, obgleich das die trauernden
Anhänger Rußlands noch nicht glauben wollen.

Schluß des Jahres 1855. Ausflug nach Leipzig. Erfolg des ersten Theils von Tolls Denkwürdigkeiten.

Bereits vor der Abreise nach Belgien hatte Bernhardi den zweiten
Band seines Buches über Toll zum Abschluß gebracht, bei der Rückkehr
in die Heimath die erfreuliche Mittheilung vorgefunden, daß der bekannte

Leipziger Buchhändler Otto Wigand bereit sei, den Verlag unter günstigen Bedingungen zu übernehmen. So konnte er mit erhöhter Frische und Arbeits= lust an die Fortsetzung des Werkes gehen und sich dadurch zugleich von den peinlichen Eindrücken befreien, die das schlesische Stillleben des Herbstes und Winters 1855 mit sich brachte. Trotz der wohlthätigen Erschütterung, die der Fall Sewastopols in der Welt hervorgebracht hatte, mußte das in Preußen aufgerichtete reaktionäre Regiment sich noch eine Weile im Besitz seiner wankend gewordenen Herrschaft zu behaupten. So gründlich hatte die dominirende Partei sich daran gewöhnt, Rußlands Uebergewicht als Hauptfundament der eigenen Machtstellung anzusehen, daß sie die Be= deutung der in Sewastopol gefallenen Entscheidung so lange wie irgend möglich bestritt und an Siegeshoffnungen festhielt, die in Rußland selbst längst aufgegeben worden. Bernhardi, der seit der Schlacht an der Tscher= naja keinen Augenblick zweifelhaft gewesen war, daß der letzte möglich gebliebene Versuch, die Aufhebung der Belagerung zu bewirken, gescheitert sei, mußte zu seiner Verwunderung erleben, daß Militärs wie Nicht= Militärs seiner Umgebung die Wegnahme der Südseite Sewastopols als überraschendes, kaum glaubliches Ereigniß behandelten und die Festsetzung in der zu einem Trümmerhaufen verwandelten Südseite als russischen Erfolg behandelten.

Es lag doch klar zu Tage, daß bereits das Unternehmen an der Tschernaja ein letzter Versuch gewesen war, der nicht mehr mit dem bestimmten, entschlossenen Willen, den Angriff durchzusetzen, unternommen worden war — sondern schwachmüthig, mit dem Vor= gefühl, daß es nicht gelingen werde, und bloß weil man sich durch das Gefühl getrieben fühlte, daß etwas gethan, der Waffenehre wegen versucht werden müsse.

Gortschakow sagt selbst in seinem Bericht, als er den Zug an die Tschernaja begonnen, habe er selber nicht gewußt, was eigentlich aus der Sache werden solle: ob eine Schlacht, oder bloß eine Re= cognoscirung; die Schlacht sei dann zufällig gegen seinen Willen los= gegangen. Ein schlimmeres testimonium paupertatis hat wohl noch nie ein Feldherr sich selbst ausgestellt.

Sewastopol ist gefallen! Bei alledem eine gewaltige Nach= richt! —

Nach Tisch finde ich die Familie Lützerode in großer Con=

sternation wegen des Falls von Sewastopol. — Der General läßt sich Karten und Pläne zeigen, um sich über die „Nordseite" zu orientiren.

Sie sind alle so verwundert, als ob seit der Schlacht an der Tschernaja noch irgend ein Zweifel walten konnte über den Ausgang — und sie sprechen, als sei der Fall von Sewastopol ein großes Unglück für ganz Europa, ja für die Menschheit!

Unvergleichlich widerwärtiger als die Beobachtungen, welche Bernhardi über die politische Urtheilslosigkeit seiner guten Freunde anzustellen Gelegenheit hatte, waren die Wahrnehmungen, die er in Veranlassung der Wahlen machte. Fest entschlossen die ihr noch gegönnte Frist auf's Aeußerste auszunutzen, übte die herrschende Partei einen Druck auf die Wahlen, der sich in den engen Verhältnissen Hirschbergs in durchsichtigster und brutalster Weise fühlbar machte.

15. October. Der Landrath hat den Bauern überall erzählt: der König habe befohlen ihn zum Abgeordneten zu wählen; der König wolle ausdrücklich, er solle hier gewählt werden. Natürlich ließ er dabei den Zorn des Königs durchschimmern, wenn das nicht geschähe.

Der König soll ihm nämlich wirklich gesagt haben, beim Abschied in Erdmannsdorf: „Auf Wiedersehen in Berlin!" — und diese Worte hat er dann in solcher Weise ausgebeutet.

Es kommen auch bereits Verfolgungen der Wahlmänner vor, die nicht für den Landrath gestimmt haben. Pastor Henckel war als pastor primarius bisher auch Garnison-Prediger; er ist nun von Seiten der Militär-Behörde wegen seines Verhaltens bei den Wahlen zur Rechenschaft gezogen worden, und da er ehrenvoll Rede stand, sind ihm dieses Amt und dessen Emolumente entzogen worden. — Beides ist auf den Pastor Werkenthin übertragen worden.

18. October. Zu dem Geburtstage des Königs (15. October) war ein Banquet veranstaltet und der Landrath hat dazu Namens des Königs, also offiziell, eingeladen — dabei aber alle Diejenigen weggelassen, die gegen ihn gestimmt haben; auch Diejenigen, die ihrer öffentlichen Stellung nach unbedingt geladen werden mußten. — So

hatte Kreisrichter Schäfer den Aufruf der liberalen Wahlmänner mitunterzeichnet; — der Landrath richtete Einladungen an die Mitglieder des Kreisgerichts und überging dabei Schäfer. — Da trat ihm aber der Kreisgerichts-Direktor Herr v. Gilgenheim sehr ehrenhaft in den Weg, indem er erklärte: das Gericht müsse bei einer solchen offiziellen Veranlassung in corpore, als Behörde, eingeladen werden; geschehe das nicht, wolle man Ausnahmen machen, so werde das gesammte Gericht bei dem Banquet nicht erscheinen. — Darauf lenkte der Landrath natürlich ein.

Das Alles verstimmt mich gar sehr, auf das Tiefste! — und um so mehr als die Berichte über die Wahlen, von allen Seiten her, aus dem ganzen Lande, Nachrichten von einem wahrhaft empörenden Treiben der Landräthe, in allen Kreisen bringen — von frechem Mißbrauch ihrer Amtsgewalt, um Wahlen zu erzwingen, wie man sie haben will.

9. November. In Berlin sind einige Liberale gewählt, das hat der König sehr übel vermerkt; er hat gegen die Vertreter der Stadt geäußert, wie sie sich könnten beikommen lassen, Leute zu wählen, die er nicht haben wolle.

Nachmittags kommt Major von Flotow. Die Adresse an den Prinzen von Preußen, die in Hirschberg beabsichtigt wurde, geht nicht ab, und zwar ist es die Rede, die der König den Berliner Wahlmännern gehalten hat, die unsere Liberalen bestimmt, sich schweigend zu verhalten und alle weiteren Schritte aufzugeben. Sie sagen: wer kann wissen, was man sich durch eine solche Adresse für Maßregelungen zuzöge! — Man könne nicht einmal wissen, was man dem Prinzen zuzöge! — Schweigen und Dulden!

Je widriger und reizloser die Verhältnisse der Gegenwart und nächsten Umgebung sich gestalteten, desto ausschließlicher concentrirte Bernhardi sich auf die Arbeit an seinem Buche, das er mit Hilfe in Berlin erworbenen archivalischen Materials erheblich erweitern konnte. Diese Thätigkeit unterbrach er während des Winters 1855/56 nur ein Mal und auch das nur im Interesse seines Werkes. Er reiste nach Leipzig, um dort den Obersten Schtscherbinin, einen Combattanten von 1813, zu treffen, mit welchem er das merkwürdigste aller Schlachtfelder des deutschen Nordens

besichtigte. Die Reise nach Sachsen gab zu einer interessanten Bekannt=
schaft Gelegenheit, über welche das Tagebuch das Folgende berichtet:

Ich treffe im Eisenbahnwagen eine einzelne ältere Dame, die sich
als Frau Justizrath Hermann (in erster Ehe Frau von Prittwitz), ein=
zige Schwester des Feldmarschalls Grafen Diebitsch zu erkennen giebt.
Die Aehnlichkeit mit dem Portrait Diebitsch's ist in der That auf=
fallend. Sie erzählt viel von ihrem Bruder; wie der Vater, General
Diebitsch, den Knaben nach Rußland verlangt habe, als er selber dort
angestellt war; — wie man in Preußen Schwierigkeiten gemacht habe,
wie besonders General Rüchel den hochbegabten Knaben ungern ent=
ließ und verlor. — Sie, die ältere Schwester, schon erwachsen, reiste
mit ihrem Bruder nach Petersburg — dort wurde sie sehr bedenklich
krank! — „das Klima ist sehr rauh — und sie wollte doch alles sehen
— vielleicht auch gesehen werden!" — warf die alte Frau leicht hin, die
schon als junge Dame wunderlich genug ausgesehen haben mag. —

Sie hat dann ihren Bruder 1813 am Tage der Schlacht bei
Bautzen im Lager besucht — der habe sie aber dringend aufge=
fordert sofort wieder abzureisen, denn er habe kein Vertrauen
zu der Schlacht, die geliefert werden solle.

Diebitsch's Verhältniß zu den beiden Kaisern; er habe zu
Alexander ein intimeres Verhältniß gehabt, als zu Ni=
kolaus; Alexander habe ihn wirklich geliebt; es schimmert durch, daß
auch Diebitsch von Alexander eine viel höhere Meinung hatte als von
seinem Nachfolger. — Stets sprach er gern und selbst schwärmend von
Alexanders herrlichen Eigenschaften.

Dann hob die Schwester hervor, daß Diebitsch, ein so glänzendes
Glück er auch in Rußland gemacht hatte, so fest er sich dort durch
Pflicht und die Bande der Dankbarkeit gebunden fühlte und wußte,
doch stets mit patriotischer Liebe an Preußen hing —
Preußen war es, das ihm eigentlich am Herzen lag.

Aus der Zeit des Türkenkrieges hatte sie 58 Briefe von ihrem
Bruder, die sind aber leider bei dem Aufstand in Dresden 1849
verbrannt!

Mündlich hat ihr Diebitsch erzählt, daß er in Adrianopel
1829 mit seiner schwachen, am Fieber hinsterbenden Armee, gar nichts

mehr konnte als imponiren — um dadurch den Frieden herbeizuführen.

Merkwürdig war mir namentlich sein Urtheil über den russischen
und türkischen Soldaten. Diebitsch stellte den türkischen
Soldaten ohne allen Vergleich höher als den russischen!
— Der Türke sei eben so tapfer als der Russe und bei
weitem intelligenter.

Ueber den in und bei Leipzig verbrachten Tag wird das Folgende
berichtet:

Schtscherbinin legt unter seinen kriegerischen Jugend-Erinner-
ungen besonderen Werth auf die Erinnerung an den 16. October
1813 — den ersten Tag der Schlacht bei Leipzig —: die Schlacht bei
Wachau und ganz besonders das Gefecht um den Kolmberg. Jede
seiner Reisen nach Deutschland benutzte er zu einer Wallfahrt nach dem
Kolmberg; er versäumte sie nie und heute machten wir sie zusammen.

Wir fuhren durch Stötteritz und Holzhausen — und wie sich
nun der stumpfe Thon- und Sandkegel, der Kolmberg, vor uns
aus der Ebene erhob, rief Schtscherbinin mit verklärten Zügen: Ah!
— le voilà! — Wir stiegen noch diesseits des kleinen Bachs an
seinem Fuße aus und gingen den Hügel hinan, den unsere Enkel
hier nicht mehr finden werden. — Denn der Sandbedarf der großen
Stadt Leipzig nagt gewaltig an seinen Eingeweiden.

Ich hatte den Theil von Schulz's Werk mit den Plänen der
Schlacht bei mir, da konnten wir uns leicht orientiren. — In der
Gegend sind wohl einige Veränderungen vorgegangen, aber doch nur
solche, daß die Phantasie den damaligen Zustand sich sehr leicht wieder
herstellen kann. Das „Niederholz" z. B.: Universitäts-Wald —
ist ausgerodet, die Niederung aber, welche es damals bedeckte, von
der Natur so genau und scharf umgrenzt, daß man ohne Mühe dies
Element in Gedanken wieder in die Landschaft eintragen kann.

Die Uebersicht von der Spitze des Kolmbergs ist vortrefflich und
höchst belehrend. — Die Aufstellung des Klenau'schen Corps zwischen
Groß-Pösnau und Fuchshain — die Gegend über Liebertwolkwitz hinaus gegen Gossa hin, nordwärts bis Holzhausen und Probsthaida
hin, übersieht man hier mit vollkommen hinreichender Genauigkeit.

Schtscherbinin erzählte mir nun hier an Ort und Stelle den Gang des Gefechts um den Kolmberg — wie die Franzosen an dem Bache am Fuße des Hügels, dessen Ufer damals ganz mit Weiden-Gebüsch bewachsen waren, ihre vier Colonnen zum Angriff ordneten — „Comment aussi près que cela," rief ich unwillkürlich aus: „mais c'est à portée de mitraille!" — „Aussi nous ne les avons pas mal mitraillés!" antwortete Schtscherbinin. —

Wunderbar, zu welcher Heldenhaftigkeit man die Menschen in Masse bringen kann, bloß dadurch, daß man sie an den Gedanken gewöhnt, das sei ihre Pflicht! „What deeds of prowess unrecorded dyed!"

Was für heroische Thaten werden von Bauernburschen in Uniform gethan, ohne Hoffnung auf Lohn oder Ruhm — denn die Welt erfährt von ihnen nicht! — Wie vielen — und welchen gewichtigen Dank schuldet jedes Geschlecht der Vergangenheit für die heldenhafte Hingebung namenloser Helden.

Ich überließ mich im Stillen der Betrachtung, daß die Auf-stellung zwischen Liebertwolkwitz und Holzhausen, aus der Macdonald zum Angriff auf den Kolmberg vorging, auch zur Vertheidigung eine sehr vortheilhafte war. Ueberhaupt ist es merkwürdig, wie viele günstige Aufstellungen diese Gegend bietet, die dem ungeübten Auge nur eine gleichgültige Ebene ist. — Auch die Stellung bei Holzhausen, Zuckelhausen und Probsthaida, welche die Franzosen am 18. October inne hatten, zeigt sich von hier aus als eine sehr günstige.

Viel von dem gegenwärtigen Krieg gesprochen, für den sich Schtscherbinin immer wenig begeistert zeigte. — Mangel an Offi-zieren in der russischen Armee; an die Cavallerie-Offiziere, besonders der Reserve-Cavallerie-Corps, ist die dringende Aufforderung ergangen, theilweise zur Infanterie überzutreten.

Noch war Bernhardi mit Verarbeitung der in Leipzig gesammelten Materialien beschäftigt, als ihm die ersten Exemplare seines (bei Otto Wigand erschienenen) Buches über Toll (Bd. I) zugingen. Wenig später begegnete er Besprechungen desselben in einer unerwartet großen Zahl von Zeitungen und Zeitschriften. Im deutschen Norden fand das Werk eine Aufnahme, die die Hoffnungen des Verfassers übertraf, —

in Süddeutschland wurde die angebliche Voreingenommenheit Bernhardi's gegen die österreichische Heeresleitung von 1812.13 mit einer Lebhaftig- keit getadelt, die sich unschwer auf bekannte Wiener Einflüsse zurückführen ließ, an dem Erfolge aber nichts zu ändern vermochte. Ueberraschender als alles Uebrige aber war die Aufnahme, die das Buch in Rußland fand. Bernhardi war darauf gefaßt gewesen, als Lästerer der officiellen Natio- nalhelden, von Petersburg aus angegriffen, wenn nicht verdächtigt und ver- folgt zu werden und höchstens bei Tolls Freunden und Verwandten einigen Rückhalt gegen die kritiklosen Anbeter der Kutusow, Yermolow und Ge- nossen zu finden. Gerade das Gegentheil trat ein. Seit den in der Krim stattgehabten Unglücksfällen hatte der an der Newa wehende Wind umgeschlagen und oppositionelle Stimmungen an die Oberfläche getrieben, die zu den Traditionen der Zeit des Kaisers Nikolaus in ausgesprochenem Gegensatz standen und von den früher Mode gewesenen Verherrlichungen des bankerott gewordenen alten Systems ebenso wenig wissen wollten, wie von diesem System selbst. So weit man von dem Bernhardi'schen Buche überhaupt Kenntniß nahm, erklärte man sich mit der strengen aber maßvollen Kritik, die dasselbe an der höfischen Geschichtsbaumeisterei der Danilewski'schen Schule übte, durchaus einverstanden. Dadurch aber war urtheilsfähigen und unbefangenen Kritikern Rußlands die Zunge ge- löst. Der Chef des Generalstabes Baron W. Lieven, der gelehrte Director der Gardejunkerschule General Suthof, Geheimrath Georg von Brevern, General W. Löwenstern (der durch seinen Freimuth bekannte ehemalige Adjutant Barclay's und Verfasser der „Memoiren eines Livländers") hatten ihren Beifall so laut und so einstimmig ausgesprochen, daß Bernhardi von seinen Petersburger Verwandten Glückwunsch über Glückwunsch er- hielt. Von seinem Sterbelager aus sandte Woldemar Löwenstern dem Verfasser behufs Benutzung für die ferneren Bände eine Sammlung von in den Jahren 1813 und 1814 zusammengestellten Notizen, — ein anderer Combattant der Freiheitskriege, der in Schlesien lebende, rühmlich bekannte russische General der Infanterie Herzog Eugen von Württemberg sprach den Wunsch aus, Bernhardi persönlich kennen zu lernen und ließ ihm als Zeichen seiner Anerkennung einen eigenhändig geschriebenen Aufsatz über den Operationsplan von 1812 zugehen.

Für mich, schreibt Bernhardi, ist dieser Aufsatz von vielem In- teresse. Es geht daraus hervor, daß es einen zweiten Theil des Phull'schen Operationsplanes, von dem Müffling faselt, n i e g e g e b e n h a t. Der Herzog wollte in seinen Erinnerungen etwas ganz anderes andeuten. Er selbst, der Herzog, suchte durch Wolzogen den Kaiser Alexander für die Idee eines Rückzugs zu gewinnen, der fortgesetzt werden sollte bis der Feind erschöpft sei. — Wie weit der Rückzug fortgesetzt werden müsse, darüber täuschten sich freilich, als es zur Sache kam, sowohl der Kaiser als Barclay fortwährend (Wolzogen und der Herzog wohl auch?). — Alexander wurde bis auf einen gewissen Grad für diese Idee gewonnen, nämlich für den Rückzug nach Drissa und das verschanzte Lager dort. E r g i n g d a r a u f e i n , w e i l e b e n d i e L i n i e n v o n T o r r e s V e d r a s e i n e n s o m e r k w ü r d i g e n E r f o l g g e h a b t h a t t e n. (Wie richtig hat Clausewitz gesehen!) — Der Kaiser Alexander erscheint in diesem Aufsatz in einer erstaunenswerthen Erbärmlichkeit.

In drastischem Gegensatz zu diesen Zeugnissen der Anerkennung standen die Kundgebungen unverhohlener Unzufriedenheit der Familie Toll (der Wittwe und der Kinder des Generals). Frau von Bernhardi und ihre Schwester Julie von Krusenstern erhielten von den — ihnen verwandten und befreundeten — Toll'schen Töchtern Briefe, die eine nur mühsam zurückgehaltene Empfindlichkeit verriethen, und in demselben Tone sprachen sich die in St. Petersburg lebenden Söhne des berühmten Feldherrn aus. Das Tagebuch bemerkt darüber das Folgende:

Erstens vermissen die Tolls das gehörige Maß patriotisch-russischer Begeisterung. Tolls in Kopenhagen lebende Tochter, Frau von Ungern-Sternberg, gehört zu den exaltirten Patrioten, die, weil sie außer Landes leben, vergessen haben, wie es in Rußland zugeht. Man muß (wie Julius neulich schrieb) diesen Pfuhl von Schmutz in der Nähe sehen, dann vergeht einem die Exaltation. Zum Zweiten ist den Tolls nicht lieb, daß die Kindheit und erste Jugend ihres Vaters nicht reich, vornehm und elegant erscheint. Seine Wiege erscheint nicht von der zarten Luft der großen Welt umweht. — Sehr natürlich; Leuten, deren Lebens-Interessen in denen der großen Welt aufgegangen sind, liegt selten daran, daß jemand von den Ihrigen bedeutend und berühmt erscheine —: vornehm und elegant wollen sie sein, und zwar vornehm und elegant von Hause aus und von jeher einheimisch in der großen Welt. Natürlich schämt man sich das zu sagen; man bringt daher allerhand Anderes vor, das mittelbar darauf hinausläuft, oder vielmehr anstatt jener eigentlich in der Seele widerklingenden Klage dasteht.

Ist der von Geburt dem Provinzialadel angehörige, blutarme, ohne alle Verbindungen mit der großen Welt dastehende Major von Toll (dessen Name in Rußland völlig unbekannt war) von Hause aus ein vornehmer Mann gewesen, so war er es ganz in's Geheim und ohne daß irgend ein Mensch davon eine Ahnung hatte. Ob Toll als bedeutender Mensch, als Krieger von seltenem Werth erscheint, ist seiner Familie gleichgiltig: eingehüllt in vornehme Verhältnisse von Hause aus, soll er erscheinen — aller Wahrheit zum Trotz!

Für Zeiten und Menschen sind die vorstehend angedeuteten Velleitäten bezeichnend genug, um wenigstens beiläufig erwähnt zu werden. Dem Geschick des Bernhardi'schen Buches konnten dieselben natürlich keinen Eintrag thun (auch mit der Toll'schen Familie stellte das frühere Verhältniß in der Folge sich wieder her) — der Verfasser war mit einem Schlage der Verborgenheit entrückt, in welcher er bisher gelebt und die ihm jede Aussicht darauf benommen hatte, directen Antheil an den Dingen zu gewinnen, für welche er sich geboren und durch seinen Bildungsgang bestimmt wußte. In das Jahr 1856 durfte Bernhardi mit dem Bewußtsein treten, um einen Schritt vorwärts gekommen zu sein, wie er ihm im Laufe seines bisherigen auf sechsundfünfzig Jahre gebrachten Lebens nicht beschieden gewesen war. Dieser Eintritt in eine neue Phase aber war zusammengetroffen mit dem Beginn eines neuen Abschnittes der gesammten europäischen Entwickelung: der Bann, der seit dem Scheitern der Bewegung von 1848 über der Welt, insbesondere über der deutschen Welt gelegen, war seit dem Tode des Kaisers Nikolaus gebrochen, dem Urheber des europäischen Stillstands-Systems sein Werk in das Grab gefolgt. Die Ereignisse des Jahres 1856 redeten, wie wir sehen werden, in dieser Hinsicht noch deutlicher als diejenigen von 1855. Bernhardi, der den Verlauf der Dinge von Hause aus mit einer Sicherheit vorausgesehen hatte, wie sie sonst nirgend in Deutschland angetroffen wurde, konnte dadurch freilich nicht überrascht werden.

Rußland beim Tode des Kaisers Nikolaus. 1856.

Die Arbeit an dem Toll'schen Buche (das bis zu den Ergebnissen der Schlacht bei Borodino gefördert worden) war nicht die einzige gewesen, der Bernhardi während des Jahres 1855 seine Kräfte gewidmet hatte. Unter dem Eindruck der Kunde von dem Ableben des Kaisers Nikolaus war ihm Bedürfniß gewesen, seine Anschauungen über die Thätigkeit dieses Herrschers in einer ausführlichen, nicht der Oeffentlichkeit bestimmten Denkschrift („Rußland wie es Nikolaus I. hinterläßt") zusammenzufassen. Die Tagebücher von 1855 thun dieser Arbeit nirgend Erwähnung; aus einer späteren Notiz erfahren wir, daß dieselbe bereits im April des gedachten Jahres beendet und dann zurückgelegt worden war. Das erscheint um so merkwürdiger, als die Einleitung — eine Uebersicht über die Ergebnisse der älteren russischen Geschichte — zum bedeutendsten gehört, was Bernhardi überhaupt geschrieben hat und was jemals über diesen Gegenstand geschrieben worden. Mit einer Klarheit und Ueberlegenheit, die unvergleichlich genannt werden muß, wird ausgeführt, daß die dreihundertjährige Mongolenherrschaft die byzantinischen und die normannischen Traditionen des von Rurik geschaffenen Staats nahezu vernichtet und demselben den Charakter einer Despotie aufgeprägt hatte, den er in der Folge nicht wieder los geworden ist. Die Großfürsten des aus den früheren Theilfürstenthümern zusammengeschweißten Moskowitischen Staats sind die Erben der Chane der goldenen Horde, und gleich diesen Herrscher im asiatischen Sinne des Wortes, — Herrscher deren Macht keine andern Schranken als eine gewisse Rücksicht auf die Kirche kennt, im Uebrigen über die sittlichen Begriffe der Nation ebenso souverain schaltet, wie über Gut und Blut derselben. Im 17. Jahrhundert — dem einzigen Abschnitt russischer Geschichte, der mit unserem Mittelalter verglichen werden kann — wird ein Anlauf dazu genommen, neben der staatlichen eine kirchliche höchste Gewalt und damit einen Zustand zu begründen, der in mancher Rücksicht an denjenigen Japans erinnert. Peter der Große vernichtet sodann die Selbständigkeit der Kirche, und erweitert die zarische Gewalt in's Schrankenlose, indem er gleichzeitig den Versuch anstellt, mit Hilfe derselben eine gewaltsame Europäisirung Rußlands durchzuführen. Gegen diesen Reformversuch tritt unter seinen Nachfolgern eine Reaction ein, die dem mit der Kirche verbündeten Bojarenthum einen Augenblick (während der Thronbesteigung Anna Iwanowna's) zum Siege verhilft und bereits Miene macht, Moskau die Stellung der Reichshaupt- stadt zurückzugeben. Das dadurch bedrohte westeuropäische Element schaart sich um den Thron und rettet die Souverainität desselben. Seitdem ist die Erhaltung des Absolutismus letzter Zweck alles Regie- rens in Rußland geworden. Alexander I., „zugleich Doctrinär und Fürst", trägt sich eine Weile mit liberalen Velleïtäten, kehrt indessen zu der alten Doctrin zurück, die dann unter seinem Nachfolger — dem Besieger des Aufstandes vom Jahre 1825 — auf die höchste Spitze getrieben wird.

Auf diese Einleitung (die die Grundgedanken des einige Jahre später geschriebenen großen Werkes mit einer Präcision zur Anschauung bringt, die der Verfasser selbst nicht übertroffen hat) folgt eine übersichtliche Dar- stellung des von Nikolaus I. dreißig Jahre lang geführten Regiments, die mit eben so viel Feinheit wie Schärfe auf die Absicht gerichtet ist, die am preußischen Hofe und in der höheren Berliner Gesellschaft herr- schenden Vorstellungen über den „Hort der konservativen Interessen" und dessen vermeintliche Herrschertalente als unhaltbare Irrthümer nachzu- weisen. Der Verfasser vermeidet es, ein sogenanntes Charaktergemälde des Kaisers zu entwerfen, er sagt über die Person desselben genau so viel, als zum Verständniß von Nikolaus' Regierungs-Methode erforderlich ist und weist sodann als Capitalfehler derselben das Bestreben nach, den Staat durch Menschen zu regieren, „die zugleich willen- und gedankenlos und tüchtig sein sollten." Bei der Charakteristik des Systems, nach welchem Nikolaus den öffentlichen Unterricht regeln und aus dem- selben alle europäischen Bildungsmomente und alle Selbständigkeitsbe- strebungen ausmärzen wollte „um die Unterwürfigkeit zum alleinigen Maßstabe der Brauchbarkeit zu machen" — wird mit besonderer Aus- führlichkeit verweilt und durch Darstellung der dadurch erzielten Resul- tate eine im eminenten Sinne des Wortes vernichtende Kritik des Systems geübt. Aus der sittlichen und intellectuellen Unfähigkeit der auf so widersinnige Weise erzogenen Staatsdienerschaft werden sodann die militärischen und finanziellen Mißerfolge des im Krimkriege bankerott gewordenen Nikolaitischen Regiments abgeleitet. Jedem Verwaltungs- zweige widmet der Verfasser eine Betrachtung, deren Kürze und Ueber- sichtlichkeit allein durch ihre Schärfe übertroffen wird. In der Form maßvoll und conciliant, in der Sache so klar und überlegen, daß Ein-

wendungen so gut wie ausgeschlossen erscheinen, schließt diese Kritik mit
einer Darstellung der Verhältnisse, die Nikolaus bei seinem Ableben
hinterlassen. Die tiefgehende und allgemeine Verstimmung, die sich im
Verlauf der letzten 40er Jahre gegen seine Regierung aufgesammelt hatte,
war durch die Begeisterung für den von ihm g e g e n die eigne Neigung
und g e g e n den Rath seiner einflußreichsten Berather begonnenen Krieg
weggeschwemmt worden, — der Gang dieses Krieges aber hatte den Kaiser
über die schweren Irrthümer seines Lebens belehrt und ihm außerdem
die peinliche Empfindung gegeben, von einer öffentlichen Meinung ab=
hängig geworden zu sein, die er niemals hatte gelten lassen wollen.

Die durch den Tod des kaum sechzigjährigen Monarchen seinem
Nachfolger zugefallene Erbschaft wird als eine der schwierigsten bezeichnet,
von welchen die russische Geschichte überhaupt weiß. Alexander II. hat
die Wahl zwischen der Fortführung eines populären Krieges, für wel=
chen die finanziellen und die militärischen Mittel des Staates so gut
wie vollständig erschöpft sind, und einem Friedensschluß, der den Hoch=
muth der Nation verletzen, dem Herrscher Verlust seiner Popularität
androhen würde. Als bedenklichstes Zeichen der Zeit wird dabei der
wachsende Einfluß der nationalistischen Partei bezeichnet, die den Krieg er=
zwungen habe und, unbelehrt durch die Ergebnisse desselben, auf Fortsetzung
des aussichtslos gewordenen Kampfes bestehe. Vornehmlich mit dieser
Partei und der von derselben angestrebten Absicht, alle westeuropäischen und
insbesondere alle deutschen Elemente aus Rußland zu verdrängen, werde
Alexander II. vor wie nach Wiederherstellung des Friedens zu rechnen
haben. Zum Schluß wird mit vollem Nachdruck darauf hingewiesen, daß
die durch den Krieg entzündeten nationalen Leidenschaften vornehmlich
gegen England gerichtet seien, während Frankreich von nahezu sämmt=
lichen Parteien als betrogener Partner der britischen Politik, als Ver=
bündeter der Zukunft und als denkbar bester Alliirter Rußlands angesehen
werde. Sympathien für Preußen hätten in Rußland nur so lange be=
standen, als man diesen Staat für ein geeignetes Instrument zur Be=
festigung des russischen Einflusses in Mitteleuropa habe ansehen dürfen;
die preußische Feudalpartei sei von dem Kaiser Nikolaus vornehmlich als
Verbündete im Kampfe gegen die gefürchteten deutschen Einheitsbestre=
bungen und als Gegnerin der von ihm verabscheuten u n d gefürchteten Ab=
reißung Schleswig-Holsteins von Dänemark unterstützt worden.

Der Gang der neueren russischen Entwickelung hat die Richtigkeit
der Bernhardi'schen Auffassung so unwidersprechlich bestätigt, daß auf

diesen Punkt nicht erst eingegangen zu werden braucht. Das Project einer russisch=französischen Allianz tauchte bereits im Jahre des Friedens= schlusses auf, beherrscht noch gegenwärtig die russische auswärtige Politik und gehört zum eisernen Inventar der seit länger als zwanzig Jahren zur Vorherrschaft gelangten nationalistischen Partei. Diese Vorherrschaft trat allerdings später ein, als von Bernhardi angenommen wurde, der bei seinen Rechnungen die eigentliche Beherrscherin der ersten Regierungs= Jahre Alexanders II. — die europäisch=liberale Partei — außer Betracht gelassen hatte. Es würde zu weit führen, auf die Gründe dieser Unterlassung näher einzugehen — genug, daß die sogenannte liberale russische Aera eine außerordentlich kurzlebige gewesen ist und daß Bern= hardi mit seinem Cardinalsatz (der Behauptung, daß die Zukunft Ruß= lands bis auf Weiteres den verbündeten Slawophilen und Altrussen ge= hören werde) vollständig Recht gehabt und seit nunmehr dreißig Jahren behalten hat. — Im Uebrigen darf auf zwei Nebenpunkte der Denk= schrift hingewiesen werden: auf gewisse Anspielungen derselben betreffend Actenstücke über die St. Petersburger Feuersbrünste zur Zeit der Kaiserin Anna und betreffend die wiederholten, gegen die Regierung Nikolaus' I. gerichtet gewesenen Complotte. Nähere Angaben über diese letzteren wären um so willkommener gewesen, als die sogenannte Petraschewski'sche Ver= schwörung (1848/49) die einzige ist, von welcher wir sichere Kunde be= sitzen, und als Bernhardi um Dinge gewußt zu haben scheint, die auch so gut unterrichteten Zeitgenossen wie Alexander Herzen und N. Ogarew verborgen geblieben sind. Bernhardi's Tagebücher aus den letzten in Rußland verlebten Jahren (1847 bis Sommer 1851) enthalten keine irgend auf diesen Gegenstand bezügliche Notiz.

Berlin Frühjahr 1856.   Anfänge Alexanders II.
Hinckeldey's Tod.   Pariser Friede.

Während der ersten Wochen des Jahres 1856 war Bernhardi's Auf= merksamkeit fast ausschließlich den diplomatischen Ereignissen zugewendet, welche dem Pariser Friedensschluß vorhergingen und den Gegenstand der allgemeinen Ueberraschung bildeten.

Anfang März begab er sich auf einige Tage nach Berlin und die hier geführten Tagebücher sind von so reichem und mannigfaltigem Interesse, daß wir sie ohne jeden Commentar zum Abbruck bringen.

Berlin 10. März 1856. Zu Paul Rennenkampff auf die russische Gesandtschaft. Der Friede kommt ohne Zweifel zu Stande, Rußland will ihn ganz entschieden und beinahe unter jeder Bedingung, und zwar, wie P. R. sagt, hauptsächlich aus finanziellen Rücksichten. Baron Peter Meyendorff, der ehemalige Gesandte erst hier, dann in Wien, hat das Verdienst dem Kaiser darüber die Augen geöffnet und ihm bewiesen zu haben, daß ein dritter Feldzug in Rußland unfehlbar eben solche Valuta-Verhältnisse und Zustände herbeiführen würde, wie sie in Oesterreich herrschen. Das geschah, nachdem am 12. Januar die österreichischen Vorschläge, als garnicht zur Discussion geeignet, abgewiesen worden waren. Am 15. wurden darauf dieselben Vorschläge purement et simplement angenommen.

Im Uebrigen hört man von Alexander II. viel Gutes. Vieles wird verbessert. Die meisten General-Gouverneurs werden abgeschafft. — Man glaubt, daß die jetzt regierende Kaiserin großen Einfluß übt auf ihren Gemahl; sie hält es aber mit den Alt-Russen und protegirt diese; Mentschikows Wieder-Anstellung ist ihr Werk. — Nikolaus I. hatte es zuletzt auch noch mit dem Klerus (griechischen) verdorben. Den Metropoliten von Moskau, Philaret, hatte er aus dem dirigirenden Synod weggeschickt, und während seiner letzten Anwesenheit zu Moskau hatte er diesen Philaret und eine ganze Prozession, einer Wachtparade wegen, stundenlang warten lassen, und als er endlich erschien, blieb er in der Prozession hoch zu Roß, während natürlich Philaret und alle Bischöfe zu Fuß wandelten und auch das Hochwürdigste zu Fuß getragen wurde. Das machte böses Blut. — Da beweist es viel Takt von Seiten der jetzigen Kaiserin, daß sie eine Wallfahrt nach dem Dreifaltigkeits-Kloster bei Moskau gemacht hat — und zwar ist sie die erste Person der jetzt herrschenden Dynastie, welche eine solche Wallfahrt unternommen hat. Der ganze russische Klerus ist ihres Lobes voll.

P. R. ist mit der Gründung einer banque de crédit mobilier in Rußland beschäftigt. Sowie der Frieden geschlossen und promulgirt ist, will er mit dem Projekt hervortreten, für das er schon viele Freunde und Theilnehmer in der Stille geworden hat. Kapital 100 Millionen Rubel. Zum Schein wird ein Drittel der Aktien für Theilnehmer in Rußland selbst vorbehalten, der eigentliche Zweck des Unternehmens aber ist fremdes Kapital nach Rußland zu ziehen. — Hier in Preußen möchte sich auch ein crédit mobilier constituiren, aber die herrschende Camarilla will davon nichts wissen — sie fürchtet die Geldmacht, die aus solchem Institut hervorgehen und ihr gefährlich werden könnte!! — P. R. meint, die Regierung habe unrecht, wenn auch die Geschäfte meist Schwindel seien; denn die Richtung der Zeit gehe nun einmal auf dergleichen Unternehmungen, und werden sie im Lande nicht gestattet, so geht das Kapital aus dem Lande, um auswärts dergleichen Institute aufzusuchen; schon bilde sich in Leipzig ein crédit mobilier, das könne man doch nicht verhindern. — Ich: Der crédit mobilier in Leipzig schadet uns finanziell auch nicht, denn er wird genöthigt sein, vorzugsweise in Preußen zu operiren, das ist also keine Entfremdung einheimischen Kapitals. — P. R. muß das zugeben. — Stille Betrachtungen: ein wirkliches Uebel aber ist, daß die preußische Regierung jede Controle, jede Möglichkeit, dem ärgsten Schwindel vorzubeugen, aus den Händen giebt, indem sie die Errichtung einheimischer Banken erschwert. — Ueberhaupt: sowie der Frieden geschlossen ist, wird sich auch in Deutschland eine schnöde unsittliche Schwindel-Speculation nach einem ganz unerhörten Maßstab aufthun, die schnöde Gier nach Reichthum und sinnlichem Genuß wird sich in ihrer ganzen Scheußlichkeit zeigen — es wird auch von dieser Seite eine Schrecken erregende Corruption einreißen, das Alles kann ich mir zu meiner tiefen Betrübniß nicht ableugnen!! — Treibt der Börsenschwindel sein Wesen bloß im Innern des Landes, so bringt er wenigstens dem National-Vermögen keinen Schaden; denn was der Eine verliert, muß der Andere gewinnen, und nur die Vertheilung des National-Vermögens wird geändert. Verlehrt aber der einheimische

Schwindel mit dem auswärtigen, nimmt er an auswärtigen Schwindel-
Operationen Antheil, so kann der Gewinn gar wohl auf das Ausland, der Verlust auf das Inland fallen, und es findet dann eine
Verminderung des National-Vermögens zu Gunsten der Fremde
statt. — Vollends an einer russischen banque de crédit
mobilier Antheil zu nehmen, ist ein Frevel gegen die
deutsche Nation. Unter Nikolaus I. war Rußland gefährlich nur
weil man es fürchtete; mit seiner wirklichen Macht hatte es gute Wege
solange der Kaiser frischweg alle entstehenden Hülfsquellen des Landes
schon im Voraus verbrauchte, um eine nach außen gewendete drohende
Scheinmacht zu erhalten — solange er auf diese Weise und zu solcher
Verschwendung dem Lande jedes entstehende Kapital entzog, jeden
wirklichen Fortschritt der Industrie, des National-Reichthums unmöglich machte, und zugleich jeden geistigen Aufschwung niederhielt. Eine
Friedenspolitik, die fremdes Kapital in das Land zieht
und die wirklichen Hülfsquellen des Landes erschließt,
kann Rußland wahrhaftig mächtig und gefährlich machen.
— Die Gründe, welche unsere Camarilla bestimmen, sich allem Kredit-
wesen zu widersetzen, sind freilich ganz anderer Natur. Sie fürchtet,
der Mittelstand könnte der mittelalterlichen Weltordnung über den
Kopf wachsen, die sie durchführen will.

Der Friede wird aber auch in Rußland — wo man sich überwiegend nach Frieden sehnt, — große Schwierigkeiten, zum Theil sehr
wunderbarer Art herbeiführen. Eine Hauptschwierigkeit bildet
die Miliz. Man weiß nicht, wo man mit der hin soll. Die Leute
als Leibeigene in ihre Dörfer, zu ihren Herren zurückzuschicken — in
ihre alten Verhältnisse, sodaß sie gar nichts gewonnen und verdient
hätten, während der Soldat wenigstens die persönliche Freiheit erwirbt
durch seinen Dienst —: das scheint nicht möglich; die Unzufriedenheit der Wehrmänner könnte drohend werden. Sehr bezeichnend
ist, daß die Grund- und Leibherren die Leute garnicht
wieder haben wollen. Sie fürchten sich vor ihnen!! — Die
unsinnigsten Vorschläge sind in dieser Verlegenheit schon zu Tage gekommen. Man hat vorgeschlagen: die Regierung soll die Milizmänner
als Soldaten behalten, und den Leibherren Quittungen dagegen aus-

stellen, die bei künftigen Rekrutirungen gültig wären (die Milizmänner würden dann als anticipando gestellte Rekruten betrachtet), — das wäre ein unerhörter Treubruch gegen diese Leute selbst, denen man gesagt hat, sie seien nur für die Zeit des Krieges ausgehoben. Doch dergleichen stört in Rußland nicht. Aber welcher Unsinn! — Die Regierung behielte alle die Leute auf dem Halse und müßte sie ernähren, der Friede brächte somit den Finanzen nur eine sehr unvollkommene und ungenügende Erleichterung; käme es dann aber nach etwa zehn Jahren wieder zu einem ernsthaften Krieg, dann hätte die Regierung einerseits eine Unmasse Invaliden, mit denen nichts anzufangen wäre, auf der andern erhielte sie aus einem großen Theil des Landes anstatt wirklicher Rekruten nur Quittungen, die dann eingeliefert würden! — Mit Quittungen aber führt man keinen Krieg. — Dennoch wäre dies Abkommen den Leibherren natürlich das Liebste. — **Möglicher Weise führt diese Verlegenheit zu einer Freilassung der Bauern in Rußland überhaupt.** Wenigstens wird ein solches Projekt im Reichsrath berathen. (Nach meiner Meinung sind die Schwierigkeiten dabei von der Art, daß Rußland schwerlich ohne gewaltsame Umwälzungen darüber hinaus kömmt.) —

NB. Unser „würdiger" Landrath hat mich förmlich verklagt, und zwar recht charakteristischer Weise weder bei den Ministern noch selbst bei der Camarilla, sondern bei der russischen Gesandtschaft!!! — Er hat Paul Rennenkampff auf einer Soirée bei dem Minister v. d. Heydt umständlich und mit großer Erbitterung erzählt: ich hätte bei den Wahlen gegen ihn gestimmt und zwar weil er russisch gesinnt sei!!! — und wenn ich das noch in bescheidener, schüchterner Weise gethan hätte, aber ich sei als Erster, der gegen ihn stimmte, aufgestanden und mitten in den Saal getreten um meine Stimme abzugeben! — Dabei verschlang der Mann eine große Menge Gefrorenes in sichtlicher Hast, während er seinem empörten Herzen Luft machte. — Er soll nicht wenig überrascht gewesen sein, als Paul Rennenkampff lachte und erwiderte: ich ließe in diesem Augenblick ein Werk drucken, in welchem sich eine solche Russenfeindschaft nicht zeige.

In den Gasthof zurückgekehrt erhalte ich den Besuch meines Vetters Eugen, und dieser berichtet sofort das Folgende:

Der Polizei-Präsident von Hinckeldey ist heute Morgen um 10 Uhr im Duell erschossen worden, von Herrn von Rochow, Landwehr-Offizier und Mitglied des Herrenhauses. Weswegen? Es hat schon den ganzen Winter über viele Reibungen zwischen ihm und dem Militär gegeben. — Hinckeldey war bemüht, seine Stellung zu einer möglichst bedeutenden zu machen und wandelte dabei nicht durchaus die reinsten Wege, das weiß ich. — Er verlangte, die Soldaten sollten in den Straßen den Lieutenants von der Polizei (Schutzmannschaft) honneurs machen; über dies Ansinnen waren die Offiziere der Garde sehr empört und sprachen sehr laut dagegen; der König wies es denn auch ab. Darauf befahl Hinckeldey, die Schutzmannschaft sollte fortan auch die Offiziere der Armee nicht mehr bei Begegnungen militärisch grüßen. Damit geschehe ihnen ein Dienst, erklärten die Offiziere, es würde ihnen die Mühe erspart, so viele Grüße zu erwidern; sie spotteten über dies Verbot. — Viele Schutzmänner gehören der Landwehr an, werden gelegentlich zu Control-Versammlungen einberufen, durch das General-Commando (General Wrangel) — Hinckeldey verlangte, diese Sache sollte jedesmal durch ihn gehen — und da dies abgelehnt wurde, verbot er den landwehrpflichtigen Schutzmännern, den Befehlen des Kriegsministeriums und Generalkommandos zu gehorchen — verbot ihnen, bei den Control-Versammlungen zu erscheinen (was freilich stark war) — daher fortwährende Reibungen. — Endlich ließ Hinckeldey im Herbst in der Wohnung des Herrn v. Rochow durch den Polizei-Lieutenant Damm einen Spielclub aufheben. Es waren Offiziere dabei — der Polizei-Lieutenant Damm soll sich noch dazu unpassend benommen haben und namentlich gegen einen Garde-Ulanen-Offizier grob gewesen sein. — Das nahm sowohl die Kreuzzeitungs-Partei als das Offizier-Corps gewaltig übel. Dem Könige wurde sofort ein Befehl abgewonnen, der, indem er das Verhalten der Polizei den Offizieren gegenüber regelt, die Stellung der ersteren zu einer sehr demüthigenden, ja ganz unhaltbaren macht. Einem Polizei-Lieutenant ist fortan nur in den alleräußersten Fällen gestattet, irgendwie einzuschreiten,

wenn ein Offizier Unfug treibt; die Fälle sind in der Weise verclau-
sulirt, daß dies Einschreiten in der That unter allen Bedingungen
unmöglich wird. — Die Offiziere haben mithin ein förmliches Vor-
recht, jeden polizeilichen Unfug zu treiben, der ihnen genehm ist; für
sie giebt es kein Gesetz. Wunderbar: in polizeilicher Weise will man
das Land eigentlich regieren, und dann giebt man den Polizei-Lieutenants eine so demüthigende Stellung, daß niemand sich dazu her-
geben wird. Die Polizei-Lieutenants entfernen sich überall, so wie
sie Offiziere erscheinen sehen. — Der Polizei-Lieutenant Damm
mußte von Berlin wegversetzt werden. — Damit war aber natürlich
die beleidigte Junker-Partei nicht zufrieden. Es haben die Offiziere
der Garde den ganzen Winter hindurch Händel mit Hindelbey gesucht, überall, wo sie ihm begegneten, selbst auf den Bällen im
königlichen Schloß — „er wolle aber nie anbeißen!" — Endlich hat
ihm der Spielclub-Rochow so gröbliche Beleidigungen zugefügt, daß
Hindelbey nicht mehr ausweichen konnte und ihn fordern mußte:
heute Morgen ist er gefallen!

Hundertmal und mehr hat Hindelbey gegen andere Leute Willkür geübt und dabei die Gesetze mit Füßen getreten, und das ist gut-
geheißen worden, ein einziges Mal erlaubt er sich eine Willkürlich-
keit, für die sich am Ende noch manches anführen ließe, gegen die
Junker-Partei — da büßt er mit dem Leben ... und der König vermag einen hochgestellten Staatsbeamten nicht gegen seine eigenen
Lieutenants zu schützen!

Der Junker-Partei war Hindelbey als reiner Absolutist und
Bureaukrat verhaßt. Den Ministern, namentlich Manteuffel und
Westphalen, war er sehr zuwider, wie ich durch Frl. v. Manteuffel
weiß, weil er zu großen Einfluß auf den König übte und eine Mi-
nisterstelle ambirte (dem Könige redete Hindelbey ein, sein Leben sei
nur dadurch sichergestellt, daß er, Hindelbey, Tag und Nacht darüber
wache; die Zauberformel, vermöge deren dieser Polizei-Präsident
alles durchsetzte, was er haben wolle, war: „wenn es nicht geschieht,
kann ich für die persönliche Sicherheit Ew. Maj. nicht haften!").
Besonders Westphalen fürchtete in Hindelbey den Mann, der sein Nachfolger als Minister des Innern werden wollte. Hindelbey's wach-

senber Einfluß wurbe Ursache, baß Manteuffel unb Westphalen sich
wieber versöhnten.

11. März 1856. Zu Obrist Fransecky, ben ich nicht baheim,
bagegen in seinem Bureau finbe. Er hat eben in ber Hinckelbey-
schen Sache zu thun, bie auch bas General-Commanbo berührt, weil
Rochow Lanbwehr-Offizier ist. Die Autopsie ber Leiche soll stattfinben, es hat, wie es scheint, Eile bamit; ber Stabsarzt soll herbei-
geschafft werben; ber Corps-Aubiteur geht sehr wiberwillig baran,
biesem Schauspiel beizuwohnen, unb will erst zu Hause eine Flasche
Wein trinken. Fransecky spricht obenhin von ber Sache, bebauert,
baß man eine Parteisache baraus mache — bas sei sie nicht! —
Hinckelbey habe gelogen, bas sei gar nicht zu leugnen u. s. w.

Mittagessen im Hotel be Rome mit Paul Rennenkampff, Graf
Franz Schaffgotsch unb Fernemont. Rennenkampff theilt mit: Der
Minister Westphalen wußte Tag, Stunbe (10 Uhr) unb Ort (am
Plötzensee) bes Renbezvous. Statt ben Tag vorher ober früh Morgen
zu Hinckelbey zu schicken, ihn zu sich zu bescheiben unb ihm bas Duell
zu verbieten unb baneben bafür Sorge zu tragen, baß Rochow unb
sein Secunbant Marwitz am Plötzensee ein paar Gensbarmen vor-
fanben .... schickt Westphalen nach zehn Uhr, als er bestimmt
wußte, baß Hinckelbey am Plötzensee sei, zu biesem, um ihn zu sich
zu citiren!

In allen Zeitungen steht eine Erklärung bes Staatsanwalts
Nörner, aus ber hervorgeht, baß ber König im voraus von bem
Duell unterrichtet war.

13. März 1856. Der Diener bes Hauses notificirte mir, baß
heute früh um 9 Uhr Hinckelbey's Begräbniß stattfinben werbe, in
einem Ton, als verstehe sich von selbst, baß ich babei sein werbe.

Nach bem Mollenmarkt, Ausgangspunkt bes Zuges; hier ist er
schon fort — nehme bie Straßen, burch bie er nicht geht, um ihm anbers-
wo zuvorzukommen; nehme meinen Stanbpunkt auf ber langen Brücke;
imposantes Schauspiel, wie ich es in Berlin nie gesehen. Der Leichen-
zug hat wenigstens hunberttausenb Menschen in Bewegung gesetzt. Die
ganze Königstraße, so weit bas Auge reicht, gebrängt voll Menschen,
Kopf an Kopf; alle Fenster bis zum Dach gebrängt voll Zuschauer

— durch die Spandauer Straße kommen die Wagen langsam heran-
geschwankt durch das Menschenmeer und biegen nach dem Alexander-
platz ein. Der Leichenwagen ist schon vorüber, wie ich ankomme,
das Trauergeleit auch — aber es folgen mehrere hundert, vielleicht
tausend Wagen. — Die Menschen fangen an zurückzuströmen; ich
gehe durch die Königstraße bis zur Brücke nach dem Alexander-
platz; die Wagen hören nicht auf, über die Brücke ist nicht gut zu
kommen; ich suche vergebens einen anderen Uebergang in der Nähe
— gerathe in Holzhöfe am alten Festungsgraben und lerne sehr
mittelalterliche Ansichten von Berlin — seltsame Gruppen von
Hinterhäusern am trüben Wasser kennen. — Kein einziger Offizier
im Trauergefolge oder auch nur unter den hunderttausend Zu-
schauern.

Später erfahren: Bei der Feierlichkeit in Hinckeldey's Wohnung ist auch der König gewesen; er ist am Sarge in unendlichen
Thränen zerflossen!! — Alle Minister waren da, ausgenommen
der Kriegsminister Waldersee, der sich mit Krankheit entschuldigte,
und der alte Wrangel — was man unpassend findet, da er mit
Hinckeldey auf das äußerste gespannt war. — Weder die Rechte der
Kammer, noch die Linke folgte dem Sarge; dagegen alles, was mi-
nisteriell ist, quand même. — Da Hinckeldey eine zahlreiche Familie
und kein Vermögen hinterläßt, ist an der Börse eine Subscription
für seine Kinder eröffnet und gleich am ersten Tage sind mehr als
zehntausend Thaler zusammengekommen. Natürlich ist auch das nur
regierungsfeindliche Demonstration, denn Hinckeldey, die personificirte
Polizei-Willkür, war bei seinem Leben nichts weniger als beliebt in
Berlin.

Nach Tisch, in meinem Zimmer, überrascht mich ein Besuch
Vincke's (Olbendorf).

Sagt mir manches Neue über Hinckeldey's Katastrophe — für
Hinckeldey selbst ist er nichts weniger als eingenommen. — Ich weiß
über die Geschichte nun folgendes:

Der Jockey-Club hier in Berlin, aus übermüthigen, suffisanten,
jungen Edelleuten bestehend, hatte sich auch zu einem Spiel-Club
ausgebildet, der sich regelmäßiger Weise in den Zimmern des Herrn

v. Rochow in einem Gasthofe versammelte. Dem König war das
unangenehm, es paßte nicht in den christlich-germanischen Staat,
nicht in die Chevalerie. Er verlangte, Hinckeldey sollte diesen Spiel-
Club aufheben. — Hinckeldey soll dabei große Bedenken gehabt haben,
weil die Versammlungen in einer Privatwohnung stattfanden.
NB. Das ist sehr wahrscheinlich, obgleich er sonst mit Willkürlich-
keiten, mit Haussuchungen u. s. w. gegen Vereine u. dgl. sehr schnell
bei der Hand war. Er wollte nämlich um jeden Preis als „Cavalier" mit der „Gesellschaft" und vor allem mit der „kleinen, aber
mächtigen Partei" gut stehen. An sich war das, was der König
verlangte, weit weniger bedenklich, als manche That der Willkür, bei
der Hinckeldey kein Bedenken gefunden hatte; denn warum handelte
es sich am Ende? — Um Hazardspiel — und da der Club sich regelmäßiger Weise an festgesetzten Tagen bei Rochow versammelte, gewann
die Sache weit mehr das Ansehen einer heimlichen Spielhölle, als
dasjenige einer Gesellschaft, die sich bei einem Privatmann versammelt.

Auf Befehl des Königs, wie man mit Bestimmtheit wissen will,
und wie nach Hinckeldey's allgemeinem Verhalten gegen die Partei
nicht zu bezweifeln ist, entschloß sich der Polizei-Präsident endlich, gegen
den Club einzuschreiten. — Er glaubte sich durch den königlichen
Befehl gedeckt, glaubte auf sicherem Boden zu stehen.

Bei der Ausführung zeigte sich große Taktlosigkeit. Da Hinckeldey mit der Partei gut stehen wollte, wundert mich, daß er die Herren
nicht in der Stille unter der Hand gewarnt und veranlaßt hat, den
Spiel-Club ohne esclandre aufzulösen. — Der Polizei-Lieutenant
soll sich unpassend benommen haben.

Herren v. Rochow und Graf P. kommen darauf zu H., ihn zur
Rede zu stellen. — Meines Bedünkens mußte H. sie mit der Erklärung abweisen: er habe im Amte gehandelt, habe seiner vorgesetzten
Behörde Rechenschaft gegeben und habe weiter keine zu geben; wenn
die Herren glaubten, er sei ihnen zu nahe getreten, stehe ihnen der
Weg der Klage bei dem Ministerium des Innern offen. Aber er
wollte nun einmal gut stehen mit den jungen Cavalieren. Er begeht
den großen, unverzeihlichen Fehler, sich auf ein Hin- und Herreden
mit den jungen Leuten einzulassen, nachdem er sie äußerst höflich und

zuvorkommend empfangen hatte. Er eröffnete ihnen, es sei ihm unendlich leid gewesen, einschreiten zu müssen, aber es sei der ausdrück-
liche Wille des Königs gewesen — ja, er habe den Befehl, zwei der
bei dem Club und dem Spiel betheiligten Herren, verabschiedete Offiziere, v. Schmeling und v. Heydebrand, von Berlin auszuweisen.
Zum Schluß sagte Hindelbey dann plötzlich: „Ich bitte Sie aber,
dies alles als eine vertrauliche Mittheilung zu betrachten und nichts
davon laut werden zu lassen."

Rochow und P. erwiderten, das könnten sie nicht; sie seien mit
Schmeling und Heydebrand umgegangen, die sie für ehrenhafte Leute
gehalten hätten; sie müßten diese Herren zur Rede stellen und über
ihren Wandel Auskunft von ihnen verlangen.

Wie Schmeling nun von ihnen zur Rede gestellt wird, wendet
er sich an seine Militärbehörde, den General Schlichting, Commandanten von Berlin, und verlangt ein Ehrengericht. Schlichting, ein
ruhiger, wohlbenkender Mann, sucht einen Ausweg, eine milde Wendung der Sache, schreibt an Hindelbey und äußert, es werde hier
wohl ein Mißverständniß walten. — H. antwortet: er habe dergleichen,
wie verlauten wolle, gar nicht über Herrn von Schmeling gesagt. —
Diesen bedeutete nun General Schlichting, daß damit die Nothwendigkeit eines Ehrengerichts wegfalle.

Was hat nun Hindelbey bewogen, sich selbst zu widersprechen
und seine eigenen Worte zu verleugnen? — Man glaubt es zu wissen!
— Der Vater Rochow (Hofmarschall) und die Camarilla hatten unterdessen den König beeinflußt und ihm vorgestellt: er könne doch unmöglich „der Armee so vor den Kopf stoßen", indem er Hindelbey's
Benehmen gut heiße — er solle doch bedenken, die Armee sei es, die
ihn 1848 allein erhalten habe, die Autorität, die Unantastbarkeit der
Armee dürfe nicht gefährdet werden, die konservative Macht nicht ge-
schwächt u. s. w. — Der König habe dann erklärt, er habe Hindelbey
keinen directen Befehl gegeben, einzuschreiten!

Aber natürlich konnte sich Rochow (Sohn) dabei nicht beruhigen;
Hindelbey's Verleugnen der eigenen Worte beschuldigte ihn der Lüge,
und die konventionelle Ehre erlaubte nicht, dergleichen hinzunehmen.
Rochow reichte eine sogenannte Immediat-Eingabe bei dem König ein,

in welcher er Hinckeldey als offenbaren Lügner benuncirte. Auf diese Eingabe ist von Seiten des Königs kein Bescheid, gar keine Antwort erfolgt!

Zu gleicher Zeit richtete Rochow beleidigende Briefe an Hinckeldey, in denen er ihm die äußersten wörtlichen Beleidigungen zufügte — und die gröbsten Beleidigungen erfuhr er zu gleicher Zeit von den Offizieren. Herr von Prillwitz rühmt sich, daß er öffentlich zu Hinckeldey gesagt habe: „Sie sind ein Schweinhund." — Hinckeldey meldete das alles als Polizei-Präsident dem König! Der König sah, wie Hinckeldey verfolgt wurde, wie ein Duell ganz unvermeidlich war —: er that indessen nichts, ihn zu schützen, nichts, um das Duell zu verhindern — wenigstens nichts weiter, als daß er mit Nörner darüber sprach und ihn nach Schlesien reisen ließ.

So konnte zuletzt Hinckeldey einem Duell nicht länger ausweichen. Er hielt es für unverträglich mit seiner Stellung als Polizei-Präsident, sich zu schlagen, und verlangte deshalb vorher seinen Abschied. Nach langem Zögern gab der König auf dies Gesuch zuletzt einen abschlägigen Bescheid — die guten Freunde in des Königs Cabinet richteten die Sache aber so ein, daß die abschlägige Antwort des Königs erst nach Hinckeldey's Tod in dessen Wohnung abgegeben wurde!

So ist denn Hinckeldey gefallen. Was ein sehr schlimmes Licht auf die Sache wirft, das sind, wie Vincke bemerkt, gewisse Leitartikel in der „Kreuz-Zeitung", die gleich im Anfang des Winters erschienen, und in denen vielfach auseinandergesetzt wurde, daß man Hinckeldey um jeden Preis los werden müsse. Es kommt noch hinzu, sagt Vincke, daß die Kammern, oder der Landtag, oder vielmehr die „Rechte", alle die zahlreichen Bittschriften gegen Polizei-Willkür, die eingelaufen sind, immer sehr schnöde zurückgewiesen hat.

Abends mit Herrn von Beaulieu im Friedrich-Wilhelmstädtischen Theater: „Der Königslieutenant" von Gutzkow. — Dawison in der Titelrolle, Manierist, wie alle heutigen Schauspieler, aber mit einem gewissen Geschmack und hat Talent, ... spricht u. a. sehr gut französisch. Der Saal ist gedrängt voll. Thorane's tadelnde Wort über das Duell werden sehr laut und anhaltend applaudirt. Beaulieu hat einen Diplomaten gesehen, „qui voit très noir", der hat ihm versichert, daß die Aufregung in Berlin seit dem Jahre 1848 nie wieder so groß gewesen sei, wie in diesem Augenblick. 16. März. Hinckeldey's Katastrophe, Gerwien gesprochen. Wie es auch mit diesem Duell sich verhalten haben mag: „Der Tod war ihm geschworen — mit dem Leben kam Hinckeldey nicht davon; fiel er nicht im ersten Duell, so fiel er in einem zweiten — dritten; oder fünften, sechsten." — (Das hatte ich auch schon durchschaut.) Gestern oder vorgestern — also fast unmittelbar nach dem Begräbniß, hat der König zu Eduard Willisen gesagt — und zwar sehr laut, sür de son sait: „Diese Begebenheit wird den Herren eine gute Lehre sein, daß sie nicht bei jeder Gelegenheit meinen Namen mißbrauchen!" —

Wir beschließen den auf den Tod Hinckeldey's bezüglichen Abschnitt mit der nachstehenden, einige Wochen später geschriebenen Notiz:

Vincke theilt mir einen kleinen Aufsatz über diese Katastrophe mit, den er an den Prinzen von Preußen gerichtet und den er mit Randbemerkungen des Prinzen zurückerhalten hat. Der Prinz schreibt: „Der König verlangte, die Herren Heydebrand und Schmeling sollten aus Berlin ausgewiesen werden. Hinckeldey widersprach und machte geltend, die Herren seien Beide mit dem Recht, Uniform zu tragen, verabschiedet, könnten also nicht wie Gesindel weggewiesen werden, so lange ihnen nicht durch ein Ehrengericht das Recht, Uniform zu tragen, abgesprochen würde. Dafür (nämlich daß H. sich in diesem Sinne ausgesprochen) habe ich das Wort des Königs," schreibt der Prinz, indem er diese Worte unterstreicht. Die Sache wurde dahin vermittelt, daß Herrn von Heydebrand unter der Hand mitgetheilt wurde, es sei der persönliche Wunsch des Königs, daß er seinen Aufenthalt nicht bleibend in Berlin nehme. Heydebrand ging dann nach Paris und am 24. Juni war die Club-Angelegenheit zur Zufriedenheit aller Parteien vollständig beigelegt. Am 16. December fällt es den Herren ein, die Angelegenheit wieder aufzunehmen und ein Ehrengericht zu verlangen — Heydebrand kam dazu eigens aus Paris zurück. Schon daraus geht hervor, daß diese Geschichte bloßer Vorwand

war und daß das ganze Treiben einen politischen Zweck hatte. „Es
galt Hinckeldey aus der Umgebung des Königs zu verdrängen, denn
er war der einzige, der noch gegen die Kreuzzeitungs-Partei zu
sprechen und vor ihr zu warnen wagte" (ipsissima verba des Prinzen). Sie wußten, daß Hinckeldey sein früheres Wort verleugnen
mußte, um den König zu decken, und dann ließen sie das Geschrei
erheben: „Hinckeldey hat gelogen."

... Der Friede ist gewiß. Das war klar, so wie Manteuffel nach Paris reiste, denn natürlich wird er dorthin nur berufen
um den fertigen Frieden zu unterzeichnen, denn mitzureden hat Preußen
natürlich nicht; das sieht und weiß jedes Kind. — Vincke erzählt mir,
wie der Friede zu Stande gekommen ist. Für das Frühjahr
wurde eine Expedition nach sehr großem Maßstab vorbereitet, die nach
der Ostsee gehen sollte; eine schwedische Armee wäre dort zur englisch-
französischen gestoßen. — Oesterreich richtete eine Note an die Westmächte: „man wisse, daß eine solche Expedition vorbereitet werde,
Oesterreich könne dagegen nichts einwenden, da die Westmächte vollkommen berechtigt seien, den Krieg mit allen Mitteln nach eigenem
Ermessen zu führen; aber eine Expedition nach den Küsten der Ostsee könne nicht stattfinden, ohne eine bedeutende Gährung in Polen
hervorzurufen; als Mitbesitzer von Polen sei Oesterreich dabei betheiligt,
sein unmittelbares Interesse erfordere, die Ruhe in diesem Lande
unter allen Bedingungen zu erhalten, es werde sich daher genöthigt sehen, auch das russische Polen zu besetzen und
gleich den Donaufürstenthümern durch die Besetzung mit österreichischen Truppen für die Dauer des Krieges zu neutralem Boden zu
machen." — Antwort der Westmächte: große Complimente in Beziehung auf die parfaite loyanté der österreichischen procédés; denn
man habe sich auch schon die Frage vorlegen müssen, was Oesterreich in dem vorliegenden Falle für Maßregeln nehmen werde und
sei zu einem ähnlichen Ergebniß gelangt. Man habe also gar
nichts dagegen, daß Oesterreich das russische Polen
besetze.

Nun trat Oesterreich mit seinen Friedensvorschlägen, den fünf
Punkten hervor. Sie wurden von Napoleon III. angenommen. (Wa-

rum? weiß eigentlich niemand zu fagen; doch laffen fich, wie mir
fcheint, vielerlei Gründe denken: diefer Krieg konnte nie zu einem
unmittelbaren Gewinn für Frankreich, am wenigften zur Eroberung
des linken Rheinufers führen; Napoleon III. will nicht bloß mit England gut ftehen, Oefterreich und Rußland find ihm vielleicht für feine
Eroberungspläne wichtiger als felbft England — der weitere Krieg
konnte den Geift der Nationalitäten und des Liberalismus wecken, und
damit war ihm nicht gedient. Vielleicht entfprach es nach feinen An-
fichten felbft nicht dem Intereffe Frankreichs, die ruffifche Seemacht
ganz vernichtet zu fehen.) — Sie wurden auch in England angenommen, wie jedermann einfieht, bloß Frankreich zu Gefallen, und
in der zuverfichtlichen Hoffnung, daß Rußland fie verwerfen werde.
— Am 12. Januar legte Graf Efterhazy die Friedenspunkte auch in
Petersburg vor; fie wurden mit großer Verachtung zurück-
gewiefen; fie könnten gar nicht Gegenftand einer Discuffion werden,
erklärte die ruffifche Regierung. — Graf Efterhazy fragte durch den
Telegraphen in Wien an, was er weiter thun folle, und erhielt die
Antwort: er folle jene an die Weftmächte gerichtete Note und die
erhaltene Antwort ohne weiteren Commentar dem Grafen Neffelrode
mittheilen. Das gefchah. — Rußland hatte nun die Wahl den
Krieg auch mit Oefterreich anzunehmen — oder Polen fchmachvoll
in demüthigender Weife aufzugeben — oder um jeden Preis Frieden
zu fchließen. — Der Reichsrath entfchied fich einftimmig für das
Letztere — und am 15. wurden die 3 Tage vorher fo fchnöde
verworfenen Bedingungen purement et simplement
angenommen.

Preußen hat dazu aus allen Kräften gerathen; denn man wußte
hier in Berlin, daß Polen von Oefterreich befetzt werden follte,
und dazu, meinte der König, dürfe es nicht kommen! Er äußerte
charakteriftifch genug: „Dann bin ich ja ganz von Rußland abge-
fchnitten."

———

Innere Zustände in Preußen. Erinnerungen aus der Zeit der Freiheitskriege.

15. März. Theile Vincke meinen handschriftlichen Aufsatz mit: „Rußland, wie es Nikolaus I. hinterläßt." Vincke meint, es sei besser ihn nicht dem Prinzen, sondern der Prinzessin von Preußen mitzutheilen. Für den Prinzen eigne er sich nicht — der halte sehr viel vom Kaiser Nikolaus, habe gewisse Vorurtheile, über die er noch nicht hinaus könne, lege vor allem einen großen Werth auf eine militärische Erziehung — auf straffes militärisches Wesen u. s. w. — ihm müsse dieser Aufsatz erst durch die Prinzessin zugängig gemacht werden.

17. März. Diner, das Vincke im Hotel Meder giebt: Burggraf Brünneck, General-Major Fischer (Erzieher des jungen Prinzen Friedrich Wilhelm), Herr von Saucken-Julienfelde, dessen Reden auf dem Vereinigten Landtag schon das Interesse in hohem Grade in Anspruch genommen hatten; ein sehr liebenswürdiger, freundlicher und gescheiter Sanguiniker. — Endlich Oberst Moltke, Verfasser eines vortrefflichen Werkes über den Türkenkrieg 1828—29. Der jetzige leitende Freund des jüngeren Prinzen von Preußen, etwas boutonné, zurückhaltend und schweigsam; damit ich nicht glaube, daß er das mir, dem Fremden gegenüber ist, sagt mir Vincke, er sei immer so. — Vincke stellt mich, da wir uns wirklich in Italien gesehen haben, den Herren als alten Freund vor. — Höchst angenehme Gesellschaft, belehrendes Gespräch. — General Fischer, Moltke und Vincke sind in der Türkei gewesen, um in dem Krieg gegen Mehemed Ali der hohen Pforte mit gutem Rath an die Hand zu gehen. Es ergiebt sich, daß Fischer und Moltke zusammen Silistria befestigt haben. Fischer meint, die Vertheidigung von Sewastopol sei im Grunde keiner großen Bewunderung werth, denn mit einer dem Feinde sogar überlegenen Armee sei eine, nur an einer Seite eingeschlossene Festung eine Zeit lang zu halten. — Was wirklich Bewunderung verdient, sei die Vertheidigung von Silistria und des Forts Arrab-Tabbia. — Dies Fort gehört gar nicht in den Plan der Befestigungen von Si-

listria, wie ihn Fischer und Moltke entworfen hatten, und war für die
Vertheidigung des Platzes gar nicht nöthig. Osman Pascha hat dessen
Anlage auf einer Art von Vorgebirge, welche der Thalrand strom-
abwärts dort bildet, wo er sich dem Strom wieder nähert, nachträglich verlangt und durchgesetzt; es liegt 1800 Schritte weit außerhalb
der eigentlichen Vertheidigungslinie, und eben so weit von jedem
anderen Werk entfernt. Daß es den Russen nicht gelungen ist, dieses
Werk zu erobern, ist fabelhaft. — Brünneck erzählt köstliche Anekdoten
vom alten Blücher, dessen Adjutant er 1808—1811 war; während dieser
Zeit war Blücher infolge physischer Zustände eine Zeit lang verrückt,
was die Sage nachher auf das Jahr 1814 verlegt hat — wie dann
auch manches Einzelne, was der alte Herr zu jener früheren Zeit geglaubt und gesagt hatte. — Von den gegenwärtigen Zuständen ist vielfach als von höchst unglücklichen die Rede. — Von Hinckeldey's Unter-
gang — und von dem Depeschendiebstahl; in dieser letzeren Beziehung
sind die Herren natürlich gut orientirt. — Die Gesellschaft zeigt
nach fünf Stunden, um 8 Uhr, noch wenig Lust, sich zu trennen;
Vincke aber und ich mußten um 8 Uhr aufbrechen, weil Vincke du
monde chez lui hat. —

Abend bei Vincke. Außer seinen Damen, Legationsrath
Küpfer, ein alter, weitläufiger, pedantischer Mann, der nie zu einer
hervorragenden Stellung hat gelangen können, und um so mehr empressement empfindet, kund zu thun, wie viel er erlebt, gesehen, erfahren hat — wie bedeutend er sogar mitunter eingreifen konnte. Er
hat übrigens wirklich viel erlebt und erfahren. — Dieser Mann bemächtigt sich meiner und des Wortes in sehr ausschließlicher Weise. Er
hat mein Werk gelesen und meint, da ich jedenfalls sehr bald an eine
zweite Auflage werde denken müssen, wolle er mir noch mancherlei
Beiträge liefern. Sagt auch schon manches. Giebt zu verstehen, daß
ich Stein überschätze, dem ich da ein „schönes Denkmal" gesetzt habe.
— Ebenso hätte ich den Herzog Eugen von Württemberg überschätzt;
bei dem sei General Hofmann eigentlich das leitende Prinzip gewesen
(der war aber 1812 noch gar nicht bei dem Herzog) — ebenso will
er Clausewitz nicht sehr hoch stellen. Er geht früher als die Anderen,
die dadurch erst etwas zur Sprache kommen. —

18. **März.** Besuch beim Burggrafen Brünneck. Den Depeschen-
Diebstahl anlangend hat sich vorgestern ein seltsames Ereigniß hier
in Berlin zugetragen. Der Oberrechnungs-Rath Seiffarth, der im
Verdacht stand bei dem Depeschen-Diebstahl und -Verrath an die Gesandten der Westmächte betheiligt zu sein, war von seiner Behörde, dem
Finanz-Ministerium, aufgefordert, sich zu rechtfertigen, und nachdem
er sich schriftlich gerechtfertigt hatte, ließ man ihn zufrieden. — Jetzt
ist seine Rechtfertigungs-Schrift mit einem Male gedruckt — natürlich
in der Fremde — und vorgestern erhielten sie alle irgend bedeutenden
Individuen in Berlin, unter Brief-Enveloppe (die Adressen mit ver-
stellter Hand geschrieben) franco in das Haus gesendet. — Hervor-
ragende Persönlichkeiten, wie Brünneck, haben sogar eine Menge Exemplare erhalten. — Er giebt mir eins davon. Erzählt von 1813 als
einem Gegensatz zu der elenden Gegenwart, wird in seiner Begeisterung
ganz jugendlich in diesen Erinnerungen.

19. **März.** Vincke spricht seine politischen Ansichten aus. Er
meint, wenn die Sachen so fortgebildet wären, wie sie auf dem ersten
Vereinigten Landtage standen — eine Verfassung mit einer freisinnigen
Regierung und bloß berathenden Ständen, das wäre für uns das
Beste gewesen. Ich gebe ihm nicht Unrecht; am allerbesten wäre vielleicht
für unsere und des gesammten Deutschlands gegenwärtige Verhältnisse ein freisinniger unbeschränkter Monarch, der aber freilich ein
Mann wie Friedrich II. sein müßte, wenn der zu haben wäre. —
Ob die Stände eine bloß berathende oder eine entscheidende
Stimme haben, das halte ich für bloße Wort-Unterscheidungen. Ist
der Antheil am öffentlichen Leben und ein tüchtiger Geist der Selbständigkeit lebendig im Volk, so wird sich die Regierung wohl durch
das moralische Gewicht der Stände genöthigt sehen, das bloße Gutachten derselben gar wohl zu beachten; ist die Verfassung kein wirkliches Lebenselement des Volkes geworden, so kann sich die Regierung
im Gegentheil auch über förmliche Beschlüsse beider Kammern ohne
sonderliche Schwierigkeiten hinwegsetzen. — Aber wie dem auch sei,
auf den Vereinigten Landtag und die damaligen Zustände ist nicht
mehr zurückzukommen; wir müssen die Dinge da aufnehmen, wo sie
jetzt liegen und stehen. — Das giebt Vincke zu und macht die Be-

merkung, daß unsere jeßigen trostlosen Zustände, das Thun und Lassen unserer Regierung, genau dem Treiben in Frankreich unter Louis Philipp entsprechen.

Interessante Mittheilungen über den König und manches geschichtliche Ereigniß. Als dem König von Frankfurt aus die deutsche Kaiserkrone angetragen wurde, redete ihm der ältere Saucken (der General auf Tarputschen), der damals Zutritt bei ihm hatte, bringend zu, sie anzunehmen, suchte ihn zu überzeugen, wie das zu Preußens Ruhm und Größe führen müsse, wie die demokratischen Ungeheuerlichkeiten der Frankfurter Verfassung sich leicht beseitigen ließen, wenn man nur erst das Heft in Händen habe u. s. w.. „Ja, ja!" antwortete der König, „das mag alles ganz wahr sein, aber die Sache ist ungemein schwierig — dazu gehört ein Held — und ich bin kein Held!" — Dann aber fuhr er fort, er wolle nicht der Erste in Deutschland sein — er habe keine Pläne des Ehrgeizes — der zweite in Deutschland aber sei er von Rechtswegen — diese Stellung wolle er unbedingt behaupten —: „Wehe dem, der mich zum Dritten in Deutschland machen will!"

Aber auch das wurde im Jahre 1850 versucht. — Der König scheute damals vor dem Kriege zurück, zum Theil weil ihm und seinen persönlichen Vertrauten die Begeisterung der eigenen Armee und des eigenen Volkes bei weitem erschrecklicher erschien als der Feind! — Wohin sollte diese Begeisterung führen, was sollte daraus werden? (Allerdings, das biblische Königthum, das Mittelalter liefen dabei große Gefahr.)

General Wrangel (Sauckens Schwager, denn Beide haben zwei Schwestern, Fräulein Below, zu Frauen) hatte im Anfang große Lust zu dem Kriege, der damals in Aussicht stand; „jeßt ist er altersschwach geworden", sagt Saucken, „jeßt ist nichts mehr mit ihm;" damals aber war ihm darum zu thun, Lorbeeren und Nachruhm zu gewinnen. — Bald aber fand ihn Saucken vollkommen umgestimmt und zwar unverkennbar durch den persönlichen Einfluß des Königs. Saucken sprach von den Elementen eines glänzenden Erfolges, von der schönen Begeisterung der Armee, von der sich das Höchste erwarten lasse; „Uns graut vor der Begeisterung der Armee!" ant-

wortete Wrangel; — Saucken machte geltend, daß man mit ziemlicher
Bestimmtheit wisse, die halbe österreichische Armee werde zu uns übergehen so wie der Krieg erklärt sei. Das leugnete Wrangel nicht —:
aber desto schlimmer! „Sollen unsere heiligen Fahnen sich
mit den Fahnen Mazzini's und Kossuths vereinigen?"
sagte er —: lauter Worte und Redensarten, die ihm nichts weniger
als natürlich oder geläufig waren, in denen sich dagegen der Ideen-
gang des Königs nicht verkennen ließ.

Zur Zeit der Völkerschlacht bei Bronnzell drangen Saucken-Tar-
putschen und Graf Zieten in den König, die Ehre der preußischen
Waffen zu wahren —: der König schien entschlossen und sagte
den Herren, er werde die Baiern nicht über die preußische Etappen-Linie in Hessen vorrücken lassen. — Trotzdem ging in der folgenden Nacht der telegraphische Befehl an Gröben
ab, die Baiern auch über die Etappenstraße vorrücken zu lassen! —
Am folgenden Tage von Zieten, in Sauckens Beisein, deßhalb befragt, meinte der König: „Was sollte ich denn machen? —
ich konnte doch die Baiern nicht verhungern lassen! —
im Fuldaischen fanden sie nicht zu leben!" — Die Wahrheit
aber war, daß die Königin in der Zwischenzeit einen Fuß-
fall bei dem Könige gethan und dadurch erlangt hatte, was
Oesterreich und Baiern wollten! —

20. März. Der alte Legationsrath Küpfer behauptet: es habe
1813 am preußischen Hof keine französisch gesinnte
Partei gegeben. — Ich: Der Feldmarschall Kalckreuth war
doch entschieden französisch gesinnt? — Das konnte Küpfer nicht
leugnen, meinte aber, der sei vollkommen unbedeutend gewesen, so
gut wie gar nicht vorhanden. — Graf Goltz aber sei nicht französisch
gesinnt gewesen; „der verkaufte das Vaterland nicht!" — beruft sich auf Brünneck, der eine zustimmende Bewegung macht. —
Küpfer ist, wie er sagt, durch Heirathen in der Familie mit dem
Grafen Goltz verwandt — ist ein Zögling des Ministers Grafen
Goltz und durch diesen in das öffentliche Leben eingeführt. „Was
wir wollten" — nämlich die Partei, die Stein, Gneisenau, Scharn-
horst und überhaupt den „heißen Köpfen" feindlich gegenüberstand —

war: mit Rußland auf dem Fuße vollkommener Gleich=
heit unterhandeln! — „Darin wurden wir gestört", zuerst
durch die Convention des Generals York (diese Behauptung
geht wohl zu weit, wenn sie etwa sagen soll, daß gerade diese besonnene
Partei schon vor der Convention von Tauroggen an eine Erhebung
gegen Frankreich gedacht habe) — dann durch Steins Unge=
stüm. — Ich wende ein: Knesebeck, der gerade von dieser besonnenen
Partei nach Kalisch gesendet war, wußte aber doch die eigentliche Lage
der Dinge im Allgemeinen und die der russischen Armee insbesondere
nicht zu durchschauen, nicht zu ermessen, von welcher Wichtigkeit ein
Bündniß mit Preußen damals für Rußland war. Er beging infolge=
dessen den sehr großen, unverzeihlichen Fehler, nicht als ein Hülfe=
bietender, sondern als ein Hülfesuchender aufzutreten, und das war
am wenigsten der Weg zu einer Unterhandlung auf dem Fuß der
Gleichheit zu gelangen. — Küpfer giebt zu, daß Knesebeck in Kalisch
große Fehler begangen hat. Er habe auch sein ganzes fol=
gendes Leben über Reue empfunden wegen seines damaligen
Benehmens gegen Rußland und in diesem Gefühl des Mißbehagens
und der Reue seinen bekannten Aufsatz über das europäische Gleich=
gewicht geschrieben.

Wiener Congreß. Hier war England entschieden dafür,
daß ganz Sachsen mit Preußen verbunden werde, aber
unter der Bedingung, daß Preußen seinerseits gemeinschaftliche Sache
mache mit England, um zu verhindern, daß Rußland sich nicht über
die Weichsel ausdehne. In diesem Sinne handelte auch Hardenberg;
er war Rußland entgegen. Aber der schlaue Kaiser Alexander wendete
sich unmittelbar an den König Friedrich Wilhelm III. und faßte ihn
bei der Seite des Gemüths. Er machte eine Sache persönlicher
Freundschaft daraus — (und dies sehr geschickte Manöver gelang, da
Friedrich Wilhelm III. seinen kaiserlichen Freund für ebenso redlich
hielt, als er selber war). — Der König ließ Hardenberg rufen und
sagte ihm in Gegenwart des Kaisers Alexander: er höre, daß Harden=
berg dem Kaiser in Beziehung auf Polen entgegen handle; das wolle
er nicht, er befehle dem Kanzler hiermit ausdrücklich, die
russischen Forderungen unbedingt zu unterstützen. —

Was sollte Hardenberg da thun? fragt Küpfer — sollte er sich zurück-
ziehen und einen Andern als Kanzler an die Spitze der preußischen
Politik treten lassen — einen Andern, der noch entschiedener im
Sinn Rußlands gehandelt hätte? — oder sollte er bleiben, und dem
König genügen, um zu retten, was noch zu retten war?

Hardenberg wählte das Letztere, blieb und unterstützte die russischen Forderungen; von dem Augenblick an drang der ärgste Feind,
den Preußen je gehabt hat, der hannöversche Minister Graf Münster-
Steinhövel, mit seinen Ansichten auch bei den englischen Staatsmännern
durch; er fand nun Glauben mit der Behauptung, Preußen sei
nichts weiter als ein Vasallenstaat Rußlands, und man
müsse es deshalb beschränken, lähmen und zurückdrängen, soviel als
möglich; Fürst Metternich stimmte lebhaft ein, Talleyrand nicht
minder, Alles wendete sich gegen Preußen. — Man durfte am Ende
von Glück sagen, daß Preußen die Hälfte von Sachsen erhielt —
(von der Maas und der Nordsee wurde es geflissentlich ausgeschlossen,
das hängt wohl auch mit diesen Dingen zusammen?) — Rußland
erlangte was es wollte, Preußen aber wurde zu Deutschlands Unheil in seinem Aufschwung gehemmt — und mußte zum Schluß
noch Leipzig aufgeben, um Thorn wieder zu erhalten
und eine leibliche Grenze gegen Rußland.

21. März. Vincke, der eben nach Hause kommt, erzählt, daß
die Polizei Schritte thut, die Verbreiter der Seyffarth'schen Schrift
zu ermitteln — man vermuthet, daß sie in Braunschweig gedruckt
worden sei; dorthin sind Polizei-Agenten abgegangen. Hier ist heute
Morgen bei dem Breslauer Kaufmann und Kammermitglied Molinari Haussuchung gewesen; man hat aber nichts gefunden. — Haussuchung bei einem Abgeordneten? bemerke ich; das ist ja ganz gegen
alles Recht und Gesetz! Bitter lächelnd antwortete Vincke: Darüber
setzt sich Polizei-Willkür ohne Bedenken hinweg. — Auf
dem letzten Ball bei dem russischen Gesandten hat Herr Wagener
(Neu-Stettin) geäußert: „Die Fäden des Depeschendiebstahls reichten
bis in das Cabinet des Prinzen von Preußen hinauf!" — Das wurde
dem Prinzen hinterbracht, der es sehr übelnahm und Schritte that,
um eine Untersuchung herbeizuführen. — Er klagte gegen Vincke,

er könne es nicht einmal dahin bringen, daß Wagener auch
nur befragt werde, was er denn eigentlich gesagt habe?
— Vincke antwortete, es sei ihm sehr leid, daß dergleichen in Preußen
überhaupt geschehen könne, sei dem aber einmal so, dann sei es ihm
lieb, daß es gerade S. K. Hoheit begegne; der Prinz erfahre nun
selbst, wie es jetzt in Preußen um Recht und Gerechtigkeit steht.
Wenn der Prinz nicht zu seinem Recht kommen kann, könne er sich
wohl denken, wie es Andern ergehe. — Der Hinterbringer ist übrigens
bei näherer Befragung schwankend geworden; hat geäußert, er habe
nur jene Worte in einer Gruppe gehört, in der auch Wagener stand,
ob gerade dieser sie gesprochen, könne er nicht mit voller Bestimmtheit behaupten. — Wagener hat erklärt, er habe nur gemeint, auch
die Correspondenz des Prinzen sei bestohlen worden. — Der Hinterbringer wollte sich später auch der gebrauchten Worte nicht mehr
genau erinnern. — .... Bei Gelegenheit kommen wir auch auf
Pfuels Verhalten im Jahre 1848. Vincke meint, es habe ihm nicht
an Energie gefehlt, aber er wollte — so wenig wie Auerswald —
Energie entwickeln, weil er sah, daß die unsinnigste Reaktion herein-
brechen würde, sowie die Revolution gänzlich besiegt wäre.

22. März. Besuch bei dem alten Legationsrath Küpfer. Er
kommt darauf zurück, daß es 1813 keine französische Partei gegeben
habe und spricht als Anhänger von Goltz: „Sie werden meinen,
daß ich ungerecht gegen Stein sei. Die großen Reformen, die seinen
Namen tragen, waren im Plan fertig, ehe Stein Minister wurde.
Der Mann, den Stein so sehr angefeindet hat, der Kanzler Beyme,
war ihr eigentlicher Verfasser. Die Verordnungen über Städteordnung, Bauernemancipation u. s. w. lagen fertig bereit, der König
aber hatte gerade auf Beyme's Rath die Publication einige Tage
zurückgehalten, damit die Ehre dem neuen Minister zu Theil werde
und dieser mit éclat auftreten könne. Als diese Verordnungen Stein
vorgelesen wurden, schüttelte er zu Manchem den Kopf, so wenig war
er der Verfasser, sie gingen ihm in mancher Beziehung zu weit.
Stein war durch und durch Aristokrat (das weiß ich wohl!). Während
der Unglücksjahre 1807—1813 war unsere Politik, unser Dasein
zu erhalten, bis sich eine günstigere Zeit zur Erhebung fände. Stein

aber gefährdete diese Zustände durch Exaltation und leidenschaftliche Unvernunft, er ging wie ein Stier durch Alles. Er und die Königin exaltirten sich immer gegenseitig, — unnützer Weise feindete er Beyme an. Ein Menschenkenner war Stein gar nicht, vor Koppe, durch den er verrathen wurde, hatte man ihn vielfach gewarnt. Sein berühmtes Testament war gleichfalls nicht von ihm, sondern von dem damaligen Regierungs-Präsidenten, späteren Ober-Präsidenten Schön verfaßt und ging dem Minister Stein wohl auch in einem oder dem andern Punkte zu weit. Im letzten Augenblicke bewog Schön ihn zu unterschreiben.

. Der April (1856) brachte Bernhardis persönlichen Beziehungen einen fühlbaren Verlust. Die von ihm und den Seinigen hochgeschätzte Familie Zedlitz verließ Hirschberg, ohne daß sich ein Ersatz für dieselbe gefunden hätte. Die Empfindlichkeit dieser Einbuße wurde dadurch erhöht, daß einige Monate später der treffliche, von Bernhardi hochverehrte Major von Flotow starb und zwar an dem Tage, wo die Breslauer philosophische Facultät den verdienstvollen Forscher zum Doktor honoris causa ernannt hatte; Flotows Sammlungen sind leider der Wissenschaft verloren gegangen, indem man sie auf dem Bodenraume des Kgl. Herbariums ver= kommen ließ. — Unter den übrigen jenem Zeitpunkt angehörigen Auf= zeichnungen dürfte die nachstehende die bemerkenswertheste sein:

Die rheinische Städteordnung wird in Berlin berathen. Was mußte unsere Politik am Rhein sein und was ist sie? Die katholischen Pfaffen wird Preußen niemals gewinnen, das liegt in der Natur der Sache. Die werden immer versuchen Convertiten zu machen und Haß gegen die preußischen Ketzer zu nähren, — theils für Frank= reich, theils für Oesterreich zu wühlen. Mit jeder Erweiterung ihrer Selbständigkeit und ihres Einflusses, die man gestattet, giebt man ihnen neue Waffen ohne sie im geringsten zu gewinnen. Deßhalb mußte man sich unbedingt auf das liberale Princip und die liberale Partei in den Rheinlanden stützen, — auf den Geist der Selbständig= keit, der sich regt.

Besuch beim Prinzen Eugen von Württemberg.

Den in Berlin verbrachten reichen und anregenden Tagen folgten Wochen stiller Arbeit in der Landeinsamkeit Kunnersdorfs. Ueber die Vorgänge an den Mittelpunkten des Völkerlebens wurde Bernhardi durch seine auswärtigen Freunde ziemlich regelmäßig auf dem Laufenden ge= halten. Von besonderem Interesse war ihm ein Bericht Vincke's über die Aufnahme, welche der Aufsatz über den Kaiser Nikolaus bei dem Prinzen von Preußen gefunden. „Der Prinz erkennt viel Wahres darin an, aber das Herz des Freundes des Verstorbenen fühlt sich durch Manches verletzt." Desto günstiger hatte sich die Prinzessin ausgesprochen, nach der Person des Verfassers gefragt und dabei geäußert, „einen solchen Mann sollte man in Preußen benutzen." Wenig später traf ein Brief ein, durch welchen der Verfasser des Buches über Toll zu einem Besuch bei dem in Carlsruhe (Schlesien) lebenden russischen General a. D. Prinzen Eugen von Württemberg (demselben, der einen Aufsatz über die Er= eignisse von 1812 und 1813 gesendet hatte) eingeladen wurde.

Dem Bericht über diesen Besuch muß eine Bemerkung über die Person und die Geschicke des Herzogs vorausgeschickt werden, welche zugleich die Veranlassung zu der Einladung und den Inhalt der in Carlsruhe ge= führten Gespräche erläutert.

Als Neffe der Gemahlin Kaiser Pauls I. von Rußland (einer württem= bergischen Prinzessin, die nach ihrem Uebertritt zur morgenländischen Kirche den Namen Maria Feodorowna angenommen hatte) war der dreizehn= jährige Herzog Eugen von Württemberg im Jahre 1800 nach St. Petersburg berufen worden, wo er wegen seines Verstandes, seiner Harmlosigkeit und Offenheit die Sympathien des russischen Monarchen so rasch erwarb, daß derselbe bereits nach der ersten Begegnung in die Worte ausbrach: „Savez-vous bien, que ce petit drôle a fait ma conquête?" In der Folge war Pauls Vorliebe für den jungen Ver= wandten zur Manie geworden. Er ernannte den halbwüchsigen Knaben zum Commandeur des Malteser=Ordens, machte ihm bei der Parade die Honneurs und nannte ihn, wenn die Unterhaltung deutsch geführt wurde, „gnädigster Herr". Zugleich aber sprach Paul die Absicht aus, den jungen Prinzen mit seiner Lieblingstochter, der Großfürstin Catharina (späteren Königin von Württemberg) zu vermählen — ja, als die Großfürsten

Alexander und Constantin sich zu Anfang des Jahres 1801 die Ungnade ihres excentrischen Vaters zugezogen hatten, ließ dieser Anspielungen darauf fallen, daß er seine Söhne enterben und seinen künftigen Schwiegersohn zum Nachfolger machen wolle!

Den peinlichen Eindruck, den dieser wunderliche Einfall Pauls auf seinen Nachfolger, den späteren Kaiser Alexander I. machte, hat dieser niemals verwunden. Nach dem Tode ihres Gemahls hielt die Kaiserin Maria Feodorowna für zweckmäßig, den Herzog nach Schlesien zurückzusenden, und erst im Jahre 1807 gelang es ihr, die Wiederanstellung desselben in der russischen Armee zu bewirken. Der Herzog zeichnete sich bei den verschiedensten Gelegenheiten in so rühmlicher Weise aus, daß Alexander ihm seine Anerkennung nicht vorenthalten konnte; zu öffentlicher Auszeichnung des hochverdienten Prinzen vermochte der unter dem Eindruck der Erinnerungen aus dem Jahre 1801 gebliebene russische Kaiser sich so wenig zu entschließen, daß derselbe wenig bekannt geworden und selbst in dem officiellen Bericht über die Schlacht bei Kulm (die der Herzog als Vertreter des geisteskrank gewordenen Grafen Ostermann gewonnen hatte) unerwähnt geblieben ist. „Je sais tout ce que nous Vous devons, mais la résignation est la plus belle des vertus", wurde ihm auf dem Schlachtfelde vom Kaiser gesagt. Dieser wirkliche Hergang der Sache und die eminenten Verdienste, welche der Herzog bei Kulm wie bei anderen Gelegenheiten erworben, waren in dem Bernhardi'schen Buche über Toll ihrem vollen Umfange nach an's Licht gezogen worden. Damit stand die an den Verfasser ergangene Einladung in Zusammenhang.

Die „Ereignisse von 1825", von denen auf den nachfolgenden Blättern wiederholt die Rede ist, sind die Wirren, welche der Thronbesteigung des Kaisers Nikolaus vorhergegangen und dadurch hervorgerufen worden waren, daß der Thronfolger Constantin in aller Stille resignirt, Alexander I. diese Resignation indessen vor der kaiserlichen Familie geheim gehalten und das bezügliche, erst nach seinem Tode aufgefundene Actenstück im tiefsten Geheimniß den Archiven des Reichsraths übergeben hatte. Alexander starb bekanntlich fern von St. Petersburg in der südrussischen Stadt Taganrog, während Constantin in Warschau weilte und Großfürst Nikolaus nicht wußte, daß er zum Thronerben designirt sei.

Nach Beendigung des türkischen Krieges von 1828, an welchem er ruhmvollen, übrigens auf die Führung e i n e s Armeecorps beschränkt gebliebenen Antheil genommen, war der Herzog, auf seine schlesischen Güter zurückgekehrt, nie wieder nach Rußland gekommen, trotz der vieljährigen Entfernung von dem Lande der entscheidenden Jünglings= und Mannes= jahre indessen warmer Anhänger desselben geblieben.

Bernhardi's Bericht über die in Carlsruhe verlebten Tage (10. bis 14. Juni 1856) lautet wie folgt:

10. Juni. Carlsruhe hat eine sehr eigenthümliche Lage. Der Ort liegt inmitten eines etwas sumpfigen Nadelholzwaldes und hat in der Anlage eine entfernte Aehnlichkeit mit Carlsruhe in Baden. — In der Mitte liegt das Schloß, von mäßiger Größe, viereckig kleine runde Thürme an den Ecken, eine Kuppel mitten darauf — ein Fahrweg führt an den Perron — kleine Pfade zwischen Hecken rund umher. Es steht auf einem achteckigen Platz, von dem acht Alleen strahlenförmig durch den Wald gehen. Zwischen diesen liegen acht niedrige, einander ganz gleiche Pavillons und bilden die acht Seiten des Platzes; jeder hat nur ein Erd= und ein Mansarden= geschoß. — Die acht Alleen sind die Straßen des Orts; die Häuser sind aber meist so niedrig, liegen so vereinzelt, in Gärten, selbst im Gebüsch, daß man garnicht begreift, wo die 2300 Einwohner stecken. Das Ganze ist höchst eigenthümlich und behält nicht den Charakter eines Ortes, sondern den eines einsamen Jagdschlosses mit einigen Nebengebäuden.

Ein herzoglicher Lakai führt mich zum Schloß, das leer steht, und wo mir zwei Zimmersäle nebst einer Garderobe angewiesen sind. Ich lasse fragen, wann ich meine Aufwartung machen kann? — Kurz vor Tisch — i. e. ich komme zu Tisch.

Der Herzog bewohnt mit seiner Familie einen jener acht Pavillons; ziemlich eng. Rechts vom Hausflur, wenn man eintritt, ist ein nicht großer Salon, hinter dem man ein Cabinet gewahr wird. (In einem Anbau der nächsten Straße mögen neben Küche und dergl. noch ein Paar Zimmer sein, die aber nicht der Gesellschaft bestimmt sind.) Links vom Flur liegt das Speisezimmer — ein Vorzimmer giebt es nicht! — Die Wohn= und Schlafzimmer sind oben in den Mansarden.

Das Wesen hat etwas Eigenthümliches. Ehemals behauptete es den Caralter eines kleinen Hofes; zwei russische Offiziere, Wachtin und Moloftwow, lebten hier als Abjutanten des Herzogs — ein Leib-

arzt, Hofrath Balluffel — ein Kammerdirector, Oberst von Bockelberg, umgaben den Herzog. Die Damen hatten eine Art von demoiselle d'honneur — jetzt ist das Alles eingegangen — die Leute
sind theils gestorben, theils weggezogen — und nicht ersetzt worden.
Der Herzog lebt wie ein Landedelmann — sehr anspruchslos — außer
seiner Familie ist Niemand da als eine ungemein häßliche Französin
entre deux âges, ehemalige Gouvernante der Töchter. Ein Hofrath
Riebel, der aber nicht im Hause wohnt, sondern als Familienvater
einen der sieben anderen Pavillons inne hat und nur gelegentlich
„bei Hof" erscheint, ist nach und nach factotum geworden; er führt
die Geschäfte — und vertritt in vorkommenden Fällen den mangelnden
Hofcavalier. Denn das einfache Leben eines Privatmannes will es
doch eben nicht werden. Es bleibt immer eine leise Schattirung von
Hof — die sich in Mansardenzimmern ganz eigenthümlich ausnimmt.

Der Herzog empfängt mich im Salon, — er ist von mittlerer
Größe, eher zur kleinen als zur großen Gestalt neigend — aber sehr
breit und kräftig gebaut; mäßig corpulent, wie es die Jahre mit sich
bringen; — die Physiognomie nicht bedeutend, nur daß die lebhaften,
blauen Augen ein gewisses Feuer haben; eigenthümlicher Blick, immer
mit einer gewissen Anstrengung auf irgend einen Gegenstand geheftet,
dabei die ohnehin großen Augen soweit als möglich geöffnet. — Braune
Perrücke, welche die ehemalige, sehr üppige Lockenfülle nachahmt; die
Locken fallen vorwärts auf die Schläfen und die Stirn. — Schwarz
gekleidet, den Württembergischen Hausorden um den Hals. — Er
stellt mich den Damen vor, die etwas tiefer im Salon gruppirt sind.
Die Herzogin, geborene Fürstin von Hohenlohe-Langenburg, ist eine
Frau von zweiundfünfzig Jahren, die sehr schön gewesen sein muß,
— ihre Schwester, Wittwe Gräfin Erbach, muß ungemein zierlich
und reizend gewesen sein; sie neigt zum Humoristischen — neckt sich
viel mit dem Herzog. — Beide Damen sprechen mit einem ziemlich
entschiedenen schwäbischen Accent deutsch. — Die ältere Tochter ist
krank und erscheint nicht, — die jüngere, Prinzessin Anna, eine sehr
gutmüthige und hübsche junge Dame, die einen angenehmen Eindruck
machen würde, auch wenn sie nicht Prinzessin wäre. — Sonst noch
der Hofrath Riebel, der es versäumt, mich der jungen Prinzessin

vorzustellen, und Fräulein Luise von Bockelberg, die ein für allemal
für die Zeit meiner Anwesenheit, Mittag und Abend, geladen ist.
— Die Herzogin nimmt meinen Arm zu Tisch. — Der Herzog führt
Luise von Bockelberg, mein Platz ist zwischen der Herzogin und der
Gräfin Erbach —, aber der Herzog, der etwas harthörig ist und bald
in ein lebhaftes Gespräch mit mir verflochten war, tauschte am Ende
Plätze mit der Gräfin. — In den Salon zurückgekehrt, sprach er
lebhaft weiter — die Damen waren verschwunden.

Das Gespräch wendet sich auf einen Punkt, der dem Herzog
offenbar ganz besonders am Herzen liegt: die Thronbesteigung des
Kaisers Nikolaus und die Petersburger Unruhen vom 14. December.
Der Herzog empfindet das Unrecht, das ihm damals widerfahren ist,
sehr tief, und seine Mittheilungen werden bald sehr offen und in
einem überraschenden Grade vertrauensvoll.   Viel Unheil entstand
damals aus Geheimthuerei, da weder der Kaiser Nikolaus noch seine
Mutter, die allein mit dem Großfürsten Constantin correspondirten,
irgend Jemandem die ganze Wahrheit sagten, und unumwunden,
vollständig und auf zuverlässige Weise erfuhr Niemand, was eigentlich verhandelt wurde, und wie die Sachen standen.   Daraus entstand eine allgemeine, heillose Ungewißheit.   Es scheint fast, als ob
die ehrgeizigen Pläne der Kaiserin-Mutter wieder aufgetaucht wären,
momentan und in sehr flüchtigen Umrissen.   Zwei der damaligen
Minister fragten den Herzog Eugen in diesen Tagen der Ungewißheit:
was er wohl thun würde, wenn etwa die Kaiserin-
Mutter Maria Feodorowna zur selbstherrschenden Kaiserin ausgerufen würde?*) — „Der eine von ihnen stand
mir sehr nahe," sagte der Herzog, „Sie werden wohl errathen, wer
die Herren waren!" — Bald nennt er sie denn auch ausdrücklich:
Herzog Alexander von Württemberg und Graf Cancrin.**) — Der

---

*) Maria Feodorowna hatte bereits im Jahre 1801 daran gedacht, sich als
regierende Kaiserin ausrufen zu lassen. Vergl. v. Bernhardi, „Geschichte Rußlands
und der europäischen Politik", Bd. II, S. 436 ff. und „Vermischte Schriften",
Bd. I, S. 155 ff.

**) Herzog Alexander von Württemberg war Ingenieur-General in russischen
Diensten und hat sich durch Erbauung eines nach ihm benannten Canals besonders

Herzog Eugen fertigte sie sehr kurz ab, mit dem Bedeuten, daß er als Fremder, als Nichtrusse, in diesen Dingen gar keine Stimme habe, oder sich anmaße.

Der Fürst Wassiltschilow benahm sich als Präsident des Reichsraths sehr wacker und tüchtig. Er berief den Großfürsten Nikolaus in den Reichsrath, um dort das Testament des Kaisers Alexander, und was dazu gehörte, vorlesen zu hören. Nachdem der Großfürst Nikolaus verlangt hatte, der Reichsrath solle dem Großfürsten Constantin schwören, und den Herzog Eugen beauftragt hatte, als ältester General die Vereidigung sämmtlicher General-Adjutanten (namentlich derjenigen, welche im ersten Augenblick in der Capelle den Eid für Constantin verweigert hatten) vorzunehmen, weigerte er sich im Reichsrath zu erscheinen. — Wassiltschilow antwortete: Nikolaus sei Kaiser durch das Testament Alexanders; es hänge nicht von ihm ab, es zu sein, oder es nicht zu sein. Wäre er es aber nicht — nur Generalmajor —, dann habe er auch nicht das Recht, den Reichsrath oder die General-Adjutanten zum Eide aufzufordern, oder mit Autorität dazu anzuhalten.

Die Scene in der Hofkapelle, wie die Nachricht von Alexanders Tode ankommt, wird genau beschrieben. Ereignisse am 14. December. — Früh leistete der Herzog Eugen mit der maison militaire in der kleinen Hofkapelle dem Kaiser Nikolaus den Eid und zog sich dann in seine Gemächer zurück, um dort Briefe zu schreiben und die Nachricht vom Beginn des Tedeums zu erwarten. — Er bemerkt am Ende, daß sein Adjutant Molostwow verlegen an der Thüre steht und einen eigenthümlichen Blick auf ihn heftet. Erfährt nun, was geschieht. (Die Ereignisse des Tages im Wesentlichen so, wie sie in des Herzogs schriftlichem Nachlaß stehen. Einige Züge, die er mir mündlich erzählt hat, und die dort fehlen, werde ich in Form von Bemerkungen hinzufügen.)

Sehr übel ist der Herzog auf Diebitsch *) zu sprechen. Im An-

---

verdient gemacht. — Graf Cancrin (geb. 1774 in Hessen) war von 1821—1844 russischer Finanzminister und besonderer Vertrauensmann des Kaisers Nikolaus.

*) Der bekannte russische Feldmarschall Graf Diebitsch-Zaballanski war Zeuge des Todes Alexanders I. gewesen und hatte sich durch seine während des

fang bezeigte Kaiser Nikolaus dem Herzog das größte Vertrauen, schien sich auf ihn stützen zu wollen, ihn in den wichtigsten Angelegenheiten zu brauchen gesonnen. Das Alles wurde anders, bald nachdem Diebitsch wieder in Petersburg eingetroffen war. Diebitsch wollte selbst die erste Rolle spielen unter der neuen Regierung, duldete keinen Anderen auf seinem Wege — und hat wohl das Nöthige gethan, um den jungen Kaiser mißtrauisch gegen den Herzog zu machen.

Sehr merkwürdig aber war mir, zu erfahren, daß der allererste Gedanke des Kaisers Nikolaus ein Krieg mit der Türkei war. Schon im Jahre 1826 trug er dem Herzog Eugen zuerst einen Plan zur Besetzung der Donau-Fürstenthümer auf, und da dieser darauf die Bemerkung machte, dazu sei kein militärischer Operationsplan nöthig, verlangte Kaiser Nikolaus von ihm einen Operationsplan zu einem entscheidenden Kriege gegen die Türkei. Der Herzog äußerte, damit ein solcher Plan nicht ganz in der Luft schwebe, müsse er von vielen Umständen näher unterrichtet sein, müsse wissen, wie viele Truppen und welche der Kaiser zu dem Unternehmen bestimme, wo dieselben sich befänden — wie überhaupt die Armee vertheilt sei — in welchem Zustand der Vollzähligkeit u. s. w. — wo die Artillerie- und anderen Depôts angelegt seien, und welche Hülfsmittel sie böten. Er erbat sich die Ermächtigung, über alle diese Dinge von dem Chef des großen Generalstabes, dem General Diebitsch, Auskunft zu verlangen. — „Oh! avec celui-là pas un mot!“ antwortete Kaiser Nikolaus.

Der Herzog arbeitete nun an seinem Plan, ohne mit Diebitsch Rücksprache zu nehmen. — Zu seinem Erstaunen kam aber Diebitsch eines Tages zu ihm und sagte, er wisse, womit der Prinz beschäftigt sei; er seinerseits arbeite auch an einem Operationsplan, und damit legte er seine Ansichten vor. Es waren ungefähr die nämlichen, die auch der Herzog gehabt hatte; nur an eine Expedition zur See nach Burgas hatte er nicht gedacht; das war ein Detail (und ein sehr

sogenannten Interregnums bewiesene Umsicht besonders ausgezeichnet. — Unter dem Geleit von Diebitsch's Vater war der Herzog im Jahre 1800 nach Rußland gekommen.

wichtiges), daß er erst später aus den Entwürfen des Herzogs in die seinigen übertrug, indem er „Sisepol" anstatt „Burgas" setzte.

Der Herzog äußerte gegen den Kaiser Nikolaus seine Verwunderung darüber, daß General Diebitsch nun doch von Allem unterrichtet sei; gleichgültig antwortete der Kaiser: „Mais, c'est une chose connue!" Das Vorhaben eines Türkenkrieges nämlich; das sei für seinen vertrauten Rath kein Geheimniß. — Warum hat er sich also bemüht, den Herzog und Diebitsch auseinander zu halten? Der Herzog meint, weil er den Operationsplan des Herzogs für sein eignes Werk ausgeben wollte. „Er wollte das für seine eigene Weisheit ausgeben!" — — — — —

Die Soirée beginnt seltsamerweise um sieben Uhr mit dem Abendessen, und das Abendessen ist wunderlich: erst saure Milch, dann Suppe — darauf folgen un plat de viande — un plat doux und zum Beschluß Thee. — Die Unterhaltung zwischen mir und dem Herzog bewegt sich immer auf demselben Boden. Zwischen zehn und elf trennt man sich. — Spät kommt noch ein Lakai zu mir und fragt: ob ich wünsche, daß Jemand im Schlosse schlafe? in diesem Falle könne sogleich ein Feldbett im Vorsaal aufgeschlagen und Jemand von der Dienerschaft darein gebettet werden. — Ich weise das ab, da ich weder krank bin noch Gespenster fürchte. — Ich erfahre aber auf diese Weise, daß ich tout fin seul bin in dem großen Schloß. — Doch, glaube ich, hält sich in einem besonderen Stübchen beim Eingang ein Wächter auf; wenigstens ist er am Tage da.

11. Juni. — Herrlicher Morgen! — Besuch bei dem Hofrath Riebel, den ich in einem jener acht Pavillons — seiner Dienstwohnung — inmitten seiner Familie finde. Der Mann hat eine eigene Carrière gemacht. Er ist französischer Emigrant — also wohl Elsässer — und war in seiner Jugend Tänzer bei dem Breslauer Theater! — Dort hat ihn der Herzog gesehen — oder schon sein Vater — und ihn zuerst als Tanzmeister und Violinspieler in seine Dienste genommen. Da dann weiter die wichtigeren Leute des Ortes allmählich ausgestorben sind, ohne anderweitig ersetzt zu werden, ist er nach und nach in ihre Stelle getreten und Alles in Allem geworden, Kammerdirektor, Hofmarschall und Hofcavalier. Damit der Mann

das mit gehörigem Anstand sein könnte, hat ihn der Herzog zum württembergischen Hofrath machen lassen. — Der Mann thut natür-lich sehr wichtig — hat viel zu thun — muß morgen nach Breslau in Geschäften — klagt über die Pächter der „Aemter", die in Beziehung auf die Bauten sehr viel verlangen u. s. w.

Den Rest des Vormittags war der Herzog bei mir im Schloß. Er müsse doch sehen, wie man mich logirt habe, und ob mir nichts fehle u. s. w. Der Herzog, eine offene Natur, ist nicht schwer zu beurtheilen. Er ist, bei ziemlich guten, aber nicht eminenten Fähig-keiten, gutmüthig, wohlwollend — von durchaus redlichem, edlem Charakter. — Sanguiniker, leicht erregt — und dabei fallen gewisse Widersprüche auf, wie eben kein Mensch von einem inneren Widerspruch frei ist.

Ein Fürst vollends wird nie und von Niemandem auf einen solchen Widerspruch aufmerksam gemacht; seine Umgebung läßt viel-mehr Alles gelten, was er ist, thut und sagt — und pflegt vor Allem seine Eigenheiten und zieht sie groß. — Er ist bescheiden — er ist edel — und will, von dieser seiner Natur geleitet, nicht, daß er mit großem Lobe genannt wird, besonders in einer Weise, die irgend Je-mand Andern kränken könnte. — So ist er außer sich über die Bro-schüre des Obersten Hellborf*), darüber, daß darin mit dürren Worten gesagt ist, Ostermann sei zur Zeit der Schlacht bei Kulm geistes-krank gewesen. Selbst ich muß ihn noch vielfach darüber beruhigen, daß der achtzigjährige Ostermann zu Genf gewiß von diesem Hefte nichts erfährt. — Der Herzog hat, als eine edle, zarte, meist in der Zurückgezogenheit gebildete, und wie das dann zu sein pflegt, leicht verletzbare Natur, überhaupt eine gewisse Scheu vor der Oeffentlichkeit.

Nebenher aber hat er auch sehr viel Ehrgeiz — es ist ihm sehr schmerzlich, daß sein Leben nicht zu der Entwicklung gekommen ist, die er in etwas phantastischer Weise gehofft hatte. Es schmerzt ihn sehr tief, daß in Folge der Mißgunst des Kaisers Alexander die Thaten, die er denn doch gethan hat, geflissentlich in den Schatten gestellt sind — daß man so wenig als möglich davon gesprochen hat — daß

---

*) Oberst H. gab in der Folge vier Bände „Aus dem Leben des Herzogs Eugen von Württemberg" (1861), General Hobe „Memoiren" des Herzogs heraus.

die Wahrheit gröblich entstellt worden ist, bloß damit nicht von ihm die Rede zu sein brauchte. — Es liegt ihm gar sehr daran, daß die Wahrheit bekannt wird, daß ihm Gerechtigkeit geschieht.

Er ist von der edelsten Bescheidenheit durchdrungen — und doch überschätzt er sich auch in gewissem Sinne; sowohl sich selbst als seine Leistungen und Ansichten, als das, was er unter günstigeren Bedingungen hätte leisten und werden können.

Diese Art von Ueberschätzung führt ihn zu der seltsamen und nicht begründeten Behauptung, der Rückzug 1812 in Rußland sei sein Plan gewesen. Er hat nämlich die Idee gehabt, daß der Krieg auf diese Weise geführt werden müsse — hat diese Idee durch Wolzogen *) zur Geltung bringen wollen — diese Bemühungen führten aber nicht weiter, als daß sie in dem Phull'schen Operationsplan aufgingen. — Daß von einer solchen Idee, die er vergebens in Anregung zu bringen gesucht hat, bis zu einem Operationsplan, vollends bis zu einem angenommenen und befolgten, noch sehr weit ist — das ist ihm nicht so klar, wie es sollte. — Noch dazu haben seine damaligen Ideen in der That nur eine scheinbare Aehnlichkeit mit dem, was wirklich zur Erscheinung kam. — Er beschäftigte sich mit einem System des Vertheidigungskrieges, dessen Wesen in concentrischen Rückzügen liegen sollte. Aber er sah dies System keineswegs als besonders auf Rußland anwendbar an, wegen der unermeßlichen Ausdehnung dieses Reiches: sondern er sah darin die angemessenste Kriegsweise (ganz allgemein gedacht) gegen Napoleon, und nachdem dies in thesi festgestellt war, wendete er es zunächst in hypothesi — auf ein ideales Kriegstheater in Ostpreußen an — Beweis genug, daß er dabei nicht an den Raum als ein Element der Entscheidung dachte — daß mithin seine Ideen himmelweit unterschieden waren von dem, was damals, 1812, zur Ausführung kam. — Er beruft sich auf jenes 1809 hier, zu

---

*) Der im Jahre 1645 zu Berlin verstorbene königlich preußische General der Infanterie Justus Ludwig v. Wolzogen war im Jahre 1810 Flügeladjutant des Kaisers Alexander I. von Rußland geworden, hatte im Generalstabe des (späteren) Feldmarschalls Barclay de Tolly den Feldzug von 1812 mitgemacht und den Kaiser während der Feldzüge von 1813 und 1814 begleitet.

Carlsruhe, entworfene Memoire, das unter Wolzogens Namen geht, aber, wie ich nun erfahre, mehr vom Herzog ist als von Wolzogen. Und doch beweist dies Memoire gerade gegen ihn, denn die Mittel der Entscheidung werden da in ganz anderen Dingen, nicht im Raum gesucht. — Er giebt zu, daß Wolzogen dann Alles schon im Zuschnitt verdorben habe, dadurch, daß er „dem Rückzug das Ziel viel zu kurz steckte" — giebt zu, daß Wolzogen im Felde wenig zu brauchen war, „er war ein Pedant".

Widersprüche treten auch anderweitig hervor. Es ist dem Herzoge eigentlich in Rußland schlecht gegangen — man hat ihn schlecht behandelt — hat ihn eigentlich nicht haben wollen — mit Mißtrauen betrachtet — seine Lebenspläne durchkreuzt und geknickt — seine Thaten absichtlich unbeachtet gelassen und sie sogar Anderen officiell zugeschrieben — der Herzog ist innerlich erbittert über den Kaiser Alexander — über den Kaiser Nikolaus — über Rußland überhaupt; er äußert sich oft mit Erbitterung über das ganze dortige Wesen und schildert es ganz schonungslos so wie es ist — doch aber zeigt er sich dann auch wieder russisch gesinnt; besonders wenn irgend Jemand Rußland angreift — das kann er nicht leiden! Er zieht dann leicht sehr leidenschaftlich gegen Rußlands Feinde und Verleumder zu Felde — erklärt sie für lauter sansculottes und rothe révolutionnaires — und zeigt sich empört darüber, daß man den Dank verkleinern will, den Europa Rußland schuldet. — Selbst über das Buch des Major Beitzke*) ereifert er sich sehr und meint, es sei einzig und allein in feindseliger Absicht gegen Rußland geschrieben. — Wenn er in mir einen Gegner Rußlands vermuthete, wäre es aus mit seinem Vertrauen.

Er vertheidigt leidenschaftlich auch die neueste Politik Rußlands — die Politik des Kaisers Nikolaus — sein Auftreten gegen Preußen 1850; er behauptet nicht allein, daß es zu Preußens wahrem Besten ausgefallen ist, sondern daß Sorge für Preußens Bestes auch allein den Kaiser Nikolaus dabei leitete. — Und doch, was weiß er von Rußlands Politik? Zu den Eingeweihten des Petersburger Cabinets

*) Geschichte des russischen Krieges 1812. Berlin 1856.

hat er nie gehört — und nun vollends lebt er seit beinahe dreißig Jahren — seit 1828 — ganz außer aller Berührung mit dem Reiche und den dortigen Machthabern.

Ueberhaupt vertheidigt er Rußland, ohne es zu kennen. — Er versteht nur sehr unvollkommen Russisch — so lange er dort war, lag er meist im Felde — und nun vollends ist ihm Alles dort fremd geworden.

Es kränkt ihn sehr, daß man dort 1831—1849, ja bei Gelegenheit des jetzigen Krieges, nicht an ihn gedacht hat — daß er unthätig hier in Carlsruhe hat sitzen müssen. Daß er hier in Carlsruhe leben wollte, und doch dabei die Hoffnung im Stillen hegen konnte, dort wieder eine Rolle zu spielen, ist auch ein Beweis, daß er Rußland nicht kennt. — Dort gilt nur die unmittelbarste Gegenwart; wer da etwas leisten und erlangen will, muß immer unmittelbar gegenwärtig sein — ohne Unterbrechung im Weben an dem sausenden Webstuhl der russischen Staatsthätigkeit. Einmal heraus aus dem Strom der tagtäglichen Thätigkeit, ist man augenblicklich vergessen und verschollen — besonders wenn man nicht, wie Yermolow*), ein Idol der Altrussen ist — und ein solcher Verschollener kann kaum je wieder eintreten in die Reihen des thätigen Geschlechts.

Eigentlich lebt er ganz in der Vergangenheit. Die Ereignisse der Gegenwart können ihn zwar lebhaft anregen für den Augenblick, nicht aber dauernd beschäftigen, und sein Urtheil darüber ist natürlich ein sehr unbegründetes, ein bloßes Gefühlsurtheil. — In dem jetzt beendigten Kriege hat er sehr lebhaft für Rußland gegen die Westmächte Partei genommen — und was wußte er eigentlich von den Verhältnissen?

Preußen ist ihm — seinem Gefühl — vollkommen fremd, obgleich er hier geboren, hier ansässig ist. Daß Preußen sein Vaterland sein könne, ist ihm nicht eingefallen! — Oder haben Fürsten überhaupt kein Vaterland? sind sie dazu erzogen, sich selbst als den Mittelpunkt der Welt zu betrachten — und Länder und Völker als die bloße Unterlage fürstlicher Existenzen?

---

*) General Yermolow, ein Combattant der Freiheitskriege, der bei dem Kaiser Nikolaus als vermeintlicher Liberaler in Ungnade gefallen war, galt in den liberalen und nationalen Kreisen des damaligen Rußland für ein militärisches Genie.

Sein ältester Sohn ist in preußischen Diensten und preußisch
gesinnt; die beiden jüngeren Söhne dienen in Oesterreich und sind
für Oesterreich, in Folge dessen auch die Töchter, namentlich aber
die Prinzessin Mathilde. Der Herzog aber ist der Rolle wegen, die
Oesterreich in neuester Zeit Rußland gegenüber gespielt hat, nicht
gut auf Oesterreich zu sprechen. Darum ist im Innern der Familie
nie von Politik die Rede.

Der Kaiser Paul hatte in der letzten Zeit den abenteuerlichen
Gedanken, seine Frau und seine Kinder zu verbannen — in's Kloster
zu sperren — zum Theil selbst der Todesstrafe zu weihen, den Herzog
Eugen aber mit seiner Lieblingstochter, der Großfürstin Catharina,
zu vermählen und ihn zum Thronerben zu ernennen. Dem Herzog
liegt daran, zu wissen, ob ich davon unterrichtet bin — wahrscheinlich will er seine Mittheilungen danach einrichten und bemessen.

Bei Tische, wo ich die Damen wieder sehe und diesmal neben
ihn gesetzt werde, sprach er mir davon, mit welchem seltsamen Mißtrauen der Kaiser Alexander ihn immer behandelt habe — findet
es unbegreiflich — fragt, warum der Kaiser dies Mißtrauen, diese
Abneigung hatte: „Können Sie es begreifen — wissen Sie
es — sagen Sie es mir!" — Ich konnte ihm aber doch unmöglich die Geheimnisse seiner eigenen Lebensgeschichte in das Gesicht
erzählen; ich sage daher: „Nun, Euer Hoheit! Sie wissen doch gewiß, wodurch der Ausbruch der Verschwörung gegen den Kaiser be-
schleunigt worden ist, was der Graf Pahlen für Gründe geltend
machte, um zu raschem Handeln zu bewegen!" — Er antwortete darauf
indirekt: „Ja, wenn der Kaiser Paul verrückte Pläne hatte,
so ist das doch nicht meine Schuld! Ich war damals ein
Knabe von dreizehn Jahren, über den man verfügte,
ohne ihn zu fragen!"

In seinen ferneren Mittheilungen schimmert dann aber auch
durch, daß die Kaiserin Maria Feodorowna ihre ehrgeizigen
Pläne nie ganz aufgegeben hatte; daß sie vielleicht wirklich
daran dachte, diesen Herzog Eugen, der vermöge seines Kriegsruhms
und seiner Popularität in der Armee dazu geeignet schien, als Werk-
zeug für diese Pläne zu gebrauchen — daß jedenfalls der Kaiser

Alexander das glaubte, und ihn deshalb mit sehr mißgünstigem Auge ansah.

Der Kaiser Nikolaus zeigte im ersten Augenblick dem Herzog das größte Vertrauen und bestimmte ihm sogar das Commando in der Türkei. Sowie Diebitsch bei dem Kaiser eingetroffen war, schien Alles verändert; es trat Kälte und Mißtrauen ein. Der Herzog glaubt, daß Diebitsch (der alle diese Dinge durch seinen Vater wußte und selbst nach dem Commando strebte) auch dem Kaiser Nikolaus die Pläne Pauls sowohl, als auch das hinterbrachte, was Alexander über die Pläne seiner Mutter dachte.*) — Der Herzog ist daher sehr schlecht auf Diebitsch zu sprechen.

Nach Tisch ein sehr heftiges Gewitter, das ich in meinen Zimmern abwarte. — Den Abend ist Concert wie sonst alle Mittwoch, jetzt aber nach langer Zeit wieder zum ersten Mal, da der Herzog unwohl war. — Früher hatte der Herzog eine vollständige Capelle, die ist jetzt auch so ziemlich ausgestorben und eingegangen, nur der Musikdirektor und einige schwache Reste sind geblieben — Amateure füllen die Lücken, so gut sie können. — Der Herzog selbst spielt Violoncello, Hofrath Riebel Violine — und der Bürgermeister von Carlsruhe schlägt die Pauken. — Sehr viel aber müssen Dorfschulmeister aus der Umgebung aushelfen, als Violinisten und zumal als Sänger. In den Chören singen eine Menge junger Damen aus dem Orte, unter denen sich aber keine Altstimmen zu befinden scheinen. — Da muß die Schuljugend aushelfen.

Der Herzog wird mit seinen eigenen Compositionen empfangen — das Concert hebt an mit der Ouvertüre seiner Oper „Die Geisterbraut". Ein Quartett, auch Composition des Herzogs, wird gesungen von der Prinzessin Anna, zwei Dorfschulmeistern und einem Schulknaben in sehr ärmlichem Anzuge, der neben einer nicht gar neuen Jacke ein Paar sehr zerknitterter Beinkleider von ungebleichter Leinwand an hat.

Vom künstlerischen Standpunkte war, was hier geboten wurde, nicht sehr hoch anzuschlagen. Und als es zu Ende war, wandelte

---

*) NB. Nämlich, daß dieselbe 1801 wie 1825 daran gedacht, sich zur regierenden Kaiserin zu machen.

Alles die bunklen Wege nach Hause, nur die fürstliche Familie fuhr in der ehrwürdigen Kutsche.

12. Juni. Sehr schönes Wetter. Der Herzog holt mich in einer kleinen Droschke zu einer langen Spazierfahrt ab. Es geht durch den englischen Garten, der sich, nur durch ein Kornfeld von demselben getrennt, an den Schloßgarten schließt. Ein Hügel, der „Weinberg" genannt, war ehemals mit Reben bepflanzt — eine künstliche Ruine und ein kleiner Pavillon, der drei Zimmer enthält. — Daneben eine Schenke (etwas tiefer), Vergnügungsort für die Einwohner von Carlsruhe. An einer anderen Stelle, weit sichtbar durch Durchhaue im Walde, eine Statue Friedrichs II. von weißer Farbe, ich weiß nicht woraus — nur sagt mir der Herzog, daß der Sockel von Holz und der Zopf aus Strick gedreht ist, und daß beides immer wieder gestohlen wird.

Lebhafte Mittheilungen. Sich selbst überlassen, spricht der Herzog immer von einigen wenigen Perioden in seinem Leben, die ihm besonders merkwürdig sind. Das sind: das Ende des Kaisers Paul — die Schlacht bei Kulm — der Aufstand in Petersburg bei dem Regierungsantritt des Kaisers Nikolaus — Türkenkrieg vom Jahre 1828, besonders das Treffen bei Turtugé. — Nach anderen Dingen muß man ihn fragen, und er giebt darüber in ziemlich kurzen Worten Auskunft. Heute ist viel von dem Türkenkriege von 1828 die Rede und von seinem zweiten Auftreten am russischen Hof im Jahre 1807.

Manches ist wirklich unbegreiflich. Der Herzog hat es übel genommen, daß er am 14. December nicht wie alle Generale, die den Kaiser Nikolaus umgaben, Generaladjutant geworden ist; er war damals bereits „General bei der Person Sr. Majestät des Kaisers"*), was der höchste Rang in der maison militaire des Kaisers ist, und mehr als Generaladjutant — konnte das also nicht werden. Und wäre er auch nicht „bei der Person Sr. Majestät" gewesen, so war er doch General der Infanterie; ein solcher ist zu hoch im Range, um Generaladjutant zu werden. Das werden nur Generallieutenants. — Ist Jemand General der Infanterie geworden, ohne General

---

*) Im Original ist die entsprechende russische Bezeichnung gebraucht.

adjutant zu sein und soll in diesem Range dem militärischen Hof-
staat des Kaisers einverleibt werden, so kann er nur „zur Person
Sr. Majestät" commandirt werden. — Es ist unbegreiflich, daß ein
russischer General das nicht weiß! Ich suche ihn darüber aufzuklären
und so wenigstens über diese Kränkung zu beruhigen — das gelingt
mir aber nicht, denn er glaubt mir nicht recht.

Diner. Diesmal speisen da auch der Hauptmann Neumann
und ein verabschiedeter Hauptmann Oswaldt, Führer der hiesigen
Landwehr zweiten Aufgebots. Ferner Frau Wittwe Hofräthin Ballusek,
eine Hiesige, verheirathet gewesen mit dem russischen Leibarzt des
Herzogs.

Der Herzog spricht sich mit großer Bitterkeit gegen Oesterreich
aus und über die Rolle, die es in neuester Zeit gegen Rußland gespielt hat. Bedauert sehr entschieden, daß seine beiden jüngeren Söhne
in österreichischen Diensten stehen. Daß man im Jahre 1848 in
österreichische Dienste getreten sei, das sei ganz natürlich gewesen,
jetzt sei die Lage der Dinge anders, und er müsse es bedauern. Er
giebt zu verstehen, zu ändern sei die Sache nun nicht mehr, denn
seine Söhne seien in der kurzen Zeit sehr österreichisch geworden.
Oesterreich führe jetzt gar sehr das große Wort, es werde aber doch
„zu schlechten Häusern gehen", prophezeite er.

Er ist nebenher auch sehr aufgebracht über Orlows*) Benehmen
und Gehaben in Paris; der hat wirklich unerlaubt vor Napoleon III.
gekrochen. Der Herzog erzählt: Orlow habe dem Empereur
des Français nach slawischer Sitte den Aermel geküßt
— gerade wie ein elender kleiner polnischer sylächtic (Edelmann),
der um etwas bettelt.

Die Herzogin hat Alexander II. bei dem Dejeuner in Oppeln
gesehen, bei dem sie, als Verwandte und in der Nähe wohnend, zugegen war (als Alexander II. nach Berlin reiste). Der Herzog war

---

*) Graf (später Fürst) Orlow, vieljähriger Leiter der russischen politischen Polizei
(„dritter Abtheilung") und bekannt wegen seines grenzenlosen Hochmuths, war bei
Gelegenheit des Friedensschlusses von 1856 als russischer außerordentlicher Botschafter
nach Paris gesendet worden und dabei höchst beflissen gewesen, eine Annäherung zwischen Rußland und Frankreich herbeizuführen. Auf der Durchreise nach Paris hatte
Orlow Berlin berührt, und durch hochmüthiges Verhalten schweren Anstoß gegeben.

unwohl, oder glaubte es zu sein, und konnte nicht dort erscheinen. Sie erzählt: Alexander II. habe sehr elend ausgesehen und sehr viel gehustet. — Das macht mich besorgt.

Schon auf unserer Fahrt ereiferte sich der Herzog auch über den Generallieutenant Bonin — vormals Kriegsminister, dann Divisionär zu Neiße, jetzt Vicegouverneur in Mainz. Der habe die ganze Neißer Division demoralisirt. (Hat man etwa deshalb den durchaus Kreuz-Zeitungs-rechtgläubigen Hirschfeld hingesendet, um wieder einen besseren Geist dort zu verbreiten?)

13. Juni. Mittag wieder ganz en famille bei dem Herzog, der sich mit Unwohlsein entschuldigt, daß er mich heute Vormittag meinem Schicksal überlassen hat.

Der Herzog erzählt vielerlei. — Er war 1811 in Wilna, eine polnische Fürstin (Gedroicz oder Sapieha?) beschäftigte sich viel mit ihm und hatte es darauf angelegt, ihre unverheirathete Schwester zu seiner Geliebten zu machen; Kutusow begünstigte dies Verhältniß, da er dem Prinzen sehr wohl wollte (solche alte sittenlose Herren finden einen Genuß darin, das jüngere Geschlecht in unsittliche Verhältnisse verwickelt zu sehen) — er redete dem Herzog zu, darauf einzugehen, dieser aber, der damals, wie es scheint, eine ernste Leidenschaft im Herzen trug, hielt sich fern davon und frei.

Auf einem Ball bei Kutusow verlor der Herzog einen Solitaire von seinem mit Brillanten besetzten Ehrendegen. Der Stein war leicht von jedem anderen zu unterscheiden, da die Fassung hinten mit einer kleinen Schraube versehen war, damit er in das Stichblatt eingeschraubt werden könne. Man suchte sehr eifrig auf dem Parquet herum, namentlich war die Fürstin dabei, ein Wachslicht in der Hand, sehr thätig. Der Stein wurde aber nicht gefunden. — Nach einiger Zeit kam bei einem Pfandleiher ein Stein zum Versatz. Nach den bestehenden Vorschriften mußten Preciosen, die zum Versatz kamen, zunächst der Polizei vorgewiesen werden. Der Pfandleiher sendete den Solitaire an die Behörde, und man erkannte ihn sogleich für den verlorenen Stein des Prinzen. Jene Fürstin war es, die ihn verpfänden wollte! Sie hatte darauf die Unverschämtheit, dem Prinzen zu schreiben: sie habe den Stein gekauft, dreihundert Rubel dafür bezahlt; er möge, da er in dem Stein sein Eigenthum erkenne und ihn wieder haben wolle, ihr diese dreihundert Rubel ersetzen! — Der Herzog antwortete nur, er habe den Stein längst verloren gegeben und mache keine Ansprüche darauf. Wolzogen aber ging zu der Dame und stellte sie zur Rede. Sie warf sich ihm zuletzt zu Füßen mit der Bitte um Schonung!! —

Nach Tisch Spaziergang mit den Damen durch Anlagen, wo wir noch nicht waren — zu einem Teich, in dessen Mitte die „Roseninsel" liegt, in Terrassen aufsteigend, mit Rosenhecken bepflanzt, oben ein rundes Tempelchen, in dessen Wölbung der Herzog seine erste Frau als genius loci hatte malen lassen. Es ist eigenthümlich, wie der Herzog unverhohlen ausspricht, daß seine erste Frau seine Jugendliebe war und ihm unvergeßlich bleibt — und wie die jetzige Herzogin sich in die Nebenrolle fügt! —

Da von ihrem jungen Verwandten, dem Fürsten Kraft Hohenlohe, die Rede ist, mache ich ihnen eine große Freude dadurch, daß ich berichte, wie sehr man diesen für einen ausgezeichneten jungen Mann hält. Gerwien hat mir nämlich gesagt, unter den Offizieren, welche ihre Studien unter seiner Leitung gemacht haben, seien eigentlich doch nur drei wirklich ausgezeichnete gewesen, nämlich: Salviati (Sohn meines weimarischen Freundes Salviati), Fibler von der Gardeartillerie und der Fürst Kraft Hohenlohe, und zwar sei dieser Letztere der bedeutendste von Allen. Ich erzähle das, ohne zu wissen, daß er der Schwestersohn der Herzogin ist. — Große Freude; alle Einzelheiten meines Berichts, Namen u. s. w. gleich in die Schreibtafeln eingetragen; man will das Alles unverzüglich der Schwester Hohenlohe mittheilen. —

Bei dieser Gelegenheit zeigt sich dann auch wieder ein Stück Gesinnungslosigkeit. Die Herzogin prahlt damit, daß nicht nur ihr Neffe Flügeladjutant unseres Königs ist, sondern ein anderer Hohenlohe, naher Verwandter, in derselben Stellung bei dem Kaiser von Rußland, und ein dritter bei dem König von Württemberg — zweier Hohenlohe-Langenburg gar nicht zu gedenken, die in Oesterreich Generale sind!!!

Kaffee und saure Milch in einer Meierei in der Nähe. Hier kommt auch der Herzog in seiner Droschke angefahren. — Rückfahrt mit ihm durch den Wildpark (in dem nur etwa vierzig Stück Dammwild stehen) hinaus auf die Chaussee nach Oppeln.

Der Herzog erzählt vielerlei Interessantes — fordert mich dringend
auf, wenn ich mit Tolls Leben fertig bin, ein größeres, umfassenderes Werk zu schreiben, „das sich nicht bloß auf eine Person bezieht"
— etwa eine Geschichte unseres Jahrhunderts!

Beim Souper Bedauern darüber, daß ich schon abreise, Wunsch
und Hoffnung, daß ich wieder komme. Viele lustige Anekdoten —
unter Anderem über Talleyrand und Leo Naryschkin *) — unterhielten
die Damen. Man trennt sich um elf Uhr in bester Stimmung.
Beim Abschiede giebt der Herzog mir zwei Bände seines „schriftstellerischen Nachlasses" zu beliebiger Benutzung mit. — — Genau
um zwölf Uhr verlasse ich Carlsruhe.

———

**Besuche des Senators Krusenstern und des Baron von Vincke-
Olbendorf. Verschiedene Mittheilungen über Rußland.**

Einige Monate nach der Rückkehr aus Carlsruhe wurde Bernhardi
durch den Besuch seines Schwagers, des (inzwischen von Warschau nach
St. Petersburg übergesiedelten und zum Senator ernannten) Geheimraths
Julius von Krusenstern überrascht. Die Tagebücher berichten darüber
das Folgende:

12. September. Julius wird um Berichte über Alexander II.
gebeten, geht auf die Fragen seiner Schwester aber nur zögernd ein.
Der neue Kaiser habe viel Verstand — sei gut unterrichtet, habe
den besten Willen — es fehle ihm nicht wie dem Vater an Einsicht — das Alles giebt Julius zu: „mais c'est un homme
qui n'a aucune initiative!" — Er läßt sich Vieles vortragen,
begreift sehr gut — lobt Vieles, was ihm zusagt — aber dabei bleibt
es dann! weiter ergiebt sich nichts daraus; es hat dann dabei sein

---

*) Zu den bekanntesten Anekdoten über Naryschkins Einfalt gehört dessen zu
Wien in größerer Gesellschaft und mit lauter Stimme an Talleyrand gerichtete
Frage: „Mon oncle! Napoléon — qu'a-t-il donc voulu faire en Russie?"
— „La manie des voyages, mon cher," gab Talleyrand zur Antwort,
indem er seine Kartenpartie kaltblütig fortsetzte.

Bewenden! — Julius hat ein Memoire ausgearbeitet über die bis-
herige Verwaltung von Polen, hat es Nesselrode und Meyendorff mitgetheilt, beide finden es excellent — Nesselrode aber hat gemeint, es sei
noch nicht an der Zeit, es dem Kaiser mitzutheilen; Meyendorff sagt,
es werde zu nichts führen. „L'Empereur le lira, il écrira en marge:
c'est très vrai! — très bien etc. — et puis il le donnera à quelqu'un
— c'est le mot; à quelqu'un! — et il n'en sera plus question!"
    Ich frage: was sagen denn die Alt-Russen und Slawänophilen
zu dem Gang des Krieges und zu dem Frieden? — „O, die sind
ganz zufrieden! ils n'ont qu'une chose à redire: la leçon n'a
pas été assez forte!" — Julius sieht mich dabei bedeutsam an
und ich verstehe auch vollkommen; dies Wort eröffnet mir die vollständige Aussicht in ihre Raisonnements; es hätte noch schlechter gehen
müssen, nach ihrer jetzigen Ansicht, um die Regierung zu überzeugen,
daß man sich vollständig von den falschen Bahnen lossagen muß,
die man bisher verfolgt hat, daß man ganz national werden muß. —
Man war immer noch viel zu europäisch, daher das Unglück! — Die
Alt-Russen hatten nicht vollständig genug das Heft in Händen; daher! —
    Forcirte Nationalität der Alt-Russen. Julius hat in Moskau
einen ehemaligen Gefährten, Herrn Koschelew,[*] besucht. Derselbe empfängt ihn mit Freuden, umarmt ihn — aber so wie man sich orientirt,
sieht Julius mit Verwunderung: que je suis dans les bras d'un
cocher russe! Bart, Kaftan, Hemd über den Hosen u. s. w. — spricht
seine Verwunderung aus — erhält die Antwort: „Wir gehen so gekleidet." — Doch nur Morgen-Anzug zu Hause statt eines Schlaf-
rocks? — „Nein, wir gehen immer so gekleidet und überall."
    „Savez-vous qui a fait la paix?" fragt Julius bei Tisch
mit einem gewissen Gewicht — „c'est Fonton (Felix) qui l'a faite!"
— Dieser gescheite Taugenichts war nämlich nach Petersburg beschieden, um über die Zustände in Teutschland, Stimmung u. s. w.
Auskunft zu geben (er ist Gesandter in Hannover) — er nahm in
Petersburg eine ganz exceptionelle Stellung ein, indem er sich um

*) Vrgl. über diesen merkwürdigen Mann und die Rolle die er als polnischer
Finanzminister im J. 1864 gespielt: H. v. Samson-Himmelstierna, „Rußland unter Alexander III." (Leipzig 1891.)

die dortige „Herrschaft" gar nicht bekümmerte und mit Niemandem umging als mit der kaiserlichen Familie, im engsten Kreise. — Er rieth zum Frieden: „Comment!" sagte die Kaiserin, „vous conseillez la paix? ce serait nous enfoncer dans la fange." — Jonton antwortete: „Nous sommes déjà dans la fange jusqu'aux genoux; si nous faisons la paix, nous faisons un effort, et nous nous enfonçons jusqu'à la ceinture — mais nous en sortons! — si nous continuons, nous nous enfonçons dans la fange dessus la tête, et nous n'en sortirons plus." Das soll großen Eindruck gemacht haben.

Die regierende Kaiserin zeigt sich ungemein rechtgläubig griechisch. Sie will nach der Krönung auch eine Wallfahrt (nach dem Höhlen-Kloster bei Kiew) unternehmen.

13. September 1856. Alexander II. Julius will ihn nicht loben, aber was wir von ihm hören, gefällt uns gar sehr. — Im Anfang fürchtete Julius ein Günstlings-Regiment, jetzt tadelt man im Gegentheil, daß er unzugänglich ist: il n'a aucune initiative! — Ich sehe: alle Projecten-Macher, die ihn mit Denkschriften und Vorschlägen ihrer Weisheit bestürmen, und sich damit seiner bemächtigen möchten, sehen sich in dieser Hoffnung getäuscht. — Als er zum ersten Mal das diplomatische Corps empfing, hatte Graf Nesselrode eine schöne Rede ausgearbeitet, die der Kaiser halten sollte. Unmittelbar vor dem Empfang nähert sich Nesselrode (Manuskript in der Tasche) geheimnißvoll dem Kaiser — fragt, ob Se. Majestät schon darüber nachgedacht habe, was wohl auf die Anrede des Doyen du corps diplomatique zu antworten sein möchte? — Antwort: Nein! aber das werde sich finden; es werde von dem Inhalt der Rede abhängen, die man an ihn halte. — Nesselrode behielt sein Manuskript in der Tasche und mag etwas verlegen abgezogen sein.

Gleich nach seiner Thronbesteigung hat Alexander II. seine Jugendgefährten kommen lassen und von ihnen förmlich Abschied genommen, indem er ihnen erklärte, daß seine jetzigen Pflichten ein Zusammenleben wie früher nicht mehr gestatteten. — Ein schöner Zug. — Der Kaiser spricht von Geschäften durchaus mit Niemandem als mit den Ministern (ce n'est pas d'un homme faible, wenn

21*

es doch überall so wäre!) — In welcher Weise der Kaiser keine Initiative hat: er bewies dem alten Rüdiger viel Vertrauen — der
auch in der That ein tüchtiger und ehrenwerther alter Mann war —
befragte ihn viel über eine zweckmäßige Reorganisation der Armee.
— Rüdiger wies besonders darauf hin, daß es ganz überflüssig,
ja schädlich sei die gesammte Kriegsmacht in Armeen einzutheilen,
deren jede aus mehreren Armeekorps besteht. Es werde dadurch nur
eine ganz unnütze Zwischenbehörde geschaffen, der Geschäftsgang weitläufiger und schleppender gemacht — und namentlich die Competenz der
die Armeekorps kommandirenden Generale zu sehr beschränkt. Es
sei viel besser, die Armeekorps ohne solche Zwischenbehörde unmittelbar unter das Kriegsministerium zu stellen. — Der Kaiser billigte
das Alles, und bildete dann doch wieder mehrere Armeen. — Rüdiger
soll zum Theil aus Aerger darüber gestorben sein. (?!)

Julius fragt, ob ich die Anrede des Metropoliten von Moskau
an den Kaiser gelesen habe? — Nein! — Julius hat sie für das
Journal de St. Pétersbourg in das Französische übersetzt, und das
war keine leichte Aufgabe, denn sie war dem Anschein nach voll Ergebenheit, in der That aber voll perfider Insinuationen
und großer Ansprüche. — Das mußte in der Uebersetzung so
viel als möglich maskirt werden.

Wie seltsam eine seichte unreife Exaltation den Maßstab für die
eigentliche Bedeutung der Dinge ganz und gar verliert! — Mademoiselle Bludow*) — die Tochter des Ministers — die ich vor Zeiten in
Berlin gesehen habe — nicht mehr jung natürlich — die versammelte
in ihrem Salon alle fanatischen Alt-Russen und Slawänophilen, besonders die jüngeren — und es ging da hoch her — man steigerte sich
gegenseitig — und es wurde da eine Art von öffentlicher
Meinung gemacht, die einigermaßen beachtet werden mußte
— die Stimme dieses Salons gewann eine gewisse Bedeutung. — Am
Ende aber besannen sich die Leute darauf, daß es unmöglich bloß bei
exaltirten Reden sein Bewenden haben könne — daß die Begeisterung,
die hier zur Schau getragen wurde, die Verpflichtung mit sich führe auch

---

*) Ueber die Gräfin Bludow vgl. „Aus der Petersburger Gesellschaft".
5. Aufl. Leipzig 1877.

wenigstens irgend etwas wirklich zu thun; — man scheint gefühlt
zu haben, daß man lächerlich wurde, wenn nicht wenigstens der Eine
oder der Andere aus der Gesellschaft etwas that. — André Karamsin nahm das am Ende auf sich. Mit der Wittwe Paul Demidows
verheirathet, dadurch reich und vortrefflich gebettet in allen Lebens-
genüssen der großen Welt — trat er wieder in Militärdienste und
wurde nicht allein angenommen, sondern erhielt auch gleich ein
Husaren-Regiment, obgleich er früher nie eines kommandirt hatte
und eigentlich Artillerist war — eine sehr große Begünstigung. Der
ganze Salon von Fräulein Bludow sagte: „Ah! voilà! main-
tenant la face des affaires va changer; André Karamsin part pour l'armée, il donnera un peu de vigueur
au vieux maréchal — et les choses vont prendre
une autre tournure!" André Karamsin glaubte denn auch gleich
bei der Armee mit einem coup d'éclat debütiren zu müssen und ver-
suchte das: die Folge war, daß er sein Regiment gleich den ersten
Tag, nachdem er das Kommando übernommen, in eine vollständige
Niederlage führte, und selbst blieb. — Julius sieht in diesem Hergang nur die Verkehrtheit, die Narrheit aller Exaltation; André Karamsin war ein Narr, daß er glaubte, in seiner beneidenswerthen
Lebenslage dergleichen thun zu müssen. — Mir wird die Ohnmacht
Rußlands anschaulich, die in Mangel an Ernst und
wahrer Bildung ihren Grund hat. — Welcher Mangel an
Urtheil, an Brauchbarkeit offenbart sich darin, wenn die Leute glauben,
ein so ganz nichtiger, leerer Gesell, ein angenehmer blond in wie
André Karamsin sei nicht allein zu irgend etwas zu brauchen —
sondern könne sogar Großes bewirken und einen gänzlichen Umschwung der Dinge herbeiführen.

Ich bin lange allein mit Julius in seinem Zimmer, wir sprachen
von mancherlei; daß die Wahlen des neuen Kaisers auch nicht durchaus die glücklichsten sind; ich spreche von Gortschakow, dem Minister,
„ce n'est pas un choix heureux!" — Julius, der eben auf und
ab geht, mit Nachdruck: „un homme taré!" Vor allem suche ich
mir über den Gang des Krieges Aufschluß zu verschaffen; aber darüber giebt er im Ganzen nur knapp Auskunft. Er behauptet, es

habe Paskewitsch weber an Verstand noch Kenntnissen gefehlt; er hatte alle Eigenschaften zu einem tüchtigen Feldherrn „s'il avait été un meilleur homme!" — Aber er kannte durchaus gar keine anderen Rücksichten, als die einer cynischen Selbstsucht. — Operationsplan 1854. — Paskewitsch hatte ihn ganz so entworfen wie ich ihn zu Warschau im Gespräch mit Julius vorschlug: er wollte die kleine Wallachei verlassen, alle Streitkräfte in der großen vereinigen, und den Feind dort in defensiver Haltung erwarten. — Der Kaiser Nikolaus hatte diesen Plan angenommen; er war gewissermaßen die Bedingung, unter welcher Paskewitsch das Kommando übernahm. Dann aber befahl Kaiser Nikolaus von sich aus, im Widerspruch damit, den Uebergang über die Donau. Da dieser, den niemand wehrte, wie Julius bemerkt, seltsamer Weise zu einem großen und glänzenden Erfolg gestempelt wurde — verlor der Kaiser das Gleichgewicht, wurde übermüthig, und befahl die Belagerung von Silistria.

(Bei der Gelegenheit spricht sich Julius mit großer Bitterkeit aus über den seltsamen Wahn, der dem Kaiser Nikolaus einen festen Charakter beimißt; er verlor vielmehr bei der geringsten Veranlassung das Gleichgewicht; der kleinste Erfolg machte ihn thöricht übermüthig — das kleinste Mißgeschick warf ihn vollkommen nieder; er war dann ganz vernichtet, „mais à plat ventre.")

Paskewitsch beging das große Unrecht, sich das Alles gefallen zu lassen und dennoch das Kommando zu behalten, er hätte es niederlegen müssen, that das aber nicht, weil es dann natürlich ein Anderer erhalten mußte, und der konnte dann vielleicht doch Erfolge erfechten, und dadurch diesem sauberen Feldmarschall schaden!

Silistria wollte aber Paskewitsch nicht erobern; er sah voraus, daß er augenblicklich die Franzosen und Engländer herbeizog, wenn er Silistria nahm, und mit denen wollte er ein für alle Mal nicht in Berührung kommen. — Dem Kaiser sagte er natürlich allerhand andere Gründe; Rücksicht auf Oesterreichs Politik u. s. w. Da Kaiser Nikolaus bemerkte, daß Paskewitsch keine Lust hatte, Silistria zu erobern, suchte er ihn in höflicher Weise von da wegzuschaffen, schrieb ihm: „wenn Du Silistria nicht erobern willst, Du bist ja nicht an die Donau geschmiedet ....

. . . . — Du bist Kommandirender des ganzen
Kriegstheaters im südlichen Rußland; verlege Dein Hauptquartier nach
Odessa und leite das Ganze des Krieges von dort aus, und überlasse
den speziellen Befehl vor Silistria dem Fürsten Gortschakow." — Aber
das wollte Paskewitsch auch nicht! — Gortschakow konnte ja doch
vielleicht in seiner Abwesenheit Silistria erobern und
Ehre und Einfluß dadurch gewinnen; das durfte nicht sein!

Schilder versprach Silistria in 3 Tagen zu erobern — dann in 10
— darauf wieder in 3 — in weiteren 5 Tagen — und immer ohne
regelmäßige Belagerung, durch allerhand besultorischen Hokus-Pokus.

Paul Kotzebue war der Einzige, der in dieser allgemeinen trostlosen Verwirrung nicht ganz den Kopf verlor, und auf die Anfragen
und Befehle, die an ihn kamen, immer ruhigen Bescheid zu geben
wußte. Mein ehemaliger anspruchsvoller Bekannter Sergy Buturlin ist poltron, und gilt dafür: „du moins très prudent" cor-
rigirt Julius auf meine zweite verwunderte Frage. Daß Paskewitsch's
Verwundung vor Silistria fingirt war, will Julius nicht ausdrücklich
sagen, lächelt aber sehr schlau, als ich die Vermuthung aufstelle.

Paskewitsch ging nach Homel; von dort aus legte er es dem
Kaiser brieflich sehr nahe, ihn zur Rückkehr nach Rußland aufzufordern; — wiederholt — meldete, seine Gesundheit sei ziemlich wiederhergestellt u. s. w. — Der Kaiser achtete aber darauf durchaus nicht,
forderte ihn nicht auf, und es nahm einigermaßen die Wendung,
als sollte Paskewitsch beseitigt werden. Da überraschte dieser eines
schönen Morgens seine Umgebung durch die Nachricht: „Nous par-
tons aujourd'hui pour Varsovie," sendete einen Feldjäger mit dieser
erfreulichen Kunde ab nach Petersburg — reiste nach Warschau,
richtete sich wohlweislich so ein, daß er dort eintraf, ehe irgend ein Bescheid vom Kaiser da sein konnte — und meldete durch den Telegraphen,
er sei angekommen und habe bereits die Geschäfte wieder übernommen.

Krim. Mentschikow verspottete und verhöhnte den
Enthusiasmus — verhöhnte die Aufopferung der Besatzung von Sewastopol — und trug verhöhnenden Atheis-
mus zur Schau! — Der Metropolit Jnolenty, der mit einem wunder-
thätigen Bilde nach Sewastopol kommen wollte, wurde von Mentschikow

sehr schlecht empfangen; die beiden Priester, die er vorangesendet hatte, wurden von dem Fürsten geradezu mit Schimpfworten weggejagt.

Osten-Sacken, der sehr griechisch-orthodox-bigott ist, zeigte sich als ein ungemein beschränkter Mann, und war bei der Vertheidigung von Sewastopol nur hinderlich, indem er in die Vorschläge Toblebens zu neuen Befestigungs-Anlagen u. s. w. nicht willigen wollte. „Wenn wir das nicht thun, wird uns der Feind das und das thun, und diese Vortheile erlangen," sagte Tobleben, und Osten-Sacken antwortete dann: „Das wird Gott nicht zugeben."

Gerade diesen haben die Slawänophilen zu ihrem Helden erkoren, und zwar einzig und allein, weil er bigott ist. — Julius hat in Moskau einige von den Leuten gefragt, warum denn Osten-Sacken? — warum nicht Mentschikow oder Gortschakow von ihnen fêtirt worden ist? — Menschilow, antworteten sie mit Verachtung, ist ein Atheist, und Gortschakow ein Franzose. — Um beide haben sie sich denn auch nicht bekümmert; dem Osten-Sacken dagegen haben sie in Moskau ein glänzendes Festmahl gegeben — und Aksakow, ein bedeutender Mann unter den Slawänophilen, hat ihm in hochtönender Rede geradezu gesagt: man liebe und verehre ihn, weil er hoch halte, was das Volk hoch hält.

Wunderbarer Krieg; es hat einen solchen noch gar nicht gegeben, bemerke ich: einen Krieg, in welchem das Kriegsglück gar nicht wechselt; in welchem die eine Partei auch nicht ein glückliches Gefecht aufzuweisen hat! „Das sind die Folgen eines dreißig Jahre lang fortgesetzten verkehrten Systems." — Sprechen von den Generalen. — „Ce qu'il y a de plus fâcheux", sagt Julius, „c'est qu'on a fait la remarque que le soldat russe n'est plus ce qu'il était autrefois!" „Comment donc!" sage ich höchst verwundert; „il est vrai que la cavalerie s'est montrée faible, mais quant à l'infanterie, tout le monde convient qu'elle s'est bien battue." — „Hm! — bien battu! — oui! — mais ce n'était plus cela! — Ce sont les officiers qui ont été admirables."
— Er will mir weiter nicht recht Rede stehen, indessen, ich bringe doch heraus: die Offiziere haben die größte Mühe gehabt und sich in jedem Gefecht weit mehr als gewöhnlich preis-

geben müssen, um die Leute heranzubringen. — Daher rührt der ganz ungeheuere Verlust an Offizieren; die Minié-Büchsen und drgl. war dagegen Nebensache! — Und seltsam, wie der Mensch aus Widersprüchen zusammengesetzt ist: niemals ist, wie mir Julius sagt, in Rußland in der Weise und in dem Maße gestohlen und betrogen worden wie in Sewastopol. Dieselben Offiziere, die sich im Gefecht heroisch zeigten, stahlen mit einer selbst in Rußland beispiellosen Unverschämtheit! — Und unter welchen Bedingungen! bemerkt Julius: in einer Lage, wo jeder überzeugt sein mußte, daß er die allernächsten Tage nicht überleben werde! — Wirklich heroisch hat sich die Mannschaft der Flotte des schwarzen Meeres gezeigt, von der nur 2500 Mann übrig geblieben sind.

15. September. Der Kaiser von Oesterreich hat eigentlich den Kaiser Nikolaus um das Leben gebracht (c'est l'empereur d'Autriche qui l'a tué)! — Julius spricht mit großer Bitterkeit von Oesterreich und von dem dreisten Umsichgreifen dieser Macht. Zu seinem Trost sage ich: „Elle n'en crèvera pas moins." — „Elle n'en crèvera pas moins! — et avec quel plaisir nous regarderons alors sa ruine, l'arme au bras! — Nous ne ferons plus le métier que nous avons fait jusqu'à présent; nous ne ferons plus les gensdarmes de l'Europe!" — So allgemein ist in Rußland der Wunsch, sich aus den europäischen Händeln zurückzuziehen und nur den eigenen unmittelbaren Vortheil wahrzunehmen, daß auch Julius darüber mit den Slawänophilen einig ist, die er sonst mit Mißtrauen und Feindschaft betrachtet!

Nach Tisch sagt er viel Böses über den Feldmarschall Fürsten Woronzow und dessen Verwaltung im Kaukasus. — Es zeigt sich auch, wie in vielen Dingen so ziemlich alle Parteien in Rußland mit den Slawänophilen übereinstimmen: namentlich in der Abneigung gegen Deutschland und zumal gegen Preußen; die Dankbarkeit für die Neutralität, welche Preußen in diesem Krieg beobachtet hat, ist ungemein gering. Julius zeigt eine sehr große Sympathie für Frankreich, für Napoleon III. und dessen Despotismus und einen ganz überschwänglichen Haß, den er gegen England im Busen trägt.

Wenige Tage nachdem Herr von Krusenstern Kunnersdorf verlassen hatte, traf ein lange und sehnsüchtig erwarteter anderer Gast in der Person Vincke=Olbendorfs ein. Bernhardi, der dem bewährten Freunde entgegengefahren war, berichtet über das Zusammensein mit demselben u. A. das Folgende:

25. September. Schon im Wagen lebhafte Mittheilungen über das, was ich von Julius erfahren habe und was Vincke in Berlin erlebt hat, und diese Mittheilungen gehen nach der Begrüßung mit den Damen weiter fort. Hochzeit der Großherzogin von Baden. Die Kreuzzeitungs=Partei sucht es nicht mehr zu verbergen, daß sie mit dem Prinzen von Preußen und seiner Familie gebrochen hat. Zu der Hochzeit waren nur wenige Gäste aus den Provinzen nach Berlin gekommen, niemand von der Kreuzzeitungs-Partei. — Die Braut sehr schön und liebenswürdig. Vincke hatte diese junge Fürstin mehrere Jahre nicht gesehen — sie wartete aber nicht, daß er ihr vorgestellt wurde, sondern redete ihn gleich bei seinem Namen an. — Er dankte, daß sie sich seiner erinnere — und sie antwortete: „O, ich erinnere mich wohl, wie oft Sie uns im Jahre 48 besucht haben, als wir alle so eng beisammen wohnten; ich vergesse so etwas nicht." — Die Mutter war sehr bewegt.

Der junge Prinz Friedrich Wilhelm von Preußen entwickelt sich in einer sehr günstigen Weise und zeigt viel Charakter. — Seine Heirath mit der princess royal beruht auf beiderseitiger Neigung. Er hat sie mit viel Charakter und Geschick eingeleitet; beides war nöthig, denn der Kreuzzeitungs-Partei ist diese Heirath natürlich ein Greuel und sie hätte gern alles Mögliche gethan, um sie zu hintertreiben. — Der Prinz hatte im vergangenen Jahr nach Ostende Urlaub genommen, und erst als er von dem König unmittelbar vor der Abreise Abschied nahm, eröffnete er demselben, daß er nach England zu gehen und um die Hand der princess royal zu werben wünsche. Der König gab sofort als Familienhaupt seine Einwilligung — versprach vorläufig über die Sache zu schweigen und hielt das so streng, daß auch die Kreuz-Ritter seiner nächsten Umgebung die Sache zu ihrer großen Verwunderung erst durch die

Zeitungen erfuhren. — General Gerlach kam ganz entrüstet mit einem Blatt der Kölnischen Zeitung zum König und klagte, was da für ungereimte Gerüchte verbreitet würden —: da heiße es, der junge Prinz gehe von Ostende weiter nach England und zwar um dort um die Hand einer Braut zu werben. — Der König brach in ein lautes Gelächter aus und verkündete: nun ja! es sei auch wirklich so! — Moltke ist wie immer sehr boutonné aus Moskau zurückgekehrt. Auf ihn wie auf die anderen Herren haben die 72,000 Mann russischer Truppen, die in und bei Moskau versammelt waren, einen traurigen Eindruck gemacht. Die Armee ist durch den Krieg sehr heruntergekommen; selbst die Garden sehen schlecht aus. „Aller Pli heraus" — kränkliches Aussehen der Leute, schlechte Haltung. — Das auf Kosten der kaiserlichen Familie neu errichtete Regiment „der Apanagen" hat sich am besten ausgenommen.

Es war auch ein großes Manöver in der Nähe von Moskau veranstaltet, das gerieth aber sehr schlecht; es entstand eine solche Verwirrung dabei, daß der Kaiser das Diner vorbestellte und die fremden Generale und Offiziere vor dem Schluß mit sich fort nahm zu dem Diner, damit sie nur die Verwirrung im Felde da nicht weiter sahen.

Der Lindenberg'sche Prozeß. Lindenberg ist der Redakteur der „Patriotischen Zeitung" — viel gerühmt als gesinnungstüchtig, wenn auch ein wegen Betrug verurtheilter Mann — Spion der Kreuz-Zeitung. Er hat, wie bei dem Depeschen-Diebstahl zu Tage gekommen ist, Berichte über den Prinzen von Preußen an General Gerlach eingesendet, die für den Prinzen beleidigend sind. — Der Prinz hat nun deshalb vor Gericht Klage erhoben — man hat von Seiten des Hofes alles mögliche gethan ihn dahin zu bringen, daß er die Klage fallen läßt. Der Prinz aber besteht auf seinem Recht; besteht selbst darauf, daß die Sache öffentlich verhandelt wird. — Montag ist der Termin. — Man ist nun sehr gespannt und glaubt, die Sache werde eine ernsthafte Wendung nehmen.

Als Herr von Bincke nach mehrtägigem Aufenthalt Kunnersdorf verließ, kehrte sein Gastfreund an die gewohnten Arbeiten zurück, die während der folgenden Monate ununterbrochenen Fortgang nahmen.

In Breslau und Berlin im Frühjahre 1857.

Zu Ende des Monats Januar fand der Kunersdorfer Landaufent=
halt eine Unterbrechung. Bernhardi reiste nach Breslau, wohin sein neu=
gewonnener Freund Vincke (Olbendorf) ihn in der Absicht beschieden
hatte, Beziehungen zu daselbst lebenden Mitgliedern der liberalen Partei
und zu dem damals in der schlesischen Landeshauptstadt lebenden Prinzen
Friedrich Wilhelm (dem muthmaßlichen Erben der preußischen Krone,
späteren Kaiser Friedrich) zu vermitteln. — Ueber die dortigen Erleb=
nisse berichtet das Tagebuch:

30. Januar. Langes, vertrautes Gespräch mit Vincke bis
tief in die Nacht hinein. — Der Prinz Friedrich Wilhelm. — Er
gefällt hier allgemein, doch ist seine Stellung schwierig. Glücklicher
Bräutigam dans toute la force du terme, in seinem Cabinet um=
geben von Portraits seiner Braut in vielerlei Stellungen: zu Pferde,
ganze Figur, Brustbild u. s. w. — zeigt diese Portraits gern,
und spricht am liebsten von seiner Braut; auch mit Vincke, als
dieser vor einiger Zeit hier war. Er versichert, nicht die Eltern hätten
die Heirath gemacht, es sei vielmehr von beiden Seiten, seine und
seiner Braut eigene Wahl. —

Schwierigkeiten. Man hat den Prinzen etwas knapp mit
Geld ausgestattet, damit er nicht viel Menschen bei sich sehen,
nicht allzu populär werden, nicht Partei machen kann. — Den Freun=
den seines Vaters, Liberalen und Halbliberalen, hat er unter der
Hand sagen lassen: „Wenn sie zu ihm kämen, würde es ihm immer
Freude machen sie zu sehen; wenn er sie aber an öffentlichen Orten
nicht so auszeichne, nicht so viel mit ihnen verkehre als er selbst
wünsche, so möchten sie ihm das nicht übel deuten: er wisse sich
beobachtet, und habe Ursache vorsichtig zu sein.“

Ganz ohne Reibungen geht es doch nicht ab. In einer Soirée
bei dem General Lindheim kramten der General und seine Gemahlin
ihr Russenthum in einer Weise aus, die in Gegenwart des Prinzen,
des Bräutigams der princess royal, nicht ganz passend war. Die
Ueberschwänglichkeit wurde auch dem Prinzen zu arg; er zog, um

sie abzuweisen, eine Parallele zwischen Rußland und England, der beiden Systeme, und der Folgen, die sich für beide Länder daraus ergeben — natürlich nicht zum Vortheil Rußlands. Lindheim war sehr verstimmt — seine Frau konnte kaum an sich halten. Als der Prinz sich entfernt hatte, brach sie wirklich in Thränen aus, brachte aus ihrem Cabinet die Todten-Maske des Kaisers Nikolaus, redete sie an: „Ja! als Du noch lebtest da wagte Niemand in diesen Räumen solche Worte zu sprechen."

Mittags zu einem Diner, das Graf York (Sohn des Feldmarschalls, gescheiter, liebenswürdiger und freisinniger Mann) und Bincke geben. Außer dem Sohne des ersteren, der mir außerordentlich gefällt — geistreich, unterrichtet, empfänglich für höhere Interessen — sind noch anwesend: Professoren: Braniß, Philosoph, bejahrt, gescheit, Yorks Dutzbruder; Stenzler, jüngerer Mann, aime à vivre, Ausdruck von Offenheit, Bincke's Dutzbruder, Sanskritist; Röpell, glaube Jurist; Mommsen, der gefeierte Verfasser der römischen Geschichte, Schleswig-Holsteiner, geistreicher Mann; er und Braniß scheinen mir bedeutender als die beiden anderen. — Interessantes Gespräch, das sich um vielerlei bewegt. Braniß greift Mommsen an, weil dieser in seiner römischen Geschichte die Literatur des augusteischen Zeitalters sehr tief herabgesetzt hat. York entwickelt dabei eine Kenntniß der alten Sprachen und classischen Literatur, wie man sie in der That nur von einem Fachgelehrten erwartet.

Zur Zeit des Desserts setzte sich Röpell zu mir, um ein halblautes Gespräch mit mir zu führen. Er hat meinen Aufsatz über die Regierung des Kaisers Nikolaus gelesen (Bincke hat ihn mitgetheilt) — und meint: ob ich nicht einen Aufsatz schreiben könnte über die Schicksale Polens unter russischem Scepter, wenn auch nur seit 1830? — Das könnte sehr nützlich werden; denn ein Theil der Junkerpartei sehe es allerdings als Rettung im äußersten Fall an, den Forderungen der Zeit dadurch zu entgehen, daß man unter russisches Scepter flüchte!

Abends Ball auf dem Börsenclub. Das Festlocal des Clubs sehr schön. Hübsche Reihe von Zimmern. Der Saal von einem Porticus umgeben, oben eine Galerie, und Zuschauer in nicht ge-

ringer Anzahl. — Schöne Erleuchtung, ein großer Luxus der Toi-
letten, viel Reichthum, so daß man sich wirklich nicht in einer Provinz-
stadt glaubt; vortreffliche Musik. —

Der Prinz Friedrich Wilhelm kommt mit seiner Umgebung, ist
liebenswürdig, spricht mit vielen — tanzt u. s. w. —

Meine Vorstellung. Der Prinz, dem das ein paar Mal zu viel
geworden ist, hat verfügt, daß ihm auf dem Ball Niemand vorgestellt werden soll; mit mir und dem jungen York soll aber eine Ausnahme gemacht werden. — Moltke sagt uns, wo wir uns aufhalten
sollen; — im Saal, nahe dem Eingang zu den Zimmern, wo der
Prinz meist verweilt — er zeigt uns von Weitem, der Prinz kommt
dann auf uns zu, redet uns bei Namen an, und spricht mit uns
als ob er uns bereits kennte. — Damen, die bemerkt sein wollen,
drängen in der Weise heran, daß wir viel näher stehen als irgend
schicklich ist.

Der Prinz Friedrich Wilhelm ist ein hübscher junger Mann;
echt hohenzollernsche Physiognomie; animirt sich wenn er spricht. Sagte
mir, er habe zwei Werke von mir gelesen: das Leben Tolls — „und
das andere — Sie wissen schon!" — er machte dabei eine Bewegung
mit der Hand, die das Schreiben andeutete. — Dies habe er glücklicher Weise unmittelbar vor seiner Reise nach Rußland gelesen: „Es
war die beste Vorbereitung!" —

Er kommt dann wieder auf Rußland zu sprechen; fragt, was
man mir jetzt von dort über die Stellung des Kaisers schreibt. — Ich:
„Man folgt seinen Schritten mit großer Aufmerksamkeit, und alle Ver-
ständigen zollen ihm die höchste Anerkennung." Der Prinz leise: „Aber
was meinen Sie? — Wird es ihm gelingen? — Kommt er durch?" Ich:
„Ich kann nur sagen, daß alle Verständigen in Rußland wiederholen:
Gott erhalte ihn! aber freilich immer auch mit solchen Worten des
Zweifels und der Besorgniß schließen, wie E. K. H. eben aussprachen."

2. Febr. Mit Vincke die Herren Stenzler, Köpell und Mommsen besucht; lehrreiches Gespräch mit dem letzteren; dann zum Ban-
quier Milde, dem reichen Kaufmann und Fabrikherrn, der im Jahre 1848
eine Zeit lang Minister gewesen ist.

Er ist Katholik und verkehrt viel mit dem Fürstbischof und den

katholischen Geistlichen, er erfährt und weiß Vielerlei, und ist sehr
mittheilsam; da ist es ganz interessant mit ihm.

Er spricht über kirchliche Zustände. Vor Allem erzählt er uns,
daß das deutsche Episkopat auf dem Punkt steht, sich mit
Rom zu entzweien und Opposition zu machen, und zwar wegen
der Günther'schen Philosophie und überhaupt, weil sie anfangen zu
fühlen, daß sie Rom und den Jesuiten, die Rom beherrschen, zu viel
Macht eingeräumt haben. Zur Zeit der „Emser Punktation" sei
die „Strömung" gegen Rom und die Jesuiten gegangen, seither zu
ihren Gunsten; jetzt werde sie wieder umkehren, meint Milde. Ein
Theil des deutschen Klerus hat es schwer empfunden, daß vor 20 Jahren
die Hermesianische Lehre von Rom aus verdammt und damit dem
geistlichen Stande ein heilsames Mittel der Bildung abgeschnitten
wurde. Seitdem haben sich nun die bildungsbedürftigen katholischen
Geistlichen der Philosophie Günthers angeschlossen und suchen in ihr
Heil und Trost. Die Jesuiten aber und ihre Partei verfolgen Bildung und den Geist des Denkens unter allen Bedingungen und in
welcher Form er auch erscheine. Sie wollen keinerlei Philosophie
und arbeiten schon lange daran, daß Günthers Philosophie in Rom
verdammt werde. Professor Baltzer von hier, der erste der hiesigen
theologischen Fakultät, ist lange in Rom gewesen, um Günther zu
vertheidigen; man hat ihn dort mit großer Auszeichnung behandelt,
ihm eine Wohnung im Vatikan angewiesen u. s. w. — Die Sache
aber wurde nicht entschieden, so lange er da war. — Jetzt ist die
Nachricht eingetroffen, Günthers Philosophie sei verdammt; die katholischen Theologen sind außer sich — namentlich Baltzer. Das päpst-
liche Breve ist noch nicht eingetroffen; ist aber Günthers Lehre im
Ganzen, in Bausch und Bogen verworfen, dann wollen die deutschen
Bischöfe und Theologen den Spruch nicht anerkennen und sich widersetzen. (Möchten sie doch dahin gedrängt werden, die
katholische Kirche in Deutschland mehr als eine nationale hinzustellen!)

Den katholischen Geistlichen ist es übrigens nicht blos um Günthers Philosophie zu thun; der Druck der Disciplin, welche Rom,
von Jesuiten inspirirt, handhaben will, wird ihnen zu schwer.

Nach einem Besuch in Schwentnig beim Grafen Oswald Zedlitz, der aus Gesundheitsrücksichten Hirschberg, wie bereits erwähnt, mit seiner Familie mittlerweile verlassen hatte, aus Breslau zurückgekehrt, versenkte Bernhardi sich in das gewohnte stille Arbeits= und Studienleben. Erst um die Mitte März unterbrach er dasselbe, um auf einige Tage nach Berlin zu gehen. Aus der Zahl der dortigen Aufzeichnungen sind die nachstehenden besonders hervorzuheben:

15. März. Ich bin geneigt zu glauben, daß unsere Armee bedeutender Reformen bedarf; es ist mir dies in den paar Tagen meines hiesigen Aufenthalts klar geworden. Ich bin geneigt zu glauben, daß wir ein zahlreicheres Offizier=Corps und festere Cadres für die Landwehr brauchen. — Außerdem haben wir andere sehr nöthige Dinge zu thun — vor allen Breslau zu befestigen. Die dreijährige Dienstzeit mag an sich ganz gut sein, aber sie verhilft uns nicht zu allen diesen nothwendigen Dingen, sie absorbirt die Geldmittel, die wir auf nothwendigere Dinge verwenden können, und deshalb wäre ich dagegen. Der eigentliche Gegenstand des Nachdenkens aber, auf den man überall zurückgeführt wird, ist die gefährliche, prekäre Lage des preußischen Staats, und der Schluß, zu dem man gelangt, ist nicht bloß, daß wir mehr Offiziere und festere Cadres haben müssen — das bleibt immer etwas Vorläufigeres und Untergeordnetes —: der Schluß ist eben immer wieder, daß der preußische Staat in keiner Weise auf der jetzigen Stufe seiner Entwickelung stehen bleiben darf, daß er vorwärts streben muß und weiter. — Dabei fällt mir die vollständige Verkehrtheit unserer jetzigen Politik wieder sehr schwer auf das Herz. — Der einzige Inhalt unserer Politik ist Angst vor der Revolution: sie hat keinen anderen.

16. März. Abend bei Fransecky in seinem Cabinet, vielerlei interessante Papiere durchgelesen, die er zu Gneisenau's Leben gesammelt hat, von denen er mir aber nicht Abschriften geben will. Die Organisation unserer Armee. Ich spreche die betrübte Ueberzeugung aus, daß wir mit unserer gegenwärtigen Organisation den Franzosen nicht gewachsen sind. Er stimmt dem zu. Sagt: unsere Cadres sind zu schwach, namentlich an Offizieren; unsere dürftigen

Etats rühren aus der Zeit der größten Armuth, 1808, her und sind später beibehalten worden, ohne eigentlichen Grund. Alle Ad-jutanten, alle Offiziere zu Commandos werden der ohnehin schon dürftigen Anzahl etatsmäßiger Offiziere der Regimenter entnommen; auch die zu Depôts-Compagnien kommandirten. Nun sollen auch Offiziere zur Landwehr abgegeben werden, im Fall eines Krieges, worauf im Jahre 1808 nicht einmal gerechnet war — und dadurch wird die Zahl der Offiziere, die bei den Regimentern bleibt, vollends unzureichend. — Dennoch genügen die Offiziere, die zur Landwehr kommandirt werden „in eine noch losere Organisation hinein" nicht, um diesen Bataillonen die gehörige Festigkeit zu geben. — Reformen in der Armee wären dringend nöthig, aber es ist nicht darauf zu rechnen, da auch der Prinz von Preußen den Vorschlag, die gegen-wärtige Organisation zu ändern, „zurückweist." —

20. März. Zu Ollech, Direktor der historischen Abtheilung im Generalstab. Von den Altenstücken, die ich im Interesse meines Werks zu haben wünschte, sind zwei im Archiv des Generalstabs, und zwar das wichtigste, Bernadotte's Observations zu dem Operations-plan für 1814. — Ollech kann mir natürlich auf eigene Hand keine Abschrift geben, — bedarf dazu der Einwilligung des Generals Reyher, zweifelt aber nicht, daß der General sie ohne alle Schwierig-keiten gewähren wird (wovon ich nicht so überzeugt bin) — geht zu Reyher hinauf; — bleibt schon bedenklich lange, und kehrt etwas ver-stimmt wieder. — Obgleich vorbereitet, und mit der ängstlichen Schwäche Reyhers bekannt, bin ich doch überrascht durch seinen Bescheid. — Er würde mir zwar sehr gern behülflich sein bei der Förderung meines schönen Werks; aber dasselbe sei in Rußland mißliebig — es könnte zu politischen Reibungen führen, wenn man in Rußland erführe, daß ich hier von Seiten der Behörden unterstützt werde. Er könne mir daher die Benutzung der Alten auf eigene Hand nicht gewähren; ich müsse mich mit meinem Gesuch an den König wenden! —

Zu Saucken . . Treffe bei ihm mit Rudolf Auerswald, dem Minister-Präsidenten von 1848—49, einem höchst liebenswürdigen Manne zusammen. Saucken erzählt von dem großen Ball bei der

Prinzessin von Preußen. Stahl war auch da und ging im Costüm als rector magnificus der Universität im rothen Mantel würdevoll umher. Daß der Prinz und die Prinzessin sich weiter nicht um ihn bekümmerten, konnte er nicht vertragen, er verlangte der Prinzessin besonders vorgestellt zu werden; es geschah. Die Prinzessin fragte ihn nachlässig: „Sind Sie schon lange in Berlin, Herr Professor?" Dieser, der ein berühmtes Wunderthier erster Größe zu sein glaubt und sich nicht gern daran erinnern läßt, daß er kein Preuße ist — wollte bersten vor Wuth.

21. März. In den Generalstab zu dem General Reyher, dem ich für heute angekündigt bin, und der mich erwartet. — Ein gescheiter und interessanter Mann, aber kleinmüthig und ängstlich; ein rechter Gegensatz zu dem alten Brünneck. — Mein Gesuch; dieselben Schwierigkeiten, die mir schon durch Ollech verkündet wurden. Reyher verweist mich an den König. — Sollte nicht die Autorität des Kriegsministers genügen? — „Ja, wenn der es auf sich nehmen will!" — So bleibt es vorläufig bei dem Kriegsminister. — Von anderen Dingen gesprochen. Dreijährige Dienstzeit, ich äußere, daß ich dagegen stimmen würde; sie sei zwar an sich wohl zu wünschen, wäre aber bei Weitem nicht das Nothwendigste was wir zu thun haben; unsere Heeresverfassung bedarf mancher Reformen, namentlich und vor Allem die Landwehr festerer Cadres; zu denen aber verhilft uns die dreijährige Dienstzeit nicht. — Reyher wagt nicht sich gegen die dreijährige Dienstzeit auszusprechen, obgleich er keinen eigentlichen Grund dafür anführt. — Gesteht, daß die Landwehr wohl festerer Cadres bedürfe, meint aber, daß wir im Allgemeinen „an unserer vortrefflichen Militär-Verfassung nicht rütteln dürfen" (das also ist die in den höheren Regionen herrschende Ansicht). — Die Linie habe sich 1848—49 durchaus vortrefflich bewährt — „die Landwehr nicht ganz" — das könne aber auch wohl in der schwankenden damaligen politischen Gesinnung seinen Grund gehabt haben — 1850 war die Begeisterung da, und die Leistungen der Landwehr wären ohne Zweifel besser ausgefallen. — Reyher fragt mich, wie wohl jetzt im Schweizerkriege die Stimmung gewesen sei und wie es wohl mit der Landwehr gegangen wäre? Ich kann ihn nur in

der Ansicht bestätigen, die er ohnehin hat: es wäre eben tout juste
gegangen; weder sehr glänzend, noch so schlecht wie 1849.*)

22. März. Lindenbergs Begnadigung — eine ganz tolle
Geschichte! — Der König hat den Mann begnadigt ehe die Frist abgelaufen war, während welcher Lindenberg die Nichtigkeitsbeschwerde
einlegen konnte, also noch ehe das Urtheil definitiv zu Recht bestand!
— Ohne die Einwilligung des durch Lindenberg schwer beleidigten
Prinzen von Preußen — ohne den Ministern ein Wort davon zu sagen
— und zwar absichtlich so. — Der König sagt in dem Kabinets-
schreiben ausdrücklich: „er begnadige Lindenberg aus eigenem Antrieb"
— der Justizminister hat auch nicht mit unterzeichnet. — Der Justizminister erschrickt, wie er inne wird, was hinter seinem Rücken geschehen
ist, und sucht der Sache nachträglich ein legales Ansehen zu geben;
er holt nachträglich die Einwilligung des Prinzen von Preußen ein,
läßt in den Zeitungen bekannt machen, der Prinz habe eingewilligt
— und richtet ein Schreiben an die betreffende Behörde, das seine
Mitunterschrift ersetzen sollte: er bringe hiermit ein königliches Hand-
schreiben zur Nachachtung zu ihrer Kenntniß u. s. w. — Darüber
wird der König sehr ungehalten und macht dem Justizminister
Vorwürfe: „Worin mischen Sie sich! — dazu brauche ich Sie gar
nicht! — es ist mein königlicher Wille" u. s. w. — (Schon Saucken
hat mir neulich davon gesprochen; und hinzugefügt: es sei zum Verwundern, daß der Justizminister dennoch im Amt bleibt; er sei ein
sehr wohlhabender, vollkommen unabhängiger Mann.) —

25. März. Zu Paul Rennenkampff. Liest mir Briefe aus
Rußland vor, von Hagemeister (im Ministerium des Innern) — sie
lauten sehr mißmuthig und traurig. — Die Aenderungen im Zoll-
tarif, die demnächst in Kraft treten sollen, sind von Tengoborski ausgearbeitet; von dem einzigen Menschen in Rußland von dem man
annehmen darf, daß er von Handel und Finanzen etwas versteht.
Der neue Tarif aber ist von der Art, daß man glaubt, Tengoborski
sei von englischen Kaufleuten erkauft; er begünstigt die
englische Industrie; der Zoll auf leichte wollene Gewebe z. B. ist von

---

*) Die reichen Angaben des Tagebuchs über die Neuenburger Angelegenheit,
die damals die Gemüther bewegte, entziehen sich zur Zeit noch der Mittheilung.

1½ R. pro Pfund auf 60 und 70 Kopeken pro Pfund herabgesetzt, während der Zoll auf Tuch nur um ein Geringes ermäßigt ist. Die Fabrikanten leichter Wollengewebe in Rußland können bei diesem schnellen Wechsel dem Ruin nicht entgehen. — (Bei der volkswirthschaftlichen Lage Rußlands war es eine arge Thorheit die Anlage von Fabriken durch allerhand künstliche Mittel zu erzwingen; jetzt aber, da sie nun einmal da sind, ist es eben auch eine sehr bedenkliche Sache sie fallen zu lassen, so viele Kapitale der Entwerthung, der Vernichtung zu weihen, in einem Lande das sehr arm ist an Kapital. — Alexander II. ist sehr übel daran; große Schwierigkeiten bereiten ihm die allgemein verbreitete Unwissenheit, die durchgängige Unbrauchbarkeit der Menschen, die er verwenden muß. — Das Projekt eines Zoll-Tarifs z. B. wird, wenn es Tengoborski entworfen hat, im Reichsrath- und Minister-Comité berathen; aber was geschieht da? — Alle großen Männer des Reichs stieren in die Papiere hinein, vollkommen unfähig irgend eine Meinung darüber zu haben.) —

Schlimme Lage der russischen Finanzen. Die verzinsliche russische Staatsschuld hat während des Krieges um 160 Mill. R. S. zugenommen (100 Mill. Anleihen, und 60 Mill. sogenannte Serien, neu ausgegeben; d. h. Papiergeld, das Zinsen trägt) — um wie viel nebenher auch noch das unverzinsliche Papiergeld vermehrt worden ist, das weiß man nicht; es ist ein Geheimniß; nur kann Jedermann ermessen, daß dessen sehr viel sein muß, da so gut wie gar kein Gold und Silber in Umlauf geblieben ist. Der Finanzminister verlangt eine namhafte Verminderung der Armee, der Kriegsminister erklärt sie für unmöglich.

Nebenher geht die Verschwendung des Hofs ganz nach dem Alten. Das Apanagen-Palais wird mit großem Aufwand umgebaut für Michel Nikolajewitsch, und für das Apanagen-Departement ist ein neues Haus für 700,000 R. S. angekauft worden.

Die Kaiserin-Mutter ist sehr unzufrieden mit ihrem Sohn, weil er nicht Alles so weiter gehen läßt, wie es unter dem Kaiser Nikolaus war, und nicht alle die Menschen in Amt und Würden läßt, die dessen Vertrauen hatten!

Der Kaiser Alexander II. spricht ganz unverhohlen von der

Nothwendigkeit die Leibeigenschaft der Bauern aufzuheben; verlangt von dem Adel der verschiedenen Provinzen Vorschläge, wie diese Veränderung zu bewerkstelligen sei. In das Volk sind Gerüchte dieser Art gedrungen; das Volk ist unruhig; **in mehreren Provinzen haben blutige Aufstände stattgefunden.**

Von Berlin reiste Bernhardi auf zwei Tage nach Stettin zum Besuch bei seinem dort garnisonirenden Freunde Etzel, mit dem ein lebhafter Gedankenaustausch über militärische und politische Dinge stattfand.

27. März. Etzel meint „auch die Armee geht zu Grunde". Die sogenannte „Gesinnungstüchtigkeit" wird jetzt sehr hoch angeschlagen. Die Kreuzzeitungs-Partei hat überall ihre Correspondenten in der Armee; sie ertheilt gleichsam wie durch Diplom die anerkannte Eigenschaft der „Gesinnungstüchtigkeit". Ganz untaugliche Leute, die als unbrauchbar bekannt sind, und deshalb schon ganz beseitigt waren, werden wieder hervorgesucht, von Neuem angestellt und befördert, wenn sie sich als Treubündler und Zeloten der Gesinnungstüchtigkeit hervorthun u. s. w.

Ich sage: Alles Uebrige macht mir nicht bange, was mir aber die schwersten Sorgen erregt, das ist das Treiben des Cultus-Ministers in der Kirche und Schule; das legt die Axt an die Wurzel und bedroht Preußens Größe und Zukunft. Etzel: So ist es, und das weiß die Partei auch recht gut. Der Ober-Präsident in Pommern, Senfft-Pilsach, erklärt, „wenn die gegenwärtigen Zustände nur noch zehn Jahre halten, dann können wir der Zukunft mit einiger Ruhe entgegensehen" d. h. dann ist die Ausbeutung Preußens im Interesse der Partei gesichert!

Senfft-Pilsach thut auch militärisch Schaden. Es wird der Stadt Stettin etwas eng in ihren Ringmauern, da agitirt er dafür, daß die Festungswerke geschleift werden sollen.

„In der neueren Kriegführung haben die Festungen ihre Bedeutung verloren," meint er; so dreist spricht ein Bureaukrat über Alles mit, was er nicht versteht! Weil Napoleon bei den ungeheueren Mitteln, die ihm zu Gebote standen, und bei dem Bewußtsein, daß ihm der Sieg im unmittelbaren entscheidenden Kampf auf dem Schlachtfelde nicht entgehen konnte, und daß ein solcher Sieg alle strategischen

Nachtheile und Gewagtheiten seiner Lage aufhob — weil er in solcher besonderen Stellung Festungen wenig beachtete, glaubt so ein Mann, sie bedeuten überhaupt Nichts. Sieht er denn nicht, daß Preußen mit seinen unglücklichen Grenzen ohne Festungen nach einer unglücklichen Schlacht augenblicklich überrannt ist? Sieht er nicht, daß selbst 1806 Preußen nach den Niederlagen in Thüringen noch keineswegs unbedingt verloren war, daß Napoleon nicht ohne Weiteres über die Ober kam, wenn die Festungen an der Elbe und Ober hielten? Und nun vollends die Oberlinie entwaffnen! Eine Seefestung schleifen, die Verbindung mit dem wahrscheinlichen Verbündeten Preußens in großen europäischen Krisen, die Verbindung mit England gefährden! Ich bringe die Mängel unserer Militär-Organisation zur Sprache. Auch Etzel ist der Meinung, daß durchgreifende Reformen nöthig sind. Vor Allem bedarf die Landwehr festerer Cadres u. s. w.

Sundzoll; dänische Angelegenheiten. Wie schmachvoll, daß wir unser gutes Recht mit Geld bezahlen! Etzel: Sollte es um der holsteinschen Angelegenheiten willen zum Kriege kommen, so geben wir selbst den Dänen das Geld zum Kriege gegen uns. Ich: Der Fall wird nicht eintreten, denn wie die Sachen einmal stehen, könnte es immer noch eher um das göttliche Recht in Neuenburg zum Kriege kommen, als um die wahrhaft wichtigen wirklichen National-Interessen in Schleswig-Holstein.

Etzel: „Das ist leider wahr."

Viel auch von Personen gesprochen. Der junge Prinz Friedrich Wilhelm liebenswürdig; wir bedauern, daß er sich der ewigen Zerstreuung nicht besser zu entziehen weiß. Etzel rühmt den Prinzen Friedrich Carl, den Ernst seiner Beschäftigungen. Er correspondirt mit diesem Prinzen.

Am folgenden Tage kehrte Bernhardi nach Berlin zurück.

29. März. Sonntag keine Kammersitzung, da kommt Rudolf Auerswald, der Staats-Minister zu mir, verweilt einen großen Theil des Vormittags bei mir. Sehr angenehm, denn er ist ein liebenswürdiger, gescheiter Mann — und spricht sich sehr offen und mit großem Vertrauen aus, als ob wir alte Freunde wären. —

R. Auerswald ist nicht ganz zufrieden mit der Art

und Weise, wie das Häusersteuer-Gesetz gefallen ist. — Gleich der § 1 nämlich wurde mit großer Majorität verworfen, weil den Kreuz-Rittern vor Allem daran gelegen war den zu beseitigen. — R. Auerswald hätte gerne diesen Paragraphen durchgehen lassen, um das Prinzip aufrecht zu erhalten, daß die Herren Junker gar wohl besteuert werden können. Dann aber wäre es nöthig geworden das ganze weitläufige Gesetz mit allen Amendements umständlich zu diskutiren; das hätte 14 Tage Zeit genommen, und das, meint Auerswald, könnte man vor dem Lande nicht verantworten, 14 Tage an die Diskussion aller Paragraphen eines Gesetzes zu verwenden, um es dann schließlich im Ganzen zu verwerfen. —

Auch R. Auerswald glaubt gründliche Reformen unserer Militär-Verfassung unerläßlich. Die Sache ist auch wiederholt in Anregung gebracht worden. Schon 1823, als er noch Militär war und Adjutant, hat R. Auerswald selbst an einem Entwurf betreffend Umgestaltung der Reiterei zu arbeiten gehabt, die man damals natürlich am nothwendigsten achtete. Da man aber einen langen ungestörten Frieden vor sich hatte, blieb die Sache wieder liegen. — Die Landwehr-Infanterie bedarf festerer Cadres. — Ich schlage vor, was mir der Augenblick eingiebt: bei jedem Infanterie-Regiment das 4. Bataillon zu errichten, das aus den Cadres der drei Landwehr-Bat. bestünde, und natürlich seinen vollständigen Etat haben müßte. — Die Idee gefällt R. A. — Er möchte aber auch, daß die Landwehr-Männer nicht eine besondere Uniform hätten, sondern die Uniform des gleichnamigen Linien-Regiments ohne irgend ein besonderes Abzeichen trügen; daß sie, wie die Landwehr-Männer der Artillerie, nicht zu einem Landwehr- sondern zu einem Linien-Regiment zählten. Sie würden sich dann viel bestimmter als Soldaten betrachten, ihre Pflichten viel ernster nehmen; es würde großen Einfluß auf die Disziplin, und das kompakte Zusammenhalten der Truppen im Felde üben. —

Abend bei Fransecky, wo wir Denkschriften von Gneisenau durchlesen u. s. w. — Er hält die Befestigung von Berlin für nothwendig; sagt mir seine Gründe, die sich allerdings hören lassen. — Die „kombinirten Reserve-Bataillone" unserer Armee, aus

denen im Kriege die Depôt- und Ersatz-Bataillone gebildet werden
sollen, sind eine reine Illusion, weil sie keinen eigenen Etat
haben. Die Offiziere derselben sind aus den Etat-Regimentern
dazu kommandirt und müssen im Fall eines Krieges zurück in ihre
Regimenter — und damit verschwinden die in der That nur scheinbar
vorhandenen Cadres der Ersatz-Bataillone.

Nachträglich: daß der Beschluß, die dreijährige Dienstzeit einzu-
führen, ohne den Kriegsminister, durch Vogel v. Falkenstein
veranlaßt, gefaßt worden, ist, wie mir Etzel in Stettin erzählte, zweifel-
los. — Der Kriegsminister war eben in Stettin und erfuhr da auf
der Parade, daß diese Verfügung ergangen sei, er war sehr überrascht, in dem Grade, daß er seiner selbst nicht ganz Herr blieb; er
verrieth, daß er nicht um die Sache gewußt habe, und äußerte sich
sehr bitter und unzufrieden. —

31. März. R. Auerswald sagte mir vorgestern: die Minister
halten den Abgeordneten das Schreckbild eines Ministeriums Stahl-
Gerlach vor. Dagegen wird gesagt: das ist eitel Vorgeben, die Junker-
partei will die Stellen gar nicht haben. R. Auerswald ist aber von
einer solchen Harmlosigkeit des Strebens der Junker nicht überzeugt.
— Sie denken freilich nicht daran das Ministerium mit einem Schlage
zu stürzen, auch wird das Ministerium sich nach allen Niederlagen
nicht im Ganzen zurückziehen — das hat keine Noth — das geschieht schon deshalb nicht, weil es eine Maßregel einer wirklich
parlamentarischen Regierung wäre: offenbar aber ist es darauf angelegt den Finanzminister zu verdrängen, der mit einer Grundsteuer
droht, und den Justizminister, den sie als einen Halbliberalen betrachten. Diese beiden Stellen wollen sie zunächst durch
Leute ihrer Partei in Besitz nehmen — (dem König wird
gesagt: daß die Finanzgesetze nicht durchgehen, liegt lediglich an der
Persönlichkeit des Finanzministers, der das Vertrauen des Landes
nicht hat u. f. w.) — und wer steht dafür, daß es nicht in ihren Plänen
liegt, allmählich weiter um sich zu greifen, die gegenwärtigen Minister
einen nach dem andern zu verdrängen, und durch Leute ihrer Farbe
zu ersetzen? —

1. April. General Moltke ist auf einige Zeit zum Besuch bei

seiner Frau — hat, wie mir R. Auerswald sagt, den Wunsch geäußert, mich zu sehen. Bei Regenwetter zu ihm gefahren vor dem
Anhaltschen Thor.

Zweistündiges Gespräch mit General Moltke, mir sehr merkwürdig. Er ist verschlossen, diskret, schweigsam und wie man sagt
boutonné: diesmal spricht er viel, sehr bestimmt, und anscheinend
sehr offen; er will, ich soll ihn nicht für einen Gesinnungsgenossen
von Bincke, Saucken u. s. w. halten.

Aeußert sich über Bincke einigermaßen mißbilligend;
der mache als Erbe und Vertreter der „Beyme'schen Ideen" — in
der besten, redlichsten Absicht — hin und wieder unnütze Händel, und
sich selbst unnützer Weise viele Feinde; halte es für seine Pflicht alle
Mängel aufzudecken; das sei viel leichter als nachweisen, wie es besser
zu machen wäre.

Von dem jungen Prinzen; bedauert, daß er so in Zerstreuungen
hineingezogen wird, und sich wenig ernsthaft beschäftigen kann.

Die Heirath des Prinzen sei in England noch nicht offiziell bekannt gemacht. — Warum nicht? — Weil die Heirath, und
überhaupt Preußen in England sehr unpopulär sind;
die Times nennen den Prinzen „einen verkappten russischen
General". — Warum ist denn Preußen so unpopulär? — Der
schwankenden, zu Rußland hinneigenden Politik wegen. Nun auch
wieder wegen der Neuenburger Angelegenheit „mit der wir nicht fertig
werden können" — was Moltke sehr mißbilligt.

Moltke zeigt aristokratische Tendenzen; der Glanz, die Macht,
die Stellung des englischen Adels gefallen ihm außerordentlich. Er
vergleicht damit die Nichtigkeit unseres Adels, unseres Herrenhauses.
Ich mache die Bemerkung, daß sich solche Verhältnisse, wie sie in
England geschichtlich entstanden sind, doch anderswo nicht willkürlich
nachbilden, nicht nach Belieben schaffen lassen. — Das giebt er zu,
und so ergiebt sich denn aus jener abstracten Bewunderung und Vorliebe nichts Pratisches. —

Große Sympathie für Schleswig-Holstein, aber nicht wegen der
deutsch-nationalen Elemente, die sich da regen, sondern weil es
aristokratische Elemente sind, die sich dort gegen das

demokratische Dänemark auflehnen. — Moltke bespricht es
als ein seltsames Mißverständniß, daß die conservativen Regierungen
sich 1848—50 Dänemarks gegen die Herzogthümer angenommen haben,
denn gerade die dänische Regierung sei revolutionär, und gerade in
den Herzogthümern seien die conservativen Prinzipien aufrecht erhalten worden.

Er spricht den Wunsch aus in Beziehung auf die jetzigen hol-
steinischen Händel: „möchten wir nur dort freie Hand behalten." —
Ich: „Das wird nicht geschehen; dazu sind wir in ganz Europa zu
unpopulär, und besonders zu wenig geachtet; man muß für jetzt
nur wünschen, daß nicht durch neue Verträge dort Alles bleibend und
für immer verdorben werde." — Das giebt Moltke stillschweigend
und durch eine kleine Bewegung des Kopfes zu.

Auch die kirchlichen Wirren der Gegenwart kommen zur Sprache;
Moltke zeigt Vorliebe für den Katholicismus. Luther sei in
seiner Reformation vielfach zu weit gegangen; er habe
„das Kind mit dem Bade ausgeschüttet". — Damit Moltke
auch weiß, woran er mit mir ist, sage ich, daß nach meiner Meinung
Luther leider! nicht gelehrt genug war; nicht genug von dem ursprünglichen Christenthum wußte, und deshalb nicht weit genug gegangen
ist; von dem ursprünglichen Christenthum sind wir auch
in der evangelischen Kirche noch sehr weit abgeblieben.
— Da Moltke die Vorzüge der katholischen Kirche erhebt, sage ich, daß
ich ein Christenthum in der Lehre der katholischen Kirche überhaupt
nicht anzuerkennen vermag; wenn Christus von Neuem auf die Erde
käme, würden die katholischen Geistlichen ihn von Neuem als Ketzer
und Gottesleugner kreuzigen. — Moltke: „Die lutherischen etwa
nicht? — die erst recht, wenn er ihnen von guten Werken
spräche!" — und obgleich unsere Geistlichen in solchem Irrwahn
stecken geblieben sind, findet er doch, daß Luther zu weit gegangen ist!
— welch ein Widerspruch! —

Moltke meint, wenn auch die katholische Kirche Reformen nöthig
haben sollte — katholisch müssen wir doch alle einmal
wieder werden! — Ich werde dann jedenfalls eine Ausnahme
machen! — Er erhebt die Vorzüge der katholischen Kirche; sie liegen

darin, daß sie ein Oberhaupt hat, daß eine unanfechtbare höchste
Autorität da ist, die Alles entscheidet, und jeden Zweifel niederschlägt;
Sicherheit des Dogma, die daraus entsteht — größere Einwirkung
auf Phantasie und Gemüth — der Geistliche hat eine ganz andere
Stellung zu seiner Gemeinde — beherrscht sie ganz anders als der
lutherische — „er geht in die Familie hinein" — und übt
da entscheidenden Einfluß (ist das ein Gewinn und nicht ein Unheil?).
Moltke erzählt mir auch, daß die Gräfin Danner in Kopenhagen
immer zur schleunigen Flucht bereit ist.

Das Gespräch giebt mir viel zu denken. Ich kann nicht sagen,
daß ich sehr erbaut wäre; den jungen Prinzen unter dem Einfluß
solcher Ansichten zu denken, ist nicht durchaus erfreulich.

In Kunnersdorf bis Ende 1857. Kurze Ausflüge nach Dresden und Breslau.

Noch an dem nämlichen Tage, an welchem die Unterredung mit
Moltke stattgefunden hatte, kehrte Bernhardi nach Kunnersdorf zurück,
wo das arbeitsame ländliche Stillleben bis zum Schluß des Jahres
1857 nur durch einige Besuche, einen kurzen Ausflug nach Dresden
und einen mehrtägigen Aufenthalt in Breslau unterbrochen wurde.

Die Reise nach Dresden wurde wesentlich im Interesse von Bernhardi's Gattin unternommen, deren schwankende Gesundheit den Rath
erfahrener Aerzte immer nothwendiger machte. Der Aufenthalt in der
sächsischen Hauptstadt machte auch dieses Mal keinen erfreulichen Ein=
druck auf den warmfühlenden preußischen Patrioten.

Gar Manches — vermerkt das Tagebuch — macht in Dresden
einen unerfreulichen Eindruck: so die Feindschaft gegen Preußen, die
geflissentlich von der Regierung genährt wird, der Napoleon-Cultus,
den man sich Mühe giebt in Gang zu bringen. Ebenso ist es gar
unangenehm zu sehen, wie unter Leitung des Ministers Beust Sachsen
die Werkstatt geworden ist, wo die Popularität Oesterreichs in Deutsch-

land angefertigt werden soll. Die ganze sächsische Presse ist in Oester=
reichs Dienst; Oesterreich und Alles, was es thut, wird da verherr=
licht — Preußen verdächtigt und verspottet.

Auf der Rückreise nach Schlesien führte der Zufall die Familie
Bernhardi mit der Schriftstellerin Ida v. Düringsfeld und deren Ge=
mahl Baron v. Reinsberg zusammen. Das Tagebuch bemerkt über dieses
Zusammentreffen:

Ganz angenehme Unterhaltung mit ihm und seiner Frau. Vieler=
lei besprochen, Zustand der deutschen und der französischen Litteratur.
Reinsberg ist ein anspruchsloser liebenswürdiger Mann. Ida v.
Düringsfeld hat viel Verstand, und man kann ihr nicht nachsagen, daß
sie verschroben wäre, wie schriftstellernde Damen manchmal zu sein
pflegen. Sie gefällt mir ganz gut, wenn sie nur nicht so außer=
gewöhnlich wenig hübsch wäre.

In Kunnersdorf waren die Eindrücke nicht immer die erfreulichsten.
Der Druck der landräthlichen Willkür und die allgemeine Tendenz der
ultra=reaktionären Parteiregierung machten sich in allen Verhältnissen
geltend. Bald war es eine ungesetzliche Vertheilung der Armengelder,
bald eine willkürliche Erweiterung der Chausseen, welche zum Widerstand
herausforderten und das tägliche Leben vielfach verbitterten, um so mehr,
da selbst gegen die willkürlichsten Anordnungen Recht nur schwer zu er=
langen war. Daß sich auch besonders auf religiösem und Schul=Gebiet
die Unduldsamkeit der Eiferer geltend machte, braucht kaum erwähnt zu
werden.

18. Mai. Daheim von den Meinigen noch eine schlimme Nach=
richt. Charlotte und Julia haben gehört, Pastor Heß (ein sehr be=
liebter aber nicht durchaus „gesinnungstüchtiger" Prediger in Hirsch=
berg) will fort von hier; er soll nach Breslau versetzt werden. Auch
das wäre ein schmerzlicher Verlust; so verlöre man nach und nach
alle Anhaltspunkte und stünde ganz allein in Mitten der reinsten
Kreuzzeitungs=Rasse! Gott gebe bald ein Ende dieser Art Regierung!

19. Mai. Abends nach Hirschberg zu Pastor Heß. Er will wirklich
fort, da die Pietisten und das Kreuzzeitungs=Wesen hier immer mehr
und mehr herrschend werden. Er hat einen Ruf nach Breslau und
bereits eine Probepredigt dort gehalten. Aber auch dort sind Schwierig=

leiten. Auch dort giebt es Stadträthe, die da meinen: Heß' Wahl könne als eine politische Demonstration angesehen werden und der Stadt Breslau die allerhöchste Ungnade zuziehen! Man hat von seinem Benehmen bei den Wahlen gesprochen und von ihm einen Revers verlangt, daß er sich nie mehr in Politik mischen wolle. Den hat er natürlich verweigert.

4. Juni. Nach Tisch Professor Schubarth bei uns mit seiner Tochter. Mir blutet das Herz bei Manchem, was er mir über das Treiben in den Gymnasien sagt. Den Lehrern der Geschichte werden Handbücher vorgeschrieben, nach denen sie unterrichten müssen und sie dürfen keine Zusätze machen. Meine armen Kinder! Mir wird recht leid und weh. — Den Professoren ist es unter der Hand verboten Mommsens Geschichte von Rom ihren Schülern zu empfehlen.

Einen Ersatz für Alles was er entbehren mußte fand Bernhardi zum Theil im Verkehr mit den bedeutenden Männern, deren Freundschaft er erworben hatte.

11. Juni. Langer Brief von Vincke, der seinen Besuch für Anfang Juli ankündigt und sehr bedauert, daß ich nicht in Breslau gewesen bin, weil der Prinz von Preußen da war, und Alles sich sehr gut gefügt hat. Der Prinz hat bei dem Pferderennen längere Zeit mit Vincke gesprochen; sich unwillig über die Opposition des Herrenhauses geäußert: „Ich bin gar nicht gegen eine auf Ueberzeugung gegründete Opposition, aber die Herren gehen zu weit und folgen Particular-Interessen, und das kann man nicht dulden." — Vincke machte auf die abnorme Bildung des Herrenhauses aufmerksam — und wie er eben immer an mich denkt: „Ich erwähnte, daß Sie mir soeben Ihre Ansicht über das Herrenhaus auf eine klare und präcise Weise ausgesprochen, und erbot mich ihm ein andermal diesen Passus Ihres Briefs mitzutheilen." — Der Prinz wünschte das sehr. — Am folgenden Tage war Cour bei dem Prinzen, der darauf Vincke in sein Cabinet berief — die Unterredung wieder aufnahm, und Mittheilung meiner Ansicht verlangte: „Ich hatte Ihren Brief mitgenommen, und las ihm die betreffende Stelle vor. — Er hörte sehr aufmerksam zu, erklärte sich

mit dem Meisten einverstanden, und bat mich ihm eine Abschrift davon zu geben." Das hat Vincke auch gethan, der ihm
außerdem noch Auszüge aus einem früheren Brief von mir mittheilen will. —

Um Mitte Juni fand sich zahlreicher estländischer Besuch in dem
Bernhardi'schen Hause ein.

19. Juni.   Vielerlei durch unsere Gäste aus Rußland gehört.
Selbst die Damen äußern sich nicht unbedingt zu Gunsten des jetzigen
Kaisers und der jetzigen Zustände, und mag dabei auch manches
Persönliche mitwirken, so geht doch aus dem Ganzen hervor, daß es
in Rußland viele Unzufriedene giebt, und daß theilweise
eine bedeutende Verstimmung herrscht.

Die Armee ist um ein Drittheil vermindert worden (die Garde
natürlich auch) und diese Maßregel ist mit großer Härte durchgeführt
worden. — Die Offiziere, vom General an, die dem aufgelösten
Drittheil angehörten, sind auf 1 Jahr disponible gestellt (bis zum
Juli dieses Jahres) und dabei ist ihnen angekündigt, sie sollen sich
selbst nach einer anderweitigen Anstellung umthun; findet sich keine
für sie innerhalb des Jahres, so sind sie eben verabschiedet,
ohne Pension, ohne irgend etwas.

Man fragt: ob es nicht hart und kränkend sei, daß man
verdienten Leuten nach zum Theil 35- bis 40jähriger
Dienstzeit den Abschied giebt, ohne daß sie ihn verlangt
hätten? — Man spricht von den vielen jungen Leuten, jungen
Obersten, deren Carriere nun plötzlich unterbrochen ist, und die nun
nicht wissen wohin! — Von den vielen armen Offizieren, die ihre
Existenz, ihr Brod verlieren, indem sie den Abschied erhalten, und weder die nöthigen Kenntnisse, noch die Mittel haben
einen anderen Beruf zu ergreifen.   Große Unzufriedenheit natürlich.   Die verabschiedeten Offiziere erklären laut: wenn es wieder
zu einem Krieg kommen sollte, und man riefe sie wieder
zu den Waffen, würden sie doch nicht wieder in Dienste
treten.

Daß die Maßregel durch die äußerste Noth geboten ist, ein
verzweifeltes Mittel dem verzweifelten Zustand der Finanzen abzu-

helfen, ſcheint Niemand einzuſehen. Der Zuſtand der Finanzen iſt
ein Geheimniß; planmäßig hat man den Leuten unter dem Kaiſer
Nikolaus die fabelhafteſten Vorſtellungen beigebracht von der Rieſen-
macht, von den unerſchöpflichen Hülfsquellen Rußlands; da werden
nun dieſe Maßregeln beſprochen wie Dinge, die eben ſo gut anders
gemacht werden könnten, wenn man wollte; faſt als ob es ſich um
einen Einfall, um eine Caprice des Kaiſers handele. — Sehr un-
glücklich für den Kaiſer.

Von der Kaiſerin meint man „qu'elle a plus de caractère
que lui" — aber ſie ſei nicht ſehr affable.

21. Juni. Dieſelben klagenden oder halbklagenden Berichte
über den Kaiſer von Rußland. — Er iſt nicht beliebt in der
Armee, weil er wenig Antheil an Paraden nimmt, wenig Intereſſe
für militäriſches Schaugepränge hat, und nicht die Gabe beſitzt, mit
den Soldaten zu ſprechen. Der Abel gewährt keine Vorrechte mehr im Dienſt; wer jetzt Militär wird, kann nach Umſtänden ſehr lange Junker bleiben. Auch die Privilegien der kaiſer-
lichen Erziehungs-Anſtalten ſind aufgehoben; jetzt haben im
geraden Gegenſatz zu Allem, was bisher beſtand, diejenigen jungen Leute Vorrechte bei dem Eintritt in den
Dienſt, die ihre Erziehung ganz im väterlichen Hauſe
erhalten haben.

Die Klagen und Lamentationen machen es nur zu klar: die
Stellung des Kaiſers von Rußland iſt eine unendlich
ſchwierige! — Ueber die Kaiſerin-Mutter iſt man höchſt empört.
Sie hatte zu ihrer Reiſe ungeheure Summen verlangt (14 Millionen
ſoll ſie wirklich erhalten haben), und als ihr Sohn ihr auseinander-
ſetzte, daß ein ſolcher Aufwand unter den obwaltenden ſchwierigen
Bedingungen unmöglich ſei, antwortete ſie: „Dergleichen hat mir
Dein Vater nie geſagt!" — Man meinte ſie würde ganz gebrochen
dem Gemahl ſehr bald in das Grab folgen: anſtatt deſſen fängt für
ſie das Leben jetzt erſt recht an: ſie hat auch unter dem Druck gelebt,
und athmet freier als in der Ehe. — Man meint, ſie werde wohl
immer in der Fremde weilen, denn in Rußland die zweite Rolle zu
ſpielen, das ſei unerträglich.

Frau v. W. spricht mir davon, wie die alten Herren vom Petersburger Hof unausstehlich sind; lauter ci-devant jeunes gens — wattirt, geschnürt, geschminkt, mit Perücke und falschen Zähnen. Ablerberg (père) wird wegen der verjüngenden Farbe, die er auflegt: „le ministre peint par lui-même" genannt. —

29. Juni. Den Abend daheim. Interessante Mittheilungen aus der Kriegszeit. Die Reservetruppen, die in Estland standen, hatten elende Offiziere, die merkwürdig heiratheten, ganz unmögliche Damen. Mehrere sehr ergötzliche Heirathsgeschichten — zum Theil mißlungene — werden erzählt. Unter den Mannschaften aber brach der Hungertyphus aus, weil die kommandirenden Offiziere stahlen und die Mannschaften verhungern ließen.

5. Juli. Erfahre, daß Rudolf Auerswald in Warmbrunn ist. Nachmittags dahin, um ihn zu sehen; finde ihn mit Schön, Adjutanten des Generals v. Schoeler. Langer Spaziergang mit beiden. Erzähle den Gebrauch, den Vincke beim Prinzen von Preußen von meinen Briefen gemacht hat. Die Unterscheidung von parlamentarischem und ständischem Wesen, wie ich sie aufstelle, ist auch Auerswald sehr einleuchtend; er redet mir sehr zu, das, was ich Vincke in mehreren Briefen geschrieben habe, in einem Artikel für das Wochenblatt zusammenzufassen und drucken zu lassen: nicht jetzt, sondern zu der Zeit, wo die Kammern wieder zusammentreten. Viel über die Armee gesprochen. Auerswald ist, wie Etzel, für Gneisenau's Cadressystem.

6. Juli. Unerwartet kommt Rudolf Auerswald am Morgen zu uns, vor seiner Abreise; lernt die Meinigen kennen, die ihn auch selten liebenswürdig finden, besonders dadurch, daß sich in Allem, was er sagt, ein schönes Gemüth offenbart. Ueber Rußland sagt er: Unsere Junker-Partei ist dem jetzigen Kaiser gar nicht gewogen; sie nennt ihn einen Haupt-Demokraten.

22. Juli. Früh 8 Uhr kommt Vincke an. Gar vielerlei mit ihm besprochen. Der Prinz von Preußen hat sich über unsere Zustände in sehr merkwürdiger Weise geäußert. Mit der Opposition der Rechten ist er zwar sehr unzufrieden, meint aber, gegen eine Opposition aus Ueberzeugung habe er nichts; nur gingen die Herren zu

weit, und verfolgten Partikular-Intereſſen. Daneben aber äußert er: „Die Verfaſſung ſei das Einzige, wodurch wir in Deutſchland unſern Rang behaupten können;" in allen anderen Richtungen, Zollverein, materielle Vortheile u. ſ. w. werde uns Oeſterreich den Rang ablaufen. — Daß ſich in unſerem Parlament troß aller Wahl-Corruptionen denn doch noch ſoviel Unabhängigkeit gefunden hat, das macht in Deutſchland einen tiefen Eindruck, und der Prinz hat es bemerkt. — Man ſagt ſich auch, daß dergleichen in einem Staat wie Preußen ganz etwas anderes bedeuten will, als in den kleinen Staaten.

Mein mit Auerswald beſprochener Aufſaß wird, wie Bincke meint, für das Wochenblatt nicht paſſen, da dies grade für Stände und ſtändiſche Inſtitutionen kämpft.

Von Rußland geſprochen. Eine Fürſtin Biron, die hier in Schleſien lebt, geborene Fürſtin Meſchtſcherski, äußert: „L'Empereur ne réuſſira pas, nous ſommes plus forts que lui."

Von unſerem Adel geſprochen, der leider die Wege des franzöſiſchen Adels vor der Revolution, nicht die des engliſchen verfolgt.

Mit Bincke nach Warmbrunn gefahren.

Wir beide beſuchen dann den hier anweſenden General Brandt, der ungemein freundſchaftlich gegen uns beide iſt — mancherlei Intereſſantes erzählt von dem Prinzen (Pierre Napoleon), bei dem er zum Ehrendienſt kommandirt war in Berlin — wie der ſich überſchwänglich lobend über die preußiſche Armee geäußert, und im Ganzen taktvoll benommen hat. — Doch hat er übel genommen, daß der junge Prinz von Preußen während ſeiner Anweſenheit nicht nach Berlin gekommen iſt, und hat es auch angedeutet, indem er auf der Rückreiſe mit ſeinem Dampfboot einige Stunden vor Coblenz gehalten hat, ohne auszuſteigen, und ohne der Prinzeſſin von Preußen ſeine Aufwartung zu machen. (Le métier de prince parvenu est pénible; ein wirklicher Prinz brauchte das nicht übel zu nehmen, und noch weniger es zu zeigen.)

Dieſer Prinz hat auch viel von Mr. Hume erzählt, dem amerikaniſchen Geiſterbanner, Klopfer, Tiſchrücker u. ſ. w., der jetzt in Paris ſein Weſen treibt. Auf einer Soirée bei dem Grafen Karoly, wo

Hume anwesend war und der der Prinz unter fremdem Namen bei-
wohnte, hatte letzterer einen der berühmtesten Taschenspieler mitgebracht,
der aufpassen sollte, aber nichts entdeckt hat, u. s. w.

   23. Juli. Ich muß Vincke ausführlich Rechenschaft geben von
meinem Gespräch mit Moltke. Wir sprechen viel von ihm. Daß er
bei dem jungen Prinzen ist, war nicht Wahl des Prinzen von Preußen
oder der Prinzessin; „er ist ihnen octrohirt worden;" wahrscheinlich
hat Schöler, der damalige Neben-Kriegs-Minister (vortragender Flügel-
Adjutant) die Veranlassung dazu gegeben. Von seinen politischen
und kirchlichen Ansichten hatte Vincke keine Ahnung, weil zu der Zeit,
wo sie als Offiziere miteinander dienten, „Niemand in Preußen
eine politische Meinung hatte; das ruhte!"

   Gegen Abend bei Regenwetter reist Vincke ab.

   25. Juli. Nach Tisch kommen aus Warmbrunn die Generale
Brandt und Hermann zu uns. Brandt zeigt sich lebendig, beweglich,
wie er immer ist, und sehr liebenswürdig; in Hermann tritt uns
gleich ein vielseitig und gründlich gebildeter Mann entgegen; eine ernste
und tüchtige Natur. Erzählt sehr hübsch, wie er als ganz junger
Lieutenant in Zinklingen mit Ludwig Tieck zusammen gekommen ist.
Manches besprochen. Er beklagt vor Allem und mit großem Recht,
daß die Junker-Partei auch die äußere Politik Preußens von der
inneren abhängig machen will und von den Parteizwecken, die sie
verfolgt — erzählt, daß er selbst eine „durchaus erschütterte" Stellung
habe; das rührt daher: der König hatte ihn in die erste Kammer
des Erfurter Parlaments 1849 ernannt, und er stimmte dort nicht
allsogleich, unbedingt — wie Bismarck-Schönhausen und Consorten —
gegen die königlichen Vorlagen in Beziehung auf das Dreikönigs-
bündniß u. s. w. — Das hat ihm der König oder vielmehr die Kreuzzeitungs-Partei nie verziehen. Er wunderte sich ungemein, als er
eine Division bekam, und dabei noch dazu Anderen vorgezogen wurde;
der General Schöler, damaliges Faktotum, versicherte ihm auch, als
er seine Verwunderung aussprach: „es hat auch Mühe genug gekostet."
Er fordert mich auf in allen Aeußerungen sehr vorsichtig zu sein —
nur gegen den (ebenfalls in Warmbrunn anwesenden) Generallieutenant Felden könne ich ganz offen und mit vollem Vertrauen sprechen;

der sei den von 1807—1813 in Preußen herrschenden Ideen treu
geblieben.

3. August. Gesellschaft bei General Heydebrandt. General
Felden erzählt General Meyhers ganze Carriere; spricht von den
gegeneinander intriguirenden Parteien an unserem Hof: auf der einen
Seite das Kleeblatt General Willisen und die Flügel-Adjutanten
Manteuffel und Schlegell — auf der andern Seite die eigentliche
Hofpartei oder Partei der Königin, die beiden Feldmarschälle Dohna
und Wrangel an der Spitze. (Zustände wie in Frankreich 1789.)
Schlegell geht nun als Militär-Bevollmächtigter nach Petersburg;
Felden meint: entweder man will eine größere Annäherung an Ruß-
land herbeiführen, oder Schlegell ist von der Hofpartei aus Berlin
wegintriguirt worden, um das Kleeblatt zu sprengen.

4. August. Oberstlieutenant Baumeister und seine Frau bei
uns. Von Görlitz gesprochen. Es leben dort viele bedeutende Leute.
Ich nenne den Minister Carlowitz. — „Der ist nicht sehr zugänglich,
und außerdem ist seine politische Richtung nicht die, die
ein Soldat haben müsse; es sei die Bethmann-Hollweg-
sche!" (Die Junkerpartei hat es wirklich schon dahin gebracht, die
ganze Armee davon zu überzeugen, daß sie die Ansichten dieser Partei
haben müsse.)

Im August wurde behufs Zusammentreffens mit Bincke eine aber-
malige Reise nach Breslau unternommen:

8. August 1857. Sehr bald nach mir kommt auch Bincke an,
der sogleich in das Schloß eilt zu Moltke, um womöglich den Prinzen
zu sehen, und zu veranlassen, daß ich ihn noch heute treffen kann,
da er morgen auf das Land fährt. —

Bincke sieht erst Moltke, dann den Prinzen — dieser sagt ihm,
seine Mutter habe ihm bei ihrer letzten Zusammenkunft mit ihm zur Pflicht gemacht mich näher kennen
zu lernen. — Berechnet seine Zeit: heute hat er sich bereits zu
Mittag im Regiment anmelden lassen — morgen fährt er zu dem
Grafen Limburg-Styrum auf das Land — die folgenden Tage ist er
unsicher —: da läßt er seinen Hofstaats-Secretär rufen, und fragt,
ob heute noch ein Diner zu Stande gebracht werden könne? — Da

23 *

dies für möglich erklärt wird, läßt er im Regiment absagen, und bleibt zu Hause.

Nebenher hat Vincke ein längeres bedeutendes Gespräch mit ihm. — Der Kaiser Alexander II. und Napoleon III. möchten beide gern eine persönliche Zusammenkunft haben und das Bündniß zu Stande bringen, das besonders in Rußland ersehnt wird. Die Sache hat aber eine Hauptschwierigkeit: Alexander II. möchte seinen Freund in spe gern auf neutralem Boden treffen, Napoleon III. will, daß der Kaiser von Rußland ihm förm- lich huldige und zu ihm komme. — Alexander II. hat in Baden-Baden auf der Promenade französische Offiziere angeredet und von seinem Wunsch gesprochen den Kaiser hier zu sehen, Na- poleon III. sich aber dadurch doch nicht zu einem Ausflug von Plom- bières nach Baden bewegen lassen.

Jetzt, 15. September, kommt Alexander II. noch einmal nach Berlin, angeblich um die Kaiserin abzuholen, eigentlich in der Hoff- nung dort mit Napoleon III. zusammen zu treffen. — „Denken Sie sich“, sagt der Prinz zu Vincke, „daß es in Preußen Minister giebt, welche diese Zusammenkunft und überhaupt die Annäherung zwischen Rußland und Preußen zu fördern suchen.“ — (Das wundert mich gar nicht, da die Junker-Partei auch die auswärtige Politik Preußens, dessen Stellung in Europa und Unabhängigkeit, den Partei-Zwecken unterordnet, die sie im Innern verfolgt.) — Dem König ist die Sache nicht genehm, er ist nicht dafür, und schützt, um die Sache abzulehnen, seine Kränk- lichkeit vor. Der große Zusammenfluß von Menschen, die Unruhe u. s. w. werde ihm sehr zur Last fallen.

Der Prinz hat eine entschiedene Abneigung gegen Rußland. Ein kleiner Umstand in der Kindheit hat dazu viel beigetragen, wie der Prinz erzählt. Der Großfürst Michael Pawlowitsch sprach einst mit der Großfürstin Helene über die Vortheile der ersehnten engen Verbindung mit Frankreich — und sprach die Hoffnung aus, daß sie nun (in den vierziger Jahren) zu Stande kommen werde, „et puis nous pincerons la Prusse!“ — Einer der jungen Großfürsten war dabei, hörte dies angenehme Gespräch, und neckte dann seinen

Vetter, den Prinzen Friedrich Wilhelm, damit, daß er ihm das erzählte. Auf den Prinzen, der damals 12 Jahre alt war, hat es einen
tiefen Eindruck gemacht.

Der Prinz spricht mit großer Betrübniß von der geringen Achtung, in der Preußen jetzt allgemein steht. Er hat in England vielfach Gelegenheit das zu erfahren; man ist dort sehr gut unterrichtet
über Preußens innere Zustände — und der Prinz erfährt dort vieles,
was ihm hier verborgen bleibt. Mit großem Widerwillen äußert sich
der Prinz dann auch über die loyalen Reden, die Ergebenheits-Ver-
sicherungen der Junker-Partei, denen er nicht glauben kann. — —
Um 3 Uhr Diner bei dem Prinzen. Moltke empfängt uns zunächst. — Niemand da als der Prinz, seine beiden Adjutanten
Moltke und Major v. Heinz, dann Vincke und ich. — Der Prinz
leidet bei einem solchen kleinen Diner keine Dienerschaft im Zimmer;
neben ihm steht eine kleine silberne Glocke, er schellt wenn neu ser-
virt werden soll — worauf dann die Dienerschaft wieder verschwindet.

Der Prinz fragt mich um sehr Vieles, über Rußland und
russische Zustände — schwierige Stellung des jetzigen Kaisers, Schwierigkeiten der Aufgabe, die er zu lösen hat. — Aufhebung der Leibeigenschaft. — Ich erkläre, welche beinahe unlösbaren Schwierigkeiten
die Sache in Rußland hat, während sie gleichwohl unabweisbar nothwendig ist. — Moltke meint: warum man sie denn überhaupt
aufheben wolle? — Er halte sie für ein dort zu Lande ganz
passendes Verhältniß; es komme nur darauf an die Mißbräuche zu
beschränken u. s. w. — Solchen Ansichten gegenüber muß man nie
Argumente geltend machen, die sich auf die höheren Forderungen an
das Völker- und Staatenleben beziehen, ich sage daher nur: „O ja!
warum nicht; es könnte Alles ganz gut sein, wenn die Leute sie nur
länger ertragen wollten!" — Major Heinz, ein sehr harmloser Mann,
fällt aus den Wolken und ist ungemein verwundert zu vernehmen,
daß die Leibeigenschaft in Rußland nicht ein reizend und sentimental
idyllisch-patriarchalisches Verhältniß gegenseitiger Hingebung, Liebe
und Anbetung ist, — daß es dort Bauern-Aufstände giebt, — daß
gelegentlich Grundherren von ihren Bauern todt geschlagen werden
u. s. w.

Preußische Zustände; der Prinz erwähnt, es gäbe in Preußen
Leute, die gern das linke Rhein-Ufer an Frankreich abtreten würden
und Schlesien an Oesterreich, damit wir dann b e s s e r a r r o n d i r t
w e r d e n. — Vincke erzählt: Kleist-Retzow (Ober-Präsident in der
Rhein-Provinz) habe (etwa 1849) behauptet, man müsse auf die
Zustände vor 1806 zurückgehen, und sie unbedingt wieder herstellen,
anders sei kein Heil. — Das war ein kleiner Taktfehler; sollte der
Prinz etwa einen der höchsten Staatsbeamten entschieden tadeln in
Gegenwart seiner Adjutanten, und vor mir, den er erst seit kurzem
kennt? — Der Prinz sagt auch gar nichts darauf. — Um zu sehen,
wie weit er wohl gehen werde, sage ich: „Wenn die Herren sagen 1806
kann man immer nicht wissen, ob sie nicht eigentlich 1640 meinen.“
— Der Prinz antwortet aber auch darauf nur durch ein petit rire
saccadé!

Der Prinz sagt auch, es thue ihm leid, nun, Ende dieses Monats, Schlesien zu verlassen, wo er schnell einheimisch geworden sei
u. s. w. — Geht mit dem Gedanken um d e n k ü n f t i g e n S o m m e r
m i t s e i n e r j u n g e n F r a u i n E r d m a n n s d o r f z u v e r l e b e n.
— „Ich würde die Bewohner unseres Thals sehr beglücken, wenn ich
das ankündigen dürfte!“ — Er: es sei für jetzt nur ein vages Project
— es liege noch vieles dazwischen — zunächst sei es nöthig seine
Braut mit den Berliner Kreisen bekannt zu machen — und, er kenne
das nicht aus Erfahrung, aber man habe ihm gesagt, daß mit Damen
schwer reisen sei u. s. w.

9. A u g u s t. Vielerlei mit Vincke besprochen. Er theilt mir
das Programm zu einer neuen Monatsschrift mit, welche „P r e u ß i s c h e
J a h r b ü c h e r“ benannt, von der constitutionellen Partei gegründet
werden soll. Das nöthige Geld dazu müssen die Constitutionellen zu-
sammenschießen: Vincke, York, Dyhrn, Molinari, Milde, Saucken-
Julienfelde, Brünneck u. s. w. — Mitarbeiter sind hier in Breslau:
Röpell und Mommsen, dann Ludwig Häusser, Max Duncker, und
mancher tüchtige Mann auswärts. — Ich hörte schon bei dem Pro-
fessoren-Diner im Winter davon sprechen, daß so etwas nöthig sei,
das „Politische Wochenblatt“ nicht genüge, eben weil es weder eine
täglich erscheinende Zeitung sei, noch eine Monatsschrift, die längere

Aufſätze bringe. — **Ich werde nun aufgefordert ebenfalls
als Mitarbeiter beizutreten.** — Mir natürlich ſehr erwünſcht!
Vincke lieſt mir verſchiedene Briefe vor; unter anderen einen von dem
Statiſtiker von Rönne, der wichtig erſcheint; Hoffnungen auf eine
beſſere Zukunft unter einer anderen Regierung; die wolle man als-
dann, belehrt durch die Erfahrungen von 1848 benutzen; **man müſſe
und werde aller „Prinzipien-Reiterei" entſagen;** nicht
Schwierigkeiten erheben um die conſequente Durchführung eines
Prinzips zu erzwingen, wie man früher gethan habe; ſei die Regierung
im allgemeinen freiſinnig und dem Fortſchritt zugewendet, **ſo ſei es
Pflicht eines Jeden, ſie mit aller Macht zu unterſtützen,**
ohne es dabei mit den Prinzipien kleinlich genau zu nehmen. (Rönne
war ſelbſt ein ſehr ſtarrer Doctrinär. Möchten doch recht Viele in
dieſer Weiſe klüger geworden ſein!) —

Nach Tiſch in den Zwinger. — An einem langen Tiſch ver-
ſammeln ſich die politiſch-orthodoxen Honoratioren. — Wir, Vincke,
Dyhrn und ich nehmen an einem kleinen Tiſch Platz; Baron Am-
ſtetter — Oberlandesgerichts-Rath — Heidelbergiſchen Andenkens,
ſetzt ſich zu uns, erkennt mich aber nicht wieder. Er war dort
in der Burſchenſchaft, da habe ich wenig mit ihm verkehrt. —
Erzählt ſehr viel von dem berühmten Stahl, mit dem er damals
ſehr befreundet war; **Stahl trug damals immer einen
Dolch im Buſen; auf der Klinge ſtand „Tod den
Tyrannen"!!** —

Graf Conrad Dyhrn iſt eine höchſt eigenthümliche Erſcheinung.
Er iſt voll Geiſt und Verſtand, ſein ganzes Weſen aber iſt größten-
theils durch ſein Aeußeres beſtimmt: klein und von Jugend auf un-
förmlich dick. Es bleibt ihm — wie Falſtaff — mit dieſer Figur
gar nichts anderes übrig, als das ganze Leben durchaus humoriſtiſch
aufzufaſſen, und ſich ſelbſt als eine höchſt vergnügliche Figur in dieſem
prächtigen Luſtſpiel. Man bleibt mit ihm durchaus in der Region
des Humors. Er hat viel in Ludwig Tiecks Hauſe verkehrt. Spricht
ſehr unvorſichtig von den Umtrieben 1810 und 1811. In ſeinen
Händen ſind Briefe Blüchers an den Vater Dyhrn; da man die
Hoffnung verloren hatte, daß Friedrich Wilhelm III. ſich gegen

Frankreich erheben werde, hatte man in gewissen Kreisen alle Hoffnungen auf des Königs Bruder, den Prinzen Wilhelm, gesetzt.

Ophrn weiß aus der Zeit der deutschen Parlamente vielerlei.
Erklärt uns, daß der liederliche Prinz Carl von Baiern
(Onkel des Königs) in Deutschland hinter den Coulissen
eine nur all' zu bedeutende Rolle spielt, vermöge des
Einflusses, den er in Wien, Dresden und Berlin auf seine drei
Schwestern übt — und früher als eifriger und einfluß-
reicher Correspondent des Kaisers Nikolaus.

Benehmen des Erzherzogs Johann als Reichsverweser in Frankfurt: er stand mit seinem Neffen Stephan in Briefwechsel, hatte
auch eigene Pläne, und befolgte die Weisungen nicht, die er aus Wien
erhielt. Sein Briefwechsel mit Stephan fiel in die Hände der österreichischen Regierung: — von dem Augenblick an gehorchte
ihr der Erzherzog Johann.

11. August. En papier Besuche bei dem Prinzen Eugen
von Württemberg, Wallenberg und Heinz. Langes Gespräch mit
Röpell, der seit gestern aus Halle zurück ist — das Journal kommt
zu Stande; man will für sein Gedeihen dadurch sorgen, daß man
sich von Hause aus in den Stand setzt, sehr bedeutendes Honorar zu
zahlen, 4—8 Friedrichsd'or für den Bogen. — Max Duncker, Röpell,
Mommsen sind Mitarbeiter — von Ludwig Häusser ist es noch nicht
gewiß — wohl aber von Droysen. — Redacteur ist ein Dr. Haym,
ehemals Redacteur der Constitutionellen Zeitung. Da die Gelehrten
nicht immer so schreiben, wie es für das große Publikum erfordert
wird, müssen sie sich Aenderungen gefallen lassen, welche die Redaction
in ihren Aufsätzen vornimmt. — Alles anonym. — Man will auf
die Vergangenheit der Mitarbeiter nicht zurückgehen, und auch Demokraten nicht abweisen, wenn sie tüchtige Arbeiten liefern.

Max Duncker geht nach Tübingen, weil er in Preußen nicht
Professor ordinarius werden kann; der Minister Raumer leidet es
nicht. Acht Mal hat ihn Greifswald vergeblich berufen!

Auf der Rückreise von Breslau besuchte Bernhardi in Salzbrunn
seinen aus den Ostseeprovinzen stammenden Universitätsgenossen Stöwer,
der sich zur Kur dort aufhielt.

12. August. Stöwer aufgesucht, der im Elisenhof wohnt. — Russische Zustände besprochen. Stöwer spricht mit einer sehr ent-schiedenen Bitterkeit von dem Kaiser Nikolaus und dessen Beschränkt-heit; gesteht ihm auch keinen Charakter zu. „Eigensinnig war er — Charakter hatte er nicht." Vom jetzigen Kaiser spricht er mit großer Achtung, aber in Zweifeln; er ist ein edler Mensch, seine Absichten die reinsten und besten — ob ihn überall die richtige Ansicht unter-stützt, ist die Frage und ein bedenkliches Schwanken in den Maß-regeln zu beklagen.

Eigenthümliche Dinge geschehen in Rußland und sind dort möglich. Man will die vielen schlechten Offiziere wieder los werden, die während des Krieges befördert worden sind. Jeder Oberst hat demnach das Recht jeden Offizier seines Regiments ohne Weiteres, ohne Angabe eines Grundes, zu verabschieden. Will ein so verabschiedeter Offizier reclamiren, so muß er ein Kriegsgericht fordern und verfällt einer Strafe, wenn der Spruch des Gerichts gegen ihn ausfällt. Nun sind aber die meisten Obersten eben auch unzuverlässige, käufliche Herren; welchem Mißbrauch ist somit Thür und Thor geöffnet? Es ist nichts weniger als gewiß, daß es immer gerade die schlechtesten Offiziere sind, die weggeschickt werden.

Nach Kunnersdorf zurückgekehrt widmete sich Bernhardi ganz seinen kriegsgeschichtlichen Studien. Das Tagebuch enthält der Hauptsache nach Notizen über diese letzteren, charakteristische Aufzeichnungen über die Zu-stände in der Gemeinde, dem Kreise und der Provinz, sowie Mitthei-lungen über den Verkehr mit Freunden und über die wenigen besonderen Vorkommnisse, die die Eintönigkeit des stillen Landlebens unterbrachen. Von letzteren sei eines Zusammentreffens mit dem Prinzen Friedrich Wilhelm Erwähnung gethan, das diesen charakteristisch in seiner mensch-lich so liebenswürdigen und freimüthigen Art zeigt.

6. September. Besuche bei General von Natzmer in Warm-brunn. Wir erfahren, daß der Prinz Friedrich Wilhelm, auf einer Gebirgsreise begriffen, eben von der Josephinenhütte erwartet und bei Schaffgotsch ein Diner einnehmen wird . . . . . Ein Diener tritt eilig ein: der Prinz kommt; er ist eben eingetroffen und macht vor dem Diner noch einen Besuch bei dem ehrwürdigen alten Natzmer.

Wir gehen ihm alle bis an die Treppe entgegen. Er kommt, begleitet von Moltke und Conrad Zedlitz, begrüßt Natzmer auf das Liebenswürdigste — auch die Damen — reicht mir die Hand und sagt: „Es freut mich sehr, Sie so bald wiederzusehen." Man setzt sich in dem kleinen Zimmer. — Der Prinz bestens bemüht, gegen Natzmer liebenswürdig zu sein. — Erzählt von seiner Braut; von der Einrichtung seines Hauses in Berlin ganz so wie unser Einer — zeigt den Damen das Porträt seiner Braut, wie sie elf Jahr alt war, als er sie zuerst sah, und das er an der Uhrkette trägt. „Das hat mir meine Schwiegermutter geschenkt." — Verlangt, Natzmer soll bei dem Diner heute durchaus nicht anders als im Ueberrock erscheinen, da es in einer offnen Gartenhalle stattfindet; er soll noch einen Paletot mitbringen.

Abends ist in Hirschberg so gut wie in Warmbrunn Alles festlich erleuchtet.

Die Heirath mit der Prinzessin von England ist der Junker-Partei ein Dorn im Auge; sie sucht daher auch allerhand ungünstige Gerüchte über sie in Umlauf zu bringen; zuerst über ihr Aeußeres. Diese lassen sich nun dem Portrait gegenüber nicht weiter behaupten. Nun sagt man, sie verstehe kein Deutsch und wolle es auch nicht lernen, da sie eine entschiedene Abneigung gegen die deutsche Sprache habe.

Der Geist der Reactionspartei machte sich übrigens auch in anderer Richtung gegen den Prinzen geltend. Das Tagebuch bemerkt darüber:

Fräulein Elisabeth von Küster bei uns — will über Moltke und seine Ernennung zum Chef des Generalstabes orientirt sein. Man sei — sagt sie — in Schlesien nicht zufrieden mit ihm, er sei nicht liebenswürdig gewesen, und habe den Prinzen auf manche schlesischen Verhältnisse nicht aufmerksam gemacht. (D. h. man ist unzufrieden mit dem Prinzen! Die Kreuzzeitungs-Partei ist betroffen, daß es ihr nicht gelungen ist, den Prinzen ganz einzufangen, und sie spricht ihr Mißvergnügen in Beschwerden über seine Umgebung aus — wie immer.)

Durch sein Werk über Toll hatte sich Bernhardi einen geachteten wissenschaftlichen Namen erworben — durch seine Aufsätze über Rußland

waren mehrfach Männer von persönlicher und öffentlicher Bedeutung auf
ihn aufmerksam geworden, aber noch immer blieb es ihm versagt selbst-
thätig an der Gestaltung der öffentlichen Dinge mitzuwirken, und während
er machtlos der Entwicklung der inneren und äußeren Verhältnisse Preußens
zuschauen mußte, hatten diese eine Wendung genommen, die die dunkelsten
Aussichten in die Zukunft zu eröffnen schien. Noch vor Kurzem hatte die
Neuenburger Verwickelung die politische Ohnmacht Preußens und die
falschen Bahnen, in denen sich die auswärtige Politik bewegte, in ein
grelles Licht gesetzt; die innere Lage aber war eine trostlose.

Welch' ein Zustand! schreibt Bernhardi in seinem Tagebuch.
Das tägliche und alltägliche Leben geht seinen hergebrachten Gang
fort — Alles scheint in Ordnung und ruhig; — dadurch dürfen
wir uns aber nicht täuschen lassen: die Stimmung ist bitterbös in
Preußen, und der Zustand gefährlich. Um die großen Fragen in
der Politik wird das Volk nicht aufstehen, — dafür kenne ich die
Leute — leider aber ist eine unendliche Masse von Unzufriedenheit
durch die inneren Zustände und lokale Ursachen veranlaßt. Die
Landräthe, die Ortsrichter sind zum Theil grimmig gehaßt und
ihr parteiisches Treiben, das keinen andern Zweck hat als die Interessen der Kreuzzeitungs-Partei zu fördern, hat gar sehr erbittert.
Daß man sich gegen die lokalen Behörden erhebt, wenn wieder einmal ein revolutionäres Gewitter durch die europäische Atmosphäre
zieht — das kann gar wohl geschehen — und wer kann wissen, wie
weit das geht, wenn das Rad einmal im Rollen ist.

Die Verfassung ist zu einer Lüge geworden. In den Kammern
ist durch Terrorismus und andere Mittel statt der Stimme des
Landes ein Lügengespenst um den Thron heraufgezaubert. Die
Gesetze werden umgangen und mißachtet, um den Gelüsten der Reaction und deren biblisch-mittelalterlichen Tendenzen zu genügen.
Heuchelei, Lüge und Corruption, wo man hinsieht. Dazu kommt der
Uebermuth der Kreuzzeitungs-Partei, die einen Genuß darin findet,
der öffentlichen Meinung geradezu Hohn zu sprechen; es kommt dazu,
daß auch das Offizier-Corps sich durch sein Auftreten vielfach
den bittersten Haß zuzieht! Wie soll, wie kann das enden? Das
Schlimmste ist, daß diese an sich elenden Zustände auch alle Keime

für die Zukunft zu erstiden drohen. **Wir stehen am Rande eines Abgrunds.**

In der Arbeit suchte der stille Denker in Kunnersdorf Ersatz für das, was ihm das Leben immer noch versagte, und Trost in den schweren Sorgen um Preußens und Deutschlands Zukunft. Während er aber in tiefer, oft leidenschaftlicher Erregung, von Wenigen verstanden und gewürdigt, seinem Schmerz um das sinkende Vaterland in den verschwiegenen Blättern seines Tagebuchs Ausdruck gab, bereitete sich im Schooß der Zukunft der Umschwung vor, der eine bessere Zeit heraufführen sollte: — freilich erst durch mancherlei Stürme und Wirren hindurch — dafür aber in einer Weise wie sie selbst die wärmste Begeisterung kaum zu hoffen gewagt hätte.

- - - - - -

Prinz Wilhelm von Preußen Regent.

Schon in Breslau hatte Bernhardi erfahren, daß der König bedenklich kränke, daß er in Pillnitz einen Schlaganfall gehabt und man ihm habe zur Ader lassen müssen. Stömer, der zu derselben Zeit dort gewesen war, hatte ihm die näheren Umstände erzählt. Später orientirte ihn sein Freund Vincke, der zugleich über den Prinzen von Preußen Mittheilungen machen konnte, die für die Zukunft zu den schönsten Erwartungen berechtigten.

16. September. Brief von Vincke. Dem König geht es sehr schlecht eigentlich; „ein plötzlicher Wechsel liegt sehr nahe im Bereich der Möglichkeit." Der Prinz von Preußen schreibt an Vincke:

„Ihre früheren Mittheilungen vom 14. Juni habe ich richtig erhalten. Die Anlagen zu Ihren beiden Schreiben interessirten mich sehr. Nur wissen Sie längst, daß ich scharf **parlamentarische Gesetzgebung** und **parlamentarische Regierung** unterscheide; erstere gebe ich zu; letztere nicht, und kann daher die Minister-Verantwortlichkeit bis zur Anklage oder Abdankung auch aus kleinen Veranlassungen, nicht zugeben. Das Parlament soll eine Controle führen über die Regierung, diese soll und muß sich vertheidigen, und wird eben so oft in ihrem Rechte gegen parteiische Anklagen bleiben, als im Unrecht überführt werden. Letzteres braucht dann aber nicht immer zum Abtreten zu nöthigen, wohl aber soll es ein wohlthätiges Aufmerksammachen nach sich ziehen; und das ist bei gewissenhaften Beamten immer zu erwarten. Hat man dergleichen nicht, so muß der Souverain sie schon aus diesem Grunde entfernen, wozu parlamentarische Aufdeckungen (Controlirungen) die Veranlassung bieten werden."

Hier stehen wir offenbar an der Grenze dessen, was der Prinz zuläßt. Ihn weiter führen, ihn überzeugen wollen, ist ein mißliches Unternehmen. Ich will Vincke warnen, daß er nicht aus redlich gemeintem Bekehrungseifer Schaden thut. Das Wesentliche ist, daß die liberale Partei und ihre Ansichten dem Prinzen nicht verdächtig werden.

2. Oktober. Mit der Gesundheit des Königs steht es bedenklich. Die Schlaganfälle haben sich wiederholt. Es schläft jetzt beständig ein Arzt in seinem Zimmer.

Bei dem Dienstjubiläum des Prinzen von Preußen wäre es beinahe zu einem Eklat zwischen ihm und dem Könige gekommen, denn der Prinz war empört darüber, daß man das Kommando in dem projectirten Schweizerkriege nicht ihm, sondern Gröben zugedacht hatte. Um den Bruch zu vermeiden, fuhr der König erst ganz allein zu dem Prinzen, und dann später noch einmal mit allen Offizieren zur Gratulation.

11. Oktober. Unsere Nachbarin Fräulein Hermine von S. besucht Julia und spricht von der lebensgefährlichen Krankheit des Königs. Ich hatte die Bulletins in den Zeitungen übersehen und nehme dieselben nochmals zur Hand. Die Bulletins lassen wenig, eigentlich gar keine Hoffnung. So stehen wir denn überraschend und unerwartet trotz allen geflüsterten Andeutungen und Warnungen — denn solche Winke nimmt eben Niemand buchstäblich — vor einer neuen ganz unberechenbaren Zukunft. So nahe hat wohl Niemand die Katastrophe geglaubt. H. spricht von dem nahen Tode des Königs, als von einem drohenden Unglück; grade jetzt, wo die Angelegenheit Holsteins in der Schwebe ist, und Napoleon III. Gelüste nach der Rheingrenze zeigt.

Trotz der Abgeschiedenheit, in welcher Bernhardi die folgenden Mo=
nate verlebte, spiegeln seine Aufzeichnungen doch den widerspruchsvollen
Charakter des Uebergangs von der Regierung Friedrich Wilhelms IV. zu
derjenigen seines Nachfolgers deutlich wieder.

12. Oktober. Ich gehe Abends noch zu den Heydebrandts, um
die neuesten Nachrichten zu sehen, welche die Kreuzzeitung bringt;
darnach geht es dem Könige etwas besser. Nach Privat-Nachrichten
fürchtet man, da es eine Gehirnkrankheit ist, an der der König dar-
niederliegt, daß er einer Geistesschwäche verfällt, wenn er ja mit dem
Leben davon kommt. — Und eine Regentschaft fürchtet man wohl
mit Recht!

13. Oktober. Was alle Gemüther beschäftigt, ist natürlich die
Krankheit des Königs. Nach den letzten und neuesten Nachrichten,
die uns Dr. Heberich bringt, geht es etwas besser, sodaß die augen-
blickliche Gefahr beseitigt scheint. H. sagt, die eine Seite sei gelähmt,
ein Gehirnschlag zu erwarten gewesen; Rückfälle seien in solchen Zuständen sehr zu befürchten und von eigentlicher Herstellung könne
nicht die Rede sein; eine Gehirn-Erweichung sei zu erwarten.

14. Oktober. Herr H., der intime Anhänger und Amanuensis
unsers Landraths begegnet mir im Postbüreau. Er beginnt bereits
einen andern Ton anzustimmen, als bisher, da er so wenig wie viele
andere an ein Aufkommen des Königs glaubt. Er spricht mit Ironie
von der jetzt herrschenden Kirchlichkeit und die Hoffnung aus, daß
das unter der nächsten Regierung besser werden würde!

In den Kreisen, die an der Erhaltung des herrschenden Regime
interessirt waren, hielt man trotzdem noch eine Weile an der Hoffnung
fest, daß das Befinden des Königs sich wieder bessern werde.

15. Oktober. Die Damen Fräulein Küster und Scheliha haben
vom Könige die besten Nachrichten, desgleichen der Landrath und
dessen aus Berlin eingetroffene Verwandte.

20. Oktober. Alvensleben - Maywaldau erzählt, dem König
geht es körperlich besser, aber er soll nach Privat-Nachrichten vollkommen schwachsinnig sein. Daß eine Gehirn-Erweichung daraus geworden ist, kann nicht mehr zweifelhaft sein. Nach seiner Beschreibung,
die auf direkte Berliner Nachrichten zurückgeht — ist der Fall un-

heilbar. Der König ist allerdings mitunter in dem Zustande, daß er Diesen oder Jenen empfangen kann; aber selbst in diesen hellen Augenblicken kann er sich auf Vieles, namentlich auf das Allernächste nicht besinnen, er bleibt in der Rede stecken, kann die gewöhnlichsten Worte nicht finden u. s. w. Meistens muß er von allem Verkehr mit Menschen fern gehalten werden.

Diese Nachrichten aus Berlin waren nur allzu wahr. Den geist= reichen Monarchen hatte ein tragisches Schicksal ereilt, das — vielfach verkannt — seinen Schatten schon lange vorausgeworfen hatte, und so Manches versöhnend erklärt, das in den letzten Jahren seiner selbständigen Regierung vorgegangen war.

Wenige Tage nach der Niederschrift vom 20. Oktober, am 26. desselben Monats, hatte Bernhardi ein Ereigniß zu verzeichnen, das alle übrigen Aufzeichnungen des Jahres 1857 an Wichtigkeit übertraf:

Der Prinz von Preußen Regent!

Noch aber wagte Niemand vertrauensvoll einer neuen Zeit ent= gegenzusehen. Das Tagebuch bemerkt zu jener Nachricht:

26. Oktober. Die schlimmen und schwierigen Verhältnisse, die zu fürchten waren, bilden sich wirklich. Der Prinz hat versprochen, ganz den Intentionen seines Bruders gemäß zu handeln: das war zu erwarten; aber man tröstet sich damit, daß er nicht unter diesen Bedingungen Regent ist für die Zeit bis zur Wiederherstellung seines Bruders, sondern ganz bestimmt auf drei Monate. Nach drei Monaten muß also etwas Entscheidendes geschehen: entweder der König wieder die Regierung übernehmen — oder eine Einrichtung getroffen werden, die dem Prinzen freie Hand läßt.

Am 29. Oktober finden wir folgende Aufzeichnung, in der sich eine ähnliche Stimmung ausspricht:

Langer Brief von Vincke, der mich sehr traurig macht. Unsere Liberalen haben seltsame Ideen. Sie meinen, der Prinz von Preußen hätte die Kammern zusammenberufen und die Regentschaft ex motu proprio übernehmen müssen!!

An die Stellvertretung in der jetzigen Weise ist er — wie es scheint — nur sehr ungern gegangen; er hat sie nur ange= nommen, weil sie sonst an den Prinzen Carl kam. Vincke fürchtet, was in der That nahe liegt, daß die Leute der Kreuzzeitung diese Zeit benutzen werden, den Prinzen zu gewinnen. Sophistik vermag viel über den Verstand eines redlichen Menschen, „besonders wenn sie einem Fürsten gegenüber von Geistlichen und Absolutisten ausgeht."

Die Zukunft sollte zeigen, daß diese Befürchtungen dem festen und zielbewußten Sinn des Prinzen von Preußen gegenüber gegenstandslos waren.